LOCUS

LOCUS

LOCUS

L O C U S

from

vision

from 42　記憶之術
The Art of Memory
作者：Frances A.Yates
譯者：薛絢
校對：呂佳真
責任編輯：湯皓全
美術編輯：何萍萍
法律顧問：全理法律事務所董安丹律師
出版者：大塊文化出版股份有限公司
台北市 105 南京東路四段 25 號 11 樓
www.locuspublishing.com
讀者服務專線：0800-006689
TEL：(02) 87123898　FAX：(02) 87123897
郵撥帳號：18955675　戶名：大塊文化出版股份有限公司

總經銷：大和書報圖書股份有限公司
地址：台北縣五股工業區五工五路 2 號
TEL：(02) 89902588 (代表號)　FAX：(02)22901658
排版：天翼電腦排版印刷有限公司　製版：源耕印刷事業有限公司
初版一刷：2007 年 4 月

定價：新台幣 450 元
Printed in Taiwan

The Art of Memory
記憶之術

Frances A. Yates 著

薛絢 譯

目次

作者序

多數讀者並不熟悉本書的主題。古希臘人開創了許多藝術科門，卻很少有人知道其中包括了記憶術。古希臘的記憶術傳給古羅馬人之後，又進入歐洲的文明傳統。這門學問的要旨是，利用把「場所」和「影像」印入腦海的方法來達成記憶。「記憶術」的專門術語叫作 mnemotechnics，近代以來顯然是個不受重視的科目了。但是，在印刷術尚未發明的時代，擁有記憶本領是至關重要的；在記憶中操作處理影像，也必然多少要牽涉到心靈整體。此外，記憶術既然利用當代建築為記憶場所，以當代意象為記憶影像，就會和其他藝術一樣，有古典期、哥德期、文藝復興期之分。自古代以降，這門藝術雖然離不開記憶技術的層面，研究記憶術也必須從技術本身著手，但這些技術的歷史卻也必須納入探討。古希臘人說，記憶女神妮摩姬尼（Mnemosyne）乃是眾繆斯之母；要探索這人類最根本最難以捉摸的能力的養成歷史，我們得下一番深入的工夫。

我開始對這個課題產生興趣，是在十五年前。當時我正一心想要理解布魯諾（Giordano Bruno）論記憶的著作。從布魯諾的《概念的影子》（*De umbris idearum*）發掘出來的記憶系統，於一九五二年五月在倫敦大學的華堡學院（Warburg Institute）的一次講座中，首度呈現在世人面前。兩年後，一九五五年一月，卡米羅（Giulio Camillo）的「記憶劇場」也在華堡學院的講堂展示了。那時我才意識到，卡米羅的記憶劇場、布魯諾和康巴奈拉（Tommaso Campanella）的系統，以及弗洛德（Robert Fludd）的劇場原則，是有某種歷史關聯的。這次演講只把四者做了很粗淺的比較，我卻因這些微的進展受到鼓舞，於是就開始從賽莫尼底斯（Simonides of Ceos）起頭，寫下記憶術的歷史。這個階段的成果見於我一九五五年發表的〈西塞羅的記憶術〉（The Ciceronian Art of Memory），刊登於義大利出版的紀念納爾迪（Bruno Nardi）的論文集《中古時代與文藝復興》（*Medioevo e Rinascimento*）。

之後是相當長的一段停頓，因爲我遭遇了困境。我搞不清楚中古時代的記憶術出了什麼問題。大阿爾貝特斯（Albertus Magnus）與阿奎那（Thomas Aquinas）爲什麼認爲，基於道德與宗教考量，理當採用「圖里亞斯」（Tullius，西塞羅的本名）的場所及影像來記憶？經院哲學既主張記憶的技能是四大「基本德行」中「審愼」的一部分，「記憶術」這個用語似乎格局太小。然後我漸漸明白，中古時代也許把德行與罪惡的圖像想成記憶的影像，這些造像都以古典的規範爲準，或是依據但丁（Dante Alighieri）劃分的地獄層級形成記憶的場所。我試著解開記憶術在中古時代轉型的疑團，曾於一九五八年三月在牛津中古時代學會（Oxford Mediaeval Society）發表演講「古典記憶術在中古時代」，又於一九五九年十二月在華堡學院發表「修辭學與記憶術」。兩次演講的內容，部分納入了本書的第四、五章。

最重要的問題仍未解決：文藝復興時代怎會有魔法式的或玄祕的記憶系統？既然印刷術發明後，應該不再需要中古時代那種人工化的記憶法了，爲什麼記憶術的熱潮再起，出現了文藝復興時代的卡米羅、布魯諾、弗洛德幾家奇特的系統？我回頭再研究卡米羅的「記憶劇場」，才發現，文藝復興時代玄祕記憶術的背後的刺激力，乃是文藝復興時期的赫米斯學問傳統。顯然我又有必要先寫一本書討論這個知識體系，然後才能處理文藝復興時期的記憶術。本書談文藝復興時期的各章，都是以我的《布魯諾與赫米斯知識傳統》（*Giordano Bruno and the Hermetic Tradition*, 1964）爲本。

我原來以爲可以把「盧爾主義」完全獨立出去，不在這本書裡談，但是很快就知道這是不可能的了。盧爾主義雖然並不源自修辭學傳統，程序也與源自修辭學傳統的記憶術不同，卻有一個面向屬於記憶術，所以會在文藝復興時期與記憶術合併而混爲一談。第八章闡釋盧爾主義的內容，來自我分別於一九五四、一九六〇年發表於《華堡學院與果道研究所期刊》（*Journal of the Warburg and Courtauld Institutes*）的〈盧爾之術：從盧爾的元素理論探討之〉（The Art of Ramon Lull: An Approach to it through Lull's Theory of the Elements）以及〈拉蒙・盧爾與史高特斯・埃里杰納〉(Ramon Lull and John Scotus Erigena)。

記憶術發展史這個課題，沒有一本近代以後的英文著述，其他語文的專書和文章也寥寥無幾。我開始工作時的主要參考，只有一些古老的德文論文，以及哈吉杜（H. Hajdu）與福克曼（L. Volkmann）先後於一九三六、一九三七年發表的研究。到一九六〇年，羅希（Paolo Rossi）的《普世之鑰》（*Clavis universalis*）出版。這部義大利文的著作是極嚴謹的記憶術研究，書中收錄了很多參考資料，並有關於卡米羅記憶劇場、布魯諾著作、盧爾主義等諸多課題的討論。我從這本書受益良多，尤其是十七世紀的資料更彌足珍貴，不過我在本書中的論點與羅希的大不相同。此外，我也參考了羅希的其他多篇文章，以及瓦索利（Cesare Vasoli）的一篇。另外給我幫助甚大的書還有凱普蘭（H. Caplan）譯的《獻給赫倫尼》（*Ad Herennium*, 1954），郝威爾（W. S. Howell）的《十六至十八世紀英國的邏輯學與修辭學》（*Logic and Rhetoric in England, 1500-1700*; 1956），翁（W. J. Ong）的《拉姆斯：對話的方法與衰頹》（*Ramus: Method and the Decay of Dialogue*, 1958），史摩利（Beryl Smalley）的《英國修士與古風》（*English Friars and Antiquity*, 1960）。

本書雖然引用了很多舊有著作，卻是一份新的作品，是我以兩年時間整個重寫又開拓了全新的方向。許多以前模糊不清的，現在都一一釐清了，尤其是記憶術與盧爾主義和拉姆斯主義的關聯，以及「方法」興起的關係。而且，本書算得上最有趣味的部分，是近幾年來才躍上檯面的。這即是，從弗洛德的劇場記憶可以看出莎士比亞時代「地球劇場」(Globe Theatre) 的端倪。記憶術的想像式建築，把一座早已消失的實有建築存在記憶裡了。

本書與我的舊作《布魯諾與赫米斯知識傳統》一樣，出發點是循歷史脈絡來看布魯諾，並且以縱觀整個傳統爲宗旨。特別要藉探討記憶的歷史來理解布魯諾對於伊莉莎白一世時代的英國造成何種衝擊。我想在寬廣的題材中開出一條通路，我在每個階段勾勒出來的輪廓卻都需要更深入的研究來補充或修正。這是個非常豐富的研究領域，需要不同學科的專家一同投入。

這本談記憶的書終於寫完，已故的葛楚德・賓 (Gertrud Bing) 在我記憶中也更加鮮明。我寫書的初期，她閱讀並討論我的手稿，隨時注意我的進度，總是以濃厚的興趣和銳利的批評激勵我，使我既受鼓舞又要迎接當頭棒喝。她認爲，記憶術發展史始終存在的問題——構思圖像、活化影像、藉想像掌握眞實等問題——與華堡先生 (Aby Warburg) 日思夜想的那些問題很相近。我這本書是否符合她的期望，我永遠不得而知。就在我要將完稿的頭三章送給她過目的時候，她生病了，所以她連一章也沒有讀。我將本書定爲紀念她之作，以表達感激之情。

我也必須感謝華堡學院的同事和朋友們。院長龔布瑞奇 (E. H. Gombrich) 一向對我的工作給與鼓勵的關注，許多地方多虧他的高見。我相信當初是他把卡米羅的《劇場要旨》(*L'Idea del Theatro*) 交到我手裡。華克 (D. P. Walker) 多次賜教討論，不斷以他在文藝復興方面的專精知識給我益助。他讀了我的初稿，也讀了本書付印之前的完稿，幫我審閱了一些譯文。特拉普

(J. Trapp) 提供了修辭學傳統方面的許多珍貴意見，而且在古人事蹟上無所不知。有一些圖像學方面的問題，承蒙伊特林格 (L. Ettlinger) 爲我解惑。

我要感謝希爾嘉士 (J. Hillgarth) 與普林米爾 (R. Pring-Mill) 在盧爾研究方面的大力襄助。賈菲 (Elspeth Jaffé) 也在過往的閒談中常常講起她精通的記憶術知識。

舍妹 (R. W. Yates) 一路閱讀我剛出爐的手稿，她的讀後感想一直是一個最重要的指引，她的忠告也在修訂時幫了大忙。她以一貫的平常心提供各式各樣的協助，尤其是設計圖和素描方面。卡米羅記憶劇場的平面圖和弗洛德式的地球劇場素描都是她畫的。我們合作重建弗洛德記憶術的劇場，是難忘的愉快經驗。這本書能完成，她的功勞太大了。

在此必須感謝倫敦圖書館 (London Library) 與大英博物館圖書館諸位先生女士的多方協助。也要感謝劍橋大學包德連圖書館 (Bodleian Library)、劍橋艾曼紐圖書館 (Emmanuel Library)、佛羅倫斯國立圖書館 (Biblioteca Nazionale)、米蘭安布魯先圖書館 (Biblioteca Ambrosiana)、巴黎國家圖書館 (Bibliothèque Nationale)、羅馬梵諦岡圖書館 (Biblioteca Vaticana)、威尼斯瑪西安圖書館 (Biblioteca Marciana) 諸位的幫忙。

感謝佛羅倫斯國立圖書館、卡爾斯盧赫市巴登圖書館 (Badische Landesbibliothek)、維也納奧地利國家圖書館 (Österreichische Nationalbibliothek)、羅馬卡薩納特圖書館 (Biblioteca Casanatense) 諸位館長，以及提香畫作的瑞士收藏者，容許我使用他們的珍貴收藏。

1　古典記憶術的三個拉丁原始資料①

塞撒利（Thessaly）的一位名叫斯寇帕（Scopas）的貴族宴客，來賓中的詩人——凱奧斯的賽莫尼底斯（Simonides of Ceos）——吟了一首詩向主人致敬，這詩中有一段讚美了天神宙斯的雙胞胎私生子卡斯特（Castor）與波魯克斯（Pollux）。斯寇帕很小氣地告訴賽莫尼底斯，原先說好的吟詩酬勞他只能付一半，另一半應該去找那對雙胞胎神祇去要。稍後，有人通報，宴客廳外面有兩個年輕男子要見賽莫尼底斯。賽莫尼底斯便離席走出廳外，卻沒看見人。就在他走出去的這個時候，宴客廳的屋頂塌下來，把斯寇帕和所有客人都壓死了；屍體個個血肉模糊，來收屍的親友都認不出誰是誰。可是，賽莫尼底斯記得客人們在宴席上的座次，所以能根據座位告訴收屍者哪一個是他們的親人。

卡斯特和波魯克斯這兩位未露面的訪客，在屋頂塌下來之前把賽莫尼底斯召喚出去，算是給他吟讚頌詩極豐厚的報酬了。這一次的經驗也給這位詩人指出記憶術的原理，他便順理成章成爲記憶術的創始人。他知道是因爲自己記得賓客在席上的座次而能認出屍體，於是領悟，安排有序乃是牢固記憶的要件。

> 他推論，想要鍛練記憶能力的人必須選好場所，把自己要記住的事物構思成圖像，再把這些圖像存入位置，以便位置的次序維繫事物的次序，這些事物的圖像會指明事物本身，我們便可分別取用位置和圖像，一如我們使用書寫蠟板和寫在蠟板上的字。②

賽莫尼底斯發現記憶術的生動故事，是西塞羅（Marcus Tullius Cicero, 106-43BC）在《論雄辯家》（*De oratore*）之中講的。他用這個故事說明記憶是修辭演說的五個部分之一，也簡單介紹了羅馬演說家利用「場所」（loci）和「影像」（imagines）鍛練記憶的方法。古典記憶術的另外兩個源頭，都是論修辭雄辯的作品，也是討論記憶在修辭學裡的地位。一個是作者佚名的《獻給赫倫尼》卷四（*Ad C. Herennium libri IV*），一個是公元一世紀的昆蒂里安（Marcus Fabius Quintilianus）所著的《雄辯教育》（*Institutio oratoria*）。

研究古典記憶術歷史的人必須銘記的第一件根本事實是：記憶術屬於修辭學的一部分，是雄辯者用來增進記憶力的技巧，演說者憑記憶術可以做到把長篇講辭背得一字不漏。記憶術隨著修辭學傳入歐洲經典文化，指導一切人類活動的古聖先賢定下的那些鍛練記憶的要則，一直到相當晚近才被遺忘。

記憶術的通則並不難懂。首先要做的是，銘記一系列的場所或位置。最普遍的記憶場所系統是建築類的，但這不是唯一的場所類型。把程序說得最清楚的是昆蒂里安。③據他說，爲了在記憶中形成一系列的場所，必須記下一座建築，要力求寬敞多樣，其中有前庭、客廳、臥室、起居室，各個房間裡的雕刻、飾品等裝潢也要記下。然後，要用來記住演講辭的各個物像——昆蒂里安舉了船錨和兵器爲例——就在想像中放進已經記下的建築物裡面的各個位置上。這個步驟完成後，一旦想要記起某一件事，就可以逐一到這些記憶中的場所去找安置在其中的東西。我們不免會想像，古代的演說家一面演說，一面憑想像在記憶的建築物裡來來去去，從記憶的場所找出他安置在那兒的物像。由於事物的次序是由建築物內各場所的排序定好的，這個方法可以擔保演講內容的要點是按正確順序記起來的。昆蒂里安舉錨和兵器爲例，顯示他想到的這篇講辭內容既涉及軍艦，又涉及軍事行動。

願意花時間操練這種記憶術的人，當然會覺得這套方法有用。我自己從未試過，但是聽說有位教授在與學生聚會時這樣娛人。他先讓每名學生說出一件東西，由一名學生把這些東西按說出來的順序逐一寫下來。一、兩個小時後，他能把這些東西絲毫不錯地按順序說出來，使全場驚歎。他的記憶法是，先依次把一件件東西安置在窗框上、書桌上、字紙簍裡等等地方。之後，就如昆蒂里安教導的那樣，他依次到這些位置上取回先前安放的那些東西。這位教授從未聽過古典的記憶術，是自己想出這種方法的。假如他更進一步，把一個個論點和放在記憶場所的那些東西連在一起，就可以像古典演說家一樣不看稿子完成演講，學生們會更讚佩。

我們應當認清，這門古典學問是依據可實行的記憶技巧而來，但是不應該認為這只是「記憶術」而已。古典文獻上所說的，顯然是一套運用視覺印象的內在技巧，而這視覺印象強到近乎不可思議。西塞羅就特別指出，賽莫尼底斯發明記憶術不只是因為發現次序對記憶大有影響，也由於他發現視覺是所有感官之中最強的一個。

> 賽莫尼底斯睿智地發現，或是另有精明的人發現，感官傳達而印刻在心板上的事物所形成的圖像是最完整的，而所有感官之中最銳利的就是視覺。所以，耳朶或思慮領受的知覺如果能藉眼睛的媒介傳送到心中，最容易保留在記憶裡。④

西塞羅刻意人為的記憶得在古羅馬的建築物裡走動，**看見**場所，**看見**存放在位置上的影像，憑敏銳的內在視覺立即把講辭的要義和詞句送到口中。所謂的「記憶術」，其實已臻「記憶的藝術」的層次。

我們現代人如果記憶力太糟，也許會像那位教授那樣，用一些不是生活上工作上必需的個人記憶術。古典時代的情況卻不同，因為沒有印刷術，沒有記筆記的紙，如果具備鍛練過的記憶能力，是莫大的優勢。訓練古人記憶力的這門技術也反映古代世界的藝術和建築，這門技術仰賴的深層視覺記憶官能，是我們現代人已經不懂得運用的。

公元前一世紀的一位羅馬修辭學教師⑤，在大約公元前八六至八二年之間，給學生們寫了一部很實用的教科書，這部書讓作者爲表達敬意而寫書的那個人的名字傳世不朽，作者自己的名字卻亡失了。這部作品是研究記憶術歷史的人必讀的，我也會在本書中一再引述，它卻偏偏沒有一個點明宗旨的書名。《獻給赫倫尼》的作者嚴肅而有效率地申述了修辭學的五個部分：發明（inventio）、布局（dispositio）、風格（elocutio）、記憶（memoria）、呈演（pronuntiatio），文體如一般教科書那樣一板一眼。說到演說者必備的記憶力這個部分，⑥他一開頭是這樣講的：「現在我們來看儲放創作的寶庫，修辭學所有部分的看管者，也就是記憶。」他接著說，記憶有兩種，一種是自然的，另一種是憑技巧的。自然記憶是灌輸在吾人心智裡的，與思想同步發生。技巧記憶是靠鍛練而強化或鞏固的記憶。天生記憶力好的人可以憑鍛練增進，天資較差的人也能藉鍛練改善記憶的能力。

這個簡短的開場白講完，作者突然宣布：「現在我們就要講技巧記憶。」

《獻給赫倫尼》論記憶的部分承受著歷史的重擔。其中引據了古希臘論記憶法的文獻，可能是一些修辭學方面的專論，全部都是已經亡失的。《赫倫尼》是現存的唯一古羅馬時代的記憶術專書，因爲西塞羅和昆蒂里安這方面的話語並不是完整的專論，都假定讀者已經曉得技巧記憶與相關的術語。所以《赫倫尼》其實是這門學問的主要源頭，也是唯一完整的古希臘羅馬世界的原始資料。以傳遞古典藝術給中古時代與文藝復興時代而言，這本書的重要地位也是獨一無二的。《赫倫尼》在中古時代是很有名而且常被用到的文本，由於當時人們以爲它是西塞羅的作品，它享有崇高的地位。其中有關技巧記憶的規誡，也被當作是「圖里亞斯」本人擬就的。

總之，想要推敲記憶的古典藝術，就必須從《赫倫尼》著手。我們在本書之中要探究西方知識傳統中的記憶術，也必須一再回溯到這個主要源頭。每一部論「記憶術」的著述，只要有「場所、位置」的法則，有「影像」的法則，討論了「事物的記憶」和「詞語的記憶」，那就是在重述《赫倫尼》的概要和主題，往往不免還要重述其中的字句。記憶術在十六世紀有驚人的發展（十六世紀的記憶術也是本書探討的主要內容），卻在各種增長中保存《赫倫尼》的綱要。甚至像佐丹諾·布魯諾（Giordane Bruno）的《概念的影子》（*De umbris idearum*）之中那樣天馬行空的想像，也掩蓋不了他在師法古人的事實，他仍然在走場所法則、影像法則、事物記憶、詞語記憶的老路。

由此可見，弄懂《赫倫尼》的記憶部分即便殊非易事，我們卻義不容辭。不易的原因在於，作者並不是針對我們而寫；他的目的不是要教對於技巧記憶一無所知的人理解技巧記憶。他是在對公元前八六至八二年間聚在他四周的一群研究修辭學的人講話，這些人曉得他在講什麼；

他只需要把他們知道怎麼用的「法則」一古腦說給他們聽。我們的處境卻不是那樣，對於某些奇怪的記憶法則時常會有不知所云的感覺。

以下我將陳述《赫倫尼》談記憶部分的內容，仿效作者原來的輕快筆調，但是要不時停下來思索他所說的意思。

技巧記憶是憑藉場所和影像而確立的（constat igitur artificiosa memoria ex locis et imaginibus），這個常用的定義也會在以後的時代反覆提出來。場所是指記憶容易掌握的地點，例如房子、柱子與柱子之間的空間、拱門等等都是。影像是指我們想記住的事物的形狀、記號、幻影（formae, notae, simulacra）。例如，我們想記的如果是馬或獅子、老鷹這個物屬，就必須把它們的影像放在特定的場所位置上。

記憶的藝術如同內在的書寫行爲。認識字母的人能寫下別人口授的言語，也能把自己寫的讀出來。同理，學會記憶術的人能把自己聽到的安置在記憶場所中，也能憑記憶把聽到的事物說出來。「因爲記憶場所很像書寫用的蠟板或紙草紙，影像就像字母，影像的安置與次序就像手稿，憑記憶述說就像誦讀手稿。」

我們如果想記住大量的素材，就必須備有很多場所位置。這些場所必須是連成一串的，必須按次序記住，這樣我們才能從連貫的場所中的任何一點開始，並且從這個點往前走或往後走。

我們如果看見一群我們熟識的人站成一排，我們要從排頭或排尾或中間開始說出他們的名字，是沒有差別的。記憶的場所位置也是一樣。「如果場所次序固定，我們就可以憑影像的提醒，按照安放的位置把我們放進去的東西說出來，隨便從哪個位置開始往哪個方向推進都可以。」

組構一系列場所是最重要的，因爲同一組場所可以反覆用於記憶不同的素材。我們爲了記憶一套素材而放進去的影像，如果不再使用，就會消退沖淡。但是場所仍然在記憶裡，可供記憶另一組事物的時候再放另一組影像進去。記憶用的場所就像書寫用的蠟板，原來寫在板上的東西抹去之後，又可以重新寫上別的東西。

爲了確定我們不會把場所的次序記錯，不妨給每第五個場所做一些區別的記號。例如，我們可以給第五場所做一個金手掌的記號，在第十場所中放一位名字叫作戴西馬（Decimus，拉丁文 decima 意指十分之一）的朋友的影像。然後在每逢第五的場所中做別的記號。

記憶場所選擇空無人跡或靜僻的地方爲佳，因爲人群來往會削弱記憶的印象。所以，要想記下一系列鮮明確切的場所，應當選擇一個沒有人常去的建築物來記憶其中的地點。

記憶場所不可以彼此太相似，例如，選擇太多個柱子與柱子之間的空處就不好，因爲這種場所彼此相似，會導致混淆。場所應該大小適中，不能太大，因爲這會使放在其中的影像不明顯，也不能太小，因爲影像放進去會太擠。記憶場所不能光照太明亮，因爲這樣會使放在那兒的影像發亮而炫目；也不可以太暗，以免陰影遮住了影像。場所與場所之間的距離應當適中，大約三十呎即可，「因爲思想的內在之眼和有形的外在眼睛一樣，如果觀看的目標挪得太遠或太近，都會影響視力。」

有比較廣泛經驗的人，可以隨自己高興輕易記住很多適用的場所。即便自認沒有足夠適用場所的人，也可以加以補救。「因爲思想可以接受任何地點，並且隨心所欲在其中組構某些場所的景境。」（換言之，記憶術可以運用後代所謂的「虛構場所」，不一定非用普通方法的「眞實場所」不可。）

看完場所法則後，我的感想是，其中隱含的視覺精準度最令人驚歎。正統古典方法調教出來的記憶中，場所與場所之間的距離可以量得出來，場所的採光也能考慮到。從這些法則可以歸納出一個如今已經看不見的社會習慣。看見那個男子神情專注地緩緩走在那無人的建築物裡，每隔一段距離就停下來嗎？他是個鑽研修辭學的人，正在組構一套記憶場所呢！

「場所的部分講得夠多了，」《赫倫尼》的作者接著說，「現在我們要講影像的法則了。」影像的法則於是開始，首先說明的是，影像分兩種，一種是「事物」（res），另一種是「詞語」（verba）。也就是說，「記憶事物」時要用影像來提示論據要點；「記憶詞語」時要找一些影像來提示講辭中每一字每一句。

作者說得太簡潔。我要打個岔，請讀者注意，對於學習修辭學的人而言，「事物」和「詞語」在修辭學五部分中都有絕對明確的意義。按西塞羅的定義，五個部分應該是這樣的：

發明是指發現真實事物，或近似事實的事物，以使自己的論據聽來可信；布局是指將這樣發現的事物安排有序；風格是指用適合的詞語烘托發明的事物；記憶是指心靈明確領會事物與詞語；呈演是指節制聲音與體態以配合事物與詞語的端莊。⑦

由此可知「事物」是指演講的內容素材；「詞語」是包裝素材的語言。你用技巧記憶的目的只是要記住想法、論點的次序，只記住講詞的「事物」嗎？抑或想要把每一字每一句都按正確順序背下來？前一種是「記憶事物」(memoria rerum)，第二種是「記憶詞語」(memoria verborum)。理想的記憶，如西塞羅在上文中所說，是「心靈明確領會」事物與詞語。不過，「詞語的記憶」比「事物的記憶」要難得多；《赫倫尼》作者的學生中天資不如人者，對於藉影像記下每一字句，大概會感到畏縮吧。其實，我們在後文中會看到，就連西塞羅本人也承認，完成「事物的記憶」就足夠了。

再看影像的法則。前面已經說過場所的法則，以及應該選擇何種場所便利記憶。選擇何種影像安置在場所中以便利記憶，又有哪些法則？這是《赫倫尼》最奇怪而出人意表的段落，也就是作者說明選擇記憶術適用影像的心理因素的段落。他問，有些影像會很強烈而鮮明，非常適合喚起記憶，有些影像卻軟弱無力，完全不能刺激記憶，這是什麼緣故？我們必須找出原因，才能夠知道哪些影像是該避免的，哪些是可以拿來用的。

人的本性已經教我們該怎麼做了。當我們在日常生活中看見漂亮的、尋常的、平庸的事物，一般不會記下它們，因爲心智沒有受到新奇的、非凡的的事物刺激。然而，如果我們看見或聽見特別拙劣的、卑鄙的或異常的、偉大的、不可思議的、荒謬的事物，卻有可能久久不忘。所以，就在我們眼前耳邊的事物，我們通常易忘；兒時發生的事卻往往記得最清楚。其中的原因無他，也就是在於尋常的事物容易淡忘，突出的新穎的事物會記得比較久。日出日落與太陽運行，沒有人會以爲不平常，因爲那是天天發生的事。日蝕卻會引人好奇，因爲是難得發生的，而且比月蝕更令人驚奇，因爲月蝕是比較常見的。天性證實它不會受常見的平凡事情激動，卻會受新奇的或顯著的事物影響。那麼，就讓藝術以天性爲師吧，找出本性欲求的，跟隨本性的導引吧。因爲天性在發明中從不落後，在受教育的時候從不跑第一；倒是事物的肇始多從天生的才能而來，達到目的卻憑調教訓練。

既然如此，我們應當安排能依附記憶最長久的一類影像。如果我們盡量建立顯著的影像；如果我們設置的影像不是繁多的或不明確的,而是生動鮮明的影像(imagines agentes)；如果我們賦予它們不平常的美麗或特別的醜惡；如果我們用花冠或紫袍之類裝飾它們，使它們更加清晰可見；如果我們用某種方法損毀它們的外表，例如沾上血漬，撒上泥土，抹上紅色顏料，使它們看來更醒目，就可以做到在記憶中留得更久。眞實的事物我們可以輕易記得很久，如果是憑空虛構的事物，我們要記得也不難。但是必須做到這一點——要一再在心中把所有原始場所迅速想過一遍，藉此加深影像的記憶。⑧

顯而易見，作者知道，醒目而不常見的影像，不論美或醜、可笑或可厭，能藉打動情緒幫助記憶。他顯然想到了人的影像，戴著冠冕穿著罩袍的、沾著血漬的、抹了紅色顏料的人物，帶著刺激性地做著某種行爲的人物。我們會覺得，如果跟著修辭學學生走一遍他的那些場所，想像場所中有這些頗爲奇怪的影像，簡直是走進了一個奇特的世界。昆蒂里安以船錨和兵器爲記憶用的影像，雖然遠不如《赫倫尼》的刺激，卻比《赫倫尼》作者所說的詭異充斥的記憶容易理解。

研究記憶術歷史的人會遭遇的諸多問題之一是，論記憶術的專著雖然一定會列舉法則，卻幾乎從不提出具體應用這些法則的實例。換言之，幾乎都沒有把一整組記憶影像在場所中安排明白。這種作風是《赫倫尼》的作者開始的，他說，教導記憶術的老師分內該做的是指導組構影像的方法，舉幾個例子，再鼓勵學生自己去組構影像。他說，如果要教導「引見」，不能擬出一千種引見介紹法交給學生，教學生把它們背下來。應該把方法教給學生，讓學生自己發揮。教導記憶術的影像也是一樣。⑨這是值得肯定的教學原則，但作者基於這個原則，不描述一整組或整批醒目而不尋常的有作用力的影像，仍是憾事。我們只好將就他描述了的三個樣本了。

第一個是「記憶事物」的影像的例子。我們必須假定我們是一樁訴訟案中的被告律師。「公訴人已經說被告用毒藥害死了一個人，指他犯罪的動機是要取得可繼承的遺產，還宣稱被告此舉有許多目擊證人和共犯。」我們要以這整個案件組成一個記憶系統，我們應該要在第一個記憶場所上安置一個提示被告所遭指控的影像。影像是這樣的：

> 我們要想像被毒害的男子病著躺在床上，假如我們和他是相識的。如果我們和他不相識，還是要設想一個人病在床上，但是不要想成最低下階層的人，以便立刻就能想起來。我們把被告安置在床旁，右手拿著一只杯子，左手裡拿著簡冊，無名指上有一顆公羊睪丸。這樣我們的記憶中就有了被下毒的人，目擊證人，以及繼承遺產。⑩

杯子可以提示下毒，簡冊提示的是遺囑或繼承財產，公羊睪丸因爲與目擊證人（teste）是同一個字，所以提示了證人。病在床上的人應該像其本人，或是像我們認識的別的人（但不能是低下階層的名姓不明的人）。我們在下一個場所中安排控訴的其他罪狀，或是案子的其他枝節。如果能正確地銘印各個場所和影像，想記起某個要點的時候就能輕而易舉想起來。

這便是古典的記憶影像的例子——包含生動的、戲劇性的、鮮明的人物，有附件幫忙提示存錄在記憶裡的整件「事物」。雖然好像各方面全都解釋了，我還是覺得這個影像令人糊塗。它和《赫倫尼》論記憶的許多地方一樣，好像屬於另一個世界，要不是我們不可能理解，就是有地方沒解釋清楚。

作者舉這個例子不是要記住訴訟案中的辯護辭，而是要記下案子的細節或「事物」。就好像他是個律師，要在記憶中組構他處理的各個案件的一個檔案櫃。上述影像乃是一個標籤，放在記憶檔案的第一個場所位置上，檔案內容就是關於被控下毒害人的這個男子。他如果要查這個案子裡的某個部分，就先找出記錄全案的這個綜合影像，然後在接在這個影像後面的其他場所中去找出其餘部分。這樣解讀如果正確，可知技巧記憶不僅用來記住演講辭，也用來記憶一大堆可以隨意查找的資料。

西塞羅在《論雄辯家》之中講到技巧記憶優點的話語，可能有助於確認這樣的解讀。他說場所維持事實的次序，影像標明事實本身，我們可以像使用書寫蠟板和寫下來的字母一般使用場所和影像。他接著又說：「但是不應該由我來對演說者陳述記憶的用途和效能，如何留住你聽取概要得到的資訊和你自己形成的觀點，如何把你的所有想法穩固注入腦中，把所有可用的詞語資源整齊地安排好，如何密切注意你的委託人的指示，以及你必須答辯的對方講辭，才不至於使他們說的話只是灌進你耳裡，而是銘印你腦中。因爲只有具備強固記憶力的人知道自己要說些什麼，要說多久，用什麼風格說，自己已經答辯了哪些要點，有哪些要點還沒答辯；他們也能記得自己以前在其他案件中提過的許多論點，以及他們從別人那兒聽來的論點。」[11]

這是不得了的記憶能力。按西塞羅說，這些天生的能力確實可以藉著鍛練《赫倫尼》所說的記憶力而如虎添翼。

前面描述的樣本影像，乃是一個「記憶事物」用的影像，用意在於記起「事物」或案件的相關事實，以及接下去的其他場所，這些場所又安置了其他「記憶事物」用的影像，存錄著本案的其他事實或是被告與公訴人在辯辭中用到的論點。《赫倫尼》的另外兩個樣本影像，是「記憶詞語」用的影像。

想要有「詞語記憶力」的學生，可以和鍛練「事物記憶力」的學生一樣起步，也就是說，要記住他安置影像必需的那些場所。不過「詞語記憶」的任務比較困難，需要爲每個字句記住的場所位置，遠遠多於只記論點概念所需的場所。「詞語記憶力」的樣本影像，和「事物記憶力」的影像是同一類型，換言之，要呈現醒目而不常見的人物角色，而且是處在戲劇性情境中的人物，也就是「有作用力的影像」。

我們要記的是這一行詩句：

> 於是埃屈厄斯之子爲他們的王者回國做著準備
>
> （原文：Iam domum itionem reges Atridae parant）[12]

這一行詩只出現在《赫倫尼》此處的引用，別處都找不到，可能是作者爲了講解記憶術自創的，或是摘自某一部已經亡失的作品。作者主張用兩個很不平常的影像來記它。

第一個影像是「多米提亞斯在遭受馬爾西雷克斯家人鞭笞時右手舉向空中」。英譯者凱普蘭作的注解說：「雷克斯（Rex，複數字形是 reges）是馬爾西氏族（Marcian）之中最尊貴的家族之一；多米提亞氏族（Domitian）是庶民出身，但也是著名的氏族。」影像呈現的可能是一幅街頭衝突場景，是庶民氏族出身的多米提亞斯（也許要給他沾上血漬以加強記憶）被貴族的雷克斯氏幾個人毆打。這可能是作者曾親眼目睹的景象，也有可能是某齣戲裡的一景。這是不折不扣的醒目情景，所以適合當作記憶術影像來用。這個影像放在記憶前面那句詩的場所裡，生動的影像立刻教人想到「多米提亞—雷克斯」，這兩個姓氏的讀音就使人記起 domum itionem reges。由這個例子可知，「詞語記憶」影像的原則是，藉著影像含義的語音近似而提示要記得的字句。

我們大家都知道，有時候想記起一句話或某個名字，會藉一些荒唐的胡亂聯想扯到一起的東西，幫我們把它從記憶深處挖出來。古典記憶術是把這種過程系統化了。

幫忙記憶詩句其餘部分的另一個影像，是「伊索波斯和辛伯裝扮成《伊菲姬娜》劇中的阿格曼儂和曼尼雷奧斯的角色」。伊索波斯（Aesopus）是著名的悲劇演員，也是西塞羅的朋友。辛伯（Cimber）應該也是一位演員，但是只見於《赫倫尼》，別處無人提過。[13]兩人裝扮了要演出的這齣戲，並無劇本可查，扮的人物是埃屈厄斯（Atreus）的兒子們（哥哥 Agamemnon 與弟弟Menelaus）。看見兩位著名的演員在上台之前裝扮成劇中人的樣子（按法則還要塗上紅色顏料加強效果），是令人興奮的。這種場景具備適用的記憶術影像的所有條件，所以我們用它來記憶Atridae parant。埃屈厄斯的兒子們做著準備。這個影像可令人立刻想到Atridae（雖然不是憑讀音近似提示），也藉著演員裝扮好即將上台暗示「爲回國做準備」。

《赫倫尼》的作者說，單靠這個記憶方法是不管用的。我們必須先把這行詩念三、四遍，也就是按通常的方法把它背下來，然後再用影像來記住字句。「這樣技巧記憶便可彌補自然記憶。因爲兩者單獨的作用都不夠強，不過我們必須指出，照道理和技巧來記憶是更加可靠的。」⑭既然知道讀詩也必須背的工夫，「記憶詞語」顯得稍微不那麼難以理解了。

我們思考「記憶詞語」的影像，會發覺作者要教的不是修辭學學生記憶演講辭的正業，而是記憶詩或劇本中的句子。如果要按這個方法記住整首詩或整齣劇本，必須設想的「場所」也許會多到能排成幾哩路那麼長，背誦時要一路走過去，從其中找出記憶術的暗示點。也許從「暗示」正可以發現這種方法之所以奏效的端倪。我們背一首詩難道的確不會在間隔恰好的一些位置上安排「提示」的影像嗎？

《赫倫尼》的作者提到另一種「記憶詞語」的符號，是希臘人加以精心造就的。「我知道多數論述記憶的希臘人學過列舉與大量詞語相符影像的課程，這樣，想把這些影像背下來的人就不必費力去尋找，可以用現成的。」⑮希臘人的這些與詞語相符的影像，可能就是速記符號，這種符號的使用在這個時期在古羅馬世界成爲時尚。⑯使用法大概和記憶術一樣，是一種內在的速記，在腦中寫下速記符號，放在記憶場所上再記住。幸好《赫倫尼》的作者不贊成這套用法，因爲即便有一千個這種現成的符號，也遠遠不夠搭配所有使用的詞語。其實他對於任何種類的「詞語記憶」都是從輕發落的；因爲它比「事物記憶」困難，所以必須搞懂。應該把它當作一種習作，藉此「強化另外那一種記憶，事物的記憶，那一種記憶才是實用的。這樣我們可能因爲練過困難的功課，而對那一種記憶駕輕就熟」。

作者在論記憶部分的結語，是叮嚀下苦工的重要。「不論哪一門學問，如果沒有不懈的練習，再精良的理論也是無用的，記憶術尤然，如果不靠著勤奮、熱誠、努力、細心而身體力行，理論幾乎一文不值。你要確實做到記憶場所多多益善，這些場所要力求合乎法則；要每天練習安置影像。」⑰

《赫倫尼》的法則與例子雖然讓我們見識到古人的記憶力有多麼強多麼有條理，我們依然覺得內在體操、專注力的無形鍛練是奇怪的。我們會想到史料中記載的古人記憶本領，例如教人雄辯修辭的老瑟尼卡（Marcus Annaeus Seneca, 55BC-39AD），能按聽到的順序把兩千人的名字記下來重述一遍；超過兩百人的一班學生每人念出一行詩之後，他能從最後一名學生開始，依序背出每一個人念的一句，到第一個念詩的學生爲止。⑱我們又會想到聖奧古斯丁（Saint Augustine, 354-430）提過的一位名叫辛普里修斯（Simplicius）的友人，奧古斯丁也是修辭學的教師，但這位朋友能夠倒背維吉爾（Virgil）的作品。[19]我們也在《赫倫尼》中看到，一旦安頓好適切的記憶場所，我們就可以在其中隨意遊走，往前往後都不成問題。知道技巧記憶是怎麼一回事，或許有助於理解老瑟尼卡和辛普里修斯那種驚人的倒背能力。這種能力看來也許無甚意義，卻證實古代人如何佩服具備精良記憶力的人。

記憶這門藝術非常獨特，它用到古代建築，卻不遵循古典建築的精神，只中意不規則的地方，卻避免對稱的次序。它充滿非常個人的人物意象；例如用名叫「戴西馬」的朋友的面孔在第十場所上做記號；想像有多位朋友排成一列；想像一個長得像本人的病人，如果那人是我們不認識的，就想像成很像一個我們認識的人。設想的人物是有活動力而有戲劇性的，美得醒目或十分醜怪。這種人物似乎比較像哥德式大教堂裡的人形，不像正宗古典的雕像。他們顯然完全與道德無關，唯一的功用就是藉他們各自的癖性與奇特之處，使記憶受到情緒性的刺激。會有這樣的印象，也許是因爲我們沒有看到實際的樣本影像，例如，「公義」或「節制」之類的「事物」及其包含的各部分該用何種影像來記憶，《赫倫尼》的作者在討論演講辭題材如何發明的章節中，就曾談到這些「事物」。[20]研究記憶術歷史的人，實在不免爲這門藝術之難以捉摸所苦。

中古時代因襲《赫倫尼》作者是「圖里亞斯」之說，這是張冠李戴。但是，把實踐並推薦此作的功勞歸給「圖里亞斯」卻沒有錯。西塞羅在他於公元前五五年完成的《論雄辯家》之中，就談了修辭學的五大部分，用的是他慣有的華麗優雅的、散漫的、紳士的文體，和那位前輩的修辭學老師平鋪直述的文體很不一樣。他在《論雄辯家》之中所談的記憶術，顯然就是以《赫倫尼》所說的同一套技巧為依據。

首度提到記憶術是在第一卷中克拉蘇（Crassus）的演講辭裡，他說，他並不全然嫌惡用「某門技能教導的那些場所及影像的方法」來協助記憶。㉑稍後，又有安東尼（Anthony）說，特米斯托克里（Themistocles）不肯學習「那時剛引入的」記憶術，特米斯托克里還說寧願學習專教忘記的技術，也不要學記憶技巧。安東尼告誡大家，不可讓這一句輕浮的話「導致我們忽略鍛練記憶力之重要」。㉒隨後讀者便會看到安東尼巧妙地講了賽莫尼底斯發明記憶術的由來故事，也就是本章一開始所說的那個賓主全體罹難的宴會。西塞羅在接下來討論記憶術的過程中，把法則改成簡略版：

> 因此（為避免我在一個大家都知道的熟悉話題上說得太冗長乏味），吾人必須運用大量光線良好的、次序清楚的、間距適中的場所（locis est utendum multis, illustribus, explicatis, modicis intervallis）；以及有活動力的、輪廓鮮明的、不常見的、能夠迅速挑激並穿透心靈的影像（imaginibus autem agentibus, acribus, insignitis, quae occurrere celeriterque percutere animum possint）。㉓

他把場所法則和影像法則都濃縮成最精簡，以免重複讀者已經太熟悉的教科書條文，使讀者不耐煩了。

接著他又措辭含糊地談起一些極端複雜的詞語記憶方式：

> ……使用這些影像的能力來自可以養成習慣的演練，以及按位格有所改變或未改變的類似字詞的影像，或是構圖表示部分的類似字詞以表示整個類別，以及藉使用一個字詞提示整句，如同爐火純青的畫家藉更改物件的形狀以凸顯其地位。㉔

之後，他談到每個字詞用一個影像來記住的這種詞語記憶法（《赫倫尼》的作者說這是「希臘式」的詞語記憶法），卻又認爲「事物記憶」才是對演說者最有用的記憶術（看法與《赫》的作者相同）。

> 對我們而言是絕對必要的詞語記憶法，要用更多不同的影像使之更分明（不同於一整句用一個字詞的影像）；因爲有許多字如同關節般將句子的四肢連接，這些字不可能用任何形似的東西來構成——我們必須模造一些經常用到的影像提示這些字；但是，事物記憶是演說者專有的東西——這可以藉技巧地安排多個可以代表事物的角色（Singulis personis）來

銘印在我們心中，以便我們能藉影像掌握論點，藉場所掌握論點的順序。㉕

用 persona（角色，面具）這個字，既有趣也令人好奇。這是否意味，記憶用的影像要藉誇大其悲劇或喜劇的面向來加強印象的效果，正如古代演員藉面具強化戲劇效果？這個字是否暗示，從舞台上可以擷取鮮明的記憶影像？抑或意指記憶用的影像如同一個個我們認識的人——《赫倫尼》的作者也這麼說過，只不過爲了喚起記憶才戴上角色的面具？

西塞羅提供了一段非常簡明的「記憶術」專論，把所有要點按常見的次序一一說明。開頭就以賽莫尼底斯的故事爲先導，點出記憶術包括場所與影像，很像在內心裡往蠟板上書寫。然後談自然的與人爲的記憶，再照例以自然可藉人爲技術改善爲結論。接著是講場所的法則與影像的法則；再討論記憶事物與記憶詞語。他雖然也認爲演說者必備的只是事物的記憶力，卻也讓自己接受了一番記憶詞語的操練。其中的記憶詞語用的影像會更動（？），會改變位格（？），會把一個整句構成一個單詞的畫面，他以不尋常的方式在心中勾勒影像，如同技藝高超的畫家一般。

不懂技巧的人斷言的（quod ab inertibus dicitur）並不眞確，他們說記憶在大量影像重壓下會瓦解，甚至把不必人爲技巧幫助就能記住的也忘了。因爲我自己就遇見過具備近乎神

> 聖般記憶力的卓越人士（summos homines et divina prope memoria），雅典的查瑪達斯（Charmadas）以及亞洲的賽普西斯的麥卓多羅斯（Metrodorus of Scepsis）——據說麥卓多羅斯仍在世，兩人都常說，能藉影像把自己想要記住的事寫在自己準備好的某些場所裡，就如同是在蠟板上寫字。當然，如果欠缺天生的記憶力，不可能藉這個方法擴大記憶力，但它的確可以喚起記憶，如果記憶在隱藏中。㉖

從以上西塞羅做的結論可以看出，記憶術發展史上後來發出的反對聲音——至今仍是每個聽說過的人都在反對，在古代就已經存在了。西塞羅那個時代就有魯鈍的或懶惰的或沒技巧的人，從常識的觀點看這門藝術，我個人是衷心贊同他們的——前文我已聲明自己只是在研究記憶術的歷史，並不是實踐者。這麼一大堆場所和影像，只會把一個人原本自然而然記得的東西都掩埋掉。西塞羅是記憶術的信徒與擁護者。顯然他在視覺記憶方面是天賦異稟。

我們又該如何看待查瑪達斯和麥卓多羅斯這樣的卓越人士——西塞羅領教過他們「近乎神聖」的記憶力？西塞羅不但是位記憶力超凡的雄辯家，在哲學方面還是柏拉圖主義者。當一位雄辯家兼柏拉圖主義者說記憶力「近乎神聖」，會有什麼含義？神祕的賽普西斯的麥卓多羅斯的名字以後會在本書中一再提及。

西塞羅論修辭學的最早一部作品是《論發明》（*De inventione*），比《論雄辯家》早大約三十年寫成，與《赫倫尼》的佚名作者撰寫這本教科書差不多是同一時候。從《論發明》中看不出西塞羅在技巧記憶方面有沒有其他意見，因爲這本書只談修辭學的第一部分，也就是「發明」，是關於如何發明或撰寫演講的題材，如何蒐集要講到的「事物」。即便如此，《論發明》後來仍成爲記憶術發展史上的要角，因爲，技巧記憶在中古時代變成基本德行中「審慎」的一部分，乃是西塞羅在本書中釋義德行肇始的。

他在近結尾的地方界定德行是「與理性及自然秩序諧調的一種心智習慣」，這是斯多噶派（stoic）的德行定義。然後他說，德行分爲四大項，即是審慎、公正、堅忍、節制。四大德行又各包含多個要素。以下便是「審慎」的定義與要素：

> 審慎是明辨善惡與不善不惡。包含記憶、智慧、遠慮（memoria, intelligentia, providentia）。記憶是記得過去之事的心智官能。智慧是確知現存事實的官能。遠慮是預知將發生之事的官能。[27]

西塞羅定義的德行與德行的內涵，是後世形成的所謂「基本德行」的一個非常重要的依據。大阿爾貝特斯（Albertus Magnus, 1206-1280）與阿奎那（Thomas Aguinas, 1225-1274），都在著述中討論德行的時候引用了「圖里亞斯」定義的審慎三要素。兩人都主張鍛鍊技巧記憶，主要的原因也正是「圖里亞斯」把記憶定義爲審愼的要素。這樣論德行是無懈可擊的，也呼應了中古時代把《論發明》與《赫倫尼》都歸爲圖里亞斯之作的事實。當時人們稱這兩部書是「圖里亞斯的第一部與第二部修辭學」。圖里亞斯在「第一部修辭學」裡說，記憶是審愼德行的要素；圖里亞斯又在「第二部修辭學」裡說，有一種技巧記憶可以增強自然的記憶力。所以，鍛練技巧記憶是審愼德行的一部分。大阿爾貝特斯和阿奎那討論技巧記憶的法則，就是基於記憶是審愼德行的要素。

經院哲學如何把技巧記憶從修辭學轉變成倫理學，後文會有詳論。㉘在此先略作概述，因爲我們會想到，爲審愼或道德效命的技巧記憶力是否全然是中古時代所創，抑或是有古代根源的。我們知道，斯多噶派認爲以道德約束幻想是倫理道德的要件，所以非常重視這一點。前文說過，我們無從知道審愼、公正、堅忍、節制這些「事物」以及其要素如何在技巧記憶中呈現。例如，審愼是否以耀眼美麗的記憶術形象出現，是否我們認識的某個「角色」，是否帶著或在四周圍繞著提示「要素」的一些次要影像——類似前文被控謀財害命者的案件中各個部分匯成一個綜合記憶術影像？我們並不知道。

昆蒂里安是以明達著稱之士，也是傑出的教育家，在一世紀的羅馬是修辭學的盟主。他的《雄辯教育》比西塞羅的《論雄辯家》晚一百多年問世。西塞羅推薦技巧記憶雖然大大抬高它的地位，古羅馬的修辭學界領導人物們並不理所當然肯定它的價值。據昆蒂里安說，當時有些人把修辭學只分成三部分，理由是：記憶與呈演這兩個部分「是天賦不是技藝」。㉙昆蒂里安自己對技巧記憶的看法並不明確，但是仍舊給了它相當重要的地位。

他也和西塞羅一樣，從賽莫尼底斯發明技巧記憶的故事開端。他講的版本大體上和西塞羅的相同，但有些細節上的差異。他並且說，希臘資料來源有很多不同版本，這個故事能在自己這個時代廣泛流傳要歸因於西塞羅。

賽莫尼底斯的這種事功顯然引發了這個觀念：若將場所烙印在腦中，有助於記憶，這是人人經試驗便會相信的。因爲，我們如果在離開某場所相當長的一段時間之後再回去，不僅能認出這個場所，也會記起在那兒做過的事，從而記起以前在那兒遇見的人，甚至記起在那兒想過的事。所以，記憶也和多數情形一樣，技藝是因實驗引發的。

要選擇場所，要力求其中有明顯的差別，如同一幢隔出各式房間的寬敞房子。裡面每一件應留意的要點都要努力銘記腦中，以便思緒在所有部分中可以暢行無阻。首先的要務是確定在這些場所中走動絶無困難，因爲這個記憶必須穩固確立才可幫助別的記憶。然後，寫下來或想好的內容必須用一個記號來提示。這個記號也許是按整個「事物」設定的，例如從航海或戰事而來，或是從某個「詞語」而來；因爲忘掉的東西可以憑一個字詞提醒就想起來。那麼，如果我們假定是取自航海的記號，比方說是用錨爲記號；或是取自戰事，例如兵器。這些記號要按以下這樣安排。第一個概念假定是放在前庭裡；第二個概念就可以放在前正廳；其餘的依序放在中庭水池四周，不但可以放入臥室、客廳，甚至可以放在雕像之類的上面。這樣安置完畢後，一旦需要記起來，就可以從第一個位置開始一路走下去，提取放進去的東西，憑記號提示我們的記憶。這樣，不論需要記住的細節是多麼繁多，每一個都像合唱隊的成員般彼此銜接，接在後面的那一個不可能跑到上一個銜接者的前面去，但是必須先做準備功課。

上面所說在一幢房子裡記下的場所，也可以在公共建築中完成，或是在一條長途旅程上，在一座城市的各處，或是利用圖畫。或者我們可以自行想像出這些場所。

因此我們必須有場所，眞實的或想像的不拘，必須有記號或影像，這是必須自創的。影像就如同字詞，我們藉它注意到必須記得的事物，所以西塞羅說：「我們使用場所如書寫蠟板，影像如寫的字。」不妨引用他原來的話：——「吾人必須運用大量光線良好的、次序清楚的、間距適中的場所；以及有活動力的、輪廓鮮明的、不常見的、能夠迅速挑激並穿透心靈的影像。」這使我更加驚歎麥卓多羅斯竟能在太陽運行的黃道十二宮之中找出三百六十個場所。這無疑是一個爲技藝甚於天賦的記憶力而得意的人的虛榮與自誇。㉚

被記憶術搞糊塗了的學生要感謝昆蒂里安。要不是他清楚說明該如何先把一幢房子或公共建築物裡的房間一一看過，或沿著城市的街道走，來記下記憶所需的場所，我們根本無從理解「場所的法則」是什麼意思。場所爲什麼能幫助記憶？他也提出了非常合理的解釋：因爲我們憑經驗就知道場所的確會勾起記憶中的聯想。他所描述的系統是用船錨或兵器之類的記號提示「事物」，或是用這類記號只提示一個字詞，再藉這個字詞記起整個句子。這似乎頗有可能，也在我們能理解的程度之內。這其實就應該是我們所說的記憶術。由此可知，古羅馬時代就有了我們所理解的「記憶術」這門學問了。

昆蒂里安並沒有提到奇怪的「有作用力的影像」，但是從他引用西塞羅的話看，他當然知道這種影像。西塞羅加以簡略化的法則是以《赫倫尼》爲依據，或可說是以《赫倫尼》講到的運用奇特影像的那種記憶法爲依據。不過，昆蒂里安引述了西塞羅的話之後，竟敢和這位修辭學界的偉大前輩唱反調，突然給了賽普西斯的麥卓多羅斯全然不同的評價。在西塞羅看來，麥卓多羅斯的記憶能力「近乎神聖」。在昆蒂里安看來，此人是個吹牛者，而且有些像騙子。昆蒂里安也告訴我們，麥卓多羅斯那些神聖般的或自命不凡的（觀點見仁見智）記憶系統是以黃道十二宮爲依據的。

昆蒂里安對記憶術做的結論如下：

我絕不否認這類方法在某些方面是有用的，例如，我們如果必須把許多事物的名字按聽到的順序背出來，就可以用。用這個方法幫助記憶的人，把一件件事物放進記憶場所；例如，把一張桌子放入前庭，把一個講台放入前正廳，按此把一件件安置好，再走過這些場所的時候，就能找到放在裡面的東西。據傳說，霍登修斯（Hortensius）能夠在拍賣會後說出會中那些物品每個賣給了哪個買主，之後核對收帳員的帳冊無誤。這種記憶法也許對這些人會有用。但是這對於記憶演講詞的幫助就比較少了。因爲概念不會像物品那樣喚起影像記憶，雖然某個特定場所也許能使我們想起曾在那兒與人說過的一些話，我們仍須另謀他法。因爲這種技巧無法掌握一整串相連的詞語。我忽略了這個事實：有些字詞不可能用任何形似影像來代表，例如連接詞就不能。我們的確可以像速記書寫者那樣，每個字詞都有確定的符號代表，也可以用無數個場所來記憶控訴菲列斯（Verres）的第二訴狀的五卷的全部內容，甚至當它是交付保管的存放物。但是，我們的演說會不會免不了受記憶的雙重負擔妨礙而不流暢了？因爲，假如我們必須回憶代表每一個字詞的符號，說出來的話怎可能連貫一氣？所以，我方才提到的查瑪達斯與賽普西斯的麥卓多羅斯，西塞羅說他們是用這種方法的，他們可以把這一套留著自己用；我的原則是比較簡單的。㉛

拍賣者把他賣出的眞實物品的影像放在記憶場所裡，這個方法正是前面說過的表演記憶力

娛樂學生的那位教授的方法。昆蒂里安說，這種方法有效，在某些方面是有用的。但如果記憶演講詞也照樣用記憶事物的「影像」，他認爲費這麼大工夫並不值得，因爲必須發明所有記「事物」的影像。顯然他連船錨和兵器的影像也不贊成。他完全沒提神奇的「作用力影像」。他把記詞語的影像解讀爲把速記符號放入記憶場所記下來；《赫倫尼》的作者棄之不用的希臘方法，但是西塞羅卻佩服查瑪達斯和賽普西斯的麥卓多羅斯所擅長的。

昆蒂里安要取而代之的鍛鍊記憶力的「比較簡單的原則」，主要就是主張講稿之類按平常的密集苦讀的方式背下來，但是也不反對有時候採用一些簡單的記憶術方法來輔助記憶。可以用自己發明的記號來提示難記的段落，這種記憶符號甚至可以配合內容的性質。這類記號「雖然取自記憶術」，卻不是無益之物。總之，有一種方法是對學生幫助最大的：

> 也就是看著寫在板子上的講詞來背下一個段落。因爲這樣會有一些軌跡導引他追逐記憶，心靈的眼睛盯住的不只是一張張寫著講詞的板子，也看著每一行，有時候人就好像在看著字句般從口中講出來。……這個方法有些像我前文提過的記憶術系統，但是就我經驗之談的淺見，這樣記既比較快也更有效。㉜

我想這意味昆蒂里安的方法採自記憶術中想像文句在「場所」裡的慣例，不同的是，並不想像速記符號在一整套記憶場所中，而是想像文句寫在書寫板或書頁上的樣子。

令人感興趣的是，昆蒂里安想像書寫板來記憶時，是否加上記號或符號或有作用力的影像，讓記憶在一行行文字中走動時藉記號認出場所。

昆蒂里安對於技巧記憶的觀感，明顯與《赫倫尼》作者以及西塞羅的不同。在他看來，「有作用力的影像」在場所中指指點點，藉訴諸情緒喚起記憶，既累贅也不實用。羅馬社會是否晉升到更爲精鍊的程度，使某種認眞的、古老的、近乎魔法的、用影像形成立即聯想的記憶方法失傳了？抑或羅馬人與先人的差別只是稟賦上的？會不會因爲昆蒂里安欠缺憑視覺記憶必備的那種敏銳的視力知覺，所以技巧記憶在他身上沒效？西塞羅說了，他卻沒說，賽莫尼底斯發明記憶術是基於人的感官之中以視覺最爲銳利。

本章討論的記憶術三大古典源頭，成爲後世西方記憶術傳統之基礎的，並不是昆蒂里安理性而批判的論述，也不是西塞羅優雅而晦澀的系統規劃，而是未留名的修辭學教師定下的那些法則。

2 希臘的記憶術：記憶與靈魂

賽莫尼底斯的故事中，因爲事先記下了宴席上每個人坐的位置，所以能在血肉模糊的屍首中辨認出每一個人。這可能顯示，人像是希臘傳至羅馬的記憶術的一個固有部分。據昆蒂里安說，希臘留下來的這個故事的版本有好幾個，①我們也許會猜測，這個故事會以導言的形態，出現在希臘一本修辭學教科書中技巧記憶的這個部分。古希臘必然有許多這種書，但是沒有一本傳下來，所以我們只能憑三部古羅馬的著作來猜測古希臘的記憶術。

凱奧斯的賽莫尼底斯（約 550-468 B.C.）②生於蘇格拉底以前的時代，當時畢達哥拉斯（Pythagoras, 580?-500 B.C.）可能還是個年輕人。他是希臘人最讚賞的抒情詩人之一（留下的作品極少），被呼爲「甜言蜜語」，特別擅長使用美麗的意象，羅馬人將他的名字拼寫成 Simonides Melicus（意即抒情的賽莫尼底斯）。許多事物的肇端功勞被歸給了這位才華橫溢而有獨創性的詩人。據說他是第一個要求付給他寫詩酬勞的人；他精明的這一面也表露在發明記憶術的故事裡，故事緣起於他依契約為宴會主人寫頌詩。另一項創新，是普魯塔克似乎認為賽莫尼底斯是將詩與畫的方法畫上等號的第一人。他說：「賽莫尼底斯稱畫是無聲的詩，詩是有聲的畫；因為畫家描繪正在進行的事，文字描述已經完畢的行為。」③後世的賀瑞斯（Horace, 65-8 B.C.）的名句 ut pictura poesis（圖畫是敍事的詩），乃是將這個論點做簡明總結。

指詩畫並論為賽氏所創的說法，有很重要的意義，因為開創此論與發明記憶術有共通之處。據西塞羅說，賽氏發明記憶術起因於發現視覺是人類感官之中最敏銳的一個。詩畫等同的理論的由來，也是視覺敏銳居所有感官之最；詩人和畫家都透過視覺影像而思考，但表達出來的一個是詩一個是畫。由此可知，記憶術的發展史上無處不在的與別門藝術的關係，其實在它傳奇般的起源期就存在了。賽莫尼底斯看文學、繪畫、記憶術，都是從深刻的視覺想像出發。我們如果先看一下本書的宗旨人物布魯諾，就會發現他的一部記憶術專論之中，用了「雕刻家斐底亞斯」與「畫家宙克西斯」為標題來談運用影像的原則，也在這些標題之下討論了「圖畫是敍事詩」的理論。④

賽莫尼底斯是受崇拜的偶像，是本書題目的創始人。不僅西塞羅與昆蒂里安證實記憶術是他發明的，老普利尼（Pliny the Elder）、伊里安（Aelian）、阿米亞諾斯・馬塞里納斯（Ammianus Marcellinus）、蘇伊達斯（Suidas）等多位人士也都這麼認為，而且有銘文為證。十七世紀發現的「巴洛斯記事」（*Parian Chronicle*）是一塊公元前二六四年的大理石銘文板，上面記載了發明笛子、穀物女神瑟麗斯（Ceres）與半神半人屈普托勒莫斯（Triptolemus）傳授玉米耕作、奧斐亞斯（Orpheus）的詩歌發表等傳說中的日期；至於史實時間，都以祭祀節慶和獲得嘉獎爲重點。有關記憶術的這一則是這樣寫的：

> 自從凱奧斯的里奧普列庇斯之子賽莫尼底斯，記憶輔助法的發明者，獲得雅典的合唱獎，哈摩底亞斯與亞里斯多蓋頓的雕像也樹立，時二一三年（即公元前四七七年）。⑤

從其他資料可知，賽莫尼底斯老年時獲得合唱獎；巴洛斯記事碑上記錄這件事時特別表明他是「記憶輔助法的發明者」。

我們因此可想而知，賽莫尼底斯在記憶術方面確實有過一些作爲，例如傳授或發表各種法則，雖然有可能是更早以前口傳下來的法則，但看來像是新提出的一套說法。我們不能用太多篇幅來談賽莫尼底斯以前的記憶術起源；有人認爲是畢達哥拉斯的學說；也有人認爲是古埃及的影響。可以想像的是，某種形式的記憶術可能是吟遊詩人和說書人自古就在應用的。傳說是賽莫尼底斯首創的這些發明，也許是社會結構趨於細密的徵兆。詩人已經有了明確的經濟地位；在講究演說記憶的時代，記憶技巧整理成一套法則，在轉型到新文化形態的時代，一些傑出的人被稱爲發明者，也是正常的。

《邏輯討論》（*Dialexeis*）是大約公元前四百年時的一部著述的殘卷，其中有這麼一段講到記憶：

記憶是一項偉大而美好的發明，對學習與生活永遠有用。

第一個要點是：你若投以專注（導引思維），判斷力便能更清楚地理解進入思維的東西。

第二，複述你所聽到的；因爲，藉著反覆聽見與說出同樣的事物，所學的東西就會完整進入記憶。

第三，把聽見的安置在你已知道的上面。例如，要記憶的是 Χρύσιππος（克里希普斯）；我們就把它放在 χρυσὸς（黃金）和 ἵππὸς（馬）之上。又例如：我們可以把 πυριλάμπης（螢火蟲）放在 πύρ（火）與 λάμπειν（發光）之上

以上是記憶名字。

記憶事物要這樣：把勇氣放在戰神馬爾斯（Mars）與阿基力斯（Achilles）上面；要記憶冶金，用火神弗爾坎（Vulcan）；記憶怯懦，用埃皮厄斯（Epeus）。⑥

記憶事物，記憶字詞（或名字），技巧記憶兩類型的專用術語在公元前四百年就有了。兩種

記憶都用影像；一種影像代表事物，一種影像代表字詞；這又是我們熟悉的法則。這兒雖然沒有講到場所的法則，卻講了以後記憶術發展史上一再出現的方法，即是把要記住的概念或字詞直接放在影像上，顯然這是自古就有的。

由此可見，技巧記憶的粗略大綱在賽莫尼底斯死後約五十年的時候已經存在了。這顯示，他「發明」或歸整的其實可能是一些法則，大致和《赫倫尼》所說的相同，但是，傳到四個世紀以後的《赫倫尼》作者之前，應該歷經多次的精簡與增補的整理。

這部最古老的記憶術論著中，記憶字詞的影像是藉拆開原始字源而形成，其中舉的記事物的影像例子，包括德行與弱點（勇敢與怯懦）之類的「事物」，以及技藝類（冶金）。這些事物在記憶中存放在神祇與人類（馬爾斯、阿基力斯、弗爾坎、埃皮厄斯）的形象上。我們不難看出，這些代表「事物」的人物就是後來發展成「有作用力影像」的古代雛形。

一般認爲《邏輯討論》表現了詭辯派的學說，其中論記憶的部分可能講的是詭辯家埃里斯的希庇亞斯（Hippias of Elis）的記憶術。⑦有兩部僞柏拉圖對話錄是以希庇亞斯爲名的，內容也諷刺他，說他具有「記憶技巧」，吹牛說自己聽人念一遍五十個人的名字就能背出來，而且同樣聽一遍也能背出英雄或人物的家譜、城市建立的年譜，以及其他資料。⑧看來希庇亞斯很像是在鍛練技巧記憶的人。我們不禁想知道，柏拉圖極力反對的詭辯派教育體系是否曾經大肆利用這項新「發明」，所以能有強記大量五花八門資訊的本領。我們看得出來，《邏輯討論》談記憶的部分一開始就熱情十足：「記憶是偉大而最美好的發明，對學習和生活永遠有用。」技巧記憶法這美好的新發明是否詭辯制勝新招之中的要素？

亞里斯多德當然也熟知技巧記憶，曾在作品中一共提及四次。他不是在闡述記憶術（據戴奧吉尼斯・雷厄舍斯〔Diogenes Laertius〕說，他寫過一本論記憶術的書，但已佚失⑨），而是在討論中做說明時順便提到。其一是在《瑣事集》（*Topics*）之中建議，有關最常出現的問題的論據應當存入記憶：

> 正如一個記憶力訓練有素的人，事物的記憶本身是僅僅提到它們的場所就立即引起的，所以這些習慣也會使一個人更有做推理的準備，因爲他已在心靈之眼的面前把前提分類好了，每個都定好了號碼。⑩

毫無疑問，鍛練過記憶力的人使用的這些「主題」必然是記憶「場所」，而這本對話錄使用的 topics 這個字，當然也很可能是從記憶用的場所（希臘文 topos 的意思就是「場所」與「主題」）而來。Topics 是對話的「概念」和主題，因爲存放在場所中而漸漸成爲 topos 的字形（複數形 topoi）。

亞里斯多德在《論失眠》(*De insomnis*) 中說，有些人會夢到自己「似乎在按他們的記憶方法整理面前的物件」⑪。這乍看像是告誡技巧記憶不要做過頭了，不過他並不是爲了告誡而提此話。《論靈魂》(*De anima*) 中也說了類似的話：「像發明記憶術的人那樣把事物呈現在眼前加以構組，是可能的。」⑫

四次提及之中最重要的一次，也是影響記憶術後世發展最深的，是在《論記憶與回憶》(*De memoria et reminiscentia*) 中。大阿爾貝特斯與阿奎那這兩位卓越的經院哲學家，憑他們廣受景仰的敏銳思維認爲，《論記憶與回憶》中的「哲學家」提到的一種記憶術，與圖里亞斯在「第二部修辭學」(即《赫倫尼》) 中教導的是相同的。亞里斯多德的作品也因此被他們當成一種記憶專論，與圖里亞斯的法則混爲一談，也爲那些法則打下哲學與心理學上的穩固基礎。

亞里斯多德的記憶與回憶理論，依據的是他在《論靈魂》中闡揚的知識論。五種感官傳入的知覺，首先要經過想像力的處理或作用，這樣再形成的影像才成爲智能的素材。想像是介於知覺與思維之間的階段。因此，一切知識雖然根本上都是從感官印象得來，但是思維並不是就這麼直接運作，而是必須先經過想像力加以處理吸收的。是靠著靈魂會製作影像的功能，更高層次的思維過程才可能運作。所以，「心靈思維時必然是有意念圖像的」⑬；「思考能力就是藉著內心圖像來想像的」⑭，「人若沒有知覺官能，根本不可能學習或理解任何事物；即便是臆測地想，也必須有心念的圖像供他來想」。⑮

按經院哲學家的觀點，以及承襲經院哲學家記憶傳統的觀點，記憶術和亞里斯多德的理論有一個接融點，即是兩者都認爲想像十分重要。亞里斯多德所說的沒有意念圖像不可能思想，一向是被提出來支持記憶術使用影像的論據。亞里斯多德本人也在闡明想像與思維的時候，用到記憶術的影像。他說過，思想是我們隨時想做就可以做的事，「因爲，像發明記憶術的人那樣，把事物呈現在眼前加以組構是可能的」。[16]他這樣說是在比較刻意選擇要思考的意念圖像，以及記憶術中刻意組構要記憶的影像。

《論記憶與回憶》是《論靈魂》的附錄，一開始就引了《論靈魂》的一句話：「如我在《論靈魂》中談想像時說過的，沒有意念圖像，連思想也是不可能的。」[17]他接著說，記憶和想像屬於靈魂的同一個部分；記憶是感官印象構成的意念圖像集合，但是要加上時間的元素，因爲記憶的意念圖像不是從領會眼前的事物的知覺而來，乃是對於過去事物的知覺。由於記憶是這樣屬於感官印象的，所以並不是人類獨有；有些動物也是能記憶的。不過，智能也要在記憶中軋一腳，因爲存在記憶中的那些來自感官的印象需要思維的作用。

他把感官印象形成的意念圖像比作畫成的肖像，「這肖像的持久狀態，我們稱之爲記憶」，[18]他又把意念圖像的形成比爲一種動作，類以用圖章戒指在蠟上留下印信。印象是否留住很久，或是很快就被抹掉，要視各人的年齡與癖性而定。

有些人因爲生病或年老，面對相當強的刺激也留不下記憶，就好像在流動的水上印下刺激或圖章。對他們而言，這種方法是無效的，因爲他們好像房子的老舊牆壁般磨損不堪，或是因爲要接收印象的部分硬得刻不進去。所以，年紀太小或太大的人記憶力都不好；他們都處於流動不定的狀態，因爲年幼者一直在發育，年老者在持續退化。同理，太急或太慢的人似乎記憶力也不好；前者濕性過度，後者則太硬；前者無法使圖像持久，後者不能接受印象。⑲

亞里斯多德把記憶與回憶劃分開來。回憶是喚起自己以前有過的理解與感受。這是蓄意在記憶內容中搜尋的行爲，要找出想要再記起來的東西。他指出回憶有兩個重要原則，兩者是彼此相關的。原則之一是聯想，其二是次序。我們從「一些與正在尋找的事物類似或相反或密切相關的東西」開始，就會遇上它。⑳亞里斯多德並沒有提「聯想」一詞，但是這一段話被形容爲最早透過相同性、相異性、接近性而規劃聯想法則的言論。㉑我們也應當設法重建事情或印象的次序，順著次序找到我們的目標，因爲回憶的動向是跟著原來事情發生的先後次序走的；最容易記住的就是有順序的事物，數學定理便是一例。但是，我們展開回憶的行爲，必須有一個起點。

> 人往往會在當下想不起來，但是能搜尋自己想要的並且找到目標。這是因爲他先牽扯了多個動念，之後終於展開可以帶向尋找目標的那一個。實在要靠潛在的刺激因素才能夠記起……但是他必須掌握住起點。爲這個緣故，有人使用可促使他記起的場所（τόπων）。這是因爲人會迅速地從一步推向下一步；例如，從牛乳到白色，從白色到天空，從天空到潮溼；之後便會想起秋天，假定試圖記起的是這個季節。㉒

從這段文字可以確定的是，亞里斯多德引用了技巧記憶的「場所」來說明他所講的記憶過程中的聯想與次序。除此之外，這段文字的意思很難懂，編輯者與注釋者都有同感。㉓從牛奶一步步迅速推至秋季(假定試圖記起的是這個季節)，可以憑天馬行空的聯想達成，這是可能的。否則這一段話就是訛誤的，而且根本不知它在講什麼。

緊接在後面的這一段裡，亞里斯多德講到從一個系列之中的任何一點開始回憶。

> 一般而言，中間點顯然是理想的起點；因爲如果在走到中間點之前無法憶起，到了這裡就會憶起，否則也不會從其他點憶起。例如，假定某人在想一個系列，可用ＡＢＣＤＥＦＧＨ代表；假如他在Ｅ點上沒記起要的是什麼，卻在Ｈ點上記起來；他在Ｅ點上可能往前後任一方向推，也就是向Ｄ或Ｆ點移動。假定他要找Ｇ或Ｆ，會在走到Ｃ的時候記起自

己要的是G或F。否則要到A點才記起。這樣做總是能成功的。有時候可能憶起我們所找的，有時候則不能；原因在於從同一個起點可以往不只一個方向移動；例如從C點我們可能一路走到F點或只到D點。㉔

由於前面已經把連串記憶的起點和記憶場所做了比較，我們看了這段令人糊里糊塗的話倒也能想起，技巧記憶的優點在於練就這工夫的人可以從自己整組場所的任一點開始想，隨意往任何方向去搜尋記憶。

經院哲學家覺得這足以證明《論記憶與回憶》是從哲學的角度肯定了技巧記憶。亞里斯多德本意是否如此，頗值得懷疑。他似乎是在引用記憶術的技巧來說明自己的論點。

三部拉丁著作都用到同樣的隱喻——內在的書寫或是把記憶影像銘印在場所中都如同在塗蠟的字板上寫字，顯然是因爲當時的人都用蠟板書寫。但這個隱喻也與古希臘的記憶學說契合。昆蒂里安就在論記憶術的導言中說，他無意多談記憶的確切功能，「雖然許多人贊同印象刻在腦海中類同圖章戒指印在蠟上的痕跡之說」。㉕

亞里斯多德的感官印象形成之影像如同蠟上捺印的比喻，前文已說過。在亞氏看來，印象痕跡是一切知識的根本源頭；雖然還要經過心智思維加以精鍊與抽象化才成爲知識；若沒有感官印象，就不可能有知識，因爲一切知識都以感官印象爲基礎。

柏拉圖也用過捺印痕的隱喻，是在《塞伊泰特斯》（*Theaetetus*）中的著名段落裡。蘇格拉底假定人的靈魂中有一大塊蠟——質地因人而異，這是「記憶女神——諸繆斯之母——的賜予」。我們只要聽見或看見什麼，就會把這塊蠟舉到知覺和思維面前，把它們往蠟上印，如同我們用圖章戒指在蠟上捺印。㉖

柏拉圖和亞里斯多德不同的是，他認爲有一種知識不是從感官印象產生的，吾人的記憶中潛存著「觀念」的形態或模子，這是靈魂未降入人世之前所知事實的模子。使感官印象的印痕能恰合這些模子，才成爲眞知識，因爲人世的事物乃是更高層次眞實的反映。《斐多》（*Phaedo*）再把這個論點詳述了一番。一切可感知的事物都可歸納於它們有相似之處的類型。我們今生之中並沒有見過或學過那些類型；但是我們在降生之前看過它們，對它們的認知是我們的記憶中固有的。只要見到這個類型的東西，就會參照我們對於合乎「相等概念」的事物產生的感官知覺，諸如此類的概念是我們固有的。我們會在相等的事物中看出相等性，例如看出一些木塊有相等性，是因爲「相等概念」已經銘印在我們的記憶中，它的捺印潛存在我們的靈魂的蠟板上。眞知識就是感官印象的印痕與基本印痕能呼應配合而來，基本印痕也就是可以和感官的目標物相符的「形態或概念」的圖章。㉗柏拉圖在《菲德洛斯》（*Phaedrus*）中詳細說明了他所見的修辭學的眞正功能——也就是說服他人接受知識的眞理，並且再一次詳論了這個題旨：眞理的知識與靈魂的知識在於回憶，在於憶起一切靈魂以前都見過的「概念」，人世的一切事物都是那些概念的胡亂翻版。一切知識一切學習都是爲了要記起原來的眞實，爲了要把感官的種種知覺經過與眞實核對而集成一體。「人世複製的公正與節制，以及靈魂珍視的其他理念，其中都沒有光，僅有極少數人透過黑糊糊的感受器官接近影像，能從其中看見正版的本質。」[28]

《菲德洛斯》是一部修辭學的專論。其中並不把修辭雄辯當作爲了政治或私人利益而運用的說服技巧，他認爲修辭學是說出眞話的藝術，是說動聽者接受眞理的藝術。但這是要靠靈魂的知識才能做到的，而靈魂的眞知識就在於能憶起「概念」。記憶並不是這部專論中的一個「項目」，不是當作修辭藝術的一個部分而談，就柏拉圖思想而言，記憶是整個修辭學的基礎所在。

按柏拉圖的觀點，詭辯學派那樣使用的技巧記憶顯然是惡劣至極的，是對記憶的褻瀆。柏拉圖諷刺詭辯派，例如他們利用字源的無聊行徑，很有可能肇因於詭辯派在記憶字詞的時候大用字源學。柏拉圖學說中的記憶應該是條理分明的，不涉及這種記憶術的瑣碎，而是對應眞實的。

在記憶術的架構內進行這麼宏大的解讀的，就是文藝復興時代的新柏拉圖主義者（Neo-platonists）。其中最突出的表現就是朱里奧・卡米羅（Giulio Camillo）的「記憶劇場」。這種記憶系統是將影像分列在一個新古典主義式劇場的各個位置上，完全按正確的技巧記憶方法，卡米羅自認這個記憶系統是以「眞實」的原型爲本，而自然界和人類的一切都被根據原型而產生的次要影像包含在內。卡氏的記憶觀基本上是柏拉圖式的（雖然他的劇場裡也有赫米斯知識傳統和猶太玄祕哲學的影響），目的是要建構以事實爲基礎的技巧記憶。他說：「假如古代的演說者爲了每天把必須背下來的講辭內容安置好，把它們放進不牢固的場所而成爲不牢固的東西，我們爲了把我們能在演說中表達的一切事物的永恆本質永遠存在……我們就應當給它們設好永恆的場所。」㉙

蘇格拉底在《菲德洛斯》裡說了以下的故事：

我聽說，埃及的拿克拉堤斯有一位那個地方最古老的神祇，她的神聖之鳥收作聖鶚。這位神自己的名字是托特（Theuth）。是他發明了數字與算術、幾何、天文學，還有棋戲與骰子，最重要的是發明了字母。那時候全埃及的王是撒姆斯（Thamus），他居住在北部的一個大城市裡，希臘人稱那城市是埃及的底比斯，他們稱那位神是安蒙（Ammon）。托特帶著他的發明來見撒姆斯，說應當把這些傳授給其他的埃及人。撒姆斯卻問每件東西有什麼用，托特便列舉了各種用處，說明每種藝術有些什麼優缺點，我們不能一一重複了。到了要說明字母的時候，托特說：「國王啊，這個發明將使埃及人變聰明，能增進他們的記憶；因爲我發現的這種東西是記憶與智慧的萬靈藥。」撒姆斯卻說：「最聰智的托特啊！人能創出技藝，卻不能判斷技藝對使用它的人有益還是有害；你身爲字母之父，出於鍾愛而稱它們具有這種力量，事實卻是相反的。因爲這項發明會在學習使用它的人心中製造健忘，因爲那些人不肯鍛練記憶了。他們信賴了外在字母構成的書寫，字母不是他們本來具有的，會妨礙他們使用自己內在的記憶。你發明的不是記憶靈藥而是提醒的靈藥；你提供給你的學生的是智慧的表象，不是眞智慧，因爲他們將不受指導而閱讀許多東西，因而看似知道了許多東西，其實大多數時候是無知的，而且難以相處，這是因爲他們並不聰明，只是外表看來聰明。」㉚

有人認爲，這一段呈現的也許是口頭記憶的傳統在書寫尚未普遍的時代如何求存。㉛但是，按蘇格拉底所說，最古時代埃及人的記憶是腳踏實地的眞正智者的記憶。古埃及人的記憶被說成一門極深奧的學問。㉜布魯諾的一位門徒曾經引用過這一段話，當時他正在英國傳播布魯諾所說的赫米斯傳統與「埃及式」版本的技巧記憶。㉝

讀者會看出來，本章要從記憶術以後發展的要點出發，來探討古希臘當初如何看待記憶這個話題。經院哲學與中古時代的記憶術離不開亞里斯多德；文藝復興期的記憶術則少不了柏拉圖。

還有一個人的名字也會在記憶術發展史上一再出現，即是昆蒂里安說過根據黃道十二宮建構記憶的賽普西斯的麥卓多羅斯。[34]後世的每一位運用天體系統記憶的人，都說麥卓多羅斯是這個方法的正統權威。他究竟是何許人也？

他是古希臘修辭學史上晚期的人物，與羅馬修辭學的輝煌時代同期。前文已經提過，西塞羅發表著述的時候他仍在世。龐特斯的密士里戴特（Mithridates of Pontus）招募希臘文人進入宮廷，其中就包括了麥卓多羅斯。[35]密士里戴特企圖率領東方的勢力對抗羅馬，擺出新一代亞歷山大大帝（Alexander the Great）的模樣，要給自己宮廷中複式混合的東方文化添上一層東西並融的虛飾。麥卓多羅斯大約就成了這個過程中的重要希臘工具，在密士里戴特朝中顯然是政治與文化活動中的要角，一度很得寵信。普魯塔克卻在史傳中暗示，他後來還是被精明且狠毒的密士里戴特剷除了。

根據希臘地理學家斯特雷波（Strabo, 63BC-24AD）所述，麥卓多羅斯寫過一部或不只一部的修辭學作品。「來自賽普西斯的麥卓多羅斯，是捨哲學而就政治生涯的人，在多數著作中教導修辭學；他採用了全新的風格，令許多人著迷。」[36]我們可以推斷，麥氏的修辭風格是華麗的「亞洲風」類型，他說起自己的記憶術，很可能就是在修辭學著作中談到記憶這一部分的時候說的，《赫倫尼》作者參考的希臘時代記憶術著述之中，可能包括已經亡失的麥卓多羅斯作品；西塞羅和昆蒂里安可能也看過這些作品。不過我們僅有的根據是昆蒂里安說的，麥氏能在「太陽運行的黃道十二宮之中找出三百六十個場所」。現代人波斯特（L. A. Post）曾經如此討論過他的記憶系統：

> 我猜想，麥卓多羅斯精通占星術，因爲占星者不但劃分黃道十二宮，而且分出三十六個十度距（decan），每個十度距包含十度，每個十度距各有一個對應圖像。麥卓多羅斯很可能在每個十度圖像之下湊集十個自造的背景（場所）。這樣他就有編號從一到三百六十的一系列場所可以操作了。只要花一點計算的工夫，他就能按數字找到任何一個場所，而且因爲是按數字順序排的，所以不會有場所流失之虞。他的這套系統因此正適合表演驚人的記憶力。㊲

波斯特推斷，麥卓多羅斯利用占星術的圖像爲記憶場所來確保記憶的順序，正如記下一般建築物裡的場所以確保安置其中的影像、藉影像聯想的事物和詞語都有一定的順序。牡羊、金牛、雙子等十二宮的排列立刻組出一個容易記住的次序；如果麥卓多羅斯還用到十度距影像——每個星座包含三個，按波斯特說，他的記憶裡就有了占星術影像的次序，把這些當記憶場所用，順序是不會亂的。

這個說法很合理，占星術圖像本來就可以很理性地當作容易記的、有編號順序的記憶場所來用。波斯特的說法也給了我一個線索，也許就可以解釋《赫倫尼》所說的訴訟案中始終令人困惑的一點——公羊羣丸。假如這是爲了藉字詞諧音而提示有目擊證人，爲什麼一定要用公羊的羣丸？這是不是因爲牡羊是十二宮的第一個，在影像中提及公羊意在強調場所的次序——這是第一場所？沒有了麥卓多羅斯已經佚失的指導和古希臘論記憶的著作，我們是否無從確實理解《赫倫尼》了呢？

昆蒂里安顯然認爲，西塞羅說麥卓多羅斯把想記下來的東西都在記憶中「寫下來」，意思就是說他藉著記住放在各個位置上的速記符號，把這些東西都在心裡寫下來。果眞如此，而且波斯特的說法如果沒錯，我們就應該想像麥卓多羅斯在腦中，用速記符號在他定爲記憶場所順序的星座和十度距的影像上寫東西。這又帶出一個值得注意的發展方向；而《赫倫尼》的作者對於古希臘人一個符號記一個字詞的方法是表示反對的。

老普利尼（其子是昆蒂里安修辭學校的學生）的《博物史》（*Natural History*）中有一小部記憶故事選集。居魯士（Cyrus）記得自己統御的軍隊中每一個人的名字；路舍斯·西庇歐（Lucius Scipio）能記得所有羅馬人的名字；西尼亞斯（Cineas）聽過一遍元老院所有議員的名字後能背出來；龐特斯的密士里戴特精通自己統治境內二十二個民族的語言；希臘人查瑪達斯知道圖書館所有藏書的內容。舉完這一系列軼事（以後的時代的記憶術專論也會一再提及這些人物），老普利尼又說記憶的藝術——

> 是賽莫尼底斯發明，並由賽普西斯的麥卓多羅斯改良至完美，麥卓多羅斯能照聽見的話一字不差地背出來。㊳

麥卓多羅斯顯然和賽莫尼底斯一樣，在記憶藝術方面有過新的作爲。是與詞語記憶相關的作爲，可能是藉記住速記的符號或記號，而且是與黃道十二宮有關。我們確知的就是這些了。麥卓多羅斯的記憶術未必有什麼非理性的地方。不過，以黃道十二宮爲本令人有些聞而生畏，而且有人會藉此指記憶術在搞妖法。假如他的確使用了十度距影像，這些在人們眼中當然是具有魔法的圖像。米列特斯的戴奧尼修斯（Dionysius of Miletus）是哈德連（Hadrian, 76-138）在位時的著名後期詭辯家，曾被控使用「加爾底亞妖術」調教學生的記憶技巧。斐洛斯綽特斯（Philostratus）雖在《詭辯家列傳》（*The Livers of the Sophists*）中駁斥了這種說法，㊴卻也證實諸如此類的猜疑的確會和記憶術扯到一起。

古羅馬晚期重振畢達哥拉斯學說的行動中，爲宗教目的訓練記憶占有顯著地位。艾恩布里可斯（Iamblichus）、波菲里（Porphyry）、戴奧吉尼斯・雷厄舍斯都談到畢達哥拉斯學說中的這個層面，但是並未明確指涉記憶術。不過，斐洛斯綽特斯在敍述著名智者（新畢達哥拉斯主義稱之爲Magus）蒂亞那的阿波羅尼厄斯（Apollonius of Tyana）的記憶時，提了賽莫尼底斯的名字。

優克西莫斯（Euxemus）問阿波羅尼厄斯，既然滿腹崇高思想，又能清楚流暢地表達，爲什麼仍無任何著述。他回答：「因爲我至今尚未實踐沈默。」從那時候起他便決心緘默，什麼都不說了，雖然他的眼睛與心智收納了一切並且存入記憶。甚至到了百歲以後，他的記憶力仍比賽莫尼底斯還好，常會唱一首讚美記憶的頌歌，在歌中他說，一切都隨時間消逝，時間自己卻被回憶變得不會消失也不會死去。㊵

阿波羅尼厄斯曾經旅行到印度，在那兒與一位婆羅門談話。婆羅門對他說：「阿波羅尼厄斯，我看得出你的記憶力絕佳，那可是我們最敬仰的一位女神。」阿波羅尼厄斯跟著婆羅門的學習十分玄奧，尤其是占星術與占卜預言的部分。這位婆羅門給了他七枚戒指，上面刻了七行星的名字，阿波羅尼厄斯按照一星期中每個行星的日子經常戴著。㊶

可能就是這種氛圍培養了中古時代出現的「符號術」（Ars Notoria）㊷，這種記憶的法術走入地下數百年，歷經了轉型過程，一般說是阿波羅尼厄斯所創，也有人說是所羅門王所創。實施符號之術的人會注視著叫作 notae（符號）的有奇怪標記的圖形或圖表，同時口誦魔法祝禱，希望憑這樣獲得各種不同技藝及學科的知識或記憶。每一科門自有一套「符號」。符號之術也許是古典記憶藝術的旁門左道產生的，或者是使用速記符號的那一個艱難的分支傳下來的。符號之術被視爲一種邪術，受到阿奎那的嚴厲譴責。㊸

古希臘羅馬記憶術發展史上，最直接關係到後來拉丁文化世界記憶術發展的，就是偉大拉丁雄辯時代的記憶術運用，這從《赫倫尼》的法則與西塞羅的主張便可見端倪。我們要想像那個時代訓練有素的演說者的記憶有如建築工程，先記好次序分明的許多場所，再用不可思議的方式存入各種影像。我們已經看過記憶能力優異的人受人佩服的例子。昆蒂里安曾描述過演說者的記憶力如何引起驚歎。他甚至暗示，古羅馬思想家會把注意力放在記憶的哲學面與宗教面上，是因爲演說家把記憶力發揚得神乎其技。昆蒂里安的措辭相當鮮明：

> 要不是因爲靠著記憶才把雄辯帶到現今榮耀地位，我們恐怕永遠不會明白記憶有多麼偉大的力量，有多麼神奇。[44]

務實的羅馬思維在檢討記憶，著眼點是記憶如何在羅馬人可選擇的最重要的生涯中發揚光大。我們對其中的暗示也許應當多注意一些。這種想法無須誇大，但值得從這個角度來看看西塞羅的哲學。

西塞羅是古希臘修辭學傳至羅馬文化中的最重要人物；除此之外，他在推廣柏拉圖哲學方面的重要地位，也幾乎是無人可比擬的。《托斯古勒辯論》（*Tusculan Disputations*）是他退隱後的作品之一，宗旨是要在羅馬同胞之中傳播希臘哲學思想。他在這部書中採取柏拉圖思想與畢達哥拉斯學說的立場，認定靈魂不朽而且來源是神性的。證據之一就是靈魂擁有記憶，而「柏拉圖想要藉記憶來回憶起前一世的生命」。西塞羅不厭其詳地聲明自己徹底遵奉柏拉圖式的記憶觀，然後就把思路轉到以記憶力聞名於世的那些人身上：

就我而言，對於記憶的驚歎更有過之。究竟是什麼使我們能記憶，它有什麼特性，它從何而起，都還無解。我要探詢的記憶能力，據說是賽莫尼底斯或西奧德克特斯（Theodectes）擁有的，或是庇羅斯（Pyrrhus）派到元老院的使者西尼亞斯的記憶力，或是近代的查瑪達斯與不久前仍在世的賽普西斯的麥卓多羅斯的記憶力，或是我們當代的霍登修斯的記憶能力。我說的是人類的一般記憶力，以從事某些較高層次研究與技藝的人士爲主，他們的心智容量難以衡量，他們記得的事物太多了。㊺

接著他便檢討了非柏拉圖學派的記憶力心理學——包括亞里斯多德派與斯多噶派，認爲這些都是沒有解釋靈魂在記憶中的奇異力量。之後他便問，是什麼力量導致人類完成那麼多的發現與發明？他做了一番列舉：㊻第一位爲萬物命名的人；第一個把分散的人集合而形成社會生活的人；發明字母以代表說話聲音的人；記錄下飄泊星辰路徑的人。更早以前還有人「發現了大地的果實、衣服、居所、有規則的生活方式、防範野獸——在那些人的教化改良影響之下，我們逐漸從絕對必要的手工藝邁入更精緻的藝術」。例如，邁向音樂藝術以及其「相宜的美妙聲音組合」。也邁向發現天界的運行，例如阿基米德（Archimedes）「把月亮、太陽，以及五個飄遊星辰的運行固定在一個地球上」的發現。另外還有更多著稱的成果：即詩歌、雄辯、哲學。

> 一個力量能導致這麼多重要的結果，在我看來是全然神性的。否則記憶事物與詞語的能力是什麼？發明又是什麼？（Quid est enim memoria rerum et verborum? quid porro inventio?）誠然凡人能理解的神祇威力之中也找不出比這更有價值的了。……所以我說，靈魂是神性，如優里庇底斯（Euripides）膽敢說的，是神……[47]

記憶事物的能力；記憶詞語的能力！這位雄辯家要證明靈魂有神性的時候，腦中會浮現這些記憶術的用語，當然有重要意義。這番證明落在修辭學的「記憶」與「發明」兩個要素的標題之下。靈魂既然具有記憶事物與詞語的不凡能力，可見是有神性的；發明的能力亦然，這不是指創造論點或演講詞的內容，而是指廣義的發明或發現。西塞羅列爲發明的事項，呈現出人類文明從最原始到最高度發展時代的一篇歷史（能夠這樣進步就是記憶能力了不起的證據；按修辭學的理論，發明出來的事物都存在記憶的寶庫裡）。本來是修辭學要素的「記憶」與「發明」，在《托斯古勒辯論》中搬到了證明靈魂神性的題目下，正符合作者哲學觀的柏拉圖式預設條件。

西塞羅在這部作品裡鎖定的也許是柏拉圖在《菲德洛斯》中定義的完美雄辯家，這種雄辯家知道眞理，知道靈魂的本質，所以才能夠說服別的靈魂接受眞理。我們也可以說，羅馬雄辯家想到記憶的神性力量時，不免也會想起雄辯家訓練有素的記憶，包括其中大片寬敞的場所建築物和存放著的提示事物和詞語的影像。雄辯家爲實用目的的嚴格鍛鍊的記憶，在這兒變成柏拉圖派哲學家的記憶，其中還有靈魂神性與不朽的證據。

思索記憶與靈魂問題最深入的，莫過於奧古斯丁（Augustine）。這位本來奉異教的修辭學家，在《懺悔錄》（*Confessions*）中記述了自己皈依基督的歷程。其中有談記憶的絕妙好文，讀者會深感奧古斯丁的記憶是受過訓練的，承襲的是古典記憶術的風範。

> 我來到記憶的田野與寬廣宮殿（campos et lata praetoria memoriae），這兒有無數影像的寶庫（thesauri），是感官所知覺的各式事物帶進來的。這兒貯存的，是我們能想到的以外的一切，藉著放大、縮小，或任何其他方法，把感官遭遇的那些事物加以改變過的；以及在健忘尚未吞噬埋葬之前就交託安置好的。當我進到這裡，我想要哪一件就立即要求，它也就立即出現；也有些必須多等一會兒，然後它就如同從某個內層貯櫃取了來；有時候只想要一件，卻有一整群衝出來，就好像紛紛在問：「要的是我嗎？」我便會用心中的手把這些

從記憶的表面趕走；直到我想要的被揭露，從它的隱藏地點走入我的視線。也有一些事物在被召喚時會自動按順序出來；在前的會往前進，讓出位子給下一個；往前進的會消失，等我再召喚時才出現。這一切都在我背誦一篇記下來的東西時發生。㊽

奧古斯丁從這兒開始沈思記憶的課題。第一句話中，一系列建築物的畫面，「寬廣宮殿」、「寶庫」這個詞及其內容，都令人想起雄辯家定義的記憶是「發明以及修辭學所有要素的寶庫」。開頭的段落中，奧古斯丁講了從感官印象而來的影像，這些影像收藏在記憶的「廣闊庭院」裡（in aula ingenti memoriae），在「大而開闊的房室」裡（penetrale amplum et infinitum）。他在裡面看見許多影像反映出的整個世界，這些影像不但分毫不差地複製目標物，連目標物之間的空舖都摹擬得完全精準。這樣記憶仍然遊刃有餘，因爲還能容納：

曾經學過尚未忘記的所有文藝學科；這可以說是搬進了某個內在場所，那卻還不算是場所：它們也不是其中的影像，而是這些事物本身。㊾

記憶中也保存了人心的屬性。

文中一直談到影像的問題。如果說出的是一顆石頭或是太陽，雖然它們不是正在感官的面前，它們的影像卻呈現在記憶裡。但如果說出的是「健康」、「記憶」、「健忘」，這些也會在記憶中呈現影像嗎？他顯然區分了感官印象的記憶與各種藝術的記憶、喜懼愛恨等屬性的記憶：

看哪，我的記憶的平原、山洞、地窟，多得不計其數，也充塞著無數種事物，或爲影像，如一切物體；或爲眞實存在，如各種藝術；或以確定的意念和印象出現，如人心的愛恨等，這些即便是心中不覺的，記憶也保留著它們，凡是存在記憶裡的也存在心中——我在這一切之上跑過，我飛過；我探向這一邊又探向那一邊，要多遠都可以，沒有止境。㊿

然後他更深入一步，在記憶中找上帝，不過並不是找一個影像，也沒有場所可言。

您進駐我的記憶使它蒙此光榮；但是您在記憶的哪個方位，我卻在思索。在思想您時，我走過畜生也具有的那些部分，在那兒的有肉身形體者的影像之中找不到您；我來到我交託心性的那些部分，在那兒也找不到您。我又進入我心中央……您也不在那兒……我又爲什麼要找您是住在什麼場所之中呢，難道那兒有場所嗎？……場所是沒有的；我們往前走又往後走，並沒有場所……㉛

奧古斯丁憑基督教徒的觀點在記憶中找尋上帝，也由於是奉基督教的柏拉圖主義者，他又相信人的記憶中本來就存有對於神性的理解。然而，他在其中來回找尋的這個廣大且有回聲的記憶，不正是訓練有素的雄辯家的記憶嗎？親睹過古代建築最輝煌氣象的人，可選擇的記憶場所肯定比比皆是！奧古斯丁在《論三位一體》（*De Trinitate*）中談另一個話題時說：「當我在腦中喚回某個圓拱，造形優美而對稱，假定是我在迦太基看見過的，這麼一個實物，由眼睛指給心看，再傳送到記憶中，造成想像的景致。」[52]此外，「影像」這個副歌在《懺悔錄》論記憶的整篇中反覆出現，至於「概念」是否要藉影像來記住的問題，也會在演說者尋找記憶概念的影像時問起。

西塞羅是訓練有素的雄辯家兼虔誠的柏拉圖主義者，奧古斯丁是訓練有素的雄辯家兼信奉基督教的柏拉圖主義者，從西塞羅過渡到奧古斯丁是平順的，奧古斯丁的記憶論與西塞羅《托斯古勒辯論》中的記憶論也有明顯的相像之處。而且奧古斯丁自己說過，是因爲讀了西塞羅的《霍登修斯》（*Hortensius*，書名即是西塞羅那位記憶力超凡的朋友霍登修斯的名字），他才開始以嚴肅態度思考宗教信仰，這「改變了我的心性，將我的祈禱轉向您，我的主啊」。[53]

以上幾段引文中的奧古斯丁並不是在討論技巧記憶，也不是在推介技巧記憶。那只是在探索一種超乎常人的容量特大條理分明的記憶時，幾乎不知不覺的暗示。我們從這兒窺見天主教會最具影響力的早期聖賢的記憶力，不禁要猜測基督教化了的技巧記憶會是什麼樣子。用人類造型代表的「事物」，例如「信心」、「希望」、「慈善」，以及其他德行與罪惡，或文科七藝的造像，是否已經在這種記憶裡「安置」好了？這些位置是否已經牢記在教會之中？

這些都是自古以來探討記憶術的人揮之不去的疑問。我們只知道，從這些間接的窺知的，是古代文明驟然沈入黑暗時代之前的相當巍峨的風采。我們也應特別記住，奧古斯丁曾把至尊榮耀頒給記憶，說「記憶」、「理解」、「意志」是靈魂的三種力量，在人身上就代表著神聖的三位一體。

3 中古時代的記憶術

阿拉里克（Alaric）於四一〇年攻陷羅馬，汪達爾人於四二九年征服北非。奧古斯丁就在汪達爾人圍攻希波（Hippo）期間的四三〇年逝世。也是在這一段恐怖動亂時期，馬堤亞納斯・卡佩拉（Martianus Capella）完成了他的著作《語文學與莫丘里的婚禮》（*De nuptiis Philologiae et Mercurii*）。這本書爲後來的中古時代保存了古代以文科七藝（文法、修辭、辯證、算術、幾何、音樂、天文）爲本的教育體制。馬堤亞納斯說到修辭學要素之一的記憶時，簡短描述了技巧記憶，便這樣把穩穩占住文科七藝一席地位的記憶術傳給了中古時代。

馬堤亞納斯來自迦太基，奧古斯丁未皈依天主之前曾在那兒的修辭學名校裡任教。《赫倫尼》在北非的修辭學界自然是眾所周知的，據說這部書沈寂了一段時間後在北非重振聲威，再從北非傳回義大利。①哲羅姆（Saint Jerome, 347-420）看過這本書，曾兩度提及，並且和中古時代的人一樣說它是「圖里亞斯」之作。②不過，受過修辭學教育的早期教會聖哲，如奧古斯丁和哲羅姆，以及非基督教徒馬堤亞納斯，並不是全憑讀這部書才得到技巧記憶的知識。技巧記憶的方法無疑是學習修辭的人都知道的，西塞羅的時代便是這樣了，馬堤亞納斯應該是在野蠻民族衝擊尚未完全消滅古代常態文明生活之前，親身經歷過這門技巧。

他依序檢視修辭學五要素時，在第四項「記憶」的部分是這樣講的：

現在從條理講到記憶的戒律。記憶力當然是一種天賦，但無疑是可以藉技術輔助的。這門技藝的根本法則很少，卻需要多多練習。它的益處在於能使詞語和事物快速而牢固地掌握在理解力之中。我們必須記住的除了自己創作的內容，還有對手在辯論中提出來的內容。詩人兼哲學家的賽莫尼底斯，是公認發明這門技藝要訣的人。因爲在一次宴會廳突然坍塌後，罹難的家屬無從認屍，是他按記憶說出了死亡賓客的座位與名字的排序。他從此次經驗知道，是次序在維繫記憶的法則。默思這些法則必須是在採光適當的場所（in locis illustribus），事物的影像（species rerum）就安置在其中。例如，要記憶一場婚禮，可以在心中安置一名蓋著婚紗的少女；要記憶兇手，用一把劍，或某種其他武器；把什麼影像放進場所，場所就會把它交還給記憶。如書寫是把字固定在蠟板上，託給記憶的事物也銘印在這些場所上，如同寫在蠟板或紙頁上；人對事物的記憶藉影像留住，就好像它們是字母一般。

然而，如前面所說，這樁事需要多練習與用功，按通常的建議，最好把想記住的東西寫下來，如果素材很長，要分成幾部分以便能夠輕易（在記憶中）保留。在我們想存住的一個個要點上做記號是有用的。記誦時不應該大聲讀出來，應當輕聲念著沈思。顯而易見，夜晚練習記憶比白天好，夜晚四下被寂靜籠罩對我們有助，注意力不會被感官向外界拉。記憶有事物的記憶和詞語的記憶，不過詞語不全是必須記住的。除非有很充裕的時間進行沈思，否則把事物存在記憶中就夠了，如果天生記憶力不好，尤其是如此。③

我們熟悉的技巧記憶主題在這兒是壓縮版，但是一眼就看得出來。場所的法則減到只剩一條（採光適當），至於鮮明的「有作用力的影像」，並沒有說出法則，雖然樣本影像之中有一個是人（戴婚紗的少女），另一個樣本（武器）是昆蒂里安一型的。單憑這樣的指示，誰也不可能就練習起來，但如果《赫倫尼》的描述是現成的——中古時代是有的，這樣講就足以使讀者明瞭了。

馬堤亞納斯顯然最贊同昆蒂里安的記憶方法，即是藉想像寫字蠟板或紙頁上面寫著東西，還要清楚地分成幾部分，在要點上做記號，以輕聲誦念注入記憶。我們可以想像他專注在仔細準備好的一頁頁稿子上的模樣，彷彿聽見他獨自低誦的語聲在寂靜的夜裡輕響著。

古希臘羅馬人認爲詭辯家埃里斯的希庇亞斯是通材教育制度的始作俑者。④這種教育是以文科七藝爲根本；一切制度化教育在古代世界衰亡時瓦解之前，馬堤亞納斯認識了這種教育的末期拉丁形態。他論文科七藝的這部作品是以浪漫寓意的形式呈現，因而在中古時代十分引人興趣。在《語文學與莫丘里的婚禮》上，新娘接受的結婚禮物是以女子化身的文科七藝。文法是嚴苛的老婦人，帶著一把刀和銼子要修理兒童的文法錯誤。修辭是高䠷的美女，穿著綴滿譬喻的華麗長衫，帶著中傷對手用的武器。擬人化的文科七藝非常符合技巧記憶中的影像法則——醜或美得醒目，配備著次要影像提示自己的角色，和訴訟案件中那個男子一樣。中古時代的學生如果對照一下《赫倫尼》和馬堤亞納斯說的技巧記憶，也許會覺得看見的是這些「事物」——文科七藝——的正宗古典記憶影像。

中古時代的野蠻世界裡，雄辯家的聲音沒有了。這安全都堪虞的情況下，人們不可能平和地聚集聽人高談闊論。學問撤退到修道院裡，爲雄辯而創的記憶術變成無用武之地，雖然照昆蒂里安的方法記憶稿子仍有其用。僧院制度創始人之一的卡西多羅斯（Flavius Magus Aurelius Cassiodorus, 490?-585?），在他的文科七藝百科全書中的修辭學這一項下，並沒有提技巧記憶。塞維爾的易希多爾（Isidore of Seville, 560-636）與聖者畢德（Venerable Bede, 673-735）也都未提。

西方文明史上的一個發人深省的時刻，是查理曼（Charlemagne）宣召阿爾昆（Alcuin）到法國，來爲新興的加洛林王朝重建古典的教育體制。阿爾昆爲皇上寫下對話錄〈論修辭學與德行〉，文中查理曼請教了修辭學五要素。講到記憶的部分如下：

查理曼：現在你要怎麼講記憶呢？我想這該是修辭中最高貴的一部分。

阿爾昆：有什麼可說的，除了重複圖里亞斯說過的話：「記憶是儲存一切事物的寶庫，除非使它擔任思慮過的事物及詞語的保管者，否則我們知道，雄辯家的一切其他才能，不論有多麼傑出，都是一場空。」

查理曼：沒有其他要訣教我們如何獲得或增進它了嗎？

阿爾昆：我們沒有其他的要訣，除了操練記憶，練習寫作，勤奮研讀，還有要避免酗酒，這是對一切正當學習傷害可能最大的……⑤

技巧記憶不見了！技巧記憶的法則沒有了，取而代之的是「避免酗酒」！阿爾昆能用的參考書極少，他的修辭學只根據兩部資料匯集而成，一部是西塞羅的《論發明》，一部是維克多(Julius Victor)的修辭學。另外也參考了卡西多羅斯與易希多爾。⑥這幾個人之中只有維克多提到技巧記憶，而且只是順便略提一下。⑦由此可知，查理曼對於其他記憶要訣懷抱的希望是落空了。不過阿爾昆給他講了審慎、公正、堅忍、節制的基本德行。當他問及審慎的要素有哪些，就得到了正確答案：「記憶、智慧、遠慮。」⑧這當然是引自西塞羅《論發明》的德行闡釋，但阿爾昆似乎只知其一，卻不知道《赫倫尼》，而後者將把包含在「審愼」之中的技巧記憶推上尊榮地位。

阿爾昆不識《赫倫尼》，很教人奇怪。因爲早在八三〇年間，費里耶的盧普斯（Lupus of Ferrières）就提過它，第九世紀也有好幾種手抄本存在。最早的一些手抄本是不完整的；少了第一卷的某些部分，但這些部分講的不是記憶。現有的完整手抄本最早的是十二世紀之作。流傳至今的手抄本特別多，證實這部書普及的程度。大多數的手抄本來自十二至十四世紀，應該也就是這部作品的鼎盛時期。⑨

所有手抄本都說《赫倫尼》是「圖里亞斯」的著作，把它與確實是西塞羅著作的《論發明》相提並論；這種兩書並提的習慣，當然是在十二世紀時養成的。⑩按慣例，在先的是《論發明》——所謂的「第一部修辭學」或「修辭舊論」，在後的是《赫倫尼》——所謂的「第二部修辭學」或「修辭新論」。⑪從許多證據可以看出，這種劃分法是大家一致接受的。例如但丁，在引用《論發明》的時候說出處是「第一部修辭學」，顯然是認爲兩部書本來就是上下冊。⑫一直到一四七〇年第一本印刷的《赫倫尼》在威尼斯問世，情況依舊未改；《論發明》也一同印行，兩部書在書名頁上仍按傳統印爲《修辭學新論與舊論》（*Rhetorica nova et vetus*）。

要理解中古時代的技巧記憶的形態，這兩部書並提的關係是非常重要的。因爲圖里亞斯在他的「第一部修辭學」裡相當著重倫理學，特別講到演說者應當在講辭中處理的「發明」或「事物」這些德行。圖里亞斯又在「第二部修辭學」裡講了把發明的「事物」存入記憶寶庫的法則。虔誠信教的中古時代主要想記憶的東西是哪些？必然是有關救贖或永罰、信仰德目、通往天國之路的德行與地獄之路的罪孽等等的事物。這些也都是那個時代在大小教堂各個位置上雕刻的、在窗戶上壁畫裡描繪的那些事物。這些是中古時代想藉記憶術記住的主要事物，也被用來存住中古時代辯證思想複雜內容的記憶。「記憶術」含有近代以後的聯想意義，不是很適用，我們不妨稱這個過程爲古典藝術在中古時代的轉型。

就我所知，中古時代的技巧記憶完全是以《赫倫尼》談記憶的部分爲基礎，沒有另外兩大原始資料的輔助。這一點是必須強調的。我們也許不能說中古時代的人完全不知道有另外兩部著作；中古時代許多學者都知道《論雄辯家》，十二世紀的學者尤其不會陌生，⑬不過看到的可能是不完整的本子。完整本於一四二一年在羅第（Lodi）被發現，但我們也不能說在此以前沒人見過完整本。⑭昆蒂里安的《雄辯教育》情況相同；中古時代有人讀，但讀的本子不完整。波吉奧·布拉奇奧里尼（Poggio Bracciolini）於一四一六年在聖高爾（St. Gall）發現一部完整本，在這件廣爲宣揚的大事之前，記憶術的章節也許不易看到。⑮我們雖然不能否認中古時代可能有極少數人有幸巧遇西塞羅和昆蒂里安的記憶術論述，⑯可以確定的是，這兩部書在記憶研究界眞正普遍要等到文藝復興的時代了。中古時代的人在苦思《赫倫尼》的場所影像法則而莫名所以的時候，不能參考昆蒂里安一目了然的解說，也不知道昆氏如何冷靜地討論記憶術的優缺點。中古時代的研究者只知道《赫倫尼》的法則就是圖里亞斯的法則，而圖里亞斯的法則不論懂不懂意思都必須遵行。圖里亞斯以外的可參考資料，大概只有馬堤亞納斯那個教人看不出所以然的寓意場景中的濃縮版法則。

大阿爾貝特斯和阿奎那所知道的法則，當然僅限於他們所說的「圖里亞斯的第二部修辭學」。換言之，他們只知道《赫倫尼》所談的技巧記憶，而且是從中世紀早期便已奠定的傳統的觀點看，也就是放在「圖里亞斯第一部修辭學」的脈絡裡看，按照《論發明》的基本四德及其要素的定義來理解。因此故，經院哲學的「記憶術」專論——大阿爾貝特斯和阿奎那所撰寫的那些，並不像古希臘羅馬的著述那樣歸入修辭學的一類。技巧記憶已經從修辭學跨到倫理學這邊來。阿爾貝特斯和阿奎那談它是放在「審愼」這個德行的記憶這一項之下來談；憑這一點便可確知，中古時代的技巧記憶並不全然屬於所謂的「記憶術」，這個名詞雖然很好用，我們不宜把它列爲基本德行的一個部分。

這個重大的轉移，不大可能是阿爾貝特斯和阿奎那發明的。比較可能的是，用道德或審愼的角度解讀技巧記憶是中世紀初就有的事。有一篇在經院哲學出現以前發表的記憶論述，這個跡象尤其明顯。我們要在探討經院哲學之前先大略談一下，以便了解經院哲學未接手以前的中古時代記憶觀。

我們都知道，古典修辭學傳統在中世紀早期以「作文手冊」（Ars dictaminis）的形態出現，這門學問教的是作文寫信，以及公文體例。波隆納是作文科的首要重鎮之一，從十二世紀晚期到十三世紀早期，波隆納派的作文科是享譽全歐洲的。這一派有一位名家叫作彭岡巴諾・達・希尼亞（Boncompagno da Signa），他寫過兩部修辭學論述，其中之一《最新修辭學》（*Rhetorica Novissima*）是一二三五年在波隆納寫成的。圭多・法巴（Guido Faba）是大約同時期的另一位波隆納學派大將，康托羅維契（E. Kantorowicz）有一篇研究他的文章，特別提到這個學派有神祕主義氣質，傾向把修辭學放在宇宙背景裡，抬到一個「準神聖的境界，以便與神學競爭」。[17]這種傾向在《最新修辭學》中非常明顯，作者暗示修辭學的起源是超自然的，例如，「說服」必定是存在天界中，否則露希弗（Lucifer，撒旦未墜落之前的名字）怎能說服其他天使與他一同墜落？又例如「隱喻」（transumptio），毫無疑問是在伊甸樂園中發明的。

彭岡巴諾在這種宏大崇高的心境之中一一談修辭學的各部分，到了記憶這一項，他說它不但屬於修辭學，也屬於所有技術與行業。因爲所有技藝和行業都用得著記憶。[18]他是這樣說的：

> **何謂記憶**。記憶是榮耀而美好的天賦，我們靠它憶起過往的事物，擁抱現在的事物，以過往事物的相似性思考未來的事物。
>
> **何謂自然記憶**。自然記憶全憑天賦，沒有任何技巧輔助。
>
> **何謂技巧記憶**。技巧記憶是自然記憶的助力與幫手……是從「技藝」而來所以稱作「技

巧的」，因爲是憑心智的聰敏藉技巧而生的。⑲

記憶的定義可能暗含了「審愼」的三要素；自然記憶與技巧記憶的定義確實呼應了《赫倫尼》論記憶的那一段開場白，「作文手冊」派對這些本來就很熟悉。我們在這兒似乎察覺了經院派論「審愼」和技巧記憶的先兆，於是要看看彭岡巴諾接下去怎麼說記憶的法則。

結果他沒說，因爲他在記憶這個題目之下講的東西顯然與《赫倫尼》所說的技巧記憶扯不上關係。

他說，人性本來的天使樣貌因墮落而敗壞了，記憶也因此而敗壞了。根據「哲學教誨」，靈魂未進入肉體之前是知曉一切、記得一切的，可是一旦靈魂注入了肉體，原來的知識和記憶都糊塗了；這種看法卻是必須立即排除的，因爲它和「神學教導」是相矛盾的。人的四種體液之中，血質和憂鬱於記憶最相宜；憂鬱因爲結構硬而乾，特別能存住東西。作者又表示相信星辰會影響記憶；至於如何影響，只有上帝知道，我們不可打破砂鍋問到底。⑳

對於「自然記憶不能借助於人爲的技巧」的論點，可以引據聖經裡的技巧輔助來答辯；例如，雞鳴聲提醒使徒彼得記起某件事，這便是「記憶符號」。除了這個例子之外，彭岡巴諾還列舉了一長串取自《聖經》的所謂的「記憶符號」。㉑

彭岡巴諾的記憶論述之中最鮮明的特色，是包括了天堂與地獄的記憶。

> **關於天堂的記憶**。虔敬的聖人……堅信，神聖威嚴在至高的寶座上，寶座前隨侍著契路卜、撒拉弗以及各個階級的天使。我們從閱讀也得知，那兒有不可言喻的榮耀與永生。……技巧記憶不可能幫助凡人記得這些言語不能形容的事物……
>
> **關於地獄界的記憶**。我記得曾看見文學中所説的埃特那山（Etna），即通俗語説的火山。當我航行靠近它時，看見硫磺的圓粒噴出，冒著火發著光；人們説這是時刻不停的。因此許多人認爲那兒是地獄之口。然而，不論地獄在何處，我確信魔王撒旦和他的盲從徒眾都在那深淵之中受苦刑。
>
> **關於一些指天堂及地獄是意見問題的異端者**。有些鑽研哲學知識的雅典人太過狡黠而犯了錯，他們否認肉身能復活……那種該遭天譴的異端又被如今的某些人模仿。……我們卻篤信天主教的信仰，**我們必須勤勉不懈地牢記天堂的無形喜樂與地獄的永罰**。[22]

彭岡巴諾提出一份德行與罪惡的清單，自然是與必須牢記天堂地獄相關的，這是記憶的主要習作功課，他稱之爲「記憶筆記，我們也可以説是方法指導或印記（signacula），我們往往可以藉它們導引自己走上記憶之路」。他的「記憶筆記」中包括：

> ……智慧、愚昧、睿智、輕率、神聖、敗德、仁慈、殘酷、溫柔、暴怒、狡猾、單純、

驕傲、謙卑、大膽、恐懼、寬大、怯懦……㉓

彭岡巴諾這個人雖然有些怪癖，不應以他爲他那個時代的代表，但是我們多少會發覺，從如此虔敬且道德化的觀點解讀記憶，以及記憶應當如何使用，也許正是大阿爾貝特斯和阿奎那闡述記憶法則謹慎修訂版的背景條件。大阿爾貝特斯極有可能知道波隆納學派的神祕主義修辭學，因爲聖道明（St. Dominic, 1170-1221）爲培植有學養的修士所創辦的主要學術中心之一，就在波隆納。阿爾貝特斯於一二二三年進入道明修會之後，便在波隆納的道明會所進修。而波隆納的道明會修士不可能完全接觸不到波隆納學派的作文風。彭岡巴諾應該很欣賞好學的修士們，因爲他在作品《雄辯啓蒙者》（*Candelabrium eloquentiae*）中，對道明修會和方濟修會的傳道者稱讚有加。㉔所以，彭岡巴諾在修辭學中關於記憶的論述也許預兆了未來的擴展方向，之後才有阿爾貝特斯和阿奎那師徒在「總結」中主張鍛練記憶是美德。可以這麼說，阿爾貝特斯和阿奎那的態度就如同接受中世紀早期傳統中一些理所當然的事，認爲「技巧記憶」關乎記得天堂地獄、關乎「記憶筆記」的諸多德行與罪惡，乃是理所當然的。

此外我們也會看到，後來的討論記憶的著述（無疑都是經院哲學著重技巧記憶的傳統發展而來）中，天堂與地獄都當作「記憶場所」處理，有些還附了那些「場所」的圖表，以便在「技巧記憶」中使用。㉕彭岡巴諾也預兆了後來記憶研究的其他特徵，後文會談到。

因此我們應當留意，阿爾貝特斯和阿奎那大力倡導操練「審慎」包含的「技巧記憶」時，未必就是指我們所謂的「記憶術技巧」而言。他們還指別的事情，其中包括把德行和罪惡的形象銘印在記憶裡，這些形象都符合古典法則要求的鮮活生動，是輔助我們升入天國不墮地獄的「記憶筆記」。

經院哲學家也許是在推崇——或是在再處理與再檢視——既有的「技巧記憶」假說，當作是他們重新整理德行與罪惡全盤規劃的一個面向。之所以必須做這樣的全面修訂，是因爲亞里斯多德地位恢復，必須納入天主教架構的所有知識，包括他的貢獻在內，不分倫理學或其他學門，他都是舉足輕重的。他的《尼柯馬可斯倫理學》(*Nicomachean Ethics*) 把德行與罪惡弄複雜了，阿爾貝特斯和阿奎那重新評估「審慎」，就是全面更新德行罪惡意涵的整個工作的一部分。

他們從亞里斯多德《論記憶與回憶》的心理學角度檢討技巧記憶的要則，也是嶄新的。根據他們了不起的結論，亞里斯多德證實圖里亞斯的法則無誤，這又把技巧記憶放上了全新的立足點。修辭學在經院哲學的觀感中位階一般都很低，十二世紀的人文主義也是經院派置之不理的。但是，修辭學的技巧記憶這個部分卻在文科七藝的大方案裡占到適當位置，不但成爲基本德行的要素，也成爲辯證分析的一個重要題目。

現在我們再回來看大阿爾貝特斯和阿奎那在技巧記憶方面是如何論述的。

大阿爾貝特斯所著的《論善德》（*De bono*）是一部倫理學作品。㉖這本書的核心是討論「堅忍」、「節制」、「公正」、「審愼」四基本德行的部分。四種德行從圖里亞斯「第一部修辭學」的定義開始講，每種德行包含的要素也都是以《論發明》爲所本。另外當然引用了其他權威，包括《聖經》、早期教會聖哲、異教徒——奧古斯丁、波伊夏斯（Boethius）、馬克羅比亞斯（Macrobius）、亞里斯多德。但是，內容劃分四部的結構，四德行的主要定義，都是以《論發明》爲根據。阿爾貝特斯似乎迫不及待要把「新亞里斯多德」帶向與「第一部修辭學」的圖里亞斯一致，帶向與基督教早期聖哲一致。

阿爾貝特斯談到「審愼」時表示，他要遵循圖里亞斯、馬克羅比亞斯、亞里斯多德的劃分法，起點就是

> 圖里亞斯在「第一部修辭學」結尾處所說的，「審愼」的要素包括記憶、智慧、遠慮。㉗

接著他說，我們首先要問何謂記憶——只有圖里亞斯把記憶列爲「審愼」的要素。第二，我們要問圖里亞斯所說的「記憶技藝」（*ars memorandi*）是什麼。接下來的討論分兩大關節（articuli）進行。

第一個關節就是排除反對把記憶納入「審愼」的意見。這種意見主要分兩種（雖然他分列

了五項）。第一，記憶屬於靈魂的感覺層面，「審愼」卻屬於理性的一面。答辯是：按哲學家（亞里斯多德）定義，回憶是屬於理性層面的，而「審愼」所包含的就是回憶這一種記憶。第二，記憶是過往印象的記錄，往事並不是習性，「審愼」卻是一種導德習性。答辯：只要記住往事是爲了現在的言行能審愼，期望未來能審愼，記憶就可以算是道德習性。

解法：記憶的回憶形態，以及用於從過往汲取教訓的記憶，都是「審愼」的一部分。[28]

第二個關節討論圖里亞斯在「第二部修辭學」裡提出的「記憶技藝」。一共列出二十一點，其中逐字引據了《赫倫尼》的場所法則和影像法則，並且有注釋和批評。每一點都加以解決，解開了問題，推翻了批評，確認了法則。[29]

討論從自然記憶與技巧記憶的定義開端。技巧記憶在這裡已經既是習性也屬於靈魂的理性面了，這是與亞里斯多德所謂的回憶相關的記憶。「圖里亞斯有關技巧記憶的話已經由歸納與理性要則證實無誤……那不屬於記憶而屬於回憶，這是亞里斯多德在《論記憶與回憶》中說的。」[30]這便是亞里斯多德論回憶與《赫倫尼》論記憶鍛練合併成爲一個新論點之始。就我所知，阿爾貝特斯是這樣合併的第一人。

接下來就講到要則，自然是從場所的法則開始講。談到《赫倫尼》中形容良好的記憶場所是鮮明醒目地"breviter, perfecte, insigniter aut natura aut manu"，這句話令阿爾貝特斯自問，一個場所怎可能既是 brevis（簡略的）又是 perfectus（完整的）？圖里亞斯似乎自相矛盾了。[31]

解法是：圖里亞斯所說的「簡略的」場所意思是指，不應使靈魂被帶入「一片營地或一個城市之類的想像場所」時「受了腫脹」。㉜從這個解法可以推斷，阿爾貝特斯自己贊成使用「眞實的」記憶場所，記下眞實的建築物，不贊成在記憶中憑想像建起場所。由於他在前一點的解決方法中提到，「莊嚴而難得」的記憶場所最「感動人」，㉝我們或許可以進一步推斷，組構記憶場所的最理想的建築就是教堂。

還有，圖里亞斯說場所應當 aut natura aut manu（或自然或手）宜於記憶是什麼意思？㉞他應該在別的地方說明過這是什麼意思，可是他並沒有說。解法認爲，藉自然可記憶的場所例如田野；藉手可記憶的場所是建築物。㉟

之後便引據了選擇場所的五個法則，也就是⑴在安靜的地方，以避免嘈雜聲打擾了記憶時應有的絕對專注；⑵場所不可太相似，例如，不要選太多柱子與柱子之間的空舖；⑶不可太大或太小；⑷不要太亮或太昏暗；⑸各個位置間隔適中，大約相距三十呎。㊱有人反對這些要則沒有涵蓋現時的記憶習慣，因爲「許多人記憶時安排的場所和上述的相反」。㊲解法即是，圖里亞斯的意思是說，選擇場所可以因人而異——有人選田野、有人選廟宇、有人選旅人招待所，端看各人最易被什麼「感動」；但不論所選的場所系統是哪種性質，這五個法則都可適用。㊳

身爲哲學家與靈魂理論家，阿爾貝特斯必須仔細檢討自己說的話。這些要深刻印入記憶的場所是有形物質的場所（loca corporalia），㊴因此，接收這些物質形狀的想像是由感官印象而來的，所以不屬於靈魂的智能部分。不錯，可是這兒講的不是記憶，是回憶，而回憶是爲了理性目的而運用「想像的場所」。[40]阿爾貝特斯必須先讓自己在這個問題上放心，然後才能夠繼續推薦這種顯然是把想像領域的低層次能力硬推到靈魂較高的理性層次裡的技藝。

他接著要談影像的要則——此乃是技巧記憶的第二大助力，但是必須先把另一個棘手的問題解開。他自己在《論靈魂》裡說過，記憶寶庫中儲存的不只是外形或影像而已（想像才是只儲存這些），還儲存著判斷力從這些影像得出的「意向」。依此看來，技巧記憶需要有額外的影像來提示意向是什麼嗎？[41]幸好答案是否定的，因爲記憶用的影像裡面已經包含了「意向」。[42]

這種詭辯有其重要的一面，因爲記憶影像因此威力大增。用來提示一頭狼的外形的影像，其中也包含著「狼是危險的野獸，走避才是上策」的意向；就畜生的記憶而言，小羊腦中的狼的影像就含有這個「意向」。[43]如果就理性動物的較高等記憶而論，假定是爲提示「公正」這個德行而選擇的影像，其中就會包含想要培養這種德行的「意向」。[44]

阿爾貝特斯於是講到「要放進上述場所的那些影像」的要則。圖里亞斯說影像有兩種，一種是記憶事物用的，一種是記憶詞語用的。事物的記憶是要只憑影像使人想起概念；詞語的記憶是要用一個個影像使人記起每一個字詞。圖里亞斯的建議似乎對記憶不是助力而是妨礙；首先，爲了記住所有的概念和字詞必須用到同樣多的影像，這會把記憶攪得一團亂；第二，譬喻不如直接描述事物本身精確（metaphorica minus repraesentant rem quam propria）但是，圖里亞斯要我們把事物本身（propria）轉換成譬喻（metaphorica）幫助記憶，例如，要記住一樁某人被控下毒謀奪另一人繼承的財產的訴訟案子，罪行還有多名目擊證人，圖里亞斯說我們應當在記憶中放入這個影像：一人病臥床上，被控的人站在床旁拿著一個杯子和一份文件，還有一位醫生拿著公羊的睪丸（阿爾貝特斯把medicus——無名指——解讀爲醫生，所以這個影像多出第三個人）。然而，與其利用這些譬喻，還不如記住事實本身來得容易吧？㊺

那麼久遠以前的阿爾貝特斯，對於古典記憶藝術會有與我們相同的觀感，很值得佩服。可是他提出的解法卻出現大逆轉，理由是：⑴影像是輔助記憶的；⑵可以用少數幾個影像把許多事實記住；⑶事實本身雖然更精確，譬喻卻「較能感動靈魂，所以對記憶幫助更大」。㊻

他隨後要解決的問題是，多米提亞斯被雷克斯家族的人毆打的影像，以及伊索波斯和辛伯兩位演員裝扮成《伊菲姬娜》劇中人的影像。㊼他的任務比我們面對的也許更艱難，因爲他手上的《赫倫尼》是訛誤迭出的本子。他讀到的似乎是兩個不清不楚的描述，一個是某人被戰神馬爾斯的兒子們毆打，另一個是伊索波斯和辛伯加上飄泊的伊菲姬娜。㊽他絞盡腦汁要把這兩個影像和那句該記住的話搭配起來，結果卻無可奈何地說：「譬喻的字詞是晦澀而不容易記住的。」縱然如此，他對圖里亞斯的信心不減，在解法中依然說這樣的譬喻應該當作記憶影像來用，因爲奇妙的比尋常的更能牽動記憶。所以最初的哲學家都用詩體發表論述，正如哲學家說的（他指的是亞里斯多德在《形而上學》〔*Metaphysics*〕中說的），講述奇妙事蹟的寓言更能感動人。[49]

我們讀到這裡會覺得實在不尋常。因爲經院哲學本來獨尊理性與抽象爲理性靈魂的眞正業，譴責譬喻與詩是屬於比較低的想像層次。處理這些事務的文法與修辭，在「辯證夫人」的統治面前必須退下。那些描述古代神祇的寓言故事是和詩扯在一起的，都是嚴重的道德墮落。用譬喻來感動，或挑激，想像與情緒，似乎徹底違反了經院哲學的極端拘謹作風，按理經院哲學的注意力是嚴格固定在死後的世界上的，專注重心放在地獄、煉獄、天國上。現在雖然是把技巧記憶當作「審愼」的一個部分在做，那些影像法則卻讓譬喻和寓言描述的感動力量乘虛而入了。

「有作用力的影像」隨即登場，完全引據圖里亞斯的原文。[50]要異常地美麗或醜怪，戴花冠穿紫袍，沾了血漬或抹了泥土而毀了容貌，滑稽或荒誕，它們像演員似地神祕兮兮地漫步而來，從古代文化走進經院哲學的記憶理論，成爲「審愼」的一部分。阿爾貝特斯的解法強調，選擇諸如此類影像的原因是它們「感動力強」，所以是與靈魂依附著的。[51]

贊成或反對技巧記憶的這個案子的裁決，是完全遵照經院哲學分析法則進行的，過程如下：

> 我們認爲圖里亞斯教導的記憶技藝是最好的，對於要記得的有關生活和判斷（ad vitam et iudicium）的事物尤然，而這類記憶（即技巧記憶）與重視道德的人和演說者（ad ethicum

et rhetorem）關係尤其密切，因爲既然人類生活的行爲（actus humanae vitae）存在於個別狀況，就有必要藉有形實物的影像存在靈魂中；除非利用這些影像，不可能停留在記憶裡。我們因而認爲所有屬於「審慎」的成分之中最必要的就是記憶，因爲我們是被過往的事導引到現在的事和未來的事，不是反其道而行。㊷

技巧記憶便這樣獲得了道德上的大勝；它和「審慎」共乘著凱旋馬車，駕車的人是圖里亞斯，他揮鞭驅趕的兩匹馬是第一部與第二部修辭學。我們如果能看見「審慎」的鮮明而獨特的有形物質模樣——例如以有三隻眼睛的貴婦人造型提示她放眼過去、現在、未來，那應該也是符合技巧記憶法則的，是主張用「譬喻」提示「事物本身」的。

我們從《論善德》看得出來，阿爾貝特斯贊同技巧記憶的論點十分仰賴亞里斯多德的記憶與回憶區別論。他把《論記憶與回憶》仔細研究過，寫了一部本書的評注，並且從其中看見他認爲與圖里亞斯所說的技巧記憶相同的觀點。事實的確如此，亞里斯多德的確在最後一章裡說明自己的理論時提到記憶術。

阿爾貝特斯在他爲《論記憶與回憶》作的評注㊸中，細說他的「官能心理學」，這個題目他在《論靈魂》中有更詳盡的探討，靈感來自亞里斯多德與波斯賢哲阿維森納（Avicenna, 980-1037）。按他描述，感官印象藉「官能心理」經過多個不同的階段，從「一般感覺」變成「記憶」，並且在這個過程中漸漸非物質化。[54]他把亞里斯多德的記憶回憶區分加以發揮，說兩者的區分在於，記憶雖然比初步的感官更有精神性，卻仍屬於靈魂的感覺部分。而回憶雖然保存物質形狀的痕跡，卻在靈魂的智能部分中。因此，回憶的過程要求應被記起來的事物經過靈魂的感覺部分之中一連串的官能，再到達智能部分的回憶範疇。阿爾貝特斯接著就說出有關技巧記憶的下面這一段驚人之語：

想要回憶（亦即想做到不僅止於記憶的智能及精神性的事）的人，要撤離大庭廣眾進入隱暗的獨處：因爲可感覺的事物（sensibilia）的影像在大庭廣眾下會分散，動向會混亂。反之，在隱暗中會統一，按次序移動。所以圖里亞斯會在「第二部修辭學」講到「記憶術」的時候，指示我們想像並尋找無甚光亮的場所。又因爲回憶需要用到許多影像，不只一個，他指示我們應該藉許多形似物來想像，再把我們想保存並記起（reminisci）的在影像中統一。例如，我們如果想要記住一樁控告我們的訴訟案的內容，我們應該想像有一頭公羊，生著巨大的角和睪丸，在黑暗中向我們走來。羊角使我們記起官司中的對手，睪丸提示的是目擊證人如何安排。[55]

這頭公羊著實令人嚇了一跳！它怎麼從原來的訴訟案影像脫身又獨自闖到黑暗中來了？這

條場所不可太暗或太亮的法則結合了在安靜區域記憶的法則，⑯怎會變成獨自躲到暗處，讓可感覺的事物統一並呈現其潛在的次序？假如背景從中古時代換成文藝復興，我們也許會猜想阿爾貝特斯是否認爲公羊是黃道十二宮之中的牡羊座，因此可能在利用星辰的法術形象統一記憶的內容。不過也有可能只是因爲他照著馬堤亞納斯所說的在萬籟俱寂的夜晚練習記憶，結果用功過度，他掛心的訴訟案影像走了樣！

阿爾貝特斯作的《論記憶與回憶》的評注中，另一個特色就是引用體液憂鬱質與記憶的典故。按通常的四體液學說，憂鬱液是乾而冷的，能造就好的記憶力，因爲憂鬱質的人接收印象比其他性質的人牢固，保存得也比較久。⑰阿爾貝特斯說的能憶起事情的憂鬱質並不是普通的憂鬱。他說，回憶能力主要屬於亞里斯多德「在《疑難卷》(*Problemata*) 之中」所說的有「冒煙沸騰」型憂鬱質的那些人。

這種人就是多血質和膽汁質燒焦了，而意外有了憂鬱質的那些人。這種人比他人更易受幽冥幻影感動，因爲他們腦子深處的乾的特性受銘印最強烈：冒煙的憂鬱質的熾熱會牽引這些幻影。這種移動便帶來探索的回憶。乾的特質所保存的包含許多幻影，回憶便從其中出來。⑱

於是回憶的稟賦不再是於記憶相宜的乾冷的普通憂鬱質了：是乾而熱的憂鬱質，是智能的、受啓發的憂鬱。

既然阿爾貝特斯極力堅持人爲記憶屬於回憶，他的「回憶藝術」會不會因此成爲受啓發的憂鬱的獨占權了？這樣推斷應該是不無道理的。

早期爲阿奎那作傳的人說，他的記憶力強得驚人。少年時他在那不勒斯上學期間，能把老師講的東西全部記住。後來在科隆受大阿爾貝特斯調教記憶力。「他爲教宗烏爾班（Urban）匯輯的早期聖哲談〈四福音書〉的言論，是根據他在各地修道院曾看見的——不是抄下來的——而寫成的」，而且他的記憶據說容納量和強記力都極大，所以總是能記住他閱讀過的所有東西。㊾西塞羅若有知，會說這樣的記憶力「近乎神聖」。

阿奎那也與阿爾貝特斯一樣，在《神學總彙》（*Summa Theologiae*）中把技巧記憶放在「審慎」這個德行裡談。他也寫了一部亞里斯多德《論記憶與回憶》的評注，其中也引據了圖里亞斯。我們不妨先看他在評注中的引據，因爲這樣有助於說明《總彙》裡的記憶要則。

阿奎那發表對亞里斯多德的記憶與回憶論的意見㊿，用了「第一部修辭學」的審慎德行包含記憶爲引子。他在評注的一開始就說，亞里斯多德在《倫理學》中所說的，唯有人類才有的理性與「審慎」的德行是同一樁事，應該與圖里亞斯所說的——「審慎」的要素是記憶、智慧、遠處——做個比較。㉛這是我們熟悉的氛圍，不難預料他接下去要說什麼了。他說的是感官印象產生的影像是知識的基礎，是思維的智能工作的素材。「人不能沒有影像而理解；影像是有形物質的形似狀，但理解是屬於普遍現象的，而普遍現象要從個別現象提取出來。」㉜亞里斯多德和阿奎那兩人的知識論都是以這個公式爲基本立場，評注開頭的幾頁不斷出現這句話：Nihil potest homo imtelligere sine phantasmate.㉝是靈魂的敏感部分在接收感官印象產生的影像；所以影像和想像屬於靈魂的同一個部分，但是也「意外地」在智能的部分之內，這是因爲理解力在影像裡提取普遍意義。

> 從前文顯而易見記憶屬於靈魂的哪個部分，也就是和想像屬於同一個部分。本身可記憶的事物會有一個影像，換言之，是可感受的事物。但是，可理解的事物因偶然而成爲可記憶的，因爲這些事物若沒有影像就不可能被人理解。因此可說，意義隱晦而屬精神面的事物我們比較不易記住；粗淺而可感覺的事物我們比較容易記住。如果我們想比較容易地記住憑智能了解的意思，就應該把它與某種影像聯結，如圖里亞斯在「修辭學」中教導的。㉞

果然，他說了不得不引據的圖里亞斯在「第二部修辭學」裡的技巧記憶論點。阿奎那主義者憑這些話，可以理直氣壯地贊同技巧記憶使用影像，近代的阿奎那主義者不知爲何對這些話視而不見，其實這些名句是古代記憶論傳統一直在引用的。這是承認人性的弱點，是在向靈魂的本質讓步，而靈魂會輕易接受並記住粗淺而憑感覺的事物，卻不能不靠影像就記住「意義隱晦而屬精神面」的事物。因此故，我們應該照圖里亞斯的話做，如果想記住這些「事物」，就得把它們和影像聯結。

阿奎那在評注比較後面的部分討論了亞里斯多德回憶論的兩大要點，即是必須仰仗聯想與次序。他重述了亞氏的聯想三原則，舉了例，並且強調次序之重要。他引用了亞里斯多德說數學定理因爲次序分明而好記的例子；以及亞氏所說必須在記憶中找出一個起點，以便回憶能經由聯想過程找到想要記起的東西。然後，到了亞里斯多德講希臘記憶術的 τόποι（場所）的地方，阿奎那把圖里亞斯說的 loci（場所）帶進來討論：

> 回憶必須有一個起點，從那兒開始進行憶想。基於這個原因，有些人似乎是憑藉曾在那兒說過或做過、想過某事的場所來回憶，可以說是以這個場所爲回憶的起點；因爲進到這個場所就像引出其中那些事物的一個起點。圖里亞斯據此在他的修辭學中教導，爲了便於記憶，我們應該想像一些依序排列的場所，我們想要記住的所有事物的影像就按照一定的次序安置在這些場所上。[65]

技巧記憶便這樣在亞里斯多德的次序與聯想造就回憶的學說中站穩了理性的腳跟。

阿奎那於是延續阿爾貝特斯的作爲，把圖里亞斯和亞里斯多德兩本合一。但是他做得比阿爾貝特斯更明白，方式也更縝密周全。我們也可以隨意想像技巧記憶的場所和影像，有如思維與記憶的某種「可感覺的」裝置，目標指向概念性的世界。

但是，阿奎那沒有斬釘截鐵地劃分記憶與回憶，沒有照阿爾貝特斯的堅持把記憶歸入靈魂運用感官的部分，回憶（包括回憶技藝之一的技巧記憶）歸爲運用智能的部分。回憶的確是人類特有的，記憶卻是禽獸也有的，那種從一個起點開始進行的方法很像邏輯的演繹推論，而「演繹推論是理性行爲」。不過，人在試圖記憶的時候會打自己的頭、搖撼身體（這是亞里斯多德也說過的），這顯示記憶行爲仍有物質性的成分。它的層次較高而且含有理性成分，不是因爲完全不用感官，而是因爲人的感覺敏銳性優於禽獸，因爲其中運用到人的理性觀點。

從阿奎那的這種謹慎處可以看出，他不會掉進阿爾貝特斯正在走進去的陷阱，他不會用迷信的敬畏態度看記憶。阿奎那也沒有說過類似阿爾貝特斯的那種記憶影像變成黑夜中的神祕幻影。他雖然也提到記憶與憂鬱，卻沒有引據《疑難卷》所說的憂鬱，也不假定這種「啓發性的」憂鬱是屬於回憶的。

在《神學總彙》的《第二部之二》（*Secunda Secundae*）裡，阿奎那談了四大基本德行。這裡他和阿爾貝特斯的作法相同，基本德行的定義與名稱都取自《論發明》，也就是「圖里亞斯修辭學」。藍德（E. K. Rand）在《西塞羅在聖湯瑪斯・阿奎那的法庭》（*Cicero in the Courtroom of St. Thomas Aquinas*）中說：「他從西塞羅的基本德行定義講起，按同樣的順序來談。……標題是一樣的，審慎（不是洞察）、公正、堅忍、節制。」[66]他也和阿爾貝特斯一樣引用了許多其他資料，但基本架構是《論發明》的。

說到「審慎」包含的要素，[67]他舉了圖里亞斯說的三個；然後是馬克羅比亞斯的六個；再舉了亞里斯多德說過但別人沒提過的一個。他取了馬克羅比亞斯的六要素；加上圖里亞斯的記憶；以及亞里斯多德提過的「熟巧」。於是他說明「審慎」包含了八個要素，也就是記憶（memoria）、理性（ratio）、智能（intellectus）、好學（docilitas）、熟巧（solertia）、遠慮（providentia）、周到（circumspectio）、謹慎（cautio）。諸人之中只有圖里亞斯舉出「記憶」，而八要素也可以全部納入圖里亞斯說的「記憶、智慧、遠慮」三要素。

阿奎那便開始從「記憶」討論。[68]首先他必須確定記憶是不是「審慎」的一部分。論點如下：

(1)哲學家說記憶屬於靈魂中感受的部分。審慎則在理性的部分之中。所以記憶不是審慎的一部分。

(2)審慎是憑操練與經驗得來；記憶是我們與生俱來。所以記憶不是審慎的一部分。

(3)記憶涉及過往；審愼涉及未來。所以記憶不是審愼的一部分。

圖里亞斯卻不顧這些，把記憶列爲審愼的要素。

爲表示贊同圖里亞斯，他答辯了以上三個反對意見：

(1)審愼把普遍知識運用到個別現象上，而個別現象是由感官產生。所以，屬於感覺部分的許多事物都屬於審愼，記憶便包括其中。

(2)審愼和記憶一樣，既是天資，亦可以靠操練增強。「因爲圖里亞斯（以及另一權威典籍）在他的『修辭學』中說，記憶不但可以從天賦增進，也包含許多技藝與努力。」

(3)審愼可以利用過往爲未來做準備。所以記憶是審愼的一部分。

阿奎那順著阿爾貝特斯的方向，卻不全按他的步子走。我們可看到，他並不是根據截然區分記憶與回憶的理由把記憶納入「審愼」。而且，他說得比阿爾貝特斯更明確，是憑技巧記憶，也就是用方法鍛練增進的記憶，才證明記憶是「審愼」的一部分。他引據的是《赫倫尼》論點的釋意，並介紹這一段文字源於「圖里亞斯（一位權威）」。「另一權威」也許是指亞里斯多德，亞氏的記憶論被吸收到阿奎那整理出來的「圖里亞斯」的記憶法則之中了。

阿奎那是在第二點的答辯裡說出了他自己的記憶四要則：

圖里亞斯（與另一位權威）在他的「修辭學」中說，記憶不但可以從天賦增進，也包含許多技藝與努力：有四個要點是可以幫助記憶精進的。

第一點是應當爲想記住的事物找一些方便的比喻；這些比喻不宜太常見，因爲我們對不常見的事物比較會好奇，靈魂受它們吸引也比較深而強烈；所以我們把兒時所見的事物記得比較久。因此有必要創出比喻物和影像，因爲單純的精神的意向會輕易從靈魂溜走，除非是在某種程度上與某些有形物質的喻象相似，因爲人類對可感覺的事物的認知比較強。記憶力因此是在靈魂的感覺的部分中。

第二是人必須把想記住的事物排入考慮好的次序，以便從一個記住的點可以輕易推進到下一個點。哲學家因而在《論記憶》這部書中說：「有人似乎能憑場所記得事物。其原因在於他們從一地迅速進到下一個。」

第三，人對自己想要記住的事物必須掛念依戀著；因爲深深印在靈魂上的東西才比較不容易悄悄溜走。圖里亞斯因而在他的「修辭學」中說：「掛念可保持影像的輪廓完整。」

第四，我們必須經常沈思我們想記住的。哲學家因而在《論記憶》這部書中說，「沈思會保持記憶。」因爲，按他說，「習慣如自然。因此，我們常想到的那些事物是我們很容易記起的，就像自然而然依序地從一個想到下一個。」

我們仔細看一下阿奎那的記憶四要則。大綱是技巧記憶的兩大基礎：場所和影像。

他先講影像。第一條要則呼應《赫倫尼》所說的選擇鮮明而不尋常的影像最可能依附在記憶裡。但是，技巧記憶的影像變成了「有形物質的喻象」，藉著它們可預防「單純的精神的意向」從靈魂溜走。他在這兒說的使用「有形物質的喻象」的理由，是在亞里斯多德作品評注中說過的，因爲人類對可感覺的事物的認知比較強，所以用有形的物像可以把「意義隱晦而屬精神面的事物」記得更牢些。

第二條法則取自亞里斯多德的次序之說。他在亞里斯多德評注中曾將「起點」的那一段與圖里亞斯的場所之說相提並論。因此這第二條是藉亞氏次序說做成結論的「場所」法則。

第三條十分奇怪，因爲是以引用錯了的《赫倫尼》一條場所法則爲基礎。原來《赫倫尼》說的是，場所要選空無人跡的區域，「因爲人群往來會混淆並削弱影像留下的印象，獨處可保持其輪廓鮮明 (solitudo conservat integras simulacrorum figuras)。」[69] 阿奎那引用成了 sollicitudo conservat integras simulacrorum figuras，把「獨處」變成了「掛念」。如果說兩者殊途同歸也無不可，因爲獨處的目的是爲了以記憶爲念。可是我不以爲然，因爲阿奎那的「掛念」還牽涉著「依戀」想要記住的事物，如此一來，添加了古典記憶法則從來沒有過的虔誠奉獻氛圍。

阿奎那的誤譯與誤解格外有意思，因爲先前我們已經看見阿爾貝特斯也誤解了場所法則，他把「不太暗或太亮」的「獨處」場所法則變成好似神祕的退隱所了。

第四條法則來自亞里斯多德在《論記憶》中所說的經常沈思並重複，這是《赫倫尼》也提過的主張。

總括而言，阿奎那的要則似乎是依據技巧記憶的場所和影像而來，其實都脫胎換骨了。古羅馬雄辯家選擇影像在乎的是有沒有好記的特質，卻被中古時代的宗教虔誠變成「單純的精神的意向」的「有形物質的喻象」。場所法則也許有些被誤解了。場所的條件是彼此相異、採光適當、在安靜的地區裡，都以輔助記憶爲考量。這些法則的記憶術特性，阿爾貝特斯和阿奎那可能都沒有完全搞清楚。他倆詮釋場所法則也是從宗教虔誠的角度。尤其是阿奎那，給人次序重於一切的印象。他的有形物質的喻象也許要按固定的次序安排，是一種「自然的」次序，不是按照法則所說的刻意不規則的次序。至於法則的意思——例如「獨處」變「依戀」，他改成很濃的虔敬意味。

我們又該如何看經院哲學式的技巧記憶呢？——它相當程度上是遵循圖里亞斯法則的，卻用道德化的和虔敬式的意向改了模樣。技巧記憶本來那些美得耀眼和醜得刺目的生動影像到哪兒去了？比經院哲學早一代的彭岡巴諾所說的記憶，透露了這個問題的答案，他列舉各種德行與罪惡的「記憶筆記」，是要幫助我們導引自己在記憶之路上不忘通往天堂與地獄之路。「有作用力的影像」要加以道德化，成爲美麗或醜怪的圖像，當作追求天堂或避免地獄的心靈意圖的「有形物質喻象」，按著某種「莊嚴」的建築物內部的次序安排記下來。

我在第一章裡說過，我們很幸運，能在讀到《赫倫尼》的記憶部分時，參照昆蒂里安敍述明晰的記憶術過程——也就是在建築物裡走來走去選擇場所，以及把提示演講詞要點的影像放在場所裡記下來。中古時代的《赫倫尼》讀者沒有這麼幸運。他讀到這些奇怪的場所影像法則，卻沒有古典記憶術的其他文獻可參考，而且羅馬雄辯藝術已經消失，沒有人在實踐這一套了。他讀的法則沒有眞實的雄辯可對照，卻要和圖里亞斯在「第一部修辭學」教導的倫理學放在一起看。誤解叢生是可想而知的。我在前文也說過，可能在中古時代來臨之前記憶術有過其他用法，也許基督教早期把它改作道德或說教的、宗教的用途，我們雖不知道有這些改變，它卻可能已經傳進中古時代早期。因此，我說的「古典記憶術在中世紀脫胎換骨」的現象，並不是阿爾貝特斯和阿奎那首創，而是早在他以前就發生，他們又以新的一股熱誠來關注這個題目。

經院哲學派把這門藝術翻新，並且強力推薦，是記憶術發展史上極重要的時刻，也是記憶術的一個鼎盛期。我們不難看出，記憶術是十三世紀整體事工的一個部分。博學的道明修會修士們——以阿奎那和阿爾貝特斯爲主要代表——要用新亞里斯多德主義的學術來保存並維護教會，把這些學識吸收到教會裡，再在這個氛圍下重新檢討既有的知識體統。一般人都知道，阿奎那投注在辯證上的龐大工夫都是爲了駁倒異端者的論點。也是他，把本來可能成爲教會敵人的亞里斯多德變成了教會的盟友。經院派的這一方面努力——把亞氏倫理學併入既有的德行及罪惡架構，雖然不大受近代以後研究者的重視，在那個時代也許和打擊異端一樣重要，甚至可能更受重視。德行包含哪些項目，如何納入既有的圖里亞斯知識架構，如何從亞里斯多德論靈魂的觀點剖析，這些全都是阿奎那《神學總彙》的內容，是爲了收編「哲學大師」，和一般比較熟悉的阿奎那哲學思想與辯證一樣重要。

圖里亞斯所說的德行需要用亞里斯多德心理學與倫理學全面翻修，同理，圖里亞斯的技巧記憶也需要大翻修。經院修士們看出《論記憶與回憶》講到記憶術，就以翻修工作爲基礎，藉著亞里斯多德的記憶回憶理論的助力，重新檢討了場所與影像法則的心理學依據，證明圖里亞斯的場所影像言之有理。這番工作要和他們在亞里斯多德學術架構裡重新檢視德行齊頭並進。兩者要密切相連，因爲技巧記憶其實是四大基本德行之一的要素。

在經院哲學的時代，正統應該是強調抽象，貶抑詩與譬喻陳述，可是宗教藝術的譬喻意象卻在這個時代大放異彩，這是評論者往往要探究的。如果在阿奎那的著作中尋找這看似反常現象的原因，會相中他爲《聖經》使用隱喻和意象辯護的那一段。阿奎那問，既然「從各種不同的比喻和象徵講起是詩的作風，是所有學理之中最低下的」，爲什麼《聖經》要用意象？他的意思是把詩算在文科七藝中最等而下之的「文法」之內，問《聖經》爲什麼要使用這低級的知識。回答是，經文用有形事物的比喻來講精神層次的事，是「因爲人本來就會藉可感覺的事物達致可理解的事物，原因在於我們的一切知識都始於感官」。⑳這個理由和答辯技巧記憶爲何要使用影像的理由一樣。阿爾貝特斯和阿奎那如此不厭其詳分析爲什麼記憶時可以用影像，卻有人遍尋不著經院哲學贊成宗教美術運用意象的理由，實在教人匪夷所思。

問題在於尋覓中一直把記憶給忽略了。記憶不但對古代的人有極爲重要的實用價值，在宗教信仰和道德方面也占有重要地位。偉大的基督教雄辯家奧古斯丁曾經把「記憶」列爲靈魂的三種力量之一，生在基督教以前的時代卻有基督教精神的圖里亞斯，把記憶列爲「審愼」三要素之一。圖里亞斯也曾教我們怎樣使「事物」值得記憶。我要大膽地說，基督教的教誨藝術必須把要講的道理用可記憶的方式呈現，呈現方式必須把會導向德行和罪惡的「事物」令人印象深刻地表現出來，這種藝術受古典法則和鮮明的「有作用力的影像」的影響之大，也許是我們還不知道的。

潘諾夫斯基（E. Panofsky）曾經指出，哥德式大教堂的布局是按照「一層層同類各部分相應的系統」，與經院派的知識總彙的結構是類似的。㉑這引發一個奇想：假如阿奎那記憶他的《總彙》是藉著放在按章節次序排好的場所裡的「有形物質比喻」，抽象的《總彙》在記憶裡可能就是類似哥德式大教堂的實物，裡面滿是放在井然有序位置上的影像。我們不該做太多假設，不過《總彙》之中確實有一個未受注目的地方在肯定技巧記憶的同時，爲使用意象辯白，並且鼓勵使用意象、創造意象。

「阿奎那的智慧」，安德利亞（Andrea da Firenze）作。佛羅倫斯聖瑪麗亞修道院禮堂壁畫。

佛羅倫斯的道明修會聖瑪麗亞修道院（Santa Maria Novella）的會堂牆壁上，有一幅十四世紀的壁畫，主題是頌揚阿奎那的智慧與德行。阿奎那坐在寶座上，上方飛起來的人形象徵神學三德與基本四德行。他的左右兩旁坐著聖徒和教會早期領袖，腳下是被他的學識擊垮的異端者。

圖中的下一層有十四格龕位，其中的十四位女子象徵阿奎那的淵博知識。右邊的七位代表文科七藝，最古邊的是地位最低的文法，依序往左，第二個是修辭，然後是辯證、音樂（拿著風琴）等等。每一門藝術的前面坐著一位這一科的著名代表人物；文法前面坐著多納特斯（Donatus）；修辭的前面坐著圖里亞斯，是個拿著書的老人，右手抬起；辯證的前面坐著亞里斯多德，戴著一頂大帽子，鬍鬚末端分岔。左邊的七位女子應該是代表神學的科目，或代表阿奎那在神學方面的成就，不過並沒有人做過詳盡解讀。七種學問的前面也坐著每一科目的代表人物，有主教和其他人士，這些人物的身分也仍待查。

這樣的設計顯然絕不是完全原創的。七種美德優點是再老不過的題目。文科七藝及代表人物是很古老的題材（法國沙特爾大教堂〔Chartres〕著名的走廊即是一例），另外七種學問的象徵和代表人物不過是一種延伸。十四世紀的這位設計者恐怕也不想表現原創。因爲阿奎那是保衛擁護教會傳統的，他的學識也是爲維護教會傳統而用。

看過這一章裡中古時代的圖里亞斯，對畫中的他會特別覺得有趣。他謙遜地與「修辭」坐在一起，在整個布局中屬於他該坐的位置上，是文科七藝中層級相當低的一個，只高於文法，在辯證與亞里斯多德之下。然而他是否比表面呈現的地位更重要呢？十四位好像在教堂裡依序坐定的女子，她們是否不僅象徵阿奎那的學養，也象徵他記憶這些學識的方法？換言之，她們是不是「有形的比喻」，部分根據熟悉的形象——文科七藝——而塑造，部分出於創新的發明？

我只提出問題為提示，但強調中古時代的圖里亞斯在經院派大局面裡占著相當重要的地位。在古典記憶術的中古時代轉型過程裡，他更有舉足輕重的地位。記憶術是隱形的藝術，必須與嚴格意義的藝術小心劃分開來，不過兩者的邊界必有重疊之處。因為，人們既然被教導了要用影像來記憶，這些內在組構的影像恐怕難免會有向外呈現的時候。或者換個說法，古人要藉內在影像記住的「事物」，如果和基督教用圖像推行的教化藝術表達的「事物」是同一類的，教化藝術的場所和圖像本身就有可能進入記憶，因而成為「技巧記憶」。

4 中古時代的記憶與意象形成

經院哲學的偉大聖徒大力推薦使用次序分明的物質影像的記憶術，必然會有深遠影響。假如賽莫尼底斯是記憶術的發明者，西塞羅是記憶術的大導師，那麼阿奎那就有點像是這門藝術的主保聖徒。以下略舉幾個例子，說的是阿奎那如何主宰以後幾世紀的記憶觀，都是從大量資料選出來的。

十五世紀中葉，賈可波·拉高尼（Jacopo Ragone）寫了一篇「記憶術」的專論，篇首寫給岡扎嘎親王（Francesco Gonzaga）的獻詞是：「至尊的親王，技巧記憶要靠兩件事來成就，即是場所和影像，這是西塞羅的教導，聖湯瑪斯·阿奎那證實的。」①到一四八二年間，威尼斯有一本漂亮的早期印刷書問世，是賈可布斯·普布里修斯（Jacobus Publicius）所寫的修辭學論，書中的附錄就是首度印行的「記憶術」專論。這本書看來像是文藝復興時代的產物，內容卻處處是阿奎那主義技巧記憶的影響，影像法則是以這一句話開端：「單純的精神性的意向很容易從記憶中溜走，除非是與有形物質喻象聯結。」②內容最完整也最常被引用的記憶專論之一，是約翰・隆貝赫（Johannes Romberch）於一五二〇年發表的。隆貝赫是道明修會教士，在講到影像法則的時候說：「西塞羅在《獻給赫倫尼》中說，記憶不但可以從天賦精進，而且有許多輔助。聖湯瑪斯就此在二之二、四九（《神學總彙》的篇章）提出理由，說精神性的單純的意向很容易從靈魂溜走，除非與一定的有形物質喻象聯結。」③隆貝赫的場所法則是以阿奎那將西塞羅與亞里斯多德合併的結果爲基礎，他並且引據了阿奎那爲《論記憶與回憶》作的評注。④既然隆貝赫是道明會修士，言必稱阿奎那是可想而知的。但事實上阿奎那與記憶的關聯在道明修會以外也是非常著名的。多馬索・賈佐尼（Tommaso Garzoni）在一五七八年發表的《大眾廣場》（*Piazza Universale*）是將一般知識普及化，其中有一章談記憶，提到的著名記憶導師當然少不了阿奎那。⑤傑蘇瓦多（F. Gesualdo）在一五九二年出版的 *Plutosofia* 中談記憶，是將西塞羅與聖湯瑪斯並列。⑥進入十七世紀初期，有一本約翰・佩普（Johannes Paepp）著的《來自亞里斯多德、西塞羅、湯瑪斯・阿奎那的技巧記憶基礎》（*Artificiosae memoriae fundamenta ex Aristotele, Cicerone, Thomae Aquinatae, aliisque praestantissimis doctoribus*）。⑦大約同時的另一位作者回應了抨擊技巧記憶的言論，不但提及西塞羅、亞里斯多德、聖湯瑪斯的主張，並且強調聖湯瑪斯在二之二、四九說過技巧記憶是「審慎」的一部分。⑧葛拉塔若羅（Gulielmo Gratarolo）的《記憶城堡》（*The Castle of Memory*，一五六二年英譯）指出，阿奎那主張記憶時利用場所。⑨一八一三年出版的一本《記憶的藝術》還引用了英譯本的這句話。⑩

因此，在講究「記憶」的時代受人崇敬的阿奎那，到了十九世紀初期還沒有被遺忘。就我所知，他的這個面向，近代阿奎那主義者從來不提。討論記憶術的書雖然都知道他的二之二、四九是記憶術發展史上的重要文獻，⑪但尚未有人深入探討阿奎那記憶法則有些什麼影響。

阿爾貝特斯和阿奎那對他們修訂的記憶法則進行重量級推薦，帶來了什麼結果？要找答案必須從靠近影響起源的地方開始。經院派法則的頒布是在十三世紀，應該是在那時候立刻開始產生最大的影響力，然後一直延續到十四世紀。我想在本章裡討論這立即影響的性質，並觀察其結果。我不可能提出完善的答案，只希望能找到大概的解釋，或者找出一條探索的路徑。假如我提出的意見太大膽了，至少能達到引起議論的目的，記憶術如何影響意象組構的這個題目一向太乏人問津了。

經院哲學的時代是知識增進的時代，也是「記憶」的時代。在記憶的時代裡，爲了記住新的知識必須創造新的意象。基督教的教義和道德教化的宗旨雖然大致維持原樣，但漸漸變得複雜了。尤其是德行與罪惡的規劃比以前完備得多，而且定義更確切也更有條理。重視道德的人想要選擇德行之路，同時要謹記並避開罪惡之路，他必須存入記憶的東西就比上一代生活較單純的人要多一些了。

修士們以宣道重振了雄辯術，而宣道正是道明修會——宣道士修會——創建的主要目標。技巧記憶的中世紀翻新版，主要用途必然是記住宣道詞——雄辯術的中世紀翻修版。

道明會學術在宣教改革中的作爲，和道明會學者在哲學與神學方面的大作爲，是並進的。阿爾貝特斯和阿奎那的《總彙》提出了抽象的哲學及神學釋義，在論理學方面也提供了明白的抽象論述，例如德行和罪惡各分爲多個不同項目。可是宣道士需要另一種《總彙》，一些範例和喻象的《總彙》，⑫以便找到可以包裝精神性意向的有形東西，幫助他們把意向印入聽講者的靈魂和記憶。

宣道的主要目標是灌輸正信的德目，還有嚴謹的道德觀，要把德行和罪惡一條條說清楚，善惡兩極對立，並且強調行善行惡者死後必得的賞與罰。⑬雄辯家兼宣道者需要記住的「事物」就是這類性質的。

已知的最早引據阿奎那記憶法則的作品，是供宣道者使用的一部比喻總彙，《事物比喻範例總彙》（*Summa de exemplis ac similitudinibus rerum*），作者聖吉米尼亞諾的喬望尼（Giovanni di San Gimignano）是宣道士修會的人，書是十四世紀初寫成⑭。聖吉米尼亞諾雖然沒有提阿奎那的名字，書卻是阿奎那式記憶法則的精簡版。作者說：

有四件事可以增強記憶。

第一是應該把想要記的事按一定的次序排好。
第二是懷著愛依附著這些事。
第三是把它們簡化爲不尋常的喻象。
第四是要經常沈思地重複它們。⑮

我們必須分清楚一點。聖吉米尼亞諾辛辛苦苦爲宣道者可能講到的每一件「事物」提供影像比喻的這本書，可以說是以記憶法則爲基礎的。要想使聽的人記住，就應該用「不尋常的」喻象來宣講，因爲這些可以在記憶中依附得比較久，所以單純精神上的意向要穿上這種比喻的外衣。然而，講道詞裡說的比喻，嚴格而論並不是技巧記憶中使用的譬喻影像。記憶用的影像是無形的，只藏在使用者的記憶裡，卻可能成爲外化的意象的隱形發動機。

隨後的一位引據阿奎那記憶法則的是聖康柯狄歐的巴多羅買（Bartolomeo da San Concordio, 1262-1347）。他很年輕時便進入道明修會，一生的大部分時間在比薩的一所修道院裡度過，因爲撰寫一部法律概要而聞名。我們要談的卻是他的《道德古訓》（*Ammaestramenti degli antichi*），⑯是一三二三年以前完成之作。⑰巴多羅買的方法是先提出一句於修養品德有益的話，再引用一連串古聖先賢的名言爲證。這種體例增添了一些推論的，甚至早期人文主義的風味，但根本仍是經院派的；巴多羅買悠遊於亞里斯多德的倫理學之中，卻受著圖里亞斯《論發明》規範的指導，觀點則是阿爾貝特斯和阿奎那式的。一批聖賢名言是針對記憶這個題旨引用，另一批名言是以記憶藝術爲主題。之後緊接著的是關於「智能」和「遠慮」的部分，可見虔誠的作者認爲「記憶」是「審愼」的一部分。

讀者會覺得，這位學識淵博的修士相當接近傳遍整個道明修會的技巧記憶熱的源頭。他所列的八法則主要以阿奎那爲藍本，並且同時引用「湯瑪斯的第二部之二」（即《總彙》的二之二、四九）以及「湯瑪斯的《論記憶與回憶》評注」。他並沒有稱阿奎那「聖湯瑪斯」，可見這是一三二三年阿奎那封聖之前的作品，以下是我翻譯的巴多羅買的法則：

（關於次序）。

亞里斯多德論記憶。一些本身有次序的事物比較容易記住。湯瑪斯對此的評論是：次序清楚的事物我們比較容易記得，次序不明的事物我們不易記住。

湯瑪斯的第二部之二。想要在記憶中保存的事物，必須想好如何按順序安排，以便一件事物的記憶可以提示另一件的。

（關於比喻影像）。

湯瑪斯的第二部之二。對於想要記住的事物，必須設有便於記憶的比喻影像，不要太常見的，因爲不常見的事物比較令我們驚奇，思維受感動比較強。

湯瑪斯同一作品。尋覓影像對記憶是有用且必要的；因爲純粹的精神上的意向會從記憶流失，除非與有形物質的比喻相聯結。

圖里亞斯修辭新論第三。對於我們想要記住的事物，應當在一定的位置上安排影像和比喻。圖里亞斯並且說，場所位置如同書寫用的蠟板或紙張，影像如同字母，安置影像如同寫字，演說如同在閱讀。⑱

巴多羅買顯然很清楚，湯瑪斯記憶重次序的主張來自亞里斯多德，他的借助比喻和影像記憶的方法取自《赫倫尼》，也就是「圖里亞斯修辭新論第三」。

巴多羅買的道德教誨之作，期望虔敬的讀者如何反應？全書是按經院派的分項與再分細項的格式次序編排。大家是否應當表現審慎，把書中講的「事物」以技巧記憶按照編排次序記牢，把內容激發的趨善避惡的精神性意向記牢？大家是否該發揮想像力來組構有形物質的喻象，例如塑造「公正」的各個要素或「審慎」的各部分的形象？而且還要想像出「不義」、「不堅定」等罪惡的模樣？這些對大家來說是並不輕鬆的任務，因爲大家生活在不一樣的時代，德行與罪惡的認定因爲新發現的古人教誨而變複雜了。不過，藉古代的記憶藝術把這些教誨記牢實在是大家的本分。如果我們把古聖先賢的話當作寫在我們記憶中構成的有形喻象之上，或靠近這些喻象，也許我們也能輕鬆地記住這些話。

有兩部十五世紀的抄本⑲把巴多羅買的這部道德古訓和一部「技巧記憶專論」(Trattato della memoria artificiale) 相提並論，證明巴多羅買此作是適於牢記的重要典籍。「技巧記憶專論」後來收入了《道德古訓》(*Ammaestramenti degli antichi*) 的印刷版，被當成巴多羅買的作品。⑳其實「技巧記憶專論」並不是一部原創，而是《赫倫尼》講記憶的這個部分的義大利文翻譯，譯者可能是十三世紀的吉安波尼 (Bone Giamboni)，「技巧記憶」是從他譯的這部修辭學專書抽出來的。㉑譯本的書名是《修辭學精華》(*Fiore di Rettorica*)，論記憶的部分放在全書最後，所以很容易被抽出來另印。會安排在最後，可能是受了彭岡巴諾的影響，因爲他曾說記憶並不只屬於修辭學，是對各個學科都有用的。㉒在譯入義大利文時把它放在最後，很方便抽出去用到別的課題上，例如用於倫理學和記憶各種德行和罪惡。抽離了吉安波尼《赫倫尼》譯本的這個論記憶的部分可以單獨流傳，是獨立的「記憶術」專論的一個始祖。㉓

《道德古訓》在那麼早的時代能以義大利本土語言成書，是非常值得注意的一件事。學養豐富的道明修士爲什麼要用義大利文寫這部半經院式的專書？理由當然就是爲了讓不懂拉丁文的、想知道古人道德教誨的虔誠讀者能看懂，他的主要目的不是寫給神職人員看。已經譯入義大利文的圖里亞斯記憶理論，和這部義大利文的著作後來便結合到一起。㉔這顯示技巧記憶走入世人生活，是俗家人應在虔誠修持中應用的。這也符合了阿爾貝特斯擁護圖里亞斯「記憶術」的結論，他說技巧記憶「與重視道德的人和演說者」都有關。㉕不但宣道的人要用技巧記憶，任何「重視道德的人」受了修士講道的感動，想要不計代價避開通往地獄的罪惡、成就通往天國的德行，都用得著。

另外一部主張用技巧記憶背下來的道德專書，也是義大利文寫的，書名《生活念珠》（*Rosaio della vita*），㉖可能是馬竇・德・柯希尼（Matteo de' Corsini）在一三七三年寫的。卷首是一些奇怪的神祕學加占星術的特徵，但主要包含的是一長串的德行與罪惡項目，都附帶有簡短的釋義。內容包含取自亞里斯多德、圖里亞斯、早期教會領袖、《聖經》，以及其他文獻的「事物」。「智慧」、「審愼」、「知識」、「輕信」、「友誼」、「爭訟」、「戰爭」、「和平」、「驕傲」、「虛榮」等只是其中少數幾個題目。另外附有一篇〈技巧記憶法〉（Ars memorie artificialis），一開頭就說：「我們既已提供了可讀的書，剩下該做的就是把它存在記憶裡。」㉗可讀的書當然就是《生活念珠》，在講述記憶法則時這個書名也被提到，充分證明附在這裡的記憶法就是供讀者用來銘記各項德行和罪惡的。

這套記憶法密切依據《赫倫尼》，但是也加了擴大闡述。作者說在鄉野間記下來的場所是「自然場所」，例如田野裡的樹木；在建築物裡記下的是「人爲場所」，例如書齋、窗戶、箱櫃等等。㉘由此可見作者確實理解記憶術如何運用場所。運用的方法在於爲了培養道德與虔誠心而記住放在場所中代表德行和罪惡的那些有形物質的比喻。

《念珠》和《古訓》之間也許有關聯；前者簡直可以算是後者的縮小簡化版。兩部抄本都

講到這兩部書和相關的記憶法則。㉙

我們不難想像，當時的俗家人努力用技巧記憶來記住這兩部義大利文道德書的畫面。這兩部書也開啓了新的機會，許多人的想像和記憶可能繼比喻意象出現之後積極活動起來。技巧記憶開始以俗家人實踐虔敬的功課的姿態出現，這是修士們鼓勵而且教導的。虔敬而可能有藝術天分的人，如此一來會在記憶中存下不知多少描繪新舊德行罪惡的奇特鮮明比喻。記憶術會創造意象，而創造的意象必會源源流入美術及文學作品。

我們要切記，記憶使用的隱形畫面與外化成美術的視覺呈現是截然的兩回事——只憑外在呈現這一點就足以區分。然而，從記憶的角度來看一些十四世紀早期的美術作品，可能是一種不同的經驗。例如羅倫采第（Ambrogio Lorenzetti）在西耶那大會堂的壁畫（圖4—1，爲一三三七至一三四〇年應聘之作）㉚，呈現的是「良好」與「不良」的「統治」，其中有一列象徵品行的人物。左邊坐著「公正」，旁邊有一些表徵她的「要素」的小人形。她右邊坐在長椅上的是「和平」（以及堅忍、審愼、寬大、節制，沒有包括在圖中）。另一邊（未示圖）是這一列中的不良者，其中有魔鬼般長著角的「暴虐」，一些象徵暴虐罪惡的醜陋形象和他坐在一起，還有「戰爭」、「貪婪」、「驕傲」、「虛榮」，像蝙蝠般在這一群醜惡人物的頭上盤旋。

這些形象當然都有極複雜的由來，圖像學家、歷史家、美術史家都會有不同的研究觀點。我想試提另一種觀察角度。這幅畫的背後有一個關於「公正」與「不公」的論題，主旨是按次

圖4-1
「公義與和平」，羅倫采第（Ambrogio Lorenzetti）作。西耶那大眾會堂壁畫。

序排出來又用實體的比喻包裝好的。我們既已想像過阿奎那主義的技巧記憶如何爲道德古訓在那兒組成比喻，不會覺得它的含義更豐富了嗎?我們從這些巨大的人形中是否看出想要恢復古典記憶術形態的意思?——記憶的影像本來應是特別美的、戴著花冠的、服飾華麗的，或是特別醜怪可怖的，卻被中古時代道德化而成爲德行與罪惡，成爲表達精神意向的比喻。

現在我要大膽地請讀者用記憶的眼來看美術史家視爲神聖的圖像——喬托（Giotto di Bondone）的帕度阿圓場教堂壁畫中的德行與罪惡（圖4—2），大約是大師一三〇六年間的作品。這些人物造型多樣又充滿生氣，在背景襯托中鮮明而立體，有以往繪畫從來沒有的深度效果，是實至名歸的傑作。我認爲造像生動和立體效果都有記憶的一份功勞。

因爲圖里亞斯說過，人人應該自組記憶影像，爲了組構比喻影像，多樣的與個人獨特的創作被激發出來。經院學者鼓吹技巧記憶而導致重拾《赫倫尼》，他們推薦的影像模式引動了畫家的興趣，喬托就在壁畫中發揮了他的天才。「慈善」（圖4—2左）有著動人之美，「不堅定」流露著躁亂，「嫉妒」（圖4—2右）和「荒唐」的醜惡與怪誕，無不掌握了記憶影像的要訣。至於立體效果，是特別留意如何安置在背景之中——也就是記憶術所說的場所之中——而營造成功的。《赫倫尼》所說的古典記憶一大要點，就是場所法則講究的空間感、深度感、採光，以及力求影像在場所中能明顯清楚。讀者應該記得：場所不可太暗，以免影像一團模糊，不可太亮，否則使人目眩看不清楚影像。喬托的人物規則一致地排在牆壁上，的確不是古典法則要求的此

圖4-2

左「慈善」，右「嫉妒」，喬托作，帕度阿圓場教堂壁畫。

起彼落。但是阿奎那主義強調的規則次序已經把這條法則改了。喬托也用自己的方式詮釋了場所多樣的要求，把背景框畫成個個不一樣。我覺得，他在盡最大努力使人物在仔細求變的「場所」中顯得鮮明突出，自信這樣才是遵行了使影像易被記住的古典原則。

彭岡巴諾說過，「**我們必須勤勉不懈地牢記天堂的無形喜樂與地獄的永罰**」，這是他在《最新修辭學》裡講到記憶時用力強調的話，同時還列出各種德行與罪惡爲「記憶筆記……我們可以藉它們導引自己走上記憶之路」。[31]繪有喬托壁畫的這所教堂的側牆框住盡頭的一面牆，這面牆上畫著俯視整個教堂的「最後審判」。在修士們和講道儀式營造出來的這種強烈氛圍——也是喬托自己浸淫其中的氛圍——之下，德行與罪惡的影像也有了重大意義，及時記住它們、領會它們的警惕作用，是生死關頭的大事。所以，按技巧記憶法則設計出眞正可以銘記不忘的德行罪惡造像，是有其必要的。更正確的說法是，按照阿奎那解讀的技巧記憶的功能，設計出含有精神意向的善惡品行實體喻象，是有其必要的。

喬托所設計的影像有新的造型變化和生氣，人物在背景中新呈現的立體感，影像新包含的精神面意向，這一切以往未有過的精彩特色，很可能是經院派詮釋的技巧記憶與大力推行這個「審愼」要素的影響力所激發的。

經院哲學以後的記憶專論，通常都講到技巧記憶包含牢記天堂與地獄，而且大都附有天堂地獄圖表，可見經院派詮釋的技巧記憶背後有記住天堂地獄這一項。下一章將探討這方面的例子以及圖表。㉜在這裡先要提一下德國道明會修士隆貝赫就這個題目發表的言論。前文說過，隆貝赫的記憶法則是根據阿奎那而來。他既是道明會修士，當然是承襲阿奎那傳統的。他的《技巧記憶彙編》（*Congestorium artificiose memorie*，一五二〇年初版）中提出記憶天堂、煉獄、地獄，並且說地獄分爲多個場所，我們藉其上的題字記住它們。

> 由於正信宗教認爲處罰是按犯罪的性質而來，這邊看見的是「驕傲」的人在被釘十字架……那邊的是「貪婪」的人、「不知饜足」的人、「憤怒」的人、「懶惰」的人、「嫉妒」的人、「淫逸」的人受著硫磺、烈火、瀝青之類的懲罰。㉝

這裡提出了一個新想法，地獄裡的那些因爲犯罪性質不同而懲罰方式各異的場所，可以當作生動鮮活的記憶場所。至於放置在這些場所裡的醒目影像，當然就是下地獄受罰的人。我們可以從記憶的角度來看一下道明修會聖瑪麗亞修道院的十四世紀壁畫（圖4—3）。畫中的地獄分成多個有題字的場所（如隆貝赫的意見），每個場所的題字說明在其中受罰的是什麼罪，場所裡面呈現的是進去的人要受的懲罰的模樣。如果我們在記憶中思索這幅畫以提醒自己審慎，算不算是在實踐中古時代所謂的技巧記憶呢？我認爲算。

盧多威科・多爾卻（Ludovico Dolce）把隆貝赫的書譯成了義大利文（一五六二年出版），

圖4-3

地獄的場所。納多・狄・齊奧尼（Nard di Cione）作，佛羅倫斯聖瑪麗亞修道院壁畫局部。

在說到地獄各場所的時候添加了一點發揮：

> 在這方面（牢記地獄場所方面），維吉爾與但丁的巧妙發明可給我們很大幫助。即是按照犯罪性質區別懲罰。非常精確。㉞

但丁的《地獄》可以當作記憶用的一套方法，地獄和其中的懲罰是一系列安排在場所裡的鮮明影像，這是我們始料未及的大震撼。用這種觀點解讀但丁的詩，需要花上一整本書的篇幅。這絕不是一種不成熟的觀察，也不是不可行的。我們如果想到《神曲》（*Divine Comedy*）是以地獄、煉獄、天堂的場所次序爲基礎，想到這整個巨大場所秩序之中的地獄各層和天堂各層是次序相反的，我們就會覺得這像是一部喻象和教諭故事的總彙，在宇宙上次序井然地排列著。假如我們又發覺，用各種不同的喻象包裝著的「審愼」，是《神曲》的一個主要的象徵主題，㉟其中的三大部就可以視爲「記憶」——記住各種罪惡與墮入地獄後的懲罰，「智慧」——利用現在來懺悔並培養德行，「遠慮」——期望將來能進天堂。按照這樣的解讀，中世紀所理解的技巧記憶法則，會使記憶的工夫激發濃烈的喻象想像，一個把記憶當作「審愼」一部分的人，爲了要記住上帝救贖與繁複交錯的德行罪惡和兩者帶來的賞與罰，會得到這樣的後果呢。

《神曲》因此會成爲從抽象總彙轉化成喻象範例總彙的一個終極代表，而「記憶」就是這股轉化力量，是抽象與影像之間的橋樑。但是阿奎那在《神學總彙》裡還說了使用有形喻象的另一個理由，這個爲便利記憶以外的理由，也有重要作用，也就是《聖經》使用詩體隱喻，把精神面的事物帶在有形事物的喻象裡面講。我們如果把但丁式的記憶藝術設想成神祕主義的藝術，依附在神祕主義的修辭上，那麼圖里亞斯的影像就是爲精神面的事物而變成詩的隱喻。讀者如果沒忘記，彭岡巴諾在神祕主義修辭中說過，隱喻是在伊甸園裡發明的。

我們已知道，出自虔敬心而運用記憶術所導致的構思影像，可能激發出美術與文學的作品。在比較一般的記憶中又如何呢？例如，講道的人會怎樣藉影像構思來記牢自己的講辭？學者如何藉此把想記住的文章存在記憶裡？貝麗兒·史摩利（Beryl Smalley）在《十四世紀早期的英國修士與古風》（*English Friars and Antiquity in the Early Fourteenth Century*）中，提供了一些探討方法。[36]她舉出方濟各會的黎德沃（John Ridevall）和道明會的郝爾考特（Robert Holcot）的著作爲例，兩人共同的奇怪特色是，把他們供記憶使用的——不是要呈現出來的——「圖像」描述得非常清楚。這些看不見的「圖像」算是樣本，教我們認識了爲實際記憶目的的存在腦中的無形影像是怎麼一回事。

例如，黎德沃形容的一名娼妓的形象是瞎眼的、耳朵殘缺的，以喇叭宣告身分（和罪犯的處境相同），臉孔損毀，渾身是病。[37]他說這是「詩人所說的『偶像崇拜』的圖像」。這種造像的由來不明，史摩利女士認爲是黎德沃自創的。看來的確是如此，而且是按照記憶影像的法則設計，是一幅醒目的醜怪又可怕的影像，用來提示犯「拜偶像」罪的一些重點；用娼妓的造型是因爲拜偶像是背棄眞神而與偶像合媾；娼妓是瞎又聾的，是因爲她是從諂媚中產生，而諂媚使人目盲耳聾；用喇叭宣告她是罪犯，因爲行邪惡的人期望從崇拜偶像得到寬赦；她的面孔醜陋，因爲拜偶像的原因之一是無節制的悲哀；她有病痛是因爲拜偶像是一種放縱的愛。一段記憶術的詩總結了這個形象的各個特徵：

> Mulier notata, oculis orbata,（烙印的女人，眼瞎了，）
> aure mutilata, cornu ventilata,（耳朵壞了，喇叭宣告她，）
> vultu deformata et morbo vexata.（臉孔扭曲，受病之苦。）

這顯然毫無疑問是一個記憶影像，爲挑動記憶而設計了明顯的特徵，不是要呈現出來的，只爲了存入記憶（加上這段詩句的幫忙），用來提示一篇有關拜偶像的講道詞的重點。

拜偶像的這幅「圖像」登在黎德沃的《福爾眞修斯比喻集》（*Fulgentius metaforalis*）的導論之中。這部講述福爾眞修斯神話之道德意義的書，是爲宣道者使用而設計的。[38]這本書很有名，我卻懷疑我們是否完全理解宣道者要怎樣使用其中沒有畫出來的異教神祇的「圖像」[39]。書中描寫的第一個形象就是農神薩騰（Saturn），以他代表「審愼」這個德行，後面跟著代表「記憶」的天后朱諾（Juno），代表「智慧」的海神奈普頓（Neptune），代表「遠慮」的冥王普魯托（Pluto）。可見這些異教神都是中世紀技巧記憶圈子裡的角色。我們已經很熟悉當時的這個說法：因爲記憶是「審愼」的一部分，所以使用技巧記憶是一種道德責任。按大阿爾貝特斯的教導，因爲詩中的隱喩——包括以異教神爲內容的寓言——有「使人感動」的力量，所以可以在記憶時使用。㊵黎德沃大概是在教宣道者如何利用「使人感動」的異教神影像，來記住一篇有關德行及其要素的講道詞。每個影像都和「崇拜偶像」的一樣有著標誌和特徵，用一段詩句仔細形容清楚記下來，這段詩的功用是說明相關論述中的要點，我想更重要的是幫助記憶。

郝爾考特的《道德》（*Moralitates*）是供講道者使用的集子，其中大量發揮了「圖畫」的技巧。這些造型的來源無處可尋，也難怪沒有人能查出來，因爲很顯然是和黎德沃「圖像」的情形相同，都是他自己發明的。史摩利女士認爲，郝爾考特造圖常帶有「假骨董」的風味，例如「悔罪」便是：

> 悔罪的畫像是灶神維斯塔（Vesta）的祭司們根據雷米鳩斯（Remigius）所說而繪成。悔罪照例畫爲男子形貌，全身赤裸，手拿一把五梢的鞭子，其上寫著五段詩。㊶

接著郝爾考特說出五梢鞭上寫的關於「悔罪」的詩句內容。這樣在造像上面或周圍寫下字句，是郝爾考特的典型方法。例如，他說到「友誼」，描寫的「圖像」是一個穿著鮮亮綠衣的少年，「像」上和周圍有說明「友誼」的文字。㊷

《道德》的抄本非常多，但是沒有一部畫出圖來：作者描寫的「圖像」本來就不是要畫出來的；這些「圖」全是無形的記憶影像。不過，薩克索在兩本十五世紀的手抄本裡找到了郝爾考特描寫的影像，包括他所說的「懺悔」（圖4—4）。㊸我們看見這個拿著寫了字句的五梢鞭的男子，可知影像上加文字的技巧是中世紀手抄本相當普遍在運用的。可是，重點在於不該把圖像畫出來給我們看。因爲這本來是看不見的記憶影像。我覺得，把寫在或放在記憶影像上的字句記下來，也許就是中古時代的人所謂的「詞語記憶」吧。

郝爾考特還描述了另一種運用記憶影像的奇怪方法。他說要在想像中把這類影像放在一頁頁的經文上，藉此提示他該如何講評經文。他在《舊約》的〈何西阿書〉某一頁上想像了一個「崇拜偶像」的人物造像（這是他向黎德沃借用的），提示自己在講到何西阿有關犯罪的論述時如何引伸擴大。㊹他甚至在先知何西阿的經文頁上安置愛神丘比特的形象，愛神還拿著弓與箭！㊺愛神的特徵當然被郝爾考特這位修士加以道德化，這尊異教神「使人感動」的影像則是他用來記憶經文的道德申論的。

英國修士們偏好用詩人的寓言故事當作記憶影像（這是大阿爾貝特斯贊同的），也許不知不覺中成爲保存異教圖像在中古時代倖存的助力。

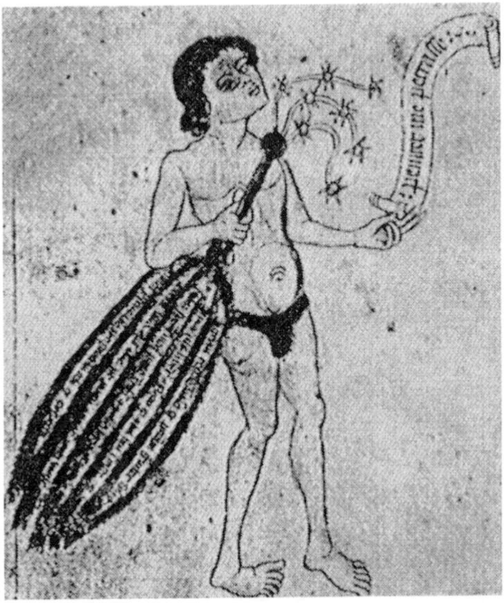

圖4-4
「懺悔」，十五世紀德國手稿插圖，現存羅馬卡薩納特圖書館。

圖4-5
「節制」與「審慎」。十四世紀義大利手抄本插圖，現存維也納國立圖書館。

圖4-6
「公正」與「堅忍」。十四世紀義大利手抄本插圖，現存維也納國立圖書館。

這些修士示範的是把記憶「圖像」放在經文上的方法，但是似乎並沒有指示出要怎樣安排提示講道詞的整套影像。我在前文中說過，中古時代似乎把《赫倫尼》的場所法則修改了。阿奎那主義的法則強調的是次序，而這個次序實際上是論點的次序。如果講詞的內容次序已經整理好，就按這個次序用排好的喻象來記住。因此，我們若要識別阿奎那派的技巧記憶，不一定要看人物形象是否放在不同於古典的場所裡；這些形象可以是放在固定的場所序列上。

十四世紀初期的一部有插圖的義大利手稿中，有神學三德與基本四德坐成一排的圖像；還有文科七藝以類似方式排坐的圖。[46]圖中的德行們戰勝了罪惡，罪惡都認輸地蜷伏著。文科七藝的前面坐著各科門的代表人物。據馮・史洛瑟（Julius von Schlosser）指出，這些坐著的德行與文科七藝的人物形象，令人想到聖瑪麗亞修道院禮堂的「阿奎那的智慧」壁畫。圖4－5與4－6就是這部手抄本中基本四德插圖。這些圖是用來幫人記住《神學總彙》德行定義的。[47]「審慎」拿著一個象徵時間的圓環，中間寫著阿奎那定義的八要素。「節制」的身旁有一棵構造複雜的樹，樹上寫明了《總彙》定義的要素。「堅忍」的要素寫在她的城堡上，「公正」的要素寫在她捧著的書上。四個人物和象徵標記都詳盡地描繪，爲的是呈現——或記牢——繁複的素材內容。

圖像學家會從這些袖珍圖裡看出各種德行的固有屬性。美術史專家會研究其中與某幅已亡失的帕度阿壁畫神似的痕跡，以及顯然與聖瑪麗亞修院「阿奎那的智慧」壁畫排排坐人物的關係。我希望讀者把它們視爲「有作用力的影像」，生動鮮明，衣裝華美又戴著冠冕。冠冕當然是德行戰勝罪惡的象徵，不過這樣其大無比的王冠倒也令人很容易記住。我們再看見借題字之助記憶《神學總彙》論德行的部分（一如郝爾考特銘記寫在記憶影像五梢鞭上的「悔罪」字句），不免會自問，這些人像是否很像阿奎那提倡過的技巧記憶？起碼也是很近似的，就像外在呈現近似內在無形的、私人的藝術。

各種層次的人像依序排列在記憶裡，表達著《總彙》和中世紀的全套知識（例如文科七藝），上面還寫著與它們相關的材料，這可能就是某些驚人的記憶具備的基礎吧。傳說中能把所有想記住的東西都寫在腦中的黃道十二宮圖像的那位賽普西斯的麥卓多羅斯，大概也是用差不多的方法。這種影像既是有強效的有形喻象，能激發精神上的意向，又是純正的記憶術影像，被天生記憶力驚人又極富於想像力的天才使用。除了這個記憶法之外，其他類似用建築物內不同場所的記憶方法可能也一併使用。可是我們忍不住會想，阿奎那式的方法應該是用一排排題了字句的影像，來按次序把仔細布局的一個個論點記住。[48]

中古時代巨大的內在記憶的大教堂，也可以這麼造起來。

想到記憶從中古時代到文藝復興的轉變，一定會想到佩脫拉克（Petrarch）這個人。他的名字也是記憶論述中不斷被提出來的技巧記憶權威代表。有道明會修士身分的隆貝赫在著述中引據阿奎那的法則和闡釋，是想當然耳的。令人意外的是，他也推崇佩脫拉克是權威，而且有時候把他與阿奎那相提並論。在談到場所法則的時候，隆貝赫說，佩脫拉克叮嚀我們絕不可以讓煩惱打亂了場所的次序。法則本來說的是，場所不可太大或太小，要與安置進去的影像比例相當，隆貝赫又加上「許多人士都當作模範」的佩脫拉克說，場所應該是中等大小。㊾至於應該用多少個場所，他說：

> 神聖的阿奎那指示要用許多場所，見二之二、四九，之後許多人都遵行了，例如法蘭西斯科．佩脫拉克……㊿

這很奇怪。因爲阿奎那在第二部之二、四九中根本沒有說應該用多少個場所，現存的佩脫拉克著作中也找不到隆貝赫所舉的技巧記憶法則中的場所細則。

也許是因爲隆貝赫《技巧記憶彙編》的影響，佩脫拉克的名字不斷在十六世紀的記憶專論中出現。傑蘇瓦多說：「佩脫拉克是隆貝赫在記憶方面的榜樣。」㊿51賈佐尼認爲佩脫拉克是著名的「記憶教授」。㊿52阿格里帕（Henry Cornelius Agrippa）在列舉記憶術文獻之後，提出佩脫拉克是近代的第一位權威。㊿53在十七世紀初期，申克爾（Lambert Schenkel）表示，記憶術受到佩脫拉克「熱切地重振」與「勤奮地耕耘」。㊺甚至狄德羅（Denis Diderot）的百科全書也在「記憶」的詞條中提到佩脫拉克。㊻

佩脫拉克一定曾有某一面是受講究記憶的時代欣賞的，卻被近代研究佩脫拉克的學者忽略了。這情形與近代人忽視阿奎那在記憶方面的論述是一樣的。佩脫拉克的作品裡有什麼資料值得後人屢屢提及？顯然他是寫了一些記憶藝術的專論，但是沒有傳下來給我們吧。其實並不盡然。我們可以在佩脫拉克現存的一部著作中找到源頭，我們早該仔細閱讀、理解、記住這部作品。

這部作品叫作《要銘記的事》（*Rerum memorandarum libri*），大約是他在一三四三至一三四五年之間寫的。書名已經大有意思，讀者再看到書中要銘記的主要之事正是「審愼」這個德行，還有記憶、智慧、遠慮這三項要素，就知道這是技巧記憶的主題沒錯。全作的大綱是採取西塞羅《論發明》之中定義的審愼、公正、堅忍、節制爲本，但只把大綱執行了一小部分。㊼一開始是「德行序曲」，包括的是悠閒、獨處、學業、信條。然後就是「審愼」及其三要素，從「記憶」談起。講「公正」和「堅忍」的部分已亡失，也許根本就沒寫；「節制」的部分只有談其要素之一的片段。既有探討德行的章卷，很可能也有探討罪惡的。

我認爲，一直沒有人注意到，這部作品和聖康柯狄歐的巴多羅買那部《道德古訓》有一個極爲相似之處。《古訓》的開端也是「德行序曲」，然後以漫談詳述的方式溫習一遍西塞羅所說的德行，之後才談罪惡。佩脫拉克的書如果完成了，應該也是這種體例。

兩書更相似的一點是，作者都在談「記憶」的時候提及技巧記憶。前文說過，巴多羅買在記憶的標題下引據了阿奎那的記憶法則。佩脫拉克引用古希臘羅馬以記憶聞名人物的典故，由此談到古典記憶術。講到盧可勒斯（Lucullus）和霍登修斯記憶力的這一段是這樣開始的：「記憶分兩種，一是事物的記憶，一是詞語的記憶。」[57]他講到老瑟尼卡如何能倒著背出記得的東西，並且重述了瑟尼卡說的話：拉特羅．波爾修斯（Latro Portius）的記憶「天賦既佳，技巧亦好」[58]說到特米斯托克里的記憶，他引用了西塞羅在《論雄辯家》裡講的故事：特米斯托克里因爲天生記憶力太好而不肯學習「技巧記憶」。[59]佩脫拉克當然知道，西塞羅在這部作品裡表示不贊同特米斯托克里的心態，並且描述了他自己如何運用技巧記憶。

我覺得，把「審慎」的要素和其他德行當作「要銘記的事」，足以使佩脫拉克躋身記憶傳統，[60]也使《要銘記的事》有資格列爲和《道德古訓》同類的道德論文。這恐怕也是佩脫拉克的本意。這部作品雖有人文主義氣息，又引用了《論雄辯家》，不是只根據《赫倫尼》一部經典，但是佩脫拉克書中把技巧記憶視爲「審慎」的一部分，卻是不折不扣的經院派。

佩脫拉克爲了記憶「審慎」和三要素而安排的喻象，那些隱而不見的「圖像」，是些什麼模樣？假如，由於深深景仰古希臘羅馬人，他選擇了異教神祇的造像，因爲他熱烈嚮往古典所以會深受「感動」，他的背後仍有大阿爾貝特斯的權威支持。

我們不禁會想，各項德行是否駕著戰車在佩脫拉克的記憶中奔馳而過，如他在《勝利》（*Trionfi*）中所舉的它們列隊前進的「範例」那樣？

我說過，本章發掘中世紀的記憶術是做不完整的，也不會有結論，只是為有興趣探索這個龐大題目的人找出一些線索。我定的章旨是記憶藝術與組構意象的關聯。鼓勵發揮想像的這門內心的藝術，必然曾經是發掘影像的主要動因。中古時代的人那麼喜愛醜怪的、怪癖的，會不會與記憶有關？中古時代的手抄本以及各種形態的美術作品呈現的那些奇怪的形象，是不是當時的人為了記憶而遵照古典法則苦思好記的影像的結果？十三、四世紀的新意象大量增多，是否和經院派人士再尊記憶有關？這一章想說的就是，差不多可以確定是有關的。研究記憶術歷史的人不能避開喬托、但丁、佩脫拉克不談，可見這個題目之重要了。

本書關注的重點是記憶術的較晚期的發展，但是必須強調，記憶術是從中古時代產生的。它最深遠的根源是最受尊崇的古代，漸漸傳入後世，帶著中古時代宗教狂熱與記憶術細節的奇怪融合留下的印跡。

5 記憶論述

前兩章談的那個時代的技巧記憶，實際可參考的資料非常少。從本章起要進入的這個時期，十五、十六世紀，情況卻恰好相反。材料太豐富了，爲了避免拉雜，不得不酌予選擇。①

我找過義大利、法國、英國的許多圖書館，所見的記憶藝術論著手稿沒有早於十五世紀的。當然，這些手稿中有些可能是抄自更早的原本。例如，據稱是坎特伯雷大主教湯瑪斯・布萊德華丁（Thomas Bradwardine）所寫的論文，現有兩篇十五世紀的抄本保存下來，②兩部原作應該都是十四世紀完成的，因爲布萊德華丁主教在一三四九年就逝世了。第一部印刷本的記憶專論於一四八二年問世，這個文類於是蔚爲流行，一直延續過了整個十六世紀，到十七世紀初期爲止。所有的記憶論著，不分抄本或印刷本，幾乎無一例外沿襲《赫倫尼》的大綱、場所法則、影像法則等等。差別只在如何詮釋那些法則。

經院哲學傳統一脈相承的論著，延續著上一章所討論的那種技巧記憶詮釋法。這類論文也講述古典式的記憶術技巧，比「有形實物的喻象」顯得呆板些，而且幾乎一律可以溯源到中古時代。正宗經院派的論文之外，還有一些另有不同出處的其他類別。而且，記憶術傳統在這個時期經歷了改變，是因爲人文主義和文藝復興式記憶典型的發展造成影響所致。

這個題目因此相當複雜，在沒有把資料蒐集完整並且逐一檢視之前，不可能把問題都整理出來。我要在這一章裡談的是記憶術傳統之複雜，並且從其中抽出一些我認爲很重要的保存與變遷方面的題目。

有一類記憶論著可以稱爲「德謨克里脫」類型，因爲這些論著都說發明記憶術的是德謨克里脫（Democritus, 460?-362? BC），不是賽莫尼底斯。說到影像法則的時候，也不提《赫倫尼》的醒目人物造像，而是專注於亞里斯多德的聯想律。它們一般不大提阿奎那，也不常引用阿奎那的法則闡釋。這一派的典型例子就是洛多維柯・達・皮蘭諾（Lodovico da Pirano）的一篇作品。③洛多維柯是方濟各會修士，從一四二二年前後開始在帕度阿教學，能通一些希臘文。德謨克里脫類型的論述會脫離中世紀的主流，可能的原因之一——這只是我的假設——是十五世紀有了拜占庭影響流入。技巧記憶在拜占庭是必然存在的，④而且在那兒可能銜接著西方已流失的古希臘傳統。不論這一類論述的源流如何，教導的內容後來都與其他類型的論述匯聚到同一個記憶術傳統之中。

早期記憶論著的一個特徵是，列舉一長串物件，通常以一篇「天主經」開端，之後就是各種常見的物件，如鐵砧、頭盔、燈籠、三腳架等等。洛多維柯就列過這種物件表，開場白多爲「技巧記憶藝術，恭敬的神甫」的這類論著中會引用，現存的這類手稿本有許多部。⑤論文中所稱的「恭敬的神甫」應當在技巧記憶中採用列舉的物件。我認爲，這些物件是預先編造的影像，是要放在整組場所中記憶的。中世紀古傳統中大概也有類似的物件雜錄，十三世紀的彭岡巴諾就曾列舉過這種所謂有助於記憶的東西。⑥我們看了隆貝赫書中的插圖（圖5－1上），那些寺院和毗連的房舍，以及一組組要在庭院、圖書室、小教堂裡記住的物件（圖5－1下），不難想像這類影像如何在作用。場所逢五有手掌的記號，逢十就標示十字架，這符合了《赫倫尼》凸顯第五第十場所的指示。顯然這裡有五根手指的聯想。記憶在場所裡一路前進中，五根手指就在那兒提醒著。

隆貝赫的影像當作「實物喻象」的論點，是正宗的經院派。他在《技巧記憶彙編》裡納入了這種比較機械化的記憶，把記憶物件當作影像，這顯示這種用法是早先就有的，已經認定爲技巧記憶，和使用賦予精神意義的人像的方法一樣。隆貝赫所描述的在寺院裡做的，是完全古典式記憶術的使用法，但很可能主要是宗教方面的用途，也許是爲了記住詩歌或祈禱文的反覆部分。

經院派傳統的論文手稿本，包括賈可波・拉高尼撰寫的，⑦以及道明會修士維洛納的馬竇（Matthew of Verona）寫的。⑧另有一篇作者佚名，可能也是一位道明會修士，⑨其中非常鄭

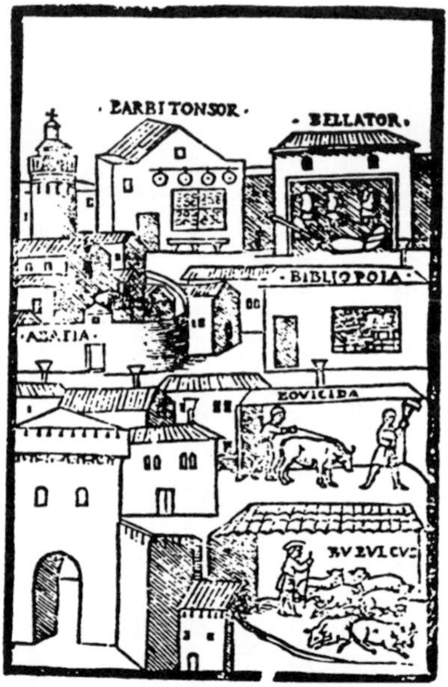

圖5-1（上）
寺院記憶系統

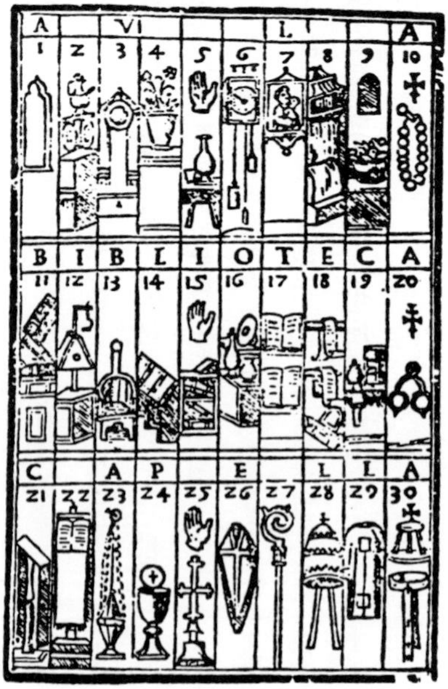

圖5-1（下）
放在寺院記憶系統中使用的影像。取自隆貝赫著《技巧記憶彙編》，1533年威尼斯版。

重地講述如何藉技巧記憶銘記整個宇宙與天堂及地獄之路。⑩這篇論文有些部分幾乎與道明會修士隆貝赫在印刷版論文裡說的話一模一樣。這類印刷版的論文，來自可以回溯到中古時代的手稿本傳統。

不論手稿本或印刷本，記憶論文幾乎從不會有用人像當記憶影像的插圖。這當然是因爲遵行《赫倫尼》所說的法則：影像必須自己想出來。十五世紀中葉的一部維也納手稿本是個例外，裡面畫了一排記憶影像。⑪福克曼（Volkmann）在〈記憶術〉裡複製了這批人像，卻沒有說明用意和運用方法，只說這些是「記憶影像」。最後一個人像上的題字是：Ex locis et imaginibus ars memorativa constat Tullius ait，⑫證明的確是如此。系列人像的第一個是位女士，十有八九就是「審慎」，⑬其他人物大概是代表各項德行和罪惡。人像造型原來應該都是按法則設計成特別美麗或特別醜怪（其中之一是魔鬼），可惜繪圖的人把每一個都畫成特別醜怪。圖中央的人物看來是基督，他的腳下是地獄的口，由此可見藉這些圖像來銘記的文章是有關天堂與地獄之路的。⑭各個人像上和周圍都有附加的圖像，很可能是「記憶詞語用的」影像。我們早已聽說過，「事物」和「詞語」都可以藉這些圖像來記住，這種記憶影像可能是中世紀人像上題字的技巧記憶法的降格表現。

這部手稿本裡還有記憶用的房間格局，一共五間，四角各一間，中央一間，影像就放在房間裡來記。其他手稿本和印刷本的論著中也有這種記憶房間的圖表。這種記憶房間式的規則場所安排，並沒有按照古典法則說的選擇彼此不相似而不一致的場所。據我猜想，這應是中古時代和以後的解讀場所的常模。

賈可布斯·普布里修斯的《修辭藝術梗概》於一四八二年在維也納印行，⑮裡面有一篇「記憶術」的附錄。我們也許期望這本漂亮的小書帶我們走進新的境界，走進思想進步的文藝復興架構下重振的古典修辭學世界。然而，普布里修斯眞的是這麼近代嗎？記憶附錄在他書中的地位，令我們想到記憶論述在十三世紀的《修辭精華》裡的地位，同樣是附在末尾，可有可無的。「記憶術」的導言部分神祕主義濃厚，也教人聯想到十三世紀彭岡巴諾式的神祕主義修辭學。

普布里修斯告訴讀者，假如思維因爲閉鎖在這些塵世局限中而失去敏銳性，可藉以下「新要則」幫忙脫困。而「新要則」就是場所與影像的法則。按普布里修斯的詮釋，這包括組構「假想的場所」(ficta loca)，其實就是指宇宙的多重層級，例如土水風火四行、行星、恆星的層級，以及以上的層次，最上一層是「天堂」，整個宇宙構造畫成圖表（圖5—2）。他的影像法則一開始就是：「單純精神面的意向容易從記憶中溜走，除非與有形物質的喻象聯結。」這是承襲阿奎那的言論。他詳細解釋《赫倫尼》要求的記憶影像應有的奪目特性，包括要有荒謬的動作、令人驚奇的手勢，或是充滿極強烈的悲傷或嚴苛。⑯古羅馬的奧維德（Ovid, 43BC-?17AD）筆下的痛苦的「嫉妒」——鉛灰的膚色、黑色的牙齒、蛇狀的頭髮——乃是塑造記憶影像的一個好範例。

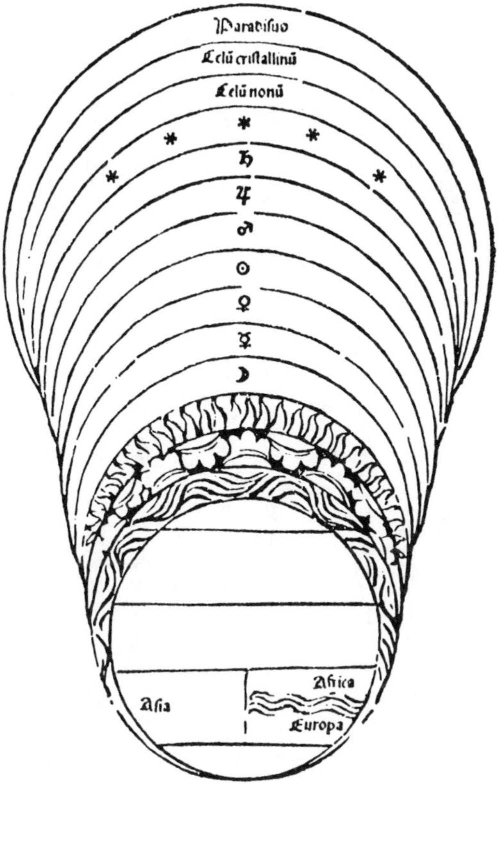

圖5-2

「宇宙的分層」當作記憶系統。取自普布里修斯《修辭藝術梗概》，1482版本。

普布里修斯的記憶論述，非但沒有帶我們走入文藝復興重振古典修辭的世界，反而把我們搬回到但丁式的地獄、煉獄、天堂層級分明的宇宙，以及喬托式有含義鮮明的德行罪惡記憶圖像的那個世界。用奧維德詩中的「嫉妒」爲感動人的記憶影像，並不是出人意料的一個全新的古典特徵，而是根據大阿爾貝特斯論述的記憶傳統而來。簡而言之，這第一部印刷本的記憶論著沒有表現文藝復興時代重振修辭學帶來的古典記憶術復興；它其實是中世紀傳統的嫡系。

値得注意的是，這部看來十分有文藝復興氣息和義大利味的印刷本，早在未付印之前就有一位英國修士的知音。現存大英博物館的一部由福克曼發現的手稿本，是英國僧侶湯瑪斯·史瓦特沃（Thomas Swatwell）於一四六〇年寫的。史瓦特沃可能住在德倫郡，這部手稿是普布里修斯的《修辭藝術梗概》抄本。⑰這位英國修士很仔細地抄錄了論記憶的部分，在修道院的寂靜中用巧思把普布里修斯的想像加以發揮。⑱

不過，時代在改變，人文主義者對於古典傳統也有了比較明確的理解；古典文本漸漸以印刷版流通了。研究修辭學的人能用的資料多了，不像以前的人只憑「第一部和第二部修辭學」建立起技巧記憶與「審愼」的關係。一四一六年間，布拉奇奧里尼發現了一部昆蒂里安《雄辯教育》的完整本。一四七〇年，這部書在羅馬推出了初版印刷本，不久又有其他印刷版本相繼發行。我在前文中說過，三部拉丁原始資料中，只有昆蒂里安把記憶術做了淸楚的說明。按昆蒂里安的論述，這門學問可以當作神職以外的人的記憶術來學習，這脫離了那些以《赫倫尼》

法則爲源頭又經歷中古時代陶冶的聯想。有企圖心想用新方法把記憶術當作成功術來教的人，也找到了機會。無所不知的古人懂得鍛練記憶之道，把記憶力鍛練好的人比別人多了一項優勢，在競爭激烈的社會中也多了一分勝算。古人的技巧記憶是怎麼一回事，大家現在比較理解了，而且會有這方面的需求了。一位有企圖心的人看見了也掌握了這個機會，他的名字即是拉維那的彼得（Peter of Ravenna）。

他所寫的《鳳凰，或技巧記憶》（*Phoenix, sive artificiosa memoria*，一四九一年初版）成爲一本最著名的記憶教科書，在許多國家印了許多版，[19]又譯成多國文字，[20]被收入賴許（Gregor Reisch）的一本很流行的一般知識手冊，[21]還有許多熱心人士按印刷本抄成的手寫本。[22]彼得是個擅長自我宣傳的人，這有助於推廣他的一套方法，他之所以成爲著名的記憶教師，主要卻可能是因爲他把記憶術從教會修院帶入凡俗的世界。一般人如果想學實用的記憶術，不是爲了記憶地獄而學，就可以去讀拉維那的彼得的《鳳凰》。

彼得給的是實用的建議。說到組構記憶場所要找安靜的地方，他說可用的最理想建築物就是少有人去的教堂。他描述自己如何到選中的那所教堂繞了三、四趟，把一個個場所記下來。他選的第一個場所靠近門口；第二個要再往裡走五、六呎；依此類推。他從年輕的時候開始記住十萬個場所，之後又增加了更多個。旅行期間他仍不斷在一些修道院和教堂裡找到新的場所，利用這些場所記憶了歷史、寓言、封齋期的講道詞。他記住經文、教會法規，以及許多別的事，都是憑這個方法。他能背得出整部教會法規，包括正文和注釋（他是帕度阿科班出身的法律人）；西塞羅的兩百篇講詞或兩百句名言，古代哲學家的三百句名言，兩千條法律要點。㉓彼得大概是天生記憶力特別好的人，再加上苦練記憶術，所以能表現驚人的記憶。我認爲，從彼得敍述自己的大量記憶場所，可以確定這是受了昆蒂里安的影響，因爲古典時代的作者中只有昆蒂里安說過可以在旅行途中形成記憶場所。

影像方面，彼得也沿用了古典法則所說的，記憶影像應當力求與我們認識的人相像。他說出一位女士的名字，皮斯托亞的茱妮珮（Juniper of Pistoia），他年輕時愛過她，她的影像能激發他的記憶！彼得把古典的訴訟案影像做了改動，可能與此有關。他說，爲了記住遺囑若沒有七位見證人就無效，我們可以形成這樣一個影像：「立遺囑的人當著兩位見證人立下遺囑，然後有一位少女把這遺囑撕了。」㉔這個影像和古典的訴訟案影像一樣令人納悶，雖然有茱妮珮擔任破壞者，我們仍不明白彼得爲什麼要用這個畫面幫他記住「需要證人」這麼簡單的事。

彼得把記憶凡俗化、大眾化，並且著重純粹記憶術的一面。可是，他的記憶術也不乏交代不清的問題和奇怪的細節，可見他並沒有完全脫離中世紀的傳統。他的《鳳凰》寫著寫著就融入了記憶的大傳統。許多後來論記憶的人都提起他，就連道明會修士隆貝赫也引據他的話，用拉丁化的 Petrus Ravennatis 稱呼他，當他是圖里亞斯和昆蒂里安或阿奎那和佩脫拉克之外的另一位權威。

本章不能把所有印刷本的記憶論著一覽無遺，有許多部將在後文中相關處再提及。有些論文指導的是我現在起要稱之爲「直接實用記憶術」，是昆蒂里安完整本失而復得之後理解較明確的記憶藝術。有許多論文中的記憶術仍與殘餘的中古時代影響緊密糾結。也有一些有被中世紀法術記憶滲透的痕跡，例如受「符號術」的影響。[25]有一些論文受的影響來自文藝復興時代赫米斯知識傳統，以及記憶術的玄祕化，這一類將是本書以下大部分章節的討論主題。

但是我們應該先特別注意一下十六世紀的道明會修士所寫的記憶論文是什麼樣子，因爲我認爲，從經院派一脈相承的正系應該是最重要的一支。道明修會當然在這個傳統的核心位置，其中兩位，德國的隆貝赫和佛羅倫斯的寇斯瑪・羅賽留斯（Cosmas Rosselius），都寫了論記憶的書，版式雖小，卻包羅了詳盡的細節，顯然是要把道明修會的記憶藝術廣爲傳布。隆貝赫說自己寫的書對於神學家、宣道者、告解神父、法律學者、辯護師、醫生、哲學家、文科各門的教授、大使，都會是有用的。羅賽留斯也做了類似的聲明。隆貝赫的書在大約十六世紀之始的時候出版；羅賽留斯的在十六世紀末葉。兩人一頭一尾影響著一個世紀，成爲人們經常引據的記憶術重要導師。事實是，普布里修斯、拉維那的彼得、隆貝赫、羅賽留斯可以說是記憶術著述界的主要人物。

隆貝赫的《技巧記憶彙編》[26]是很貼切的書名，因爲這是記憶論著的一部大雜燴。隆貝赫把三部拉丁經典都讀過，並不是只曉得《赫倫尼》，西塞羅的《論雄辯家》和昆蒂里安他都讀過。

因爲經常引用佩脫拉克的名字，㉗這位詩人也被納入道明會的記憶傳統；拉維那的彼得等人也都被吸收進來。但是他的根本仍是阿奎那，幾乎每隔一頁就要引用阿奎那在《神學總彙》和亞里斯多德評注裡的闡釋。

這部《彙編》分爲四部分；第一部分是導論，第二部分論場所，第三部分論影像；第四部分列出百科全書式的記憶方法大綱。

隆貝赫擬了三種不同類型的場所系統，都是技巧記憶可用的。

第一型是用層次分明的宇宙，如他的圖表（圖5—3）所示，土火風水四行、行星、恆星各占一環，之上有天界各層以及九等天使的九環。這麼多層級是要用來記憶什麼的？圖表最下面一層標示著一些字母：L. PA; L. P; PVR; IN。分別代表天堂、伊甸樂園、煉獄、地獄的場所。㉘按隆貝赫的看法，把這些場所記住乃是技巧記憶。他稱這些分層爲「假想的場所」。爲了記住無形的天堂事物，我們要在記憶中組成這種場所，把天使詩班以及蒙眞福者、教會先賢、先知們、使徒們、殉道者的座位安放在場所上。煉獄和地獄的情形一樣，都是「共同場所」，也就是包含多個場所在內的，依序排好的場所上有題字。地獄中的各場所裡都有在受懲罰的罪人，所受的懲罰是按所犯的罪而定，場所上的題字便是說明。㉙

這種技巧記憶可以稱爲「但丁式的」。不是因爲道明會修士的論著受了《神曲》的影響，而是因爲但丁受了這種技巧記憶詮釋法的影響，我在上一章中已說過。

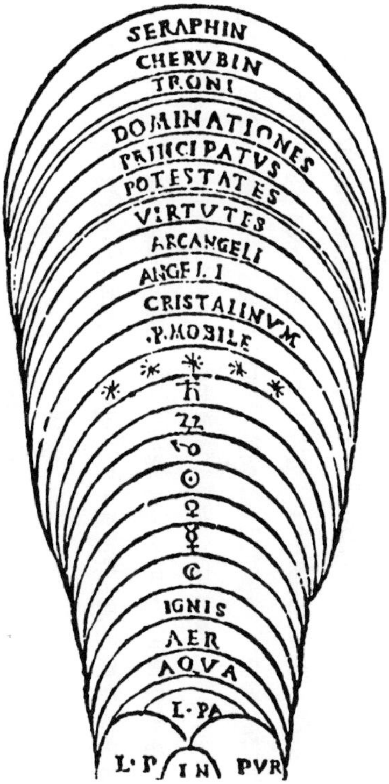

圖5-3
「宇宙分層」當作記憶系統。隆貝赫《技巧記憶彙編》，1533年版。

隆貝赫擬的另一種場所系統，是用黃道十二宮爲容易記住的場所次序。他並且說賽普西斯的麥卓多羅斯是這方面的權威。㉚麥氏的黃道十二宮記憶系統是他在西塞羅的《論雄辯家》裡和昆蒂里安的著作中發現的，他補充說，如果需要更詳細的星辰次序來記憶，可以去參考希賈納斯（Hyginus）提供的天界所有星座的形象。㉛

隆貝赫沒有說明他設想要放在星座影像上銘記的是哪種材料。如果按他明顯從神學與說教的角度處理記憶的態度來看，我們會猜想十二星座是講道者用來銘記德行、罪惡、天堂與地獄之路的講道詞。

他的第三種場所系統，是比較常用的一種，即記下眞的建築物內部的眞實場所，㉜如他的插圖（圖5—1上）中的寺院和毗連的房舍那樣。他放在眞實建築物內部場所上的影像（見圖5—1下）都屬於「記憶物件」。這是我們熟悉的「直接實用記憶術」，從這個部分教導的在建築物裡面記下場所，讀者可以學會使用原樣實用的記憶術，也就是昆蒂里安描述的那一型。不過即便這裡仍有些關於「字母順序」的奇怪的、非古典的發揮。動物、鳥類、名字按字母順序排成一些一覽表，可方便這個系統的使用。

場所法則中加了一條不是隆貝赫首創的；拉維那的彼得說過這條法則，也許是更早以前就有的。他說，要安置影像的記憶場所，不能大到人伸手搆不著邊的尺寸；㉝他附了一幅有人形的圖（圖5—4），此人一手向上伸，一手橫伸，顯示場所和影像的正確比例。這一條法則來自

圖5-4
記憶場所中的人形。取自隆貝赫《技巧記憶彙編》。

古典場所法則對於空間、光線、距離的美感認知，前文也說過喬托畫作在這方面受的影響。這顯然是適於人像的法則，如果影像是記憶物件就不適用了，但也暗示場所法則做類似解讀（把影像按規則的次序安置，在背景中鮮明呈現）。

講到影像，㉞隆貝赫詳細說了必須清楚醒目的古典法則，並且做了許多發揮，大量引用阿奎那關於「有形實物喻象」的言論。一如以往是沒有任何記憶影像的插圖，影像的描述也不清楚。讀者必須按法則自己來造影像。

這個部分雖有一些插圖，卻是「形象化字母」。形象化字母就是用影像呈現的字母，組成的方式不一而足，例如用形狀像字母的物件來代表（圖5—5），以圓規或梯子代表A，以鋤頭代表N。另一個方式是用動物或鳥，以字首的字母代表，例如A用 Anser（雁），B用 Bubo（貓頭鷹）。形象化字母在記憶論文中很常見，十之八九是自古就有的。彭岡巴諾就說過使用「想像中的字母」來記名字。㉟手稿本裡經常描述這種字母。普布里修斯的《梗概》是最早附上字母圖的印刷本論著，㊱以後的記憶論文印行本都以附插圖爲常例。福克曼收納了多部不同論文的形象化字母圖，㊲卻沒討論其由來，也未說明是要怎樣使用。

形象化字母會產生，可能是因爲後人想了解《赫倫尼》所說的技巧記憶高手如何用影像在記憶中寫下講稿。按技巧記憶的基本原則，我們該把想要記住的所有東西放進一個影像裡。把這個原則套用在字母上，就是指轉換成影像比較好記。這是幼稚單純的想法，如同用一幅貓(Cat)的圖片教小孩子認識C這個字母。羅賽留斯曾經建議用一頭驢（Ass）、一頭象（Elephant）、一頭犀牛(Rhinoceros)的影像來記住 AER(拉丁文指「空氣」)這個字，他可沒有開玩笑的意思！㊳

形象化字母的一個變體是把記憶者認識的人按名字的字母順序排列，我想這是從《赫倫尼》得到的靈感，書中說的是把站成一排的自己認識的人記住。拉維那的彼得給這個方法舉了絕佳的例子，他說，爲了記 ET（拉丁文「也，但」），他想像尤瑟比亞斯（Eusebius）站在湯瑪斯（Thomas）前面的樣子，如果要記的字是 TE（拉丁文「你」），只要想像湯瑪斯站在尤瑟比亞斯的前面！㊴

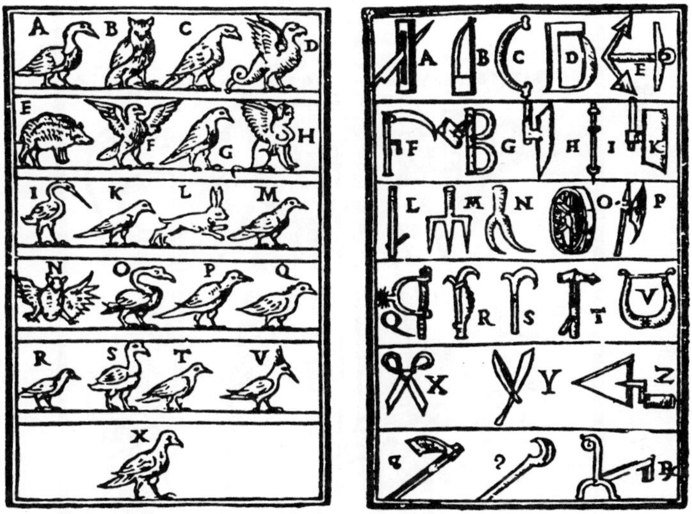

圖5-5　用於「文法」圖像上題字的形象化字母。

圖5-6
當作記憶影像用的「文法」造像。見隆貝赫《技巧記憶彙編》，1553年威尼斯版。

我認爲，記憶論著裡畫出來的形象化字母，是爲了要在記憶中題字用的。隆貝赫書中第三部分的一幅記憶影像插圖（圖5—6）就是證據，圖上全是形象化的字母。這是很稀罕的一幅記憶影像插圖；圖中人物是讀者熟悉的老婦「文法」，文科七藝的第一門，旁邊有代表她的屬性的解剖刀和梯子。圖中的她不只是大家熟知的「文法」的擬人化圖像，而且是個記憶用的影像，藉題字提示該記住的有關文法的材料。她胸前的題字、她身上的或靠近她的東西，是從隆貝赫的形象化字母而來，「物件」字母和「鳥」字母在此是合併使用的。他說明這是爲了要記住該如何回答「文法是一般學科或特定學科」的問題；回答時要用到三個術語：predicatio（闡謂）、applicatio（意向）、continentia（節制）。[40]記憶 predicatio 用的是一隻字首是P的鳥（喜鵲：pica），這鳥抓在「文法」手上，還有相應的物件字母。記憶 applicatio 用的鳥兒是 Aquila（鷹），[41]以及相應的物件。記住 continentia 用的是「文法」胸前的題字物件（四個物件代表的是「物件」字母是C、O、N、T。見圖5—5）。

隆貝赫的「文法」雖然無甚美感，對於研究技巧記憶的人卻是很重要的。它可以證明，像文科七藝之類的人們熟悉的擬人化造像，會在記憶思考中變成記憶影像。也證明，要在這種人像上題字，以便記憶擬人化造像的議題內容。隆貝赫的「文法」示範的原則，可以應用到所有其他當作記憶影像用的擬人化造像，例如各種德行和罪惡的擬人化造像。我們在上一章中曾有過這樣的猜想，因爲我們發現郝爾考特記憶「悔罪」用的影像中，五梢鞭上有關悔罪的題字很可能是「詞語記憶」。我們也覺得，基本四德擬人化造像上記錄其要素的題字（按阿奎那《神學總彙》定義的要素），可能也是「詞語記憶」。這些影像本身喚起了對「事物」的記憶，銘記下來的題字則是「詞語記憶」，記憶的是關於「事物」的「詞語」。這是我的看法。

隆貝赫的「文法」在此無疑是當作記憶影像用的。這示範了方法的實地運作，還加上一個使題字比較容易記（本來是爲了比較容易記住而設計）的精緻手法，即是不按一般書寫方式題字，而是用代替字母的形象化字母來呈現出影像。

如何記住「文法」、文法的要素和相關論點，是在隆氏書中的最後部分談到。他在這裡列了一個雄心極大的計劃大綱，要把所有學門，包括神學、形而上學、道德倫理，以及文科七藝，都存入記憶。他說，記憶「文法」用的這套方法（我在上文討論中已經大幅予以簡化了）可以用於所有科學，以及所有文科。以神學爲例，我們可以想像一位十全十美的優秀神學家；他的頭上有「知」、「愛」、「用」的影像；四肢上有「聖神」、「行動」、「形式」、「答辯」、「要旨」、「箴言」、「聖禮」等等一切與「神學」相關的要素的影像。㊷接著，隆貝赫分欄列出神學、形而上學（包含哲學與道德哲學）、法學、天文學、幾何學、算術、音樂、邏輯、修辭、文法各科門的要素與內含細目。爲了記住這所有的題目，必須組構有相關形象和字母的影像。每個題目要放在一個記憶房間裡。㊸影像該怎麼組成，有非常繁複的指示，包括最抽象的形而上學主題，甚至邏輯論點，都擬了造像。讀者會覺得，隆貝赫在書中講的應該是一種大加裁剪過的老系統，而且無疑是已經衰落潦倒的形態（使用形象化字母就是一種降格），這系統以前是卓越的古人使用的，由道明修會的傳統傳給了他。從他在書中不斷引用阿奎那在有形喻象和次序方面的意見可以猜想，他這後輩道明會修士的記憶論著在遙遙呼應著前輩阿奎那。

我們翻回去看聖瑪麗亞修道院禮堂的壁畫，仔細再看那十四個有形的喻象，七個象徵文科七藝的人物加上另外七個象徵阿奎那更高層次的智慧。隆貝赫的記憶系統裡，爲了藉一系列影像把一大部知識總彙存入記憶，連最高層次的學識也和文科七藝一樣塑造成記憶用的人物。前後相形之下，我們會猜想壁畫中的人物是否也表徵類似的意義。我在前文中曾經猜想，那些人像也許不只是象徵阿奎那的學識，同時也暗指他用記憶術（他所理解的記憶術）記下各科學識的方法。此刻隆貝赫算是給了我們一些證據。

寇斯瑪·羅賽留斯的《技巧記憶寶庫》（*Thesaurus artificiosae memoriae*）於一五七九年在威尼斯出版。書名頁上說作者是佛羅倫斯人，是一位宣道會修士。這本書的方針和隆貝赫的書相同，從其中可以看得出技巧記憶相同的主要詮釋法。

但丁式的場所類型占了很重要的地位。羅賽留斯把地獄分爲十一個場所，用圖表呈現了這個記憶場所系統（圖5—7上）。圖中央是一口可怖的井，走上中央井的一級級台階是懲罰「異端者」、「猶太異教徒」、「拜偶像者」、「僞善者」的地方。台階外圍的七個其他場所是懲罰七大罪的地方。羅賽留斯欣慰地表示：「施加的懲罰各有不同，按犯罪性質形形色色、受罰者的處

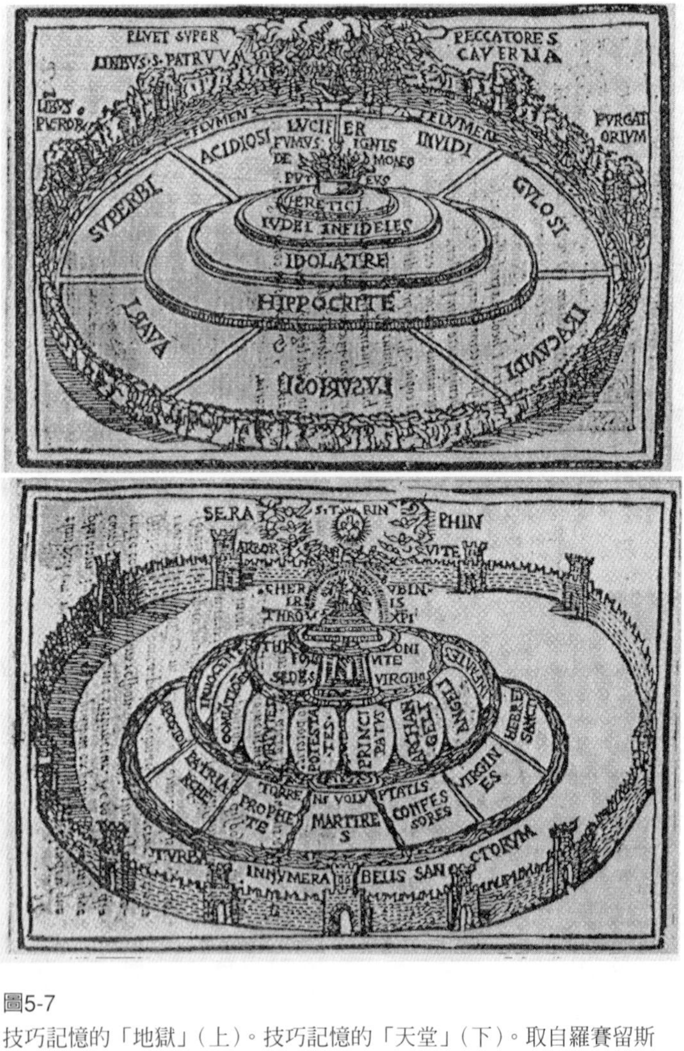

圖5-7

技巧記憶的「地獄」（上）。技巧記憶的「天堂」（下）。取自羅賽留斯《技巧記憶寶庫》，1579年威尼斯版。

境差異、其姿態的多變，不一而足，將有助於記憶並提供許多場所。」㊹

天堂的多個場所（圖5—7下）要想像成有寶石閃閃發光的圍牆環繞。中央是「基督寶座」；以下依序排列天界的各個階層，有使徒、教會先賢、先知、殉道者、精修者、貞女、聖潔的希伯來人，以及多不勝數的聖徒。羅賽留斯這個天堂秩序沒有什麼特別之處，特別的只是在「技巧記憶」用的。我們想像這些場所要用技巧，要多練習，要發揮熱烈的想像力。我們想像基督的寶座，要做到最能令我們感動而能激起記憶。我們想像天界靈魂的秩序可以像是畫家畫的那樣。㊺

羅賽留斯也擬了星座的記憶場所系統，提到黃道十二宮的場所系統時，當然也提到賽普西斯的麥卓多羅斯。㊻羅賽留斯此書的一個特色是有口訣詩，場所秩序都用詩句輔助記憶，地獄的場所秩序、黃道十二宮的場所秩序都有。這些口訣詩是另一位道明修會修士寫的，這位修士也是一位宗教法庭審判官。由審判官來寫這些口訣，給技巧記憶添上一些教人肅然起敬的正統感。

羅賽留斯講了如何在寺院、教堂等地方蒐集「眞實的」場所，並且討論如何用人像爲場所，再把附帶的影像安置在人像上來記住。他在影像的部分列舉出通用法則，以及和隆貝赫書中相同類型的形象化字母。

學習技巧記憶的人用了這一類的書，可以從如何在建築物裡記下「眞實的」場所的部分學到「直接實用的記憶術」。但是這種學習要放在中世紀傳統、天堂與地獄場所、阿奎那記憶論的「有形喻象」怎樣流傳的來龍去脈裡。這些論著裡雖然有過往時代的餘音，卻畢竟是過去了。從佩脫拉克的名字和道明修會記憶傳統交錯在一起可以看出，人文主義的影響力在增加。在新的影響力浮現的同時，記憶傳統裡面也發生變質。記憶法則變得越來越瑣碎；字母表和形象化字母都鼓勵枝節上的細緻化。讀過這些論著之後的感想是，記憶已經降格成爲排遣隱修院裡漫長時日的一種縱橫塡字測驗了；作者們提供的建議大都沒有實際用途；字母和影像變成小孩子的遊戲。可是這種瑣碎化可能正對了文藝復興時代喜好神祕的口味。隆貝赫的「文法」如果沒有一番記憶術上的說明，我們看了恐怕會當它是一幅意義不詳的寓意畫。

記憶術的這些較後期的發展模式，仍然暗暗左右著意象的塑造。如果按十五世紀的手稿本的指示來記住古羅馬的波伊夏斯的《哲學的慰藉》（*Consolation of Philosophy*），㊼想像的揮灑空間會有多麼大！用功期間會不會有彷彿活起來的「哲學女士」——就像動畫的「審愼」——在記憶的宮殿裡穿梭？技巧記憶一旦失控變成天馬行空，也許就是《波里菲勒夢中尋愛》（*Hypnerotomachia Polyphili*）這部奇書背後的推動力。我們在這本一五〇〇年以前由一位道明會修士寫成的書中㊽，看見的不只是佩脫拉克的風光與奇怪的考古學，也有爲懲罰不同性質犯罪而區分的各種地獄場所，上面還有說明的題字。因爲有「技巧記憶是審愼要素之一」之說，讀者看見這本書典型的這種神祕題字，會猜想這是否受了形象化字母和記憶影像的影響，換言之，是否一個人文主義者的夢中考古學與夢中記憶系統混合，才形成這部奇想之書？

文藝復興時代鑽研意象最具代表性的有寓意畫和「題銘」（impresa），兩者顯然都屬於記憶，卻從未有人從這個觀點探討過。尤其是「題銘」，這是藉喻象記住精神意向的工夫，阿奎那下的定義一點也沒錯。

考奈留斯·阿格里帕在談到記憶術無用的一卷文章中說，記憶論著讀起來十分乏味。㊾他說，這門藝術是賽莫尼底斯發明的，再由賽普西斯的麥卓多羅斯改良成功，而昆蒂里安說此人是個好虛榮愛吹牛的人。接著阿格里帕說出一長串新近的記憶論著，形容它們是「無名小卒們寫的一堆無用之物」，不幸去翻閱它們的任何人都可以證明他的話不假。這些論著無從掌握往昔浩瀚記憶的運作，因爲它們所處的世界已經出現了印刷書籍，它們的環境條件已經消滅了可能產生古代記憶力的那些條件。手稿本爲了便於記憶而刻意設計的布局，以及次序分明的闡述，這一切都隨著印刷書本問世而消失了，因爲印刷的書很多，不需要去背它。

雨果（Victor Hugo）在《鐘樓怪人》（*Notre Dame de Paris*）中描寫的一位博學者，在大教堂頂樓上的書房中埋首思索，注視著面前闖進他的手稿本藏書中的第一本印刷書。然後，他打開窗子，望著星空下的教堂建築群暗影，好像蹲伏在市中心的一隻巨大的鳳凰。「這個要毀滅了那個。」他說。印刷的書會毀掉大教堂。雨果從這個對照——擠滿影像的大教堂與一本印刷書進入書房——發展出來的寓言，可以應用到印刷術普及對於昔日記憶中無形大教堂的影響。

印刷的書將使這種用大量影像堆疊起來的記憶變成不必要了。古老時代那種盡快給「事物」配上影像存入記憶場所的習慣，也因爲印刷書出現而無用武之地了。

中古時代熟知的那種記憶術，在近代人文主義語言學術面前栽了大跟頭。一四九一年間，拉斐爾・雷吉歐斯（Raphael Regius）用新的考證方法伺候《赫倫尼》之後，表示作者可能是考恩尼非舍斯（Cornificius）。㊿其後不久，羅倫佐・瓦拉（Lorenzo Valla）接過這個問題，用他著名語文學權威的全部力量來推翻作者是西塞羅的說法。51誤指西塞羅的情形在一些印刷本中逗留了一陣子，52但《赫倫尼》作者不是西塞羅漸漸成爲公認的事實。

圖里亞斯「第一部」與「第二部」修辭學的固有關係因而切斷了。只有《論發明》，「第一部修辭學」才是圖里亞斯寫的，他在書中的確說過記憶是「審愼」的一部分。至於利落的續篇，圖里亞斯在「第二部修辭學」裡說的技巧記憶可增進記憶，就不用再提了，因爲「第二部」根本不是圖里亞斯寫的。中古時代傳下來的誤尊西塞羅的記憶傳統一向地位重要，連人文主義的語文學家有此重大發現，記憶傳統中的人士仍然一直不予理會。例如隆貝赫，始終把引自《赫倫尼》的字句指爲西塞羅說的，53羅賽留斯也是如此。54最足以證明佐丹諾・布魯諾的道明會記憶傳統背景的，莫過於他堅決不理會人文主義者的考證結果。這位前修士在一五八二年出版的一部論記憶的作品中引用《赫倫尼》文句時仍說：「且聽圖里亞斯怎麼說。」55

文藝復興時代重振了非神職人員的雄辯修養，可以預期擺脫了中世紀牽連的記憶術會成爲俗家人的新風潮。文藝復興時代和古希臘羅馬時代一樣頌揚超凡的記憶能力，教會以外的人產生了記憶術方面的需求，拉維那的彼得等記憶作家便回應了這項需求。畫家杜勒（Albrecht Dürer）寫給朋友皮爾克海默（Willibald Pirckheimer）的一封信，教我們窺見一位人文主義雄辯家為準備演說辭而借助記憶術的有趣一面：

> 一個房間必須有四個以上的角落來安置所有的記憶神祇。我可不要滿腦子塞著他們；那個交給你吧；因為我相信，腦袋裡不論有幾個房間，你都能在每個裡面放些東西。侯爵恩准的接見時間是不夠長的！㊻

文藝復興時代效法西塞羅雄辯術的人，雖然不能再把《赫倫尼》當作西塞羅的作品，對於技巧記憶的信心卻未必消滅，因為他們景仰的西塞羅在《論雄辯家》裡講到技巧記憶，而且說他自己也在實行。因此，對西塞羅辯才的崇拜可以激發對記憶術重燃的興趣，而這時候的記憶術是古典時代所理解的那樣屬於修辭的一部分了。

社會條件即便使演說的需求增多，使說話者需要增強記憶力，這即便導致需要更多記憶術輔助，文藝復興時代的人文主義卻仍有其他對記憶術不利的力量。其中一項重要影響來自人文主義學者和教育者對昆蒂里安的深入研讀。昆蒂里安並不全心全意贊同技巧記憶。他所說的記憶術的確是直接實用的記憶術，但是他的口吻是高高在上而批判的，不像西塞羅在《論雄辯家》裡那麼熱切，與《赫倫尼》那種無異議的接受很不一樣，與中世紀對圖里亞斯記憶場所及影像的那種虔誠更是差了十萬八千里。一個明智的新派人文主義者，就算知道西塞羅本人力主這種奇怪的技巧，也會比較認同昆蒂里安中庸而理性的見解。而昆蒂里安雖然認爲利用場所和影像在某些方面也許有用，還是比較贊成直截了當的記憶法。

> 雖然我不否認場所和影像可以幫助記憶，但是最佳的記憶是基於三個最重要的條件而來，即是研究、次序、注意。[57]

這段話是伊拉斯謨（Desiderius Erasmus, 1469?-1536）說的；我們卻在這位批判的學者說的話中，看見昆蒂里安的影子。伊拉斯謨對於技巧記憶的這種明確冷靜而昆蒂里安式的觀點，到後來的人文主義教育家時期變成了強烈的反對。梅藍克頓（Philipp Melanchthon）就禁止學生使用任何記憶術技巧，勒令他們只可以用平常的方式來記憶。[58]

我們不可忘記，伊拉斯謨是充滿自信地踏進近代人文主義學術的五彩繽紛世界，記憶術在他看來仍帶著中世紀的模樣。這東西是屬於未開化的世界；它的那些方法正在頹敗中，只是僧侶式思維中亂蜘蛛網的一個例子，那些陳腐的東西都該用新的掃帚打掃乾淨。伊拉斯謨厭惡中古時代——這種反感後來發展成宗教改革運動中的激烈敵意，而記憶術既是中古時代的東西，又是經院派的技巧。

因此，記憶術在十六世紀看來是在衰落中。印刷的書籍正在消滅存在已久的記憶習慣。從諸多論著看，中世紀轉型變樣的記憶術仍有一些需求，但已經失去舊有的威力，可能已經漸漸退化成古怪的記憶遊戲。人文主義學術與教育的新趨勢對這門藝術很冷淡，進而越來越有敵意。「如何增進記憶」一類的小書雖然很多——至今仍然很多，卻正在從歐洲傳統的偉大核心移出去，漸漸邊緣化了。

即便如此，記憶術不但沒有衰亡，反而重修門面開始另一種奇特的生命。這是因爲它被收入文藝復興的哲學主流，也就是納入了十五世紀晚期由馬希里歐・菲齊諾（Marsilio Ficino）與米蘭鐸拉的皮可（Pico della Mirandola）肇始的新柏拉圖主義運動。文藝復興時期的新柏拉圖主義者不像有些人文主義者那麼厭惡中古時代，也沒有加入貶抑古典記憶術的行列。中世紀經院哲學接納了記憶術，文藝復興的新柏拉圖哲學主流也接納了它，而且再一次脫胎換骨，併入了赫米斯知識體系或玄祕藝術，以後便以這個形態在一個主要歐洲傳統中居於核心地位。

接下來我們終於可以展開文藝復興時期記憶術新貌的探討，從最重要的一樁改變——卡米羅的記憶劇場——開始談。

6 文藝復興時期的記憶①

朱里奧・卡米羅的全名是朱里奧・卡米羅・戴爾米尼歐（Giulio Camillo Delminio），他乃是十六世紀名氣最大的人士之一。②在當代的人們眼中，他是潛能大得非凡的人物。他說的「劇場」在義大利和法國人人都在談；它的神祕架構似乎隨著年月而增長。它究竟是什麼樣子？一個木造的劇場，裡面擠滿影像，卡米羅在威尼斯時親自給伊拉斯謨的一位通信友人看過；後來又有相似的東西在巴黎展示。它如何運作乃是祕密，全世界只有一個人可以知道，那個人就是法國國王。卡米羅一直說要把他這個偉大的設計出版，傳給後世子孫，但是始終沒有出版這部鉅著。也難怪後世子孫把當代人尊爲「神一般的卡米羅」的這個人遺忘了。十八世紀仍記得這個人，③但對他只是姑妄聽之。以後他就消失了，一直到最近才再有開始談起朱里奧・卡米羅。④

他是在一四八〇年前後出生的，曾在波隆納擔任過一段時間的教授，但一生大部分時間耗在他的「劇場」功課上，也因此一直需要財務上的幫助。法國的法蘭西斯一世（Francis I）得知他的狀況——顯然是法國駐威尼斯的大使德・巴依夫（Lazare de Baïf）稟報的，⑤爾後，卡米羅便於一五三〇年前往法國。法王給了他一筆建劇場的錢，並且允諾會再賞賜。他回義大利繼續進行工作。一五三二年間，人在帕度阿的祖依克莫斯（Viglius Zuichemus）寫信給伊拉斯謨說，人人都在談一個名字叫作朱里奧・卡米羅的人，「說此人建了一種圓形劇場，是巧奪天工之作，不論何人，只要能入內參觀過，便能就任何題目侃侃而談，辯才不輸西塞羅。起初我當這是無稽之談，在聽過巴蒂斯塔・恩格那修（Baptista Egnatio）說明後才改觀。據說這位建築者在某些場所上擬了西塞羅著作中的所有內容。……憑艱巨努力和神奇技巧……設計種種人物造像的秩序或等級。」⑥據說卡米羅正在把這個絕妙的發明複製一份，要獻給法國國王，他前不久才向法王表示此意，法王還賞了他五百金幣來完成這件大事。

祖依克莫斯再寫信給伊拉斯謨，是在去了一趟威尼斯之後。此行他見到了卡米羅，獲准看見了「劇場」（其實是劇場，不是圓形劇場）。他在信上說：「我一定要告訴您，在下進到那圓形劇場裡，很用功地檢視了一切。」由此可見這東西並不是個小模型；而是大得可以容納至少兩個人的建築物；祖依克莫斯是卡米羅帶著進去的。

> 這是木製的建築，標示了許多影像，滿是小匣；其中包含許多不同的次序和分級。他給每一個人物和裝飾安排了位置，還給我看了好大一堆文件，我雖一向聽說西塞羅是辯才

最滔滔不絕的泉源，卻從未料到一位作者能蘊涵這麼多，也沒想到他的著作能集合成這麼多冊。我前一封信中已經告訴你這位作者的名字是朱里奧・卡米羅。他口吃嚴重，拉丁語說得很辛苦，他辯解說是因爲不停地在用筆寫，所以幾乎都不說了。不過據說他的通俗語文程度很好，在波隆納教過一陣子書。當我請教他這作品的意義，他把一些藍圖和成果的文件攤在我面前，態度虔誠，如同被此事的神奇驚呆了，把內容背出來，有數字、細目，以及所有義大利風的巧計，但由於他言語上的障礙而稍嫌不明白。據說國王正在催他帶著這件壯觀的作品回去。但由於王上希望所有書寫部分能譯入法文，他已請找了一名譯者和抄寫員，他說他覺得寧願延後呈送，也不要展示不盡完善的成品。他用許多名字稱他這個劇場，一下說它是建造或組構起來的心與靈，一下又說它是一個有開窗口的劇場。他聲稱，人心能想像的和肉眼所不能見的一切事物，經過勤勉沈思加以蒐集，便可以用特定的有形實物符號來表達，而表達的方式是人們一看就能知悉本來只隱藏在內心裡的一切。是因爲這種有形實物的外觀，他稱之爲劇場。

當我問他，既然現今有很多人不贊同這樣熱中地師法西塞羅，他是否撰寫了什麼爲個人想法辯護的文章。他答說，已經寫了很多，但迄今只出版了幾篇用義大利文寫的獻給國王的。他打算等到可以清閒的時候，也就是他現在投注全部精力的工作完成的時候，再發表他對此事的觀感。他說他已經在這上面花了一千五百金幣，不過王上至今只給了他五百。

他希望王上體會了這件工作成果之後，會有豐厚的賞賜。⑦

可惜他未能如願！他始終沒把「劇場」完成，也沒有把偉大的作品寫出來。就算是一般的建築計劃，這也是令人產生焦慮的情況吧。而且他是人們眼中「神一般的人」，被寄予做出神奇事的厚望，壓力必然沈重無比。更何況這件工作的最終祕密是法術的、神祕的、屬於玄祕哲學的，是不可能向理性的詢問者解釋明白的。以至於在伊拉斯謨的友人這樣的理性人士眼中，「記憶劇場」不過是說不出所以然的口吃。

在伊拉斯謨看來，古典記憶術是一種理性的記憶技巧，也許用途尚可，但不如平常的記憶方法。同時他也反對一切使用法術的記憶捷徑。他對於赫米斯一派的記憶系統會作何感想呢？祖依克莫斯很清楚自己的博學友人對卡米羅劇場的態度，所以在這封信的開端先道歉，表示自己不該拿無聊事來冒犯伊拉斯謨的嚴肅耳朵。

卡米羅在信中所述的會面後不久離開了威尼斯。這次法國之行的日期不詳，⑧但是一五三四年間他確實已在巴黎。波爾定（Jacques Bording）寫給鐸列（Etienne Dolet）的一封信中說，卡米羅不久前來到法國向王上報告，又說「他在此爲王上建造一個圓形劇場，是爲劃分記憶區段的目的而造」。⑨谷贊（Gilbert Cousin）在一五五八年寫的一封信裡說，他曾經在法國王宮裡看見了卡米羅的劇場，是個木造的東西。谷贊的信是在卡米羅死了十多年之後寫的，其中描述

「劇場」的部分是從祖依克莫斯的信抄來的。祖氏的信並未出版，但是谷贊是伊拉斯謨的祕書，可能看過這些信。⑩因此，谷贊的信缺少了他在巴黎親眼所見的一手資訊價值，但是在法國建造的很可能與祖依克莫斯在威尼斯看過的非常相近。法國版的「劇場」似乎很早就沒有了。因爲十七世紀的法國著名古文物家孟弗康（Bernard de Montfaucon）查詢過卡米羅劇場，卻找不到任何線索了。⑪

卡米羅和他的「劇場」在法國宮廷之成爲話題，程度不下於在義大利。現在仍有多則關於他在法國期間的傳說。最令人好奇的是一則涉及獅子的故事。其中一個版本是貝杜西（G. Betussi）一五四四年出版的談話錄所記的。貝杜西說，卡米羅在巴黎期間，一天前往參觀野生動物，同行的還有洛林的樞機主教阿拉曼尼（Luigi Alamanni）和其他幾位紳士，包括貝杜西本人。結果一頭獅子逃出來，朝著他們一行人逼近。

> 大家十分驚恐而四下逃竄，只有朱里奧・卡米羅先生留在原地沒有動。他這樣做不是爲了表示勇敢，而是因爲他的體重使他的動作比別人都遲緩。百獸之王於是繞著他走，嘴貼著他，卻沒有傷他而終於被趕回去。你怎麼看這件事？他爲什麼沒有喪命？大家都認爲，他能毫髮無傷是因爲他的位置在太陽這個行星之下。⑫

卡米羅自己也曾得意地重述過這個獅子的故事，⑬以此證明他掌握了「日之德」，不過按貝杜西說，他沒解釋不和別人一樣馬上逃開的理由何在。我們看到後文便會知道，「日之獸」面對一位以太陽爲赫米斯式記憶系統之中心的「術者」會有什麼舉動，顯然是對他很有用的一種宣傳。

穆齊歐（Girolamo Muzio）是卡米羅的朋友兼徒弟，據他說，師父卡米羅於一五四三年回到義大利。⑭如果看伊拉斯謨寫給祖依克莫斯的一封信，似乎法國國王的賞賜不如卡米羅期望的大方。⑮總之，他回義大利時似乎是失業狀態，或應該說是沒有贊助人照顧的狀況。瓦斯托侯爵（Marchese del Vasto，即 Alfons Davalos，是米蘭的西班牙總督，曾是亞里奧斯托〔Lodovico Ariosto〕的贊助人）便詢問穆齊歐，卡米羅期待法國國王的事是否如願，如果沒有，他願意提供卡米羅一份俸祿，條件是卡米羅要把「那個祕訣」傳授給他。⑯卡米羅接受了侯爵之邀，受侯爵俸祿度完餘生，在侯爵駕前和多所學院裡開講，一五四四年逝世於米蘭。

一五五九年出版了一本小小的旅遊指南，內容介紹米蘭附近的一些大宅邸別業，以及富豪的業主擁有的收藏品。這本書裡說，有位品德至佳的名叫彭波尼歐·柯塔（Pomponio Cotta）的紳士，不時會逃離米蘭塵囂的禁錮（也就是拋開都市生活的壓力），到他的郊外宅邸獨居，在這兒或打獵，或閱讀農作方面的書籍，或繪製「題銘」，圖中附滿深奧的箴言，證實他是智慧出眾的人。

那宅邸中的精美圖畫之中，有最卓絕的朱里奧・卡米羅那巧妙的「劇場」的崇高無比的建築。⑰

可惜接下來描述「劇場」的話都是逐字引自一五五〇年出版的《劇場要旨》(*Idea del Theatro*)，所以不能算是宅邸實況的可靠描述。宅邸主人偶然得到了卡米羅的「劇場」嗎？抑或是得到劇場的一個版本，然後納入自己的寶貴收藏。蒂拉波斯基(Tiraboschi)認爲，那些「圖畫」是用「劇場」影像的主題畫成的壁畫，⑱他卻不相信這「劇場」眞正存在過。這一點他雖弄錯了，他對「圖畫」的說法卻是對的，因爲《劇場要旨》的序言就講明了：「如此宏偉建築的整個構造如今是找不到了。」⑲聽來像是一五五〇年的義大利不可能找到這「劇場」的蹤影了。

即便卡米羅的成果是不完整的，也許正是因爲不完整吧，他逝世之後名聲不減反增。盧多威科・多爾卻是位擅長掌握讀者興趣走向的暢銷作家，在一五五二年間，爲集結出版的數量甚少的卡米羅作品寫了一篇序文，在文中哀歎卡米羅天才早逝，像米蘭鐸拉的皮可一樣，來不及完成他的作品，未能把他「比凡人神聖的智能」的完整成果帶給世人。⑳一五八八年間，穆齊歐在波隆納的一次演講中頌揚三度至上的赫米斯(Mercurius Trismegistus，即Hermes Trismegistus)、畢達哥拉斯、柏拉圖、米蘭鐸拉的皮可，並且把朱里奧・卡米羅的「劇場」與這些人物並列。㉑一五七八年，托斯卡諾斯（J. M. Toscanus）在巴黎出版了《義大利傳承》（*Peplus Italiae*）。這是以著名義大利人爲題的一系列拉丁文的詩，其中就有一首寫卡米羅，說他的絕妙劇場連世界七大奇觀都自歎弗如。這首詩有一條注解說，卡米羅在一種叫作「卡巴拉」（Cabala，即Kabbala，希伯來語意指「傳統」）的猶太神祕傳統方面是最淵博的人，而且他精通埃及人的、畢達哥拉斯派的、柏拉圖派的哲學。㉒

在文藝復興時代，「埃及人的哲學」指的主要就是《赫米斯大全》（*Corpus Hermeticum*），也就是一般歸諸三度至上的赫米斯的著作，以及菲齊諾深入沈思的《阿斯克勒比厄》（*Asclepius*）。另外，米蘭鐸拉的皮可再加上了猶太卡巴拉的神祕哲學。仰慕卡米羅的人經常把他的名字和米蘭鐸拉的皮可連在一起，這並非偶然，因爲他完全屬於而且酷愛皮可開創的赫米斯卡巴拉傳統。㉓他畢生的心血就是把這個傳統應用到古典記憶術上。

卡米羅人生將盡之前在米蘭隨侍瓦斯托侯爵的期間，曾經以七個上午的時間把他的「劇場」大綱口授給穆齊歐。㉔他死後，這部手稿轉到別人手上，一五五〇年在威尼斯出版，書名《卓越的朱里奧・卡米羅先生的劇場要旨》（*L'Idea del Theatro dell'eccellen. M. Giulio Camillo*）。㉕憑這本書，後人才能大略重組出「劇場」的原貌，我們的藍圖也有了所本。

這「劇場」高度上分七階漸進，以象徵七大行星的七條走道劃分開來。學習者如同進場來觀看世界度量七標準展演的觀眾。由於古代劇場中地位最尊的人坐在最低一階的座位上，所以

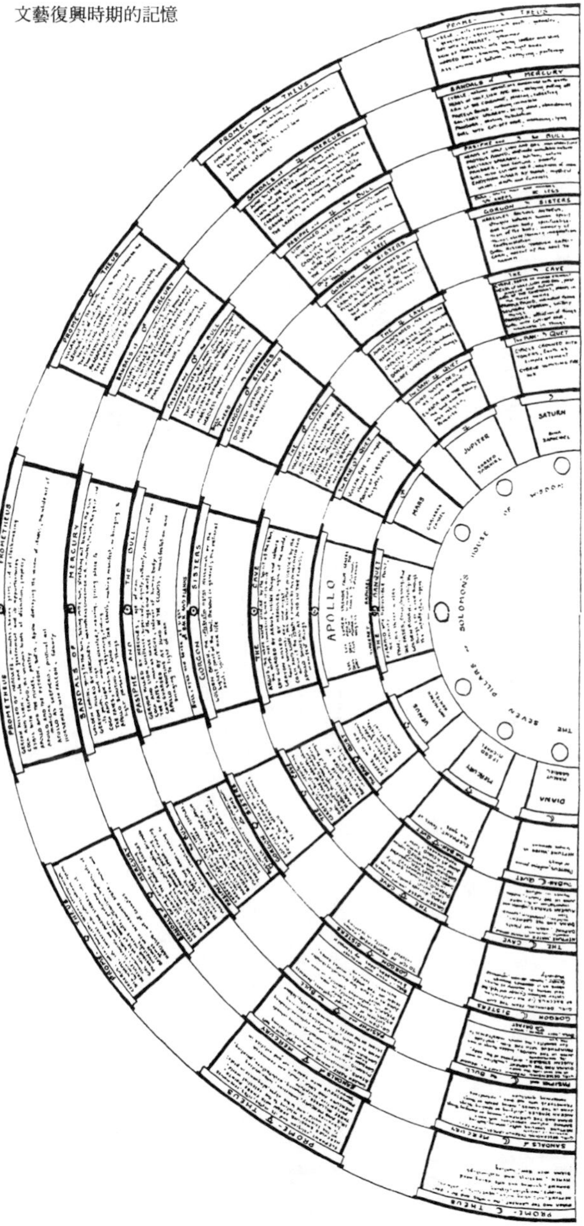
THE SEVEN PILLARS OF SOLOMON'S HOUSE OF WISDOM
SATURN
JUPITER
MARS
APOLLO
DIANA
PROMETHEUS
SANDALS OF MERCURY
PASIPHE AND THE BULL
GORGON SISTERS
THE CAVE

記憶劇場

最偉大最重要的事物都安排在最低階的場所上。㉖

前文提過，卡米羅當代的人說他建造的是圓形劇場，可見他當時想到的是維楚威亞斯（Vitruvius Pollio）描述的古羅馬劇場。按維氏所說，劇場的座位應該以七條過道分開，他也提到地位高的階級應坐在低階的位子。㉗

卡米羅的「記憶劇場」卻把眞正的維楚威亞斯式劇場設計圖改了樣。他的七條走道上各有七扇門，門上裝飾著許多影像。本書製作的略圖中，這些都畫出來了，門上也標示了描述影像的英譯。這些巨大又裝飾華麗的走道之間沒有可以讓觀眾坐下的空間了，不過這沒有關係。因爲卡米羅劇場的功能與一般劇場是相反的，並沒有觀眾坐在場子裡觀看舞台上的演劇，只有一位「觀看者」站在本來該是舞台的位置上，面對本來的觀眾席，看著逐階高升的七層走道上七七四十九扇門呈現的影像。

卡米羅從未提過舞台，所以我在圖中把舞台略去。按一般的維楚威亞斯劇場，前台（frons scaenae）的後方有五扇有裝飾的門，㉘演員便是從這五扇門上下場。卡米羅把舞台上的有裝飾的門的概念搬到觀眾席上，走道上佔著這些假想的裝飾了的門，使觀眾席不能坐人。他用的設計圖是眞實的劇場，是維楚威亞斯的古典劇場，卻把它轉爲記憶術使用。這些假想的門是他的記憶場所，上面布滿了記憶影像。

從我們的劇場圖可以看出，整個布局是以所羅門王智慧之屋的七支柱爲依據。「所羅門王在

〈箴言〉第九章裡說，智慧給她自己建了房屋，用七根柱子撐起來。這些柱子象徵最穩固的永恆，我們要藉此理解最高天界的七數字（Sephiroth，代表上帝散發的能），它們乃是天上與地下世界結構的七種度量標準，其中包含天上地下世界中萬物的『理念』根本。」[29]卡米羅說的是猶太玄祕傳統的三級世界，按米蘭鐸拉的皮可的闡釋，有「數字」或神能散發的最高天界，星辰的中間天界，以及天底下的世界或元素的世界。三級世界雖然各有不同的呈現，卻由同一套「度量」貫通。這「度量」在最高天界是數字，在人世就等於柏拉圖的理念。卡米羅的記憶系統是以造物本源、猶太玄祕傳統的「數字」、「理念」爲基礎；這些都是他的記憶系統的「永久場所」。

> 古代的雄辯家如果想天天把要背誦的演講辭存住，要當作不恆常的事物安置在不恆常的場所裡，那麼，我們要把可以在言語中表達的一切事物的永久本質永遠儲存起來，……就應當把它們放進永久的場所。因此，我們的主要功課就是在這七個度量中找出次序，寬綽而彼此有別，而且能保持思維覺醒並能激發記憶。[30]

由這段話可看出，卡米羅從未忘記自己的「劇場」是根據古典記憶術而來。可是他的記憶劇場要呈現的是永恆眞實的次序；宇宙要放在這裡面，循其各個部分與根本的永恆次序的關聯來記住。

卡米羅的解釋是，由於最高的宇宙度量標準——數字——是我們的知識遙不可及的，只有先知們能與它們神祕地接觸，因此他放在劇場第一階的不是數字，而是七行星，因爲行星與我們的距離比較近，彼此又明顯有別，是比較好掌握的記憶影像。但是，應該放在第一階上的七行星影像，以及七行星的特性，不應該當作我們不可超越的終線，而應該當它們也是在象徵更高層次的天界七度量，智者心中就是這麼想的。㉛我們在劇場圖裡顯示了這個觀念，把七行星的特性和名稱（代表其影像），以及卡米羅對應各行星的神能數字的名稱、諸天使的名稱，都放在第一階（即最低階）的門上。卡米羅爲了凸顯「日」的重要而改了安排，把太陽用金字塔代表，放在第一階上，把太陽的影像——即日神阿波羅——放在這個之上的第二階。

按照古代劇場的慣例，地位最顯要的人要坐在最低一階的位子上，卡米羅因此在最低一階上安置了根本七度量——七行星，按法術神祕的理論，人世的萬物都以這七度量爲準。我們把它們的影像和特性都銘刻在記憶裡之後，就能從這個中間天界往上往下移動了；往上進入的是「理念」、「神能數字」和天使的最高天界，進入所羅門王的智慧之殿。往下就進入天底下的、元素的世界，這下面的世界的次序排列會以上面世界（在劇場裡其實是最低一階）的爲準。

往上的六階之中每一階都有一個通用的象徵意義，同一階的每扇門上都用同一個影像代表。附圖之中在所有共同影像的門的頂端標示了影像的名稱，以及各行星的特性，以便指出每扇門屬於哪個行星系列。

所以，第二階的各扇門頂端都標示了「盛宴」（The Banquet），只有「日」（Sol）例外。「日」的標示在第一階的門頂上，以表示太陽有別於其他行星。「盛宴」的影像表達這一階的共通含義。「劇場的第二階的每一扇門上都有描畫著同一個影像，即是盛宴的影像。荷馬杜撰了萬川之父以盛宴款待諸神的故事，這位崇高的詩人無中生有虛構這故事，當然有其崇高的神祕意義。」㉜卡米羅解釋，萬川之父是造物原料未存在之前就有的智慧之水，受邀的諸神是「理念」的象徵。或許荷馬描述的盛宴令他想到〈約翰福音〉的「太初有道」，或暗示〈創世記〉一開頭的話：「太初」。總之，劇場的第二階其實就是上帝創造萬物的第一天，描繪成影像就是萬川之父盛宴招待諸神，諸神是創造用的元素尚未混合之前的形態。

「第三階的每一扇門上畫著洞穴，我們要稱之爲『荷馬洞穴』，以區別柏拉圖在他的理想國中描述的洞穴。」卡米羅說，按《奧狄賽》描寫的山川女神們的洞穴一段，女神們在紡織，蜂群飛進飛出，這些活動象徵元素混合而形成「首要原理」（elementata）。「我們希望七洞穴的每一個都保存著屬於其首要原理的混合，而且要符合本行星的性質。」㉝「洞穴」的這一階因此是萬物創造的接下來一個階段，元素混合而形成被創造之物或「首要原理」。這個階段是引用猶太玄祕哲學評注〈創世記〉的話來說明。

第四階是人類被創造，應該說是創造人的內在，人的心智和靈魂。「我們現在要上第四階，這裡屬於內在的人，是上帝按祂自己的形象和喻象所造，是神造萬物中最高貴的。」㉞可是這一階每扇門上呈現的指導影像爲什麼是果剛三姊妹（Gorgon Sisters）？——按赫西奧德（Hesiod）的描述，這三名蛇髮妖怪只能共用一隻眼睛。㉟這是因爲卡米羅採用了猶太玄祕的人有三魂的典故，所以取三女妖共用一目的影像來代表第四階所包含的「按各行星本性屬於內在人類的各個事物」。㊱

到了第五階，人的靈魂與肉體合一。這是用芭希芙（Pasiphe）和公牛的影像代表，這也是這一階每扇門的指導影像。「因爲芭希芙被公牛迷住了，按柏拉圖主義者的說法，這象徵靈魂墮入想要得到身體的狀態。」㊲靈魂從高處往下的旅程中，歷經天界的各層領域，把純粹火成的載體轉變成風的載體，這才能夠與粗鄙的有形肉體合一。這個聯結由芭希芙和公牛的結合象徵。所以第五階各扇門上的芭希芙影像「將覆蓋門上的所有其他影像，附帶著大量事物和詞語，都是按各個行星的性質而屬於內在的人以及與肉體各部的……」。㊳這一階的每扇門上的最末一個影像是獨自的公牛，這些公牛影像代表人體各部，以及它們與黃道十二宮的關係。我們的附圖之中，這些公牛、公牛象徵的人體各部、相關的十二星座，都標示在第五階各扇門的底端。

「劇場第六階的各行星的門上有露趾鞋以及其他飾物，按詩人們的想像，信使神莫丘里去執行諸神旨意時會穿上它們。因此，被喚起的記憶會在這一切之中發現人類能自然做到的事……

無須用技巧。」㊴所以我們要想像莫丘里的露趾鞋和其他象徵物放在這一階各扇門的頂上。

「第七階分派給所有藝能，高貴的與卑劣的皆然。每扇門之上有手持點燃火把的普羅米修斯。」㊵盜取神聖的火給人類、教人類認識諸神、傳授一切技能與科學給人類的普羅米修斯，因此成爲最高點的影像，居於劇場最高一階的門頂上。普羅米修斯的這一階包括的不僅限於技能科學，還有宗教的與法律的知識。㊶

卡米羅的劇場便是這樣呈現了從造物主起隨各階段的創造漸漸擴大的宇宙。最先呈現的是「盛宴」階上來自水的單純元素。接著是元素在「洞穴」中混合；繼而是「果剛姊妹」階的人類心性按上帝形象而創造；然後是芭希芙和公牛這一階的人類靈魂與肉體合一；人類一切活動的世界；莫丘里之鞋這一階的人類天然活動；以及普羅米修斯這一階的人類的藝術、科學、宗教、法律。卡米羅的系統中雖然有一些不符早期基督教正統的成分，這七階的安排顯然呼應正統的七天創造萬物的教義。

我們如果順著劇場七行星的走道往前走，會發現整個宇宙創造都有七度量標準可循。例如木星（Jupiter；亦即周比得）的這個系列，木星是與「風」元素相關的行星，在「盛宴」這一階上有朱諾（Juno；即天后）懸在空中㊷表示風的單純元素狀態；在「洞穴」階上有表示風元素混合後的狀態；在「莫丘里之鞋」這一階上有呼吸、歎氣這些「風」元素的自然運作；普羅米修斯階上有使用風的藝能，例如風車。木星是有用而和善的行星，它的影響是平和的。木星系列中的果剛三姊妹影像意指在「洞穴」之下，是有用之物；在芭希芙和公牛這一階是慈善的性質；在莫丘里之鞋是實踐善行。影像在不同的階層上含義會變，但是不脫離基本的題旨，這是「劇場」影像精心構思的特色。在果剛姊妹的這一階上，有詳盡描繪的鶴鳥和「卡杜修」(Caduceus；莫丘里的節杖)，代表純粹精神性或心智性的愉悅 (Jovial；亦指「周比得的」)，是平靜心靈……抉擇、判斷、忠告的向上升。愉悅的心性在芭希芙與公牛的影像下與肉體結合，影像顯示的是善良、友好、幸運、財富。自然的愉悅體現在莫丘里之鞋這一階上，是在履行美德、發揮友情。在普羅米修斯這一階，愉悅性格是以代表宗教和法律的影像呈現。

再以土星的對照爲例。㊸土星與土元素的關聯在「盛宴」這一階呈現的是自然女神西碧莉(Cybele)的影像，代表單純的土元素；西碧莉在洞穴之下是混合的土元素；西碧莉和莫丘里之鞋一起是與土地相關的自然運作；西碧莉與普羅米修斯一起是與土地相關的技藝，如幾何學、地理、農業。土星的悲傷、孤獨性情，是用一隻獨飛的麻雀的影像表達，這個影像在洞穴、芭希芙、莫丘里之鞋都出現。土星性情的心智特色出現在果剛三姊妹這一階，是赫丘力斯與巨人安堤亞斯 (Antaeus) 格鬥的影像，暗示擺脫土地上升到沈思高峯的奮鬥 (因爲安堤亞斯只要身體有一部分觸及土地就穩獲勝利)，這與木星系列同一階的愉悅心智上升之輕鬆是截然不同的。土星與時間的關聯是「洞穴」這一階的狼、獅、犬三個頭的影像，象徵過去、現在、未來。㊹在洞穴、芭希芙、莫丘里之鞋三階上的潘朵拉 (Pandora) 的影像，表達了土星與厄運和貧窮的連帶關係。最卑微的「土星居住者」之一是在普羅米修斯的一階，以負擔著搬運工作的一頭驢子象徵。

只要理解了這個方法，在其他行星的系列便可以照章行事。例如「月」是水性，在「盛宴」階上是以海神奈普頓象徵單純的水元素，在其他各階照例有同一影像的不同呈現，以及關於「月」的性情的常見典故。水星系列把水星的天賦和性向做了很有趣的呈現。金星系列也把人生中有關性愛的一面做了類似的呈現。同樣地，火星系列的各階上都用了火神弗爾坎的影像，以暗示火星的性情和作爲。

最重要的是居於中央位置的「日」系列，以太陽神阿波羅代表。後文再回來詳談。

根據以上，可以知道神奇的卡米羅的「記憶劇場」規模有多大了。不過我們還是引用他自己說的話吧：

> 這樣隆重無比的安排不但能執行把我們交託的事物、詞語、技藝保存的任務，以便我們隨時需要都能找到，而且能夠給我們眞正的智慧，我們在其源頭面對的是知識的因而不是果。用以下的說明也許可以解釋得更清楚。假如我們置身一座廣大的森林卻想看它的全貌，我們不應從森林裡面看，因爲我們的視野會被最靠近的樹木局限成很小，使我們看不見遠處的景觀。然而，如果這座森林附近有個小斜坡可以通到一個高山上，我們如果走出

森林而登上斜坡，就會漸漸看見森林較多的部分，到了高山頂上就能看見它的全貌。森林是我們的下面的世界；斜坡是中間天界；山頂是最高天界。若要理解底下的世界，必須上升到較高的層次，從那高處往下看，可以對下界有更明確的認識。㊺

所以「劇場」是看見的世界，也是從高處看見的事物的本質，從星辰上往下所見，甚而至於是從超過星辰的最高天界的智慧泉源所見。

然而，這所見的一切是很仔細套在古典記憶藝術架構裡的，使用的是傳統記憶術的專門術語。這「劇場」雖然是「隆重無比」的安排，卻是個記憶用的場所系統；它執行著幫演說者「把我們交託的事物、詞語、技藝保存的」古典記憶系統的任務。古代的演說者把他們想要記住的講詞的某些部分放在「不恆常的場所」，卡米羅卻要把「可以在語言中表達的一切事物的永久本質永遠儲存起來」，要存在「永久的場所」。

他的「劇場」的基本影像是行星諸神。這些影像具備了優質的記憶影像——按法則——應有的吸引力和情緒感染力，凸顯了周比得的平靜、戰神馬爾斯的憤怒、農神薩騰的憂鬱、愛神維納斯的情愛。這個劇場也是從起因開始，也就是從各種心性的行星原由開始，不同的情緒傾向從行星源頭流經七列區塊，發揮古典記憶藝術要求的從情緒上挑起記憶的作用，卻以連貫起因的方式執行這個任務。

祖依克莫斯描述的卡米羅「劇場」中，影像之下有抽屜或匣子，或某種櫥櫃，裡面放著大堆的文件，寫的是根據西塞羅著作所擬的講稿，都與影像提示的主題相關。《劇場要旨》經常提及這個系統，例如前文講到的第五階各扇門上「附帶著大量事物和詞語，都是按各個行星的性質，而屬於內在的人以及與肉體各部的……」。祖依克莫斯看見卡米羅興高采烈地在他的劇場裡「操弄」文件；大概是從各影像下的匣子抽出「大量」文件。他把寫好的講辭存在影像之中，是把「事物」和「詞語」的記憶做了另一種解讀（「劇場」裡的這些寫好的資料顯然都已亡失，即使有人認爲可能是被齊托里尼〔Alessandro Citolini〕偷走，假冒是自己的作品出版了）。㊻我們如果想像一下「劇場」裡的那些抽屜和匣子，會覺得那兒像個精心裝飾的檔案室。這樣想卻忽略了其中輝煌的「概念」——將記憶配合宇宙活用的概念。

記憶術雖然依舊按照法則使用場所和影像，它背後的哲學和心理學卻徹底改了，不再是經院派，而成爲新柏拉圖主義了。卡米羅的新柏拉圖主義融入菲齊諾創始的這一派思想最深，也就是赫米斯知識傳統爲核心的一派。統稱爲《赫米斯大全》的這套著作，於十五世紀時被重新發現，並且由菲齊諾譯爲拉丁文。菲齊諾相信——世人皆相信——這是古埃及智者「三度至上的赫米斯」的著作。㊼《赫米斯大全》代表的是比柏拉圖還悠久的古人智慧，曾經帶給柏拉圖靈感，也對新柏拉圖主義者多有啓發。菲齊諾以五世紀以前的某些敎會先賢爲榜樣，給《大全》添上不同一般的聖敎色彩，使這套著作成爲異敎徒預言基督敎之來臨。在文藝復興時代的新柏拉圖主義者心目中，《大全》是最悠久智慧的神聖之書，幾乎比柏拉圖本人的教誨還重要。另一部書《阿斯克勒比厄》是中古時代就通行的，也與《大全》相提並論，當作「三度至上」啓發的另一部典籍。我們已經越來越知道，這些赫米斯傳統在文藝復興時代的影響力有多麼大。卡米羅「劇場」中的這種影響就是無所不在的。

記憶術是舊瓶了，裡面卻裝上了文藝復興時代「玄祕哲學」令人頭暈的新酒，從十五世紀晚期佛羅倫斯的菲齊諾開始注入，一直源源不斷持續到十六世紀的威尼斯。卡米羅可以參考的赫米斯典籍，包括菲齊諾譯成拉丁文的《赫米斯大全》的前十四篇論著，以及中世紀便流傳的《阿斯克勒比厄》拉丁文本。他逐字引用「三度至上莫丘里」（即三度至上赫米斯）的例子多得數不清。

《大全》的第一篇論文題目是《牧人者》（*Pimander*），內容講到天地萬物之創造。卡米羅從其中讀到造物主如何做成「七個治理者，他們用自己的軌道把知覺的世界圍繞起來」。他引菲齊諾拉丁文本的這一段，說明自己是在引用 Mercurio Trismegisto nel Pimandro（三度至上莫丘里的牧人者），並且補充說：

> 事實上，既然上帝自己造出了這七個度量標準，這顯示它們本來一向就隱含在神性的奧祕之中。㊽

由此可知，卡米羅當作「劇場」基礎的七度量，還有赫米斯傳統的《牧人者》所說的七治理者典故，並且延續到「神能數字」，進入神性的深奧之中。七度量並不只是占星術所說的星體，而是具有神性的星靈。

《牧人者》講完七治理者被創造而運作起來之後，就敍述人類被創造，但內容和〈創世記〉全然不同。按赫米斯傳統，所謂人類是按神的形象創造，是指人被賜予神一般的創造力。當「人」看見被創造出來的「七治理者」，便希望也能造出成果，「父便准許他這麼做」。

> 治理者們進入了他們有全權的管轄區……愛上了「人」，每一位都把自己的治理權給了他一部分。[49]

人類的心智是神智（mens）的直接反照，所以包含了七治理者的所有力量。他雖墮入肉體，卻不會喪失心智的神性。而且，據《牧人者》接下來的敍述，人類可以藉赫米斯傳統中的宗教經驗完全恢復神性本質，他在這宗教經驗中會發現自己心智中的神性光明與生命。

人類的創造在「劇場」裡分爲兩個階段，不是像〈創世記〉描寫的那樣靈魂肉身一次完成。先是在「果剛姊妹」這一階上出現「內在的人」，這是上帝創造的生命中最高貴的，是按照祂的形象而造的。然後，在芭希芙和公牛的這一階上，人才有了肉體，這肉體的各部都在黃道十二宮的主宰之下。《牧人者》中的情形是：內在的人，也就是人的心性智能，本來創造得就有神性，有星辰統治者的能力，因墮入肉體而受星辰的主宰，之後又藉赫米斯式的宗教經驗穿過重重天界上升，擺脫了受制的處境。

卡米羅在果剛姊妹這一階討論了人按上帝形象和比喻創造會有什麼含義。他引用了猶太《光輝之書》(*Zohar*) 的一段相關文字，解讀的意思是：內在的人雖然像上帝，其實並不是神聖的。他把這一點與赫米斯式的說法做了對照：

> 但是三度至上者莫丘里在他的《牧人者》中，把形象和比喻當作同一件事，也是神性階層的全部。㊿

然後他再引了《牧人者》講人類之創造的一段。他贊同三度至上者說的內在的人是「在神性階次上」創造的，並且再接再厲引用了《阿斯克勒比厄》論人類的著名段落：

> 啊，阿斯克勒比厄，人是多麼不凡的奇蹟，是值得尊崇讚譽的生命啊。因爲他融入神的本質，如同他自己就是神；他熟悉神魔的族類，因爲他來自同一個源頭；他蔑視自己本質中純屬凡人的一面，因爲他寄望於另一面的神性。(51)

這一席話又在肯定人的神性，也確定人類和有創造力的星辰神魔是屬於同一個族類。《赫米斯大全》第十二篇論文再度確認人的神性，從卡米羅一再引用這一篇可以看出他是心有戚戚焉的。智能悟力是從眞正的上帝本質汲取。對人們而言，這種智能就是上帝；所以有些人是神性，他們的人性近乎神格。這世界也是神聖的；它是一位大神，是更廣大的上帝的形象。[52]

卡米羅在這種學說中的浸淫，反映在他的記憶系統上。是因爲他相信人有神性，所以發出能把全宇宙記住的豪語。如神的卡米羅能居高臨下從宇宙起始的創造往下看而記住全世界，就好像他是上帝一般。[53]在這樣的氛圍下，人是小宇宙，人和大宇宙的世界之間的關係多了一層重要意義。小宇宙可以透徹理解並完全記住大宇宙，能把大宇宙收在自己神性的智能之中，也就是存進記憶裡。

以這種學說爲基礎的記憶系統，雖然沿用本來的場所和影像，卻與以往時代的場所影像使用有極明顯的不同含義。以前的人容許使用影像來記憶，是承認自己的力有不逮。

除了菲齊諾的哲學帶來的濃厚赫米斯傳統影響，還有米蘭鐸拉的皮可推廣猶太卡巴拉玄祕知識的影響——這是加以基督教化的形態。這兩種類型的神祕主義是密切相關的，兩者聯合形成的「赫米斯—卡巴拉傳統」（Hermetic-Cabalist tradition），在皮可以後的文藝復興時代是極爲強勢的力量。

卡米羅的「劇場」受卡巴拉玄祕思想影響是十分明顯的。十個「神能數字」既是最高天界的神聖度量標準，又與宇宙的十重界相應，這是皮可從卡巴拉玄祕思想擷取來的。到了卡米羅這裡，是天界七行星的度量標準與最高天界神能數字相應，使「劇場」可以延伸到最高天界，進入神性智慧的深奧處，進入所羅門神殿的奧祕。不過他把常規的安排做了一番搬動，按他的版本，行星界、猶太神能數字、天使的相互關聯如下：

行星	神能數字	天使
Luna（或 Diana，月）	Marcut（王權）	Gabriel（加百利）
Mercury（水）	Iesod（基砥）	Michael（米迦勒）
Venus（金）	Hod and Nisach（永恆與崇隆）	Honiel（亞納爾）
Sol（日）	Tipheret（美）	Raphael（拉斐爾）
Mars（火）	Gabiarah（力）	Camael（卡麥爾）
Jupiter（木）	Chased（愛）	Zadchiel（然德基爾）
Saturn（土）	Bina（才智）	Zaphkiel（猶夫基爾）

他把最高的兩項神能 Kether（至尊冠冕）與 Hokmah（睿智）省略了。他是有意這麼做的，

因爲他說自己不能超越「才智」，那是摩西才能做到的，所以他的數字系列只到「才智—土星」爲止。㊿他把兩項神能歸到金星之下，也是交代不清又反常的。除此之外，他的行星及神能數字安排並沒有特殊之處。斯克列（F. Secret）卻指出，他的神能數字的名稱稍有扭曲，可能是受維特波的埃吉狄奧（Egidius of Viterbo）的影響。55卡米羅對應安排的七天使，也算相當符合常態。

除了猶太神能數字與天使，以及兩者與行星界的關聯，「劇場」中還有不勝枚舉的卡巴拉玄祕影響，其中最顯著的就是引用了《光輝之書》所說的人有三魂：即是最高的尼撒瑪（Nessamah）、中間的盧亞（Ruach）、在下的奈夫斯（Nephes）。56他在這個概念上安排了果剛三姊妹的影像，三人共用一隻眼睛，成爲「劇場」中涉及「內在的人」這一階上的首要影像。因爲急於使內在的人變成「三度至上者」說的完全神聖，他特別強調最上的尼撒瑪靈魂。卡米羅以卡巴拉、基督教、哲學典籍的奇特什錦來支持自己的想法，典型的例子就是他在《人變神的信札》（*Lettera del rivolgimento dell'huomo a Dio*）中，解釋劇場的果剛姊妹這一階的含義。這封論人回歸神的信，其實是他給「劇場」作的一篇評注，他的其他次要作品也都是在爲「劇場」作注。他先說了人的尼撒瑪、盧亞、奈夫斯三魂是以劇場中的果剛三姊妹象徵，然後就這樣闡述了最高魂的意義：

……我們有三個靈魂，最接近上帝的是三度至上的莫丘里與柏拉圖所説的「心智」，摩西所説的生命之靈，聖奧古斯丁説的高層次部分，大衛王説「我等將在您的光之中看見光」時所説的光，畢達哥拉斯也與那著名的箴言不謀而合，「沒有人述及上帝會沒有光明」。這光明是亞里斯多德説的「有效能的悟力」，那就是，按象徵派神學家所説的，果剛三姊妹共用的一隻眼睛。三度至上者説，我們若歸入這個心智，就能夠藉其中的上帝之光理解一切事物，現在的、過去的、未來的，是啊，天堂與人世的一切事物。57

我們現在看著「劇場」果剛姊妹階上那個「金枝葉」的影像，可以理解它的含義了，那是「有效能的悟力」，是尼撒瑪或靈魂的最上階層，是心靈，是理性的靈魂，是精神與生命。

卡米羅在米蘭鐸拉的皮可的精神世界裡造起他的劇場，皮可的世界是他論人的尊嚴的雄辯和結論以及《七論點》（*Heptalus*）的世界，裡面有層層的天使界、猶太神能數字、萬物創造的日子，混合著三度至上者、柏拉圖、普洛替納斯（Plotinus）、約翰福音、保羅的書信，是拜偶宗教的、猶太教的、基督教的異類典故雜燴，皮可卻在其中悠遊自在，彷彿找到了萬能鑰匙。皮可用的是和卡米羅相同的鑰匙。在這個世界裡，心智按照上帝形象而創造的人類居於中間的位置（可比較果剛姊妹這一階居於劇場中間的位置），他能憑理解之心在其中行動，用微妙的宗教法術——不分赫米斯式的、卡巴拉的——把吸收到自己內在，從而回到本來就屬於他的神聖階層。人類與「七治理者」在起源上的整體有機關係（皮可在論雄辯的開端就引用了三度至上者的話：「人是多麼不凡的奇蹟」），使他能與世間七行星統治者溝通。人還能超越這個層次，藉卡巴拉玄奧祕密與天使界交流。在最高天界、星辰天界、地上世界這三重世界裡，[58]人憑神性的心智而能上下往來。卡米羅的思維正是這樣在各個世界中漫遊。皮可說過，這些必須隱藏在面罩之下。古埃及人在神廟上雕刻了一個人面獸身像，表示其中的奧祕是不可褻瀆的。卡巴拉之中也把摩西獲得的終極神啓守密。卡米羅在《劇場概念》一開始也以相同的語氣講到隱藏的奧祕：「三度至上的莫丘里說過，關於宗教的演說充滿了神意，被通俗語言的涉入褻瀆了。因此故，古人在神廟上雕刻人面獸身像。……先知以西結因爲洩漏了他所看見的……而遭玄祕主義者駁斥。……我們現在憑主之名開始講我們的劇場吧。」[59]

卡米羅把記憶術帶入文藝復興新的潮流走向，讓菲齊諾與皮可、法術家和玄祕哲學家在他的劇場裡並坐，並且納入了文藝復興中隱含的赫米斯知識傳統和猶太玄祕術，即所謂的新柏拉圖主義。他把一門古典的記憶術變成了一種祕術。

這種祕術的記憶系統的法術在哪裡？它如何能發生作用？作用的原則爲何？卡米羅接受的、試圖加以運用的，是菲齊諾的星界法術。[60]

菲齊諾的「神之靈」法術依據的是赫米斯傳統的《阿斯克勒比厄》中敍述的魔法儀式。據說古埃及人——或應該說是赫米斯派的僞埃及人——能將宇宙間的神聖力量或魔力灌輸給雕像，讓雕像活起來。菲齊諾在《獲得星辰生命》（*De vita coelitus comparanda*）中，描述了從星辰抽取生命的方法，捕捉星界向下傾瀉的波流再用於生命與保健的方法。按赫米斯傳統典籍，天界生命生於空中，也就是神之靈，太陽是其主要傳送者，所以在太陽中最強而有力。菲齊諾因此特別專注於太陽，他在星辰祕術中尋求治療效用乃是膜拜太陽信仰的捲土重來。

卡米羅劇場中菲齊諾思想的影響無所不在，但是在中央的「日」系列最爲明顯。菲齊諾有關太陽的論述大都包含在《論太陽》（*De sole*）裡，其他作品也有提及。㉛太陽在《論太陽》中被稱爲「諸神的塑像」（Statua Dei），與「三位一體」相比擬。卡米羅在「日」系列的「盛宴」這一階上安排了一個金字塔的影像，象徵聖父、聖子、聖神的三位一體。這個之上的門上有太陽神阿波羅的主影像，卡米羅在這裡設計了一個「光」系列（包括Sol、Lux、Lumen、Splendor、Calor、Generatio）。菲齊諾在《論太陽》裡也講到一種類似的層級分明的光系列。首先是太陽，代表上帝；繼而是天堂的「光明」；然後是神靈形態的「光體」；比光體低一級的是「熱」；最下一層是光的生成。卡米羅的光系列並不和這個一樣，菲齊諾在不同的作品中排列的光層級也有出入。但是卡米羅的設計完全是菲齊諾思想的精神，同樣表示從代表上帝的太陽一路自高層級的光與熱的形態下降，在日光之中傳送。

在「日」系列往高階上走，「洞穴」這一階上有百眼巨人阿古斯（Argus）的影像，含義之一是全世界藉星辰的精神而有活力，從其中也可看出菲齊諾的一個法術基本原理：星體神靈主要是經太陽傳播。「莫丘里之鞋」這一階上有「黃金鎖鏈」的影像，表達走向太陽、吸收陽光、在陽光下伸展的作爲，暗示菲齊諾式太陽魔法的不同作用。卡米羅的日系列呈現的是典型的菲齊諾式結合太陽神祕意義與魔法的太陽崇拜。

值得注意的是，卡米羅在「洞穴」階上的「公雞與獅」影像旁重述了自己面對獅子的故事，比我們前文錄過的那個別人敍述的版本稍微體面一些：

> 本劇場的作者在巴黎期間，有一次在一個叫作托奈羅的地方，與多位紳士在一個廳房裡，廳房的窗户向庭院而開，一頭獅子逃出了禁錮來到這個廳房，從他背後接近，以雙爪抱住他的兩腿，但沒有傷他，卻開始舔他。他感覺被碰觸與這頭獸的呼氣，轉過身來只見其他人都四下逃開，這頭獅卻對他恭順有加，似乎是在求他寬恕。這只顯示了一個意義，即是這頭獸識出他是具足「日德」的。(62)

這頭倒楣獅子的動作似乎證明，「劇場」的創造者是位「日之術者」，不但旁人這麼看，卡米羅也以此自許！

讀者對這獅子的故事固然可以一笑置之，卻不宜太看輕「劇場」中的巨大的中央日系列。我們別忘了，哥白尼（Nicolaus Copernicus）當年提出地球繞日假說時，也引用了三度至上赫米斯在《阿斯克勒比厄》中的太陽理論；⑥③佐丹諾·布魯諾在牛津闡釋哥白尼學說的時候，也並論了菲齊諾的《獲得星辰生命》；⑥④卡米羅在日系列的「洞穴」階阿古斯影像旁引據赫米斯式觀點，⑥⑤說地球因爲是活的所以不是靜止的，布魯諾在牛津時也採用這個論點爲自己的地球運行說辯護。⑥⑥從「劇場」的日系列可以看出，太陽在文藝復興時代人們的思維與記憶中占上以前沒有的重要地位，神祕又帶感情，兼具魔力，「太陽」變成具有核心的意義。這意味人們的想像世界在繞著太陽走，對於地球繞太陽運行的理論而言，是個不可忽略的因素。

卡米羅和菲齊諾都是信奉基督教的赫米斯主義者，都努力要把赫米斯傳統學說和基督教連結起來。三度至上的赫米斯在這個圈子裡是神聖不可侵犯的人物，因爲說過「上帝之子」而被認定曾經預言基督教降臨。⑥⑦像赫米斯這樣的「異教徒先知」能有神聖地位，使一些想要維持基督徒身分的「術者」處境少了許多尷尬。前文提過，卡米羅和菲齊諾都認爲太陽是星辰諸神中最具威力的一個，是神之靈的主要傳播者，其最高表現就是「三位一體」的形象。但是，一般赫米斯主義者認爲從太陽產生的神之靈就是聖靈，卡米羅卻認爲是「基督的靈」。他引用《赫米斯大全》卷五的話：「神是既顯然又不顯然的」，指萬物創造中潛存的神聖之靈就是基督的靈。他也引用使徒保羅的「基督的靈乃是活命的靈」（Spiritus Christi, Spiritus vivificans），並且補充說：「就這一點，三度至上的莫丘里著了一本書《關於既隱藏又展放的神》（*Quod Deus latens simul, ac patens sit*）。」⑥⑧因爲卡米羅認爲宇宙神靈就是基督的精神，所以能給他的「劇場」

中瀰漫的菲齊諾式神靈魔法冠上基督教的弦外之音。

菲齊諾式的法術，怎樣在按古典風使用場所和影像的記憶系統之內發生作用？我認爲，祕訣在於把記憶用的影像當作內在的咒符。

咒符是刻了影像而具有法力的物件，是按某種法術的規則變成有法術作用。咒符上的影像通常是星辰，但不是一律如此。例如以女神維納斯的形象代表金星之神，或是以阿波羅的形象表示日之神。咒符法術的手冊叫作《智者標的》（*Picatrix*），內容描述咒符要如何灌注星體神靈而變得有法力，[69]在文藝復興時代十分著名。《阿斯克勒比厄》的內容描述古埃及人的法術宗教，包含了咒符法術的理論基礎。按《阿斯克勒比厄》的作者描述，古埃及人會把宇宙的與魔法的力量灌注到他們拜的神像裡；他們藉誦經、念咒，以及其他方法賦予神像生命；換言之，古埃及人會「造神」。《阿斯克勒比厄》所記載的使神像變成神的方法，與造咒符的方法類似。

菲齊諾在《獲得星辰生命》中描寫自己在法術中使用了一些咒符，並且引述了一些描述咒符形象的話，可能有一部分取自《智者標的》。菲齊諾自己書中的引文是做了一些修改的，和《阿斯克勒比厄》記述的古埃及人給神像灌輸神力的段落不大一樣。[70]菲齊諾使用法術是謹慎行事的，而且有幾分要掩飾取材自《阿斯克勒比厄》的意思。縱然如此，我們仍可毫無疑問斷定他在師法《阿斯克勒比厄》，而且他是因爲尊崇有如神聖的宗師三度至上的莫丘里，才有心來學咒符法術。

凡是法術，都含著高度的主觀與想像，菲齊諾運用咒符也不例外。他行的法術，不論是用詩句或音樂的咒語，或是用施了法的影像，其實目的都是要調整想像，以便接收天界的影響力。他的咒符形象轉化成美麗的文藝復興式形態，都是專爲存在腦中，存入施行法術者的想像裡。按他描述，取自星象化神話的影像可以深深銘刻心中，力量非常強，以至於當這些在想像中的銘印浮出，進到外在樣貌的世界，就會藉著來自更高層次世界的內在影像的力量而合一。⑪

咒符意象的這種內在運用——或憑想像的運用，正好在祕教化了的記憶術版本中找到用武之地。假如這種記憶系統採用的基本記憶影像具有——或按理應具有——咒符的威力，能夠從天界獲取力量和神之靈，那麼這樣練就的記憶力，就會變成與天地神聖力量密切連結的「神性」人的記憶力。而這樣的記憶具有——或應該具有——統一記憶內容的力量，把來自天界的影像當作記憶的基礎。

卡米羅劇場的影像顯然是假定具有類似這樣的力量，使「觀看者」能夠在「審視其中影像」時，一眼就看見宇宙的全部內容。我認爲，「劇場」的奧妙處——或奧妙處之一——就是假定基本的行星影像都是咒符，或是具有咒符的效能，從其中產生的星界威力，按理應該遍及其餘的次要影像。例如，木星的威力應該遍及木星系列的所有影像，太陽的威力應該遍及日系列的所有影像。按這個道理，以天地宇宙爲本的記憶不但能從宇宙汲取力量到記憶裡來，而且能統合記憶。知覺世界的一切細枝末節印入記憶後，可以在記憶中統一成有機整體，因爲它們都包攝在更高天界的影像之內，在它們的「起因」源頭的影像之中統一。

假如這個理論是卡米羅的祕教式記憶系統影像的根本，應該就是依據《阿斯克勒比厄》的法術段落而來。他在《劇場要旨》裡沒有引用「造神」的段落，卻在一篇關於「劇場」的演講辭裡提了。這可能是他在威尼斯某個學院發表的，講辭內容提到《阿斯克勒比厄》的魔法神像，他還把古人的法術做了很微妙的解讀。

> 我曾經讀到，我想是三度至上的莫丘里作品之中，古埃及有許多絕佳的雕像師，當他們把某個雕像做到完美的比例，發現這雕像帶著天使的精神活起來：因爲如此的完美不可能沒有靈魂。我發現一項與這種雕像類似的文字構組，其功用是將所有字詞維繫成悅耳的比例。……這些字詞只要一組成被發現時的比例，讀出來就如同被一種和諧樂音賦予了生命。⑫

卡米羅是從藝術的角度解讀古埃及雕像的魔法，比例完美的雕像被一種精神賦予生命，變成了一座魔法雕像。

這似乎是朱里奧．卡米羅送給我們的一顆寶貴珍珠，用完美比例的魔法效果解讀《阿斯克勒比厄》的魔法雕像。其實這一步發展可以從《阿斯克勒比厄》的另一段話找到一點暗示，即是，古埃及的魔法師用天界的儀典維持魔法雕像的天界神性，這些儀典代表的是天堂的和諧。⑬文藝復興的比例論是以「宇宙和諧」爲基礎，講求大宇宙的和諧世界比例反映在人體這個小宇宙上。做出一個符合比例法則的雕像，因而等於把天界的和諧注入雕像，賦予雕像一種魔法的生氣。

把這個理論應用到祕教式記憶系統的內在咒符影像上，意思就是，這種影像是因爲有完美的比例而具有魔法力。卡米羅的記憶系統要反映出文藝復興美術的比例完美無瑕的影像，魔法便在其中矣。我們按捺不住想一窺「劇場」影像的欲望，可惜伊拉斯謨那位朋友白白辜負了良機。

卡米羅雖然解讀得微妙，卻難逃涉入邪術的指控。一個名叫帕希（Pietro Passi）的人於一六一四年在威尼斯出版了一本論自然法術的書，教大家愼防《阿斯克勒比厄》的雕像論，「考奈留斯・阿格里帕膽敢在他論玄祕哲學的書中，確認那些雕像是藉神界影響而有生命力。」

而朱里奧・卡米羅本來是中肯而文雅的作家，在其《以劇場爲題之演講》（*Discorso in materia del suo Theatro*）中，卻幾近犯下同樣的錯，講到古埃及的雕像，他説天界的力量下降到以罕見完美比例製作的雕像之中。如此他與別人都錯了……⑭

卡米羅因此未能躲過施行魔法的指控。其實凡是涉獵《阿斯克勒比厄》魔法段落的人都躲不過。從帕希的指控可以看出，卡米羅劇場的「奧妙」的確曾被視爲一種魔法祕招。

「劇場」代表記憶術的一次顯著變遷。記憶術的法則在其中明顯可辨。整座建築分成諸多記憶場所，都安排了記憶影像。形態上已是文藝復興的了，記憶用的建築物不再是哥德式的大教堂，整套系統的理論也是文藝復興式的。古典記憶術中挑動情緒的醒目影像，被虔誠的中世紀轉變成有形實物喻象，又再次轉變成具有魔法力的形象。中世紀記憶法的濃厚宗教氣息，轉換到另一個大膽的方向。人的思維和記憶現在是「有神聖性」的了，能夠憑藉用魔法活化起來的想像力去理解更高深的眞實。赫米斯式記憶術變成一種造就「術者」的工具，藉這個工具，神性的小宇宙可以映照神聖的大宇宙，可以理解天界的含義，因爲人的「心智」本來歸屬神聖的高階。記憶術因而變成一種祕法之術，一項赫米斯式的奧祕。

祖依克莫斯和卡米羅一同站在「劇場」裡的當兒，曾經詢問這座建築的用意，卡米羅的回答是：爲了呈現人心所能想到的一切，以及靈魂中隱含著的一切，而這一切只須把所有影像看過一遍就可以領悟。

這兩個人都是文藝復興的產物。祖依克莫斯代表伊拉斯謨，是人文主義學者，卡米羅則是文藝復興神祕法術薰陶的一面。兩人在「劇場」裡的一幕並不代表北方與南方的衝突。當時考奈留斯・阿格里帕已經發表了《論玄祕哲學》(*De occulta philosophia*)，隨後會把祕法哲學傳遍北方。「劇場」的這次晤面，代表的是文藝復興時代出現的兩種思維面向之間的衝突。伊拉斯謨與祖依克莫斯是理性的人文主義者，卡米羅承襲的是文藝復興非理性的祕教的一面。

對於伊拉斯謨這一型的人文主義者而言，記憶術已經在消逝中，是被印刷的書扼殺的。因爲它與中世紀關聯密切，所以已經過時，是新式的教育者棄之不用的笨重技術。是祕法傳統重拾了記憶術，把它擴大成新的規模，灌輸了新的生命。

理性的讀者如果對於思想史感興趣，應當樂於聽聽在那個時代能感動人的想法在說些什麼。卡米羅的記憶系統所顯示的時代精神的基本定位轉向，與即將帶來新思想趨勢的觀點改變是有極重要關係的。赫米斯世界觀的動力和作用，是導引思維轉向科學的一個因素。卡米羅距離這個動向是比伊拉斯謨近的，但此時的科學運動仍罩著法術的面紗，在威尼斯的一些學科裡已經不安分了。

我們要理解文藝復興藝術成就背後的創造衝力，要理解天才畫家與詩人注入其作品的完美比例，可以請神人般的卡米羅指點一二。

7 卡米羅劇場與威尼斯派文藝復興

轟動一時卻又被長久遺忘的「劇場」事件，透露了許多問題，這是值得寫一整本書的題目，本章只能簡略討論其中幾個。卡米羅帶給記憶術的大改變是他自己發明的嗎？抑或是佛羅倫斯運動中已經約略有些眉目，給了卡米羅靈感？這樣的記憶觀是否完全脫離舊有的記憶傳統？新舊之間是否有其連貫性？還有，卡米羅在十六世紀初期的威尼斯文藝復興中間建起的這座記憶巨構，與同時同地的其他文藝復興成果有什麼關係？

菲齊諾應該知道什麼是記憶術。他曾在一封信裡講到增進記憶的法則，說出了以下的話：

> 亞里斯多德和賽莫尼底斯認爲記憶時遵循某種次序是有益的。而次序當然包含比例、和諧、關聯。如果把素材整理成一個系列，你只要想到一個，其他的必定自然而然跟著想起。①

談記憶時提到賽莫尼底斯，顯示這是一種古典的技藝。提到亞里斯多德，顯示這可能是經院派人士傳下來的古典藝術。至於比例與和諧，就我所知，是菲齊諾自己的神來之筆。由此可見，菲齊諾也有卡米羅建「劇場」的那一套材料，可以在一座記憶建築物裡儲存他十分擅長創作的各式咒符和神話意象，構成一種赫米斯式的記憶術。他在《獲得星辰生命》中談到如何組構一個「世界的影像」。②在藝術的建築架構裡造這樣一個影像，把天界星體的記憶意象技巧地安排，應該是很對菲齊諾的胃口的。菲齊諾設計的意象不乏一些奇怪特性，同一個意象也會意義不定——例如三美神的意象，③我們如果把這些放在不同的階次上來想，如同卡米羅的「劇場」那樣，也許就不會覺得奇怪了。

就我所知，米蘭鐸拉的皮可沒有在著作中真正談到記憶術，但是他論人的尊嚴的開場白可能提示了卡米羅記憶劇場的形狀：

> 我從阿拉伯人的著作中讀到，有人問撒拉森人阿布德拉（Abdullah the Saracen），他認爲這塵世劇場（mundana scaena）中什麼最令人驚歎，他答最奇妙的莫過於人。這與三度至上的莫丘里的名言是一致的：「啊，阿斯克勒比厄，人是多麼不凡的奇蹟。」④

皮可在此所說的自然是籠統地指世界如劇場，是常見的一種比喻。⑤然而，卡米羅描述「劇場」的文字處處是皮可這篇演講的影子，皮可開場白指人是世界劇場的主角，也許暗示赫米斯傳統的記憶系統使用劇場。⑥至於皮可自己是否想到建造一個「世界劇場」，來說明他在《七論點》裡形容的思維布局圖，我們就不得而知了。

這些雖然只是片斷的證據，我卻覺得可以暗示祕教式的記憶系統不大可能是卡米羅憑空發明的。比較可能的是，菲齊諾和皮可在他之前已經勾勒了一些輪廓，卡米羅是在威尼斯的大環境裡發展了一種放在古典記憶術架構內運用的赫米斯知識與卡巴拉玄祕思想的影響。不過，從各界一致稱讚他的「劇場」是創新又了不起的成就可以看出，是他率先爲文藝復興的記憶祕法奠定基礎。而且，就研究記憶術歷史的人而言，文藝復興時代的新柏拉圖主義隱含著赫米斯和卡巴拉影響，記憶術在這個時代的轉變過程中，卡米羅「劇場」是第一個重要的里程碑。

讀者會覺得，技巧記憶的這種祕教式轉變不可能和以前的記憶傳統有關係。那我們就該再回過頭來看看「劇場」的示意圖。

土星是憂鬱的行星，記憶力好屬於憂鬱的性情，而記憶是審慎的一部分。這些都在「劇場」的土星系列上表明了，例如，「洞穴」階上就有著名的時間象徵——狼、獅、犬三個頭代表過去、現在、未來。這也可以用來象徵「審慎」的三要素——記憶、智慧、遠慮，例如提香的標題「審慎」的畫作（圖7—1），即在人的臉的下方畫這三種獸的頭。卡米羅在威尼斯藝術及文學主流

圖7-1　提香作「審慎三要素的寓意畫」。

界熟門熟路，據傳他是認識提香的。⑦其實不論認識與否，他都應該知道以三種獸的頭象徵「審愼」所包含的時間意義。我們繼續看「劇場」的土星系列，女神西碧莉在「盛宴」階上吐火，象徵「地獄」。可見，「劇場」指出了牢記「地獄」乃是「審愼」的表現。此外，木星系列的「盛宴」階上有歐羅巴（Europa）與公牛的影像，表示正信的宗教或天堂的意思。火星系列的「盛宴」階上有塔塔魯斯（Tartarus-，天神囚禁仇敵的地方），象徵「煉獄」。金星系列的「盛宴」階上有十重天的影像，意指伊甸樂園。

這樣看來，「劇場」華麗奪目的文藝復興式表面之下，仍然殘留著但丁風格的技巧記憶。「劇場」裡的地獄、煉獄、伊甸樂園、天堂的影像下的那些匣子、櫃子裡裝著什麼？一定是滿滿的講道詞吧。也許是《神曲》的篇章。總之，那些影像存留了技巧記憶以往時代的用法和解讀。

此外，卡米羅劇場挑起的騷動，也許和威尼斯人重燃對於道明修會記憶傳統的興趣有些關聯。前文說過，盧多威科・多爾卻料到卡米羅的作品會暢銷而為他的作品集寫了序。這套一五五二年出版的全集包括《劇場要旨》，多爾卻特別提到卡米羅有著「比凡人神聖的智能」。十年後，多爾卻出版了一本用義大利文寫的論記憶的書，⑧採用當時流行的對話文體，文筆優雅，以西塞羅的《論雄辯家》為藍本；對話者之一是霍登修，很有西塞羅筆下霍登修斯的味道。這本小書表面上是用「通俗語文」寫成的威尼斯式西塞羅古風作品，是義大利文的古典修辭學，也正是卡米羅所屬的「班波學派」應有的風格。可是，多爾卻這位卡米羅的仰慕者寫的這本看似新式的記憶術對話，究竟是什麼？其實是把隆貝赫的《技巧記憶彙編》翻譯了，或許應說是《彙編》的改寫本。隆氏這位德國籍的道明會修士原來晦澀難懂的拉丁文本，改頭換面成爲流暢優美的義大利文對話，多爾卻把一些例子更新了，但實質內容仍是隆貝赫的原作。我們可以聽見多爾卻的「西塞羅式」義大利文的悅耳語調，說著經院派允許記憶時使用影像的理由。隆貝赫原來的圖表原封未動；我們又看見了那個但丁式的技巧記憶宇宙圖表，以及「文法」的老舊造像，仍然附帶著視覺字母。

多爾卻擴大重寫的隆貝赫原作之中，提出以但丁爲記憶「地獄」的指導。⑨其他還有，納入新一輩畫家的作品當作記憶影像，把隆氏的指示現代化了。例如：

> 如果我們熟悉畫家的作品，就能更技巧地組成記憶影像。假如你想記住歐羅巴的故事，可以用提香的畫爲記憶影像：要記住阿多尼斯，或任何其他神話故事，不分世俗的、神聖的，都可以選擇悅目的形象，藉以激發記憶。⑩

就是這樣，多爾卻一方面主張用但丁式的影像來記憶「地獄」，同時又建議用提香畫的神話人物，使記憶影像跟著時代更新。

寇斯瑪・羅賽留斯於一五七九年在威尼斯出版的一本書，是舊時代記憶傳統仍然普遍的又一證據。這本書有力地闡述但丁式的技巧記憶，同時卻也反映了一些新時代的趨向。例如，羅賽留斯選擇了一些在技藝或科學方面專精的人「存放」在記憶裡，當作記憶影像。這是歷史最悠久的作法，可以上溯到古希臘時代用火神弗爾坎的影像提示冶金術，⑪我們也看過中世紀的相似例子，即是頌揚阿奎那之智慧的禮堂壁畫。羅賽留斯延續著這個傳統：

> 所以，我存放了羅倫佐．瓦拉或普里西安（Priscian）來記憶文法；存放了圖里亞斯來提示修辭學；亞里斯多德提示邏輯辯證，也提示哲學；柏拉圖提示哲學……斐底亞斯或宙克西斯提示繪畫……阿特拉斯（Atlas）或瑣羅亞斯德（Zoroaster）、托勒密（Ptolemey）提示占星術；阿基米德提示幾何學；阿波羅或奧菲厄斯（Orpheus）提示音樂……⑫

此刻我們再看拉斐爾的那一幅「雅典學院」，會不會覺得可以用來輔助記憶？並且把畫中的柏拉圖「存放」爲「神學」的記憶影像，亞里斯多德當作「哲學」的記憶影像？也是在上面這段文字裡，羅賽留斯把畢達哥拉斯和瑣羅亞斯德「存放」爲代表「法術」的影像，而這在一連串記憶「德行」用的影像之中。「法術」升等成爲德行，是值得注意的。羅賽留斯書中還有其他跡象顯示，道明修會的記憶傳統在往新時代的方向移動。

方濟各會修士傑蘇瓦多於一五九二年在帕度阿出版的*Plutosofia*，也顯示舊有的記憶傳統受到新柏拉圖主義滲透。⑬論記憶術的這一章一開始，傑蘇瓦多就引用了菲齊諾在《生命之平衡》（*Libri de vita*）中說的話。記憶可以從三個層面看：記憶像海洋，諸水之父，因爲一切思想和言語都源自記憶；記憶像天，天有光和各種作用；記憶是人的神性，是存在靈魂中的上帝的形象。另一段文字裡，他把記憶比作最高的天體領域（黃道十二宮）和最高天界（熾天使的境界）。傑蘇瓦多所說的記憶會在三種世界之間往來，狀況類似「劇場」設計圖顯示的那樣。不過，傑蘇瓦多的書只有導論是菲齊諾與卡米羅一派的，之後的絕大部分內文講的全是老式的記憶教材。

所以，舊時代的記憶傳統似乎是與新型的祕教式記憶混在一起。修士們的講道詞厲聲說著賞罰報應不爽，或是《神曲》發出的警告，在新方法的記憶布局和新風格的雄辯中仍隱約可聞。我們在卡米羅劇場中發現的地獄、煉獄、天堂都屬於新舊式記憶法融合的一個籠統氛圍。文藝復興的玄祕哲學家十分擅長只看相同點，對差異處視而不見。菲齊諾可以欣然把阿奎那的《神學總彙》和他自創品牌的柏拉圖哲學合併，他自己和效法他的人們看不出阿奎那的「有形實物喻象」和玄祕派記憶的神靈影像的根本差異，可見當時混雜狀況之一斑。

卡米羅不屬於十五世紀晚期佛羅倫斯的文藝復興運動，而是屬於十六世紀早期的威尼斯文藝復興，雖然吸收了佛羅倫斯的影響，卻表現出典型的威尼斯樣貌，特色之一就是西塞羅式的雄辯詞藻。西塞羅的《論雄辯家》是「西塞羅信徒們」（Ciceroniani）恭謹模仿的模範，書中主張的技巧記憶也在這個時髦圈子裡有一定的分量。卡米羅自己是個雄辯家，也非常景仰西塞羅信徒的領袖人物——班波樞機主教（Cardinal Pietro Bembo），曾將一首以拉丁文寫的關於「劇場」的詩獻給他。⑭「劇場」這個記憶系統是用來記憶西塞羅作品中的所有觀念的；各個影像下的匣子抽屜裝著的是西塞羅的演說辭。這套含有赫米斯及卡巴拉哲學基礎的系統屬於威尼斯派雄辯文體的世界，是「西塞羅信徒」用「通俗語言」發表西塞羅式演說使用的記憶系統。卡米羅當著祖依克莫斯的面背誦匣子抽屜提示的就是這些講辭。

藉這個「劇場」，記憶術重返古希臘羅馬時代的地位，成爲雄辯術的一個部分，變回偉大的西塞羅曾經使用的技巧。但它卻不是威尼斯西塞羅信徒可用的一種「直接實用的記憶術」。重振西塞羅聲威是文藝復興諸現象中看來最純粹古典的之一，其實卻帶有神祕與魔法的色彩。揭發威尼斯派雄辯家的這個記憶特色，對於研究伊拉斯謨的一篇作品是很重要的。這篇著名的《西塞羅信徒》（*Ciceronianus*）於一五二八年發表，內容抨擊義大利的西塞羅信徒。一篇激烈的匿名反擊文章於一五三一年出版，除了爲西塞羅信徒辯護，也對伊拉斯謨做人身攻擊。作者是斯卡里格（Julius Caesar Scaliger），但當時人們並不知道，結果嫌疑就落到卡米羅頭上。祖依克莫斯相信就是卡米羅寫文章污蔑了伊拉斯謨，他那封談「劇場」的信就是在這種心境中寫的。⑮

一直沒有人想過，伊拉斯謨反對「西塞羅信徒」可能含有厭惡玄祕法術的因素。不論有或沒有，研究《西塞羅信徒》爭議時，不可不考慮到卡米羅和「劇場」，以及威尼斯學院界表達的觀感。

學院激增乃是威尼斯文藝復興的一個顯著現象，而卡米羅正是典型的威尼斯學院派。據傳他自己也曾創辦一所學院；⑯他留下的著作中有好幾件本來可能就是學院講課用的材料；他辭世四十多年以後，「劇場」仍是威尼斯一所學院討論的話題。這所學院是「烏拉諾斯學院」（Academia degli Uranici），是法比奧・鮑利尼（Fabio Paolini）於一五八七年創立的。鮑利尼還把學院裡的講課內容集成一大本書出版，書名《七組群》（*Hebdomades*），分為七大卷，每卷有七章，「七」也是整部書的神祕主題。

華克曾經研究過鮑利尼這本書，⑰認為它是文藝復興新柏拉圖主義從佛羅倫斯傳到威尼斯之後的玄祕核心之作。從書中可以看到赫米斯傳統的影響力如何在威尼斯的背景裡運作。鮑利尼在七重式的格局中，「不但陳述了菲齊諾法術的整個原理，也說明了菲齊諾法術由來的全套繁複的學說。」⑱他引述了《阿斯克勒比厄》中的魔法雕像，並且往魔法的方向大膽推進到極限。鮑利尼另外也感興趣的還有卡巴拉玄祕術，以及崔特米烏斯（Johannes Trithemius）的天使魔法。他引述了卡巴拉諸天使的名字搭配七行星，形式與卡米羅在「劇場」中的安排一樣。⑲

從《七組群》可以看出，鮑利尼本人和他的學院的主要目標，就是要把法術理論應用到威尼斯人的首要關注——雄辯術——上。菲齊諾的「行星音樂」理論本來的用意，是要藉音樂的聯繫汲取行星界的力量，鮑利尼把這套理論搬到雄辯術上來。華克說：「音調適切地混合可以賦予音樂一種行星界的力量，同理，『形式』的適切混合也能爲演說帶來一種天界的力量。……使用哪一組（形式）是與七這個數字有關的，有些事物是字詞的語音、比喻、荷莫基尼斯（Hermogenes）的七概念，這便是優良雄辯術的一般特質。」⑳

顯而易見，鮑利尼的魔法雄辯術概念，和卡米羅以七爲根本的雄辯家記憶系統，是密切相關的。鮑利尼也的確大段地引用《劇場要旨》，包括一段描述以七行星爲基礎的七重建築。㉑《七組群》可以算是卡米羅本人應寫卻始終未寫的解釋「劇場」創作背景的巨著。書中還說到一種「行星的雄辯術」，按設想，它能夠像傳說中的古老音樂一樣，對聽演講的人發生作用，因爲演講者說的話是從行星降下的力量啓動產生的。

《七組群》幫我們發現了卡米羅劇場的一項「祕密」。鮑利尼若不指出，我們不可能想到。由於「劇場」是以固有的「七」爲基礎，它不但爲演說者提供了魔力啓動的記憶系統，也用魔力啓動演說者藉它來記住的講詞，把行星的功能灌輸給演講者，使他們所講的能對聽眾有魔力效果。看到這裡，也許會覺得卡米羅解讀的《阿斯克勒比厄》雕像魔法值得注意。因爲正確完美而能具有魔法的演講模式，可能是藉解讀魔法雕像，才與含魔法的記憶影像產生關聯。而魔法雕像的法力來自完美比例所反映的天界和諧。因此，以太陽神阿波羅的具有魔法的影像爲例，如果呈現完美比例，就能產生比例完美的——因而具有魔力的——關於太陽的演講。威尼斯的魔法派人士在此把文藝復興時代的法術做了最最隱晦的解讀。

我們現在才開始明白卡米羅劇場爲什麼會那麼有名。在文藝復興祕法傳統的圈子以外，這個「劇場」乃是江湖術士和騙子搞的東西。在圈內人的眼中，它卻有無限的魅力。它要證明，「人」這個偉大的「奇蹟」可以像皮可在論人的尊嚴時所說的那樣，用「魔法」和卡巴拉來駕馭宇宙力，可以運用與宇宙和諧有密切淵源的記憶力來演說，成爲有魔力的演說家。費拉拉（Ferrara）的赫米斯派哲學家帕特里奇（Francesco Patrizi）就有欣喜若狂的反應，他說，卡米羅把修辭學大師們的法則從狹窄的局限釋放了，把它們延伸到「全世界之劇場的最寬裕的場所中」。㉒

按古希臘羅馬的修辭理論，雄辯術和詩歌是緊密相繫的，卡米羅自己就是位佩脫拉克式詩人，他當然很清楚這一點。一項發現卻令我們既意外又驚訝：十六世紀最著名的兩位義大利詩人都在作品中稱讚了卡米羅。亞里奧斯托的《狂怒奧蘭多》（*Orlando furioso*）中，朱里奧・卡米羅其人是「指引通往藝文靈感高峯的康莊之路者」。㉓塔梭（Torquato Tasso）在一篇對話錄中，詳細談了卡米羅透露給法國國王的祕密，說卡米羅是但丁以來證實修辭學是一種詩的第一人。㉔既然亞里奧斯托和塔梭也在卡米羅的讚賞者之列，我們就不可以認爲「劇場」是不具歷史重要性的東西。

文藝復興另一項與「劇場」調性契合的表現，是用「題銘」畫象徵立意。「劇場」裡的一些影像就非常像題銘畫，這種風尚在卡米羅時代的威尼斯特別發達。前文已說過，題銘畫與記憶影像有關，題銘的評注中常常會有「劇場」靈感來源的那種赫米斯知識與卡巴拉玄祕的融合。例如，盧瑟里（G. Ruscelli）有一幅題銘圖是一座日光回照儀朝向太陽，上面附有許多引用自三度至上赫米斯和卡巴拉的文句說明。㉕波基烏斯（Achilles Bocchius）是當時許多專寫象徵符號和「題銘」的作家之一，和許多同行一樣，和著名的卡米羅屬於同一個圈子。他書中的一個象徵畫如附（圖7－2），畫的人物頭戴信使神莫丘里有翅膀的帽子，手上拿著的卻不是盤著蛇的雙翼節杖，而是〈啓示錄〉所說的有七根分枝的黃金燭台。㉖附上的拉丁文詩說明此人是三度至上者莫丘里；他以手指擱在唇上表示噤聲。這個人物造像正適合當作「劇場」的象徵，有赫米斯的神祕學，也有神祕的「七」。

「劇場」立足於威尼斯派文藝復興的中間，和威尼斯文藝復興一些最典型的產物，如雄辯術、意象比喻，以及建築，都有整體呼應的關係。威尼斯建築師重振維楚威亞斯的宗師地位，在帕拉第奧（Andrea Palladio）時達到顛峯。建築是威尼斯文藝復興最突出的特色之一，而卡米羅把維楚威亞斯式劇場改造爲記憶用途，也正是注目的焦點。

按維楚威亞斯的描述，古典的劇場要反映世界的均衡比例。觀眾席的七條走道和舞台五個出入口的位置，由一個圓中的四個內接等邊三角形的各個點而定，圓心就是樂隊席的中心。維楚威亞斯說，這些三角形等於占星者畫在黃道十二宮內的三宮一組三角形。㉗劇場的圓形因此

圖7-2

反映了黃道十二宮，觀眾席七入口和舞台五入口等於十二星座，以及連接十二星座的四個三角形。巴爾巴若（Daniele Barbaro）於一五五六年出版了一本維楚威亞斯建築學的評注，[28]其中就有古羅馬劇場的設計圖（圖7—3），書中插圖都受了帕拉第奧的影響。[29]巴爾巴若畫的設計圖其實就是帕拉第奧重建的古羅馬劇場。圖中可見劇場圓形裡面有四個三角形，其中一個的底邊定出舞台後端的位置；頂點指向觀眾席中央走道。其餘六個尖端標示出另外六條走道的位置；五個三角形尖端指出舞台的五個出口位置。

這是卡米羅本來構想的維楚威亞斯式劇場，可是他用影像裝飾把劇場變了形，裝飾的不是舞台出口的門，而是他假想的觀眾席七通道裡的門。卡米羅雖然爲記憶用途把劇場變了樣，卻很清楚其中隱含的占星術原理。他認爲自己這個「記憶全世界的劇場」，能藉建築上的均衡比例和影像比喻反映出神聖世界的比例。

卡米羅在威尼斯建造「記憶劇場」正是劇場復古風潮最盛的時候，是因爲人文主義者找到了維楚威亞斯的原著文本。[30]復古的巔峯表現就是帕拉第奧於一五八〇年代在維琴薩（Vicenza）設計並監造的「奧林匹克劇場」（Teatro Olimpico，圖7—4）。我們不免會想，既然卡米羅的「劇場概念」名噪一時，在學院界又是歷久不衰的話題，也許巴爾巴若和帕拉第奧都受了他的影響。奧林匹克劇場舞台後端的神話影像裝飾，都極盡華麗之能事。這個劇場當然沒有像卡米羅的那樣把布局顛倒，並沒有把裝飾了的門搬到觀眾席裡。可是它仍有一些不真實的、想像般

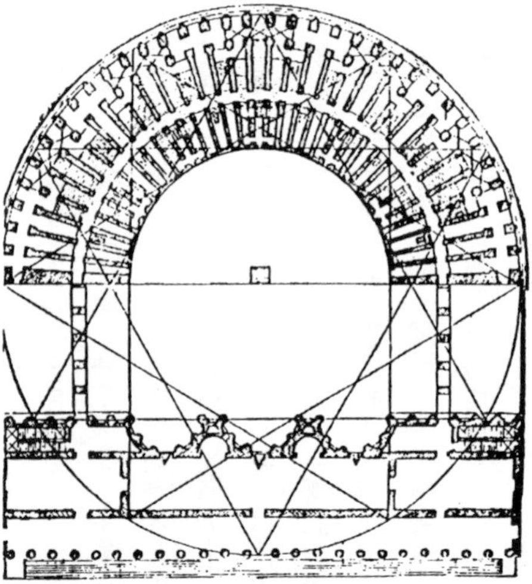

圖7-3
帕拉第奧重建的古羅馬劇場。取自維楚威亞斯著《論建築之巴爾巴若評注》。

圖7-4 維琴薩市之「奧林匹克劇場」。

的特質。

這兩章要做的是重建一座已經消失的木造劇場。這個劇場非常有名，不但在義大利有名，名聲也傳到了法國。這已消失的木造建築爲什麼似乎與文藝復興的許多面向都有神祕的關聯？我會覺得這是因爲它代表文藝復興時代新的心靈布局，是記憶發生了內在的改變，外在的改變就從這裡得到動力。中世紀的人可以用自己低劣的想像官能來組構有形的喻象以輔助記憶；這是人類對自己弱點的讓步。文藝復興時代遵奉赫米斯傳統的人卻相信自己有神聖的力量，能建立有魔力的記憶，用這種記憶理解世界，用自己神性「心智」的小宇宙反映神聖的大宇宙。天界均衡比例的魔法，從人的宇宙記憶灌輸到演講與詩的詞句裡，也灌注在人的藝術與建築的完美比例之中。人的心靈有了改變，釋出新的力量，技巧記憶的新布局可以幫我們理解這改變的內在本質。

8 盧爾主義的記憶術

前兩章講卡米羅，已經來到文藝復興。這一章我們又要溯回中古時代，因爲另有一種記憶術是從中古時代開始，延續到文藝復興和文藝復興以後。文藝復興時代的許多人想要把它與古典的記憶術結合，再藉新的綜合藝術使記憶有更高的悟性與能力。這另一種記憶術是拉蒙・盧爾（Ramon Lull）之術。

盧爾之術——盧爾主義（Lullism）——的發展史是極不容易探討的一個題目，至今仍然未能把參考資料蒐集完全。盧爾本人的著作非常多，有一部分至今仍未印行，他的追隨者又有大量著作文獻，加上盧爾主義之極端複雜，所以根本不可能提出明確結論，可以斷言的只是，它是歐洲傳統的一個很重要的部分。我現在要做的是寫篇幅很長的一章，大略說明拉蒙・盧爾之術是什麼，它爲什麼是一種記憶術，它與古典記憶術不同在哪裡，以及，盧爾之術如何在文藝復興的時代併入文藝復興式的古典記憶術。

我要做的顯然是一項不可能的任務。但是，不可能的事也得試著做做看，因爲如果不把這個階段的盧爾主義講出一個梗概，我這本書也寫不下去了。這一章主要根據我以前發表過的兩篇談盧爾的文章；①章旨是比較盧爾的記憶術與古典記憶術；並不只談「正宗」盧爾主義，也要談文藝復興時代詮釋的盧爾主義，因爲這才是與本書接下去要談的部分有重要關係的。

拉蒙・盧爾大約比湯瑪斯・阿奎那年輕了十歲。他推廣自己本門之術的時候，正當大阿爾貝特斯與阿奎那確立並鼓勵的古典記憶術的全盛時期。他於一二三五年前後在馬約卡（Majorca）出生，年輕時代在宮廷裡度過，做過吟遊詩人（他從未受過正規的神職教育）。大約是一二七二年的時候，他在蘭達山（Mount Randa，馬約卡的一處小島）得到啓示的經驗，當時他看見了上帝的屬性，上帝的善、偉大、永恆等等充滿宇宙萬物之中，於是覺悟可以在這些屬性的基礎上建構一種「藝術」，這藝術因爲是以眞實爲基礎，將可有普世的效用。這次經驗後不久，他寫成了自己這項「藝術」的最初版本。此後終其一生都在寫關於這「藝術」的書，有各種不同的版本，最終的版本是一三〇五至〇八年寫的《大藝術》（*Ars Magna*），他也傾全力推廣這部論著。他於一三一六年逝世。

從盧爾藝術的面向之一來看，這門藝術是一種記憶藝術。作爲基礎的神聖屬性形成一種「三位一體」的結構，在盧爾看來，這個結構就是神聖三位一體的反映，他的用意就是讓奧古斯丁定義的映照聖三位一體的凡人靈魂三能力來使用這種藝術。就「領悟力」（intellectus）而言，它是認識並發現眞理的方法；就「自由意志」(voluntas) 而言，它是訓練意志去愛眞理的方法；就「記憶」(memoria) 而言，它是練習牢記眞理的方法。②這令我們想到經院哲學規劃的「審愼」三要素：記憶、智慧、遠慮，而技巧記憶就屬於三要素之一。盧爾當然曉得道明修會提倡的記憶術，這是他那個時代的強勢論述，他深受道明會修士們的吸引，並曾試圖使道明會的人重視他的「藝術」，卻無功而退。③道明會修士已經有自己的一套記憶藝術了。不過，另一派從事宣道的修士——也就是方濟各修會修士——表露了興趣，盧爾主義後期的發展史也就時常與方濟各會修士連在一起。

中世紀的兩大記憶方法，在中世紀轉了型的古典記憶術，以及盧爾藝術，都與托缽修會特別相關，一個與道明會有關，一個與方濟各修會有關，這是具有重要歷史意義的一件事實。由於這兩個修會的修士有流動性，兩大方法遍及全歐洲是可想而知的。

盧爾藝術雖然有一個面向可以算是記憶術，我們卻必須特別強調，它與古典記憶術幾乎在所有方面都有極大的根本差異。爲了充分說明這一點，我要在開始談盧爾主義之前先大略講一下這些差異。

首先要講的是起源問題。就記憶術而論，盧爾主義不是從古希臘羅馬修辭學傳統衍生，而是從奧古斯丁式柏拉圖主義的傳統而來，另外加上其他影響，其中又以新柏拉圖主義影響爲重。盧爾主義號稱能知道萬物本源，也就是盧爾所說的「上帝的莊嚴」(Dignitates Dei)。盧爾的所有藝術都是以「上帝之莊嚴」爲基礎，也就是上帝的「神聖之名」以及其他屬性，都是史高特斯．埃里杰納（Scotus Erigena）的新柏拉圖主義系統認定的初始起因，盧爾在這一方面是受其影響的。

經院派的記憶術卻很不一樣，起源是古代修辭學傳統，聲稱只是用有形喻象包裝精神性的意念，並不以哲學的「實有」爲記憶的基礎。這一點分歧就證明盧爾主義和經院派根本原理上的不同了。盧爾的人生雖然在經院哲學的偉大時代中度過，他在精神上卻是個十二世紀的人，並不屬於十三世紀。他是個柏拉圖主義者，算是個反動的復古分子，傾向安塞姆（Anselm, 1033-1109）的基督教柏拉圖主義和維克多派（Victorines），還加上濃重的史高特斯．埃里杰納的比較極端的新柏拉圖主義。盧爾不是經院派，他是柏拉圖派。他當作記憶基礎的「神聖之名」，構思接近柏拉圖思想的「理念」，④就這一點看，他比較接近文藝復興，不屬於中古時代。

第二，盧爾自己所傳授的盧爾藝術中，並沒有對應古典記憶術的那種影像，沒有要藉動人的、戲劇性的有形喻象來激起記憶的工夫，不會帶來記憶藝術和視覺藝術互動的豐富成果。盧爾用一套字母符號標注他的藝術中使用的概念，這使盧爾藝術有一種近乎代數的或科學抽象意味。

末了，這也是盧爾主義在思想發展史中最有重要意義的一個面向：盧爾首創了記憶運行的說法。他的「藝術」之中的圖形（上面有用字母符號說明的概念）不是靜止的，而是會轉的。

他的圖形之一是由同心圓組成，圓圈上標注著代表概念的字母符號，圓圈轉動就能產生不同的概念組合。另一幅會轉的圖解是用圓圈內的三角形來帶出相關的概念。這些都是很簡單的設計，但因爲呈現心靈移轉而堪稱具有革命性。

想想中古時代百科全書式的偉大設計，把所有的知識安排成靜止的一個個部分，在古典記憶術裡是記憶用的建築物裡放滿了影像，變得更加靜止。再想想盧爾藝術，使用代數的符號，打破靜態設計，變成會旋轉的新組合。古典記憶術是比較藝術的，盧爾的比較科學。

在盧爾自己眼中，這「藝術」的偉大目標是爲了傳教。他相信，只要他能說動猶太人和穆斯林和他一起從事這「藝術」，他們就會皈依基督教。因爲「藝術」所依據的宗教概念是三大宗教信仰共通的，它所依據的自然界元素結構也是當時的科學一致公認的。這「藝術」從普世共通的前提開始，就可以證實聖三位一體之必要。

共通的宗教概念是「上帝的尊名」，也就是共尊上帝爲善的、偉大的、永恆的、智慧的等等。這些「上帝尊名」有很深厚的基督教傳統；奧古斯丁就曾提過好幾個，僞戴奧尼修斯（Pseudo Dionysius）的著作《論神聖之名》（*De divinibus nominibus*）更把這些尊號都詳細列出。史高特斯・埃里杰納和盧爾使用的尊號幾乎全部可以在這部僞作中找到。⑤

「上帝之名」是猶太教的基本要件，在「卡巴拉」這種猶太神祕主義中尤其重要。卡巴拉的教條在西班牙傳布，盧爾那個時代的西班牙猶太人會特別深刻地冥想上帝之名。卡巴拉的主要典籍《光輝之書》就是那時候在西班牙寫成的。卡巴拉的「神能數字」其實是代表創造萬物之道理的「神聖之名」。從神祕主義的觀點看，神聖的希伯來字母應該包含著所有的「上帝尊號」。盧爾時代的西班牙發展出一種特別的卡巴拉冥想，是冥想希伯來字母，把字母組合、再組合成爲「上帝之名」。⑥

伊斯蘭信仰，尤其是神祕主義的蘇非教派（Sufism），也很重視冥想眞主尊名。蘇非神祕主義者莫希丁（Mohidin）特別發揚這種冥想，而盧爾可能受了他的影響。⑦

盧爾的所有藝術都是以上帝的尊號和屬性爲基礎，依據的概念包括善（Bonitas）、宏大（Magnitudo）、永恆（Eternitas）、威能（Potestas）、睿智（Sapientia）、意志（Voluntas）、德行（Virtus）、眞理（Veritas）、榮耀（Gloria）等。盧爾稱這些概念是「上帝的莊嚴」。以上所列的九項，即是「藝術」九個形態的根本。再有其他的形態，就增列其他「神聖之名」或屬性。盧爾用字母符號標示這些概念，上列的九項就用 BCDEFGHIK 標示。

憑九形態根本的「神聖之名」，盧爾的「藝術」有基督教、猶太教、伊斯蘭教的共通宗教概念支持。這門藝術憑其宇宙結構，又有普世認同的科學概念支持。桑戴克曾指出，⑧盧爾「藝術」的旋轉圓圈顯然是從宇宙「圓輪」概念而來，盧爾在《天文學專論》（*Tractatus de astronomia*）中把「藝術」的圖解當作占星術醫學來用，更是明顯可見。⑨此外，四元素的各式各樣組合深入「藝術」的結構，甚至納入其中用到的某種幾何邏輯。按盧爾的想法，邏輯相對的正方形等於四元素的正方形，⑩所以他自認找到了「自然的」邏輯，⑪這是以眞實爲基礎的邏輯，因此遠遠超越經院哲學的邏輯。

盧爾「藝術」的兩大基本特色，「神聖之名」的宗教基礎和宇宙論或元素論的基礎，如何能調和一致？答案就在史高特斯·埃里杰納的《論自然之區分》（*De divisione naturae*）帶給盧爾的影響。⑫按埃里杰納的新柏拉圖主義偉大觀瞻（也是三位一體論和奧古斯丁式的憧憬）之中，「神聖之名」是萬物始源，四元素未混合的純粹形態就是從此直接生出，成爲宇宙創造的結構基礎。

我認爲，盧爾「藝術」基本假設的主要線索就在這裡。「神聖之莊嚴」形成三位合一的結構，⑬投射在被創造的萬物之中；它們是萬物始源，能以元素的結構賦予被造物活力。以它們爲基礎的「藝術」能產生一種方法，憑這個方法可以登上創造的階梯，直至頂端的聖三位一體。

「藝術」在每個創造層次都能作用，從上帝到天使、星辰、人類、動物、植物等等，依序在這種中世紀構想的階梯上安排「藝術」九形態的善、宏大、永恆等等。字母符號的意義，因「藝術」的使用階層不同而各異。我們且以代表「善」的B字母爲例，說明在創造之階梯上逐階下降的情況，也就是「藝術」九形態列出的九種要應對的「對象」。

階次

上帝（Deus）	B＝善（Bonitas）爲上帝之尊號
天使（Angelus）	B＝天使之善
星辰（Coelum）	B＝牡羊座與黃道十二宮其他星座之善，以及土星與其餘六行星之善
人類（Homo）	B＝人之善
想像（Imaginativa）	B＝想像之中的善
感覺（Sensitiva）	B＝動物之善，如獅子之善
植物（Vegetativa）	B＝植物之善，如胡椒樹之善
元素（Elementativa）	B＝四元素之善，如火之善
工具（Instrumentativa）	B＝德行、藝能、科學之善

以上是《小藝術》（*Ars brevis*）之中「藝術」作用的九種對象的字母符號。「善」在不同階次上的例子，取自盧爾的《領悟力的上升與下降之書》（*Liber de ascensu et descensu intellectus*）。在十六世紀初期的版本中是以木刻圖現（圖8—1），圖中象徵「領悟力」的人手舉「藝

圖8-1

「上升與下降之梯」。原載盧爾著《領悟力的上升與下降之書》，1512年瓦倫希亞版。

圖8-2
拉蒙・盧爾與他的藝術之階梯。十四世紀袖珍畫，現存卡爾斯路圖書館（Karlsruhe Library）。

術」的圖解，正踏上萬物創造的台階，各個台階都附有說明畫，例如植物這一階是一棵樹，獸類這一階是一頭獅子，人類這一階是一名男子，星辰階是星星，天使階有一位天使，到最高一階的上帝時，「領悟力」要走進「睿智殿堂」。

探討盧爾「藝術」必須謹記，這是會上升也會下降的一門藝術。投入這門藝術的人在生命階梯上走上走下，在每一階上分配好一樣的比例。自然世界元素結構的幾何學，與來自「神聖之名」的神聖結構，合併而形成放諸四海皆準的「藝術」，可以用於一切對象，因爲思維運用它是憑藉一種以宇宙爲範本的邏輯。十四世紀有一幅漂亮的袖珍圖（圖8—2）呈現了盧爾「藝術」的這一面向。

神的善與其他屬性放在各個生命階層上，是源自摩西書的概念，原來敍述的是，上帝在創造天地萬物的「幾日」結束時，看見祂的成就覺得很好。「自然之書」是走向上帝的路，這是基督教神祕主義的一個傳統概念，方濟各修會尤其有此一說。盧爾不同於他人的地方是，選出某幾個「上帝之莊嚴」屬性，認爲這些屬性按可以精確算出的程度在創造之階上遞降，簡直就和化學成分一樣。這個觀念卻是盧爾主義的常數。所有藝能都是依這樣的原理而來；這套原理適用於任何題目。盧爾不論寫關於什麼題目的書，都從該題目的B至K的列舉開始。這是很冗長無趣的，可是這是他的學說的根本，也就是他自稱有普世通用無礙的「藝術」，因爲這藝術是以眞實爲本。

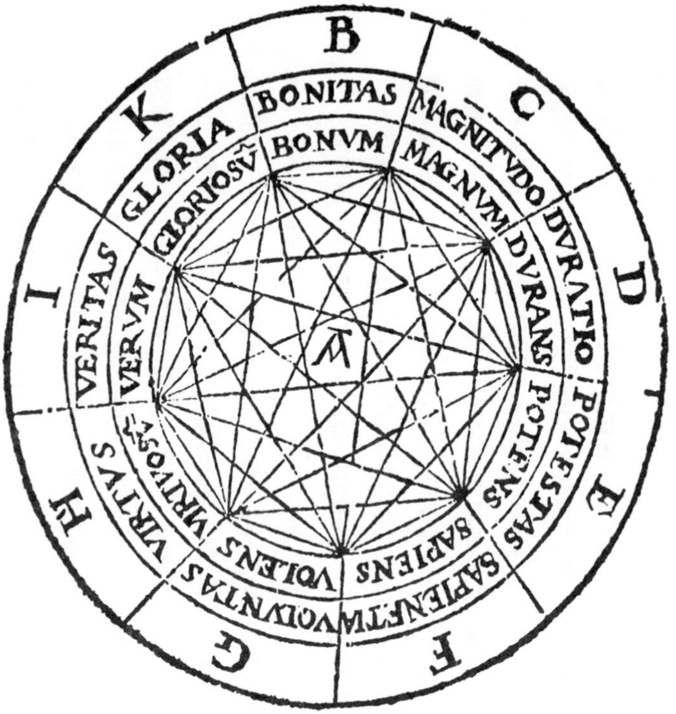

圖8-3　A圖形。原載盧爾著《小藝術》（1617年斯特拉斯堡版）。

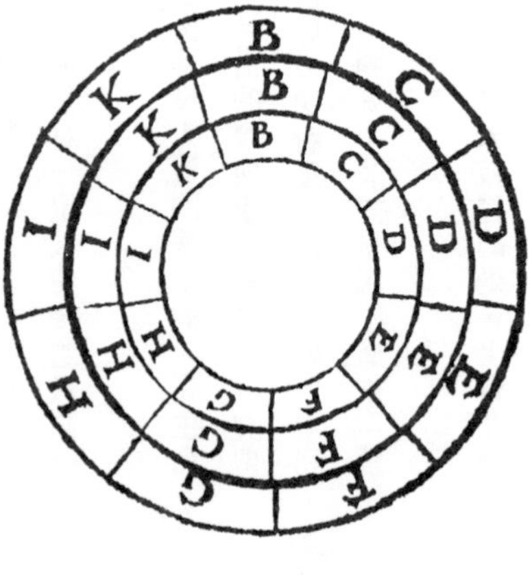

圖8-4
組合圖形，取自《小藝術》。

盧爾「藝術」的各種不同形態如何作用，因爲太過複雜不可能在本書中說明，但讀者必須知道一些基本圖形的模樣。本章所示的三則，取自《大藝術》的精簡本《小藝術》。

A圖形（圖8—3）是從B到K的字母符號排在輪形上，以錯綜的三角形連接。這是一個有神祕含義的圖，我們要冥想「神之名」在上帝神性之中的彼此繁複關係，這是神能尚未延伸到創造萬物之前的狀態，是聖三位一體的面向。

T圖形是「藝術」的各個「陳述」（relata）安排成一個圓之內的多個三角形，包括差異（differentia）、和諧（concordia）、矛盾（contrarietas）、開端（principium）、中間（medium）、結尾（finis）、主要（majoritas）、平均（equalitas）、次要（minoritas）。藉著「陳述」組成三角形，維持每一階上的三位一體結構。

盧爾所有圖形中最著名的是組合的圖形（圖8—4）。外環的圓上刻有從B至K的字母，外環是靜止的，內環刻有同樣字母的同心圓卻是轉動的。內環動時就可以讀出B至K字母的組合。這是著名的「組合藝術」（ars combinatoria）的最單純的形式。

「藝術」使用的幾何圖形只有三種：圓、三角形、正方形，三者都有宗教上的、宇宙的意義。正方形是四元素，圓形是天，三角形是神性。這是根據盧爾在《科學之樹》（*Arbor scientiae*）中講的圓、正方、三角的寓言故事而來。圓受著牡羊座和兄弟們以及土星與兄弟們的保護，因爲沒有起點與終止，所以被當作最接近上帝的圖形。正方形自稱有四元素才最像上帝。三角形說自己比兄弟圓與正方都更接近人的靈魂與三位一體的上帝。⑭

前文說過，這「藝術」是給靈魂三力用的，三力之一就是「記憶」。記憶的藝術又該如何與「領悟力」的藝術、「自由意志」的藝術區分呢？要區分奧古斯丁式理性靈魂中的悟力、意志、記憶的運作，是很困難的，因爲三者是一體，就像聖三位一體。要在盧爾式的藝術裡把三者區分開來也不容易，原因也在於三者是一體的。盧爾在《沈思卷》(*Book of Contemplation*) 中說了一個寓意故事，把靈魂三力擬人化，成爲站在山頂上的三位高貴的美麗少女，這樣描寫她們的活動：

> 第一位記得第二位理解的與第三位意願的；第二位理解第一位記得的與第三位意願的；第三位意願第一位記得的與第二位理解的。⑮

假如盧爾藝術的記憶即是記住領悟力和意志的藝術，那麼盧爾藝術的記憶就等於記住整個的藝術，包括所有的面向和作業。從盧爾的其他描述也可以相當清楚地看出，盧爾之術的記憶就是這個意思。

盧爾在《科學之樹》中講到〈人之樹〉時分析了記憶、領悟力、意志，並且在記憶的部分做了以下的結語：

> 我們在此提出的記憶討論，可以用在一種與這裡所說的相符的「記憶術」裡。⑯

他用了一般熟知的術語「記憶術」，他主張用他設定是記憶專論的方法來記憶的，卻是他的「藝術」的原理、術語、用法。他後來寫成的三篇系列著作《論記憶》(*De memoria*)、《論領悟力》(*De intellectu*)、《論自由意志》(*De voluntate*)，把這個觀點說得更明白。這三篇專論把他的「藝術」的全套可供靈魂三力使用的行頭都大概說明了。三篇專論都設計成盧爾典型的樹的模式；「記憶之樹」是把盧爾之術做成圖表說明，用的是常見的專門名詞。這棵記憶之樹又讓人覺得，盧爾的記憶術就是要記住盧爾的藝術。不過「記憶之樹」有以下的結語：

> 我們講過了記憶，並提出技巧記憶的原理，以便用技巧達成記憶的目的。⑰

因此盧爾可以把記住他的「藝術」稱爲技巧記憶，也稱爲「記憶術」，這些用語當然都是受了古典記憶術的影響。盧爾十分強調關於記憶的一面，強調記住「藝術」的原理和步驟，顯然把「藝術」的圖表想成類似記憶「場所」了。在記憶時使用數學或幾何次序曾有古典的先例，即是亞里斯多德的《論記憶與回憶》，這是盧爾看過的一部著作。

盧爾主義的「技巧記憶」就是記住盧爾「藝術」的方法步驟，這在記憶論述方面算是新的想法。因為，盧爾的「藝術」當作領悟力用就是一種探討的藝術，是找出眞理的藝術。它要依照亞里斯多德式的分類就所有題目提出「問題」。雖然問題和答案都由「藝術」的先決條件預設好了(例如像「上帝是否善?」這樣的問題只可能有一個答案)，在記住這些方法步驟的過程中，記憶變成一種探討方法，也是一種邏輯的探討方法。我們在這裡看見很重要的一點：盧爾式的記憶與古典記憶術有根本上的不同，古典記憶術並不限於記憶特定的題材。

此外，正宗的盧爾主義技巧記憶少了一個部分，完全沒有古典修辭傳統的技巧記憶那樣的「影像」使用法。藉鮮活的人物影像牽動情緒而激發記憶，是盧爾主義的記憶完全不提的，中古世代記憶術發展出來的有形實物喻象，在盧爾的技巧記憶裡也看不見。古典技巧記憶在當時的經院派影響下的發展，與盧爾主義的技巧記憶實在有天壤之別。想像字母符號在幾何圖形上移動，走上走下生命之階梯，這樣的技巧記憶工具，與高敞的記憶建築裡裝滿刺激情緒的影像，是截然不同的。盧爾藝術運用的是抽象東西，甚至連「上帝的聖名」也簡化成B至K的一串字母。他這一套比較接近神祕的或宇宙觀的幾何代數，距離《神曲》和喬托的壁畫比較遙遠。如果要說它是「技巧記憶」，恐怕西塞羅和《赫倫尼》的作者都看不出來它和古典記憶傳統有什麼關係，大阿爾貝特斯和阿奎那也找不到技巧記憶要用的場所和影像，不會覺得這是圖里亞斯所

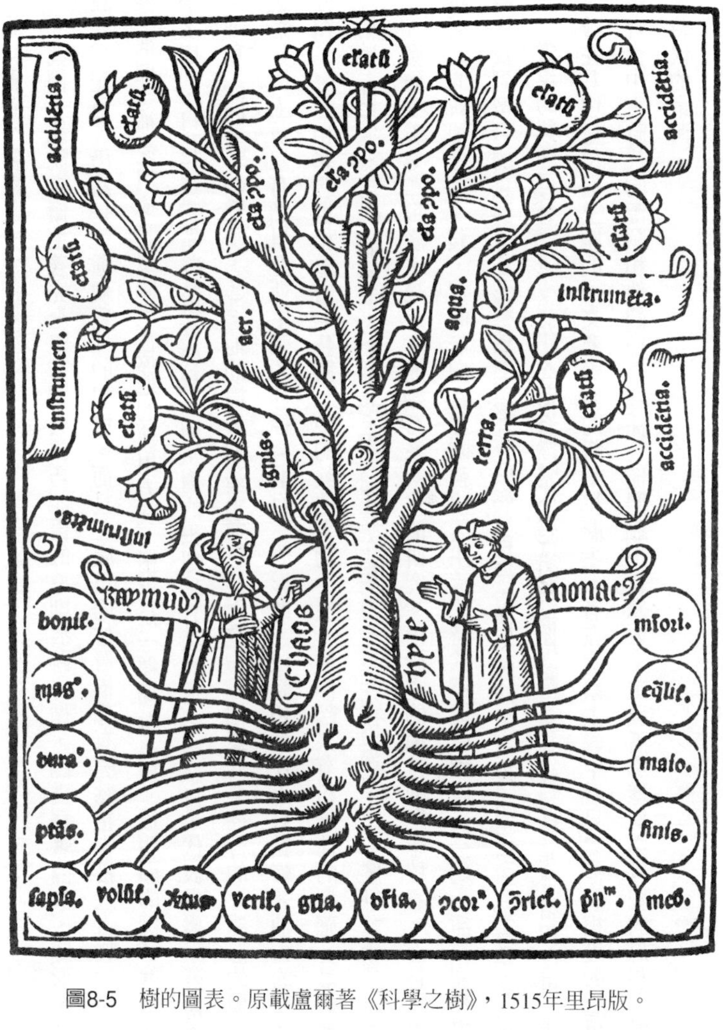

圖8-5　樹的圖表。原載盧爾著《科學之樹》，1515年里昂版。

謂的「審愼」要素之一。

我們不能說盧爾主義完全沒有古典技巧記憶的原則痕跡可循，因爲藉著圖表、圖形、公式設計來記憶，仍然是一種視覺性的記憶。而且，盧爾的位置構想有一點相當接近古典的場所想像，那即是他愛用樹來畫圖表。按他的使用方式，樹就是一種場所系統。最明顯的例子就是「科學之樹」，百科知識都設計成一棵棵的樹，樹的根部是B至K這一串字母，代表盧爾「藝術」的原理和「陳述」（圖8—5）。他的樹系列甚至還包括天堂的、地獄的、德行的、罪惡的樹。不過這些樹上並沒有圖里亞斯主張的那種「醒目」的影像。枝條和葉片上只點綴著抽象的公式和分類。德行和罪惡也和盧爾「藝術」中的其他事物一樣，運作起來有科學性的精確。最重要的一點是，實行「藝術」能增進人的美德，因爲罪惡在類同元素的作用過程中被德行「驅趕」了。⑱

盧爾主義傳布很廣，最近才開始有系統化的研究。由於它的柏拉圖思想核心，而且是史高特斯式的新柏拉圖主義，它的走向在經院哲學居主流的時代不能受到廣泛接納，卻在文藝復興時代找到契合的氛圍。在文藝復興全盛時的流行程度，從庫薩的尼古拉（Nicholas of Cusa, 1401-64）表現的興趣可見一斑。⑲在文藝復興時代盛行的新柏拉圖主義，緣起於菲齊諾和皮可，盧爾主義在其中是位居上座的。文藝復興的新柏拉圖主義者在盧爾主義中看見與他們相投的意思，而且從中古時代的源頭和他們搭上關係。他們並不會像人文主義者那樣把中世紀的思想當成野蠻時代的東西。

盧爾主義的中心思想，正好也有一種解讀星辰影響力的模式，會使菲齊諾和皮可時代的人感興趣。「藝術」若是放在星辰階上運用，就成爲操弄黃道十二宮、七行星，加上B至K的組合，形成一種親和的星靈科學，而且，按盧爾在《天文學專論》序文中指出，這可以具有星靈醫藥學的作用，和一般的嚴謹占星術是大不相同的。[20]盧爾的醫藥學目前尚沒有充分的研究，可想而知曾經對菲齊諾有所影響。[21]而布魯諾的確學過它，並且聲明他相信巴拉塞蘇斯（Paracelsus, 1493-1541）的醫學大致是從盧爾的而來。[22]

我認爲，盧爾主義從一開始就有卡巴拉玄祕的成分。就我所知，在盧爾以前，冥想字母組合純屬猶太教徒的行爲，西班牙卡巴拉傳統尤其盛行冥想神聖希伯來字母的組合。按神祕主義的說法，希伯來字母象徵包含全宇宙以及所有的「上帝尊名」。盧爾「藝術」組合的不是希伯來字母，而是組合B至K的系列字母（或是多於藝術九形態的代表更多「神聖尊號」的字母）。由於這些字母都代表神聖屬性，或「上帝尊名」，因此我覺得，他是把卡巴拉的修持挪到非猶太教的行爲來用。不過他是爲了想使猶太人接受相信三位一體的基督教，所以投其所好，採用他們自己的神聖方法。盧爾受卡巴拉影響的問題，至今尚無定論，我們暫時不必急著給答案，因爲眼前的重點是盧爾主義在文藝復興中的確與卡巴拉關聯密切。

米蘭鐸拉的皮可（就我所知）是第一個指明這個關聯的人。他在「結論與辯白」中討論卡巴拉，說有一種卡巴拉是用轉動的字母進行的「組合藝術」（ars combinandi），又說這種藝術就像「我們常說的 ars Raymundi（拉蒙藝術）」，㉓也就是盧爾的「藝術」。姑且不論他說的是否正確，他是認爲卡巴拉的字母組合術就像盧爾之術。文藝復興時代接受他的說法，並且導致一本書的出版，書名《論卡巴拉傳聞》(*De auditu kabbalistico*)，初版於一五一八年和一五三三年在威尼斯印行。㉔這本書看來——也的確是——在用盧爾的圖形實行盧爾之術。只不過盧爾「藝術」改稱爲卡巴拉祕術，B至K的字母系列大致都改爲卡巴拉天使名號的代表了。皮可把卡巴拉的「組合藝術」當作與「拉蒙藝術」是同一回事，結果使盧爾主義在一部作品中和卡巴拉祕術牽扯不清。這部作品被指爲盧爾所寫，如今我們雖然知道眞正的作者是誰，㉕文藝復興時代卻認定就是盧爾的著作。當時的盧爾信徒們都把《論卡巴拉傳聞》這部僞盧爾作品當成眞正出於盧爾之手，而且就憑這部書深信盧爾之術乃是一種卡巴拉祕術。在喜好卡巴拉的基督教徒眼中，這本書正好可以成爲一部基督教界的卡巴拉典籍。

文藝復興時代還有其他著作被誤爲盧爾作品，使他的名氣因而更大。那些都是僞盧爾的煉金術論著。㉖

從十四世紀早期開始，就有許多煉金術的著作以偉大的 Raymundus Lullus（拉蒙・盧爾的拉丁文拼法）的名字問世。這些都是在盧爾逝世以後寫成的，當然不是他的作品。就我所知，盧爾從未把「藝術」應用到煉金術上，卻曾用到同質的星靈醫藥這個科門上，而「藝術」既然有四大元素的基礎，這套按元素模式作用的方法的確和煉金術用的方法有相似之處。僞盧爾主義的煉金術著作中的圖形，有些近似眞正的盧爾式圖形，例如泰勒（F. Sherwood Taylor）的《煉金術士》（*The Alchemists*）中，用了一幅十五世紀的僞盧爾煉金術著作插圖，圖中有盧爾式的樹形圖表，樹根上有個好似組合圓環的東西，標注了字母，樹頂上有標示了十二星座和七行星的組合圓環。鑽研煉金術的人可能看了盧爾的《科學之樹》，講到「元素之樹」和「天堂之樹」的時候所說的元素界與星辰界的對應，所以發揮成功這麼一幅圖。此圖雖然有模有樣，正版的盧爾「藝術」卻從來不會用這麼多字母。盧爾的信徒可能自認是在照「大師」指示，用他們的僞盧爾煉金術發揚盧爾之術。[27]總而言之，文藝復興時代確實把盧爾和煉金術連在一起，而且相信那些用他的名字出版的煉金術著作是他本人寫的。

所以我們看見文藝復興時代的盧爾發展成「術者」型的人物，精通祕教傳統薰陶下的卡巴拉與赫米斯科學。我們也看見，另一部僞盧爾著作裡，文藝復興祕教與法術的神祕語言說起盧爾之術與文藝復興另一項重要興趣——修辭學——的關係。[28]

如此看來，盧爾之術和前一章所講的古典修辭傳統的記憶術在文藝復興期改換的樣貌，處境究竟如何？盧爾之術是否與古典記憶術完全南轅北轍而不可能合併？文藝復興的氛圍中是否能夠找出方法，讓這兩種令文藝復興赫米斯卡巴拉傳統感興趣的學問結合起來？

盧爾有一部關於記憶的簡短專論，與這個題目有重要關係，即是《確立記憶論卷》（*Liber ad*

memoriam confirmandam）。㉙這篇短論是我們所知盧爾最接近「記憶專論」之作，內容教導該如何增進鞏固記憶。論卷結尾時說這是「在比薩城的聖多尼諾修道院由拉蒙·盧爾寫成」。㉚因此可知大約是一三〇八年盧爾在比薩的期間所寫。這時他已步入老年。他第二次前往北非傳教的歸途中，曾在比薩外海發生船難，也是在比薩，他完成了《大藝術》的最終稿本，也寫成了「藝術」的精簡版本的《小藝術》。《確立記憶論卷》是在這個時期在比薩寫成，因此屬於盧爾生涯中爲「藝術」定型的時期。雖然這部作品很少有人知道，手稿本也不乏訛誤之處，卻是可靠的、眞正的盧爾著作，不是僞作。

盧爾說，古代經典作家把記憶界定爲兩種，一種是自然記憶，另一種是技巧記憶。他指明了古代這種界定的出處，是在「記憶篇」裡這樣說明的。㉛這應該是以《赫倫尼》論記憶的部分爲所本，接著盧爾說：「自然記憶是指人被創造或生成的時候便被賦予的記憶力，影響力來自當時主宰的行星，因此我們知道記憶力好壞是有差別的。」㉜這和《赫倫尼》說的自然記憶一樣，只多了行星的影響力。

「另一種記憶，」他接下去說，「是技巧記憶，有兩種。」一種是藉服食藥物和敷藥膏來增進記憶，這一種是他不贊同的。另一種是經常在記憶中復習自己想記住的東西，如同牛咀嚼反芻食料一般。因爲「論記憶與回憶的書中說過，經常復習可以牢固確立記憶」。㉝

我們必須想清楚一點。這是盧爾寫的記憶專論，看起來是順著古典路線走的。盧爾既然指了《赫倫尼》的記憶篇出處，他當然知道古希臘羅馬人使用場所和影像的那種技巧記憶。可是他故意略過「圖里亞斯」的法則不提，只提了亞里斯多德《論記憶與回憶》中說的經常沈思與重複這一條法則。可見他知道經院派把《赫倫尼》的法則和亞里斯多德的記憶論合併了。盧爾舉出的「技巧記憶」唯一法則，是阿奎那的第四條，也就是亞里斯多德指示的：吾人應經常沈思想要記住的東西。㉞他不提阿奎那的另三條法則，也就是採用了《赫倫尼》法則的依次序安排的「有形喻象」（我們不免會認爲他故意不提是有反對的意思）。

我們也要注意，比薩的道明會修院乃是傳播阿奎那式技巧記憶的一個中心（盧爾並沒有在此停留，他住的是其他修會的修道院），這套學說正開始熱烈傳布。聖康柯狄歐的巴多羅買是比薩的一位道明會修士，我們在前文已經看過，他推行的「赫倫尼」法則是與阿奎那式的亞里斯多德學說結合的。㉟盧爾在比薩的期間，可能面對過道明修會熱烈推行中世紀風貌的技巧記憶的行動，而他的技巧記憶定義卻不提醒目的有形實物喻象（這對於牢記德行與罪惡、天堂或地獄之路是很有用的），也更加耐人尋味。

從盧爾的技巧記憶論卷看來，幾乎可以確定他是反對道明會論點的，這又令人想起他當代人講的一則他的軼事。他有一次在一所道明修會的教堂裡聽見一個聲音告訴他，必須進入「宣道會」才能得救。如果他改入宣道會，就必須棄絕自己的「藝術」。於是他大膽決定爲保存「藝術」犧牲自己的靈魂，「寧願自己毀滅，也不願他那可以拯救眾人的藝術亡失了」。㊱他的「藝術」不用醒目的有形喻象，是否因而遭人指謫不夠重視地獄與罪惡呢？

盧爾在《確立記憶論卷》中要教我們用只有一條法則的技巧記憶法來記住什麼？是盧爾之術和這套藝術的所有方法步驟。論卷開端是對上帝的「善」與其他屬性的禱告，同時也向聖母瑪麗亞與聖神禱告。這是「自由意志」的藝術，是意志的方向。其餘部分講到「藝術」的步驟方法即是「領悟力」，領悟力在生命層次中上升與下降的模式，領悟力如何能夠藉記憶包含的另一個部分——明智（discretio）——做合理判斷，「明智」如何檢視記憶的內容才能回答某些事物對錯的問題。在此，我們再度確認，盧爾的技巧記憶講的就是如何記住所謂「自由意志」和「領悟力」的盧爾「藝術」。我們也進而相信，修辭學傳統中的古典記憶採用的影像或「有形喻象」，與盧爾所說的「技巧記憶」是合不來的。

十六世紀初葉，在索邦學院（Sorbonne）榮登盧爾學說主席之位的貝納杜斯・德・拉文埃塔（Bernardus de Lavinheta），在他發表的一部厚大而甚具影響力的盧爾學說綱要中，把《確立記憶論卷》列爲卷尾的附錄。他把應記住的事物分組爲「知覺類」（sensibilia）與「悟性類」（intelligibilia）。按他建議，要記「知覺類」可以用古典的技巧記憶，並且簡略說了一下技巧記憶用的場所和影像。如果要記「悟性類」的事物，也就是「不但與知覺距離遙遠甚至離想像也很遠的理論的事物，就必須用另一種方法來記。這必須用到我們獲啓示的大師的『通用藝術』，他把所有事物收納在他的場所裡，觀微知鉅」。接著他概略講了一下盧爾「藝術」的圖形、法則、字母。㊲拉文埃塔很奇怪地誤用了經院派的專門術語（按其術語，「知覺的」影像是用來銘記「可領悟的」事物），把古典記憶術降格爲只用於記「知覺類」的東西，較高層次的「悟性類」必須用另外的方法來記，也就是用盧爾式的方法。這個論點也把我們帶到同一個結論：影像和有形喻象與純正的盧爾之術合不來。

由此可見，文藝復興時期的盧爾主義，雖然和當時的新柏拉圖主義與神祕學傳統在很多方面很相投，與神祕學傳統對於古典記憶術的重視卻找不到契合點。

其實契合點也許找得到。

盧爾的《確立記憶論卷》有一個奇特的地方一直未被提到。盧爾說，想要增進記憶力的人必須用作者的另一本書，可以從中得到解決疑難的眞正線索。這本書被提及三次，都說是記憶方面的絕對必讀，書名叫作「七行星卷」。㊳盧爾的著作中卻沒有這個書名的作品。十八世紀的薩爾辛格（Ivo Salzinger）是盧爾拉丁文著作的狂熱編纂者，他自認曉得該怎麼解這個疑竇。他主編的盧爾作品集即是著名的麥因茲版（Mainz edition），他在第一冊裡加了他自己的一篇長作〈拉蒙・盧爾藝術之揭祕〉（The Revelation of the Secret of the Art of Ramon Lull），文中引用大段盧爾在《天文學專論》裡說的話，把其中星辰元素的原理整個錄下來，又把行星數目爲什麼是七的那一長段完全照錄。然後他說，盧爾這部論「天文學」的作品除了其他晦澀藝術之外，還包含：

> 一種「記憶的藝術」，「藉它你可以記住這七種工具（七行星）所揭露的這項藝術的所有祕密。」

然後他就引用《論卷》（並且注明是引自這部作品）所說的，若想更進一步了解記憶之確立，我們必須參閱「七行星卷」。薩爾辛格毫不遲疑地說那就是《天文學專論》。㊴

假如十六世紀的人也和十八世紀的薩爾辛格一樣地解讀「拉蒙‧盧爾藝術之祕」，可能因而發現盧爾藝術中以天界的「七」㊵為基礎，而這也正是卡米羅「劇場」的顯著特徵。

文藝復興時期以星界為本的記憶論有其他權威由來（例如賽普西斯的麥卓多羅斯），然而，如果要從盧爾之術找出對於這種方法的確認，不會是像盧爾那樣在記憶中使用星辰法術或咒符影像的方式中找到。因為，盧爾在他的占星術或星靈醫藥學中迴避影像和喻象，與他在技巧記憶中的避而不談的態度是一樣明顯的。盧爾從未用過行星或十二星座的影像，也從未指涉過占星術宇宙觀中的那些動物與人形的造像。他以完全抽象無影像的方式做他的星靈科學，只用幾何圖形和字母符號。盧爾之術若有抽象的或幾何的法術成分，都在圓形本身之中；在元素會在其中「呈四角形、圓形，以及三角形」移動的正方形之中；㊶在反映牡羊座及其兄弟、土星及其兄弟的領域的那些轉動的圓形之中；在神聖的三角形圖案之中。㊷或是在那些具有象形意義與純粹符號意義的字母符號本身（就像希伯來字母的祕術使用法那樣）之中。

我們前文見過的卡米羅「劇場」的意象氾濫，卻是和盧爾藝術完全不同的另一個領域的東西。它們屬於修辭學傳統的技巧記憶，充滿影像；然後發展成中古時代的有形實物喩象；又在文藝復興的赫米斯傳統氛圍中發展成星靈化的與符咒性質的影像。這正是盧爾自己所排斥的「技巧記憶」的那一面。

雖然如此，使盧爾主義與古典記憶藝術融洽共處，仍成爲文藝復興的一大目標，進行的方式是把星辰的魔法影像用在盧爾圖形上。

我們再回到卡米羅的劇場，找一找文藝復興時期盧爾主義的影響。卡米羅本來就對盧爾感興趣，在《劇場要旨》中提到 Raimundo Lulio（盧爾姓名的義大利式拼寫），並且引用了盧爾作品《見證》（*Testament*）中的話。㊸《見證》是一部僞盧爾的煉金術論著。可知卡米羅認爲盧爾是位研究煉金術的人。我們看見「劇場」裡的七行星伸入最高天界成爲猶太神能數字，又會想到卡米羅是否也知道寫了《論卡巴拉傳聞》的盧爾也精通卡巴拉玄祕。「劇場」特色之一，是同一影像的意義因爲所在階層不同而各異，我們也會想到B至K的字母系列在生命階梯上升降時也會改變含義。

不過，即便「劇場」有盧爾主義與文藝復興玄祕化了的古典記憶術合併的影子，朱里奧·卡米羅這個人卻是走在前面一步的。他的「劇場」根本上是古典記憶術，卻接受了菲齊諾和皮可帶起來的赫米斯卡巴拉影響力，被灌注了奇怪的新生命。從形式的觀點看，「劇場」是全然古典的，祕教式的記憶法仍舊牢牢依附在建築物上。我們必須先看見了影像放在盧爾式圖形的旋轉圓輪上，才能確定盧爾之術的確和古典記憶術結合了。「劇場」裡的法術影像也許已經給記憶添了活力；它卻依然靜止在一座建築物裡。

我們接下去要談的這位大師，把魔法影像放在盧爾的組合式旋轉輪子上，完成了世人在等待的祕法化古典記憶術與盧爾之術的融合。

9 佐丹諾・布魯諾：影子的祕密

佐丹諾・布魯諾①在卡米羅逝世四年後的一五四八年出生。他於一五六三年進入道明修會，在那不勒斯的一所修道院受神職教育。這一番教育必定曾經以道明會的記憶術爲重點，因爲，我們曾在隆貝赫與羅賽留斯的論著中看見過的那些與「赫倫尼」法則相關的雜匯、混亂、牽連，也都擠進了布魯諾論記憶的著作裡。②根據巴黎聖維多僧院的圖書管理人聽到布魯諾親口說的話，布魯諾沒離開道明修會以前就已經是很有名的記憶專家：

> 佐丹諾告訴我說，教宗庇護五世（Pius V）與雷畢巴（Rebiba）樞機主教把他從那不勒斯召至羅馬，是以馬車接他去表演技巧記憶。他以希伯來文背誦了〈詩篇〉八十六，並且教了雷畢巴一些這種技巧。③

佐丹諾修士當時的這個光景，尚未被當作異端者逐出教會，體面地乘著馬車前往羅馬，去爲一位教宗和一位樞機表演道明修會的特長——技巧記憶，其眞假究竟如何，我們無從求證。後來布魯諾從那不勒斯的修道院逃走，開始在法、英、德三國漫遊的生活，這時候他身上懷著絕技。一位還俗的修士願意傳授修士們擅長的技巧記憶，會引起他人的興趣，更何況這是他知道祕訣的、屬文藝復興或祕法形態的記憶術。布魯諾發表的第一本論記憶的書是一五八二年出版的《概念的影子》(*De umbris idearum*)，是獻給法國國王亨利三世（Henri III）的；開場白就說要揭示赫米斯知識傳統的一項祕密。這本書是卡米羅「劇場」的繼承者，是又一位義大利人把記憶的「祕密」呈給法國的另一位國王。

我因爲已經有這種名聲，亨利三世陛下有一天召見我，問我擁有的並且在教授的記憶是否自然的記憶，或是用魔法之術得到的；我證明給他看那不是藉魔法之術得到而是憑科學方法。那次召見之後我印行了一本書，書名是《概念的影子》，獻給了國王陛下，於是他便恩予賜閱了。④

這是布魯諾向威尼斯宗教法庭審判官報告的與亨利三世的往來關係。審判官們只要翻一下《概念的影子》，就會立刻看出（他們對這種事務可比十九世紀的布魯諾崇拜者精熟得多），書中述及《阿斯克勒比厄》的魔法雕像，還列了一百五十種星辰魔法影像的清單。顯而易見，布魯諾的記憶術的確包含魔法，而且比卡米羅冒險淺嘗的程度要深得多。

布魯諾來到英國的時候，已經完全演化成功在記憶藝術架構內傳播他的赫米斯宗教訊息的一套方法，這也是他在英國發表的一本論記憶的書的主旨。他在德國繼續這個方法，他於一五九一年即將回義大利之前在法蘭克福出版的最後一本書，也是論魔法記憶的。奇奧托（Ciotto）在威尼斯宗教法庭上作證，講到布魯諾在法蘭克福的名聲，說去聽布魯諾授課的人告訴他，「該佐丹諾以記憶與擁有其他類似祕密爲專業」。⑤

還有，當莫且尼哥（Giovanni Mocenigo）邀請布魯諾去威尼斯，邀約的理由也是因爲希望能學記憶術。布魯諾正是因爲接受邀請返回義大利後鋃鐺入獄，並且終至被處死。他在法庭中對審判官說：

> 去年我在法蘭克福的時候，接到喬凡尼・莫且尼哥先生兩封信，這位威尼斯紳士在信中說，希望我教他記憶之術……允諾我優渥待遇。⑥

據傳莫且尼哥是在學到他的記憶術的全部「祕方」之後，一狀告進了威尼斯的宗教裁判所。由於卡米羅在威尼斯學院界名氣大又有影響力，所以威尼斯人都很清楚祕法記憶是怎麼一回事。

記憶術便是這樣成爲布魯諾的生活重心與死亡咎由。

由於我下文中時常要提及布魯諾論記憶的著作，有些書名太長了，我必須改用簡稱代之，例如：

《影子》——原書名 *De umbris idearum ... Ad internam scripturam, & non vulgares per memoriam operationes explicatis*，一五八二年巴黎版。⑦

《瑟西》——原書名 *Cantus Circaeus ad eam memoriae praxim ordinatus quam ipse Iudiciarum appellat*，一五八二年巴黎版。⑧

《印記》——原書名 *Ars reminiscendi et in phantastico campo exarandi; Explicatio triginta sigillorum ad omnium scientiarum et artium inventionem dispositionem et memoriam; Sigillus Sigillorum ad omnes animi operationes comparandas et earundem rationes habendas maxime conducens; hic enim facile invenies quidquid per logicam, metaphysicam, cabalam, naturalem magiam, artes magnas atque breves theorice inquiruntur*，出版地點不明，一五八三年由英國查爾伍德（John Charlewood）印行。⑨

《雕像》——原書名 *Lampas triginta statuarum*，可能於一五八七年在威登堡寫成；手稿初次印行是一八九一年。⑩

《影像》——原書名 *De imaginum, signorum et idearum compositione, ad omnia inventionum, dispositionum et memoriae genera*，一五九一年法蘭克福版。⑪

以上五部作品中，《影子》與《瑟西》是布魯諾初訪巴黎期間（一五八一—三）所寫；篇幅特別長的《印記》是訪英期間（一五八三—五）之作；《雕像》與《影像》是居住德國期間（一五八六—九一）完成的。

《影子》、《瑟西》、《印記》這三部作品所談的「記憶術」，是以記憶論著自古以來依循「場所法則」與「影像法則」的劃分爲基礎。《影子》把原來的用語改了，「場所」變成「境地」(subjectus)，「影像」變成「置入」(adjectus)。表面雖然換了新樣，古老的記憶訓練法區分仍然清楚可見，老式的場所法則、影像法則，以及後來漸增的許多闡述，都在其中。《瑟西》中的記憶論述也是按照古老的模式，但用語也變了，這記憶的專論部分又收入後來的《印記》。布魯諾在這些論著裡呈現的想像力藉魔法推動的觀點，雖然完全不像經院哲學家亞里斯多德式嚴謹合理化的記憶守則，卻承襲了道明修會用哲學思維析解記憶的傳統。

布魯諾一向公開表示景仰阿奎那，而且很以道明修會聞名於世的記憶術爲榮。《影子》一開始就是赫米斯、費羅修斯（Philotheus）、邏輯弗（Logifer）三人爲了赫米斯提出的一本書而爭論，這本書講的是「赫米斯式記憶術所包含的概念的影子」。邏輯弗是個好賣弄學問的迂腐之士，他說許多飽學的博士們都說這種書是無用之物。

> 最博學的神學家兼最聰敏的文藝宗師馬吉斯特・賽可蒂奧斯說過，圖里亞斯、阿奎那、阿爾貝特斯、盧爾，以及其他無名作者之流的藝術，找不到可取之處。⑫

邏輯弗的話另兩個人不理會，於是赫米斯拿來的這本書就展開了。

迂腐的學究馬吉斯特・賽可蒂奧斯（Magister Psicoteus）表明了反對記憶術的立場，說那是高深的人文主義學者和教育者棄而不用的。⑬《影子》開端的對話合乎歷史背景，那是古老記憶術走下坡的時代。布魯諾自己極力維護圖里亞斯、阿奎那、阿爾貝特斯的中古時代記憶術，可是他提出的中古記憶術版本卻是經過文藝復興改頭換面的。這已經變成三度至上赫米斯提出的一種祕法之術了。

我們不妨把這個場景與卡米羅劇場的那一幕做個比較。這裡的三個人——赫米斯、費羅修斯（代表布魯諾自己）、迂腐學究邏輯弗——中，前兩個人是爲赫米斯記憶術辯護的。卡米羅的赫米斯式記憶劇場裡有祖依克莫斯和他代表的伊拉斯謨。主題是一樣的：一位術者和理性主義

廣告回信
台灣北區郵政管理局登記證
北台字第10227號

105

台北市南京東路四段25號11樓

大塊文化出版股份有限公司 收

地址：

市/縣 鄉/鎮/市/區 路/街 段 巷 弄 號 樓

姓名：

(請寫郵遞區號)

from vision 大塊文化 LOCUS to fiction

謝謝您購買這本書！

如果您願意，請您詳細填寫本卡各欄，寄回大塊文化（免附回郵）即可不定期收到大塊NEWS的最新出版資訊及優惠專案。

姓名：______________ 身分證字號：______________ 性別：□男 □女

出生日期：_____年_____月_____日 聯絡電話：______________

住址：______________________________

E-mail：______________________________

學歷：1.□高中及高中以下 2.□專科與大學 3.□研究所以上

職業：1.□學生 2.□資訊業 3.□工 4.□商 5.□服務業 6.□軍警公教 7.□自由業及專業 8.□其他

您所購買的書名：______________________________

從何處得知本書：1.□書店 2.□網路 3.□大塊NEWS 4.□報紙廣告5.□雜誌 6.□新聞報導 7.□他人推薦 8.□廣播節目 9.□其他

您以何種方式購書：1.逛書店購書 □連鎖書店 □一般書店 2.□網路購書 3.□郵局劃撥 4.□其他

您覺得本書的價格：1.□偏低 2.□合理 3.□偏高

您對本書的評價：(請填代號 1.非常滿意 2.滿意 3.普通 4.不滿意 5.非常不滿意)

書名_______ 內容_______ 封面設計_______ 版面編排_______ 紙張質感_______

讀完本書後您覺得：

1.□非常喜歡 2.□喜歡 3.□普通 4.□不喜歡 5.□非常不喜歡

對我們的建議：______________________________

____

____

者不和。卡米羅對祖依克莫斯把自己的「劇場」說成一種宗教奇蹟，布魯諾的赫米斯記憶書籍也以宗教啓示的姿態出現。即將揭示的這項知識或藝術就像升起的太陽，黑暗世界的生命都會從他的面前消失。它是憑「無過失的悟性」而建立，不是「謬誤的知覺」的產物。它與「古埃及祭司們」的頓悟類似。⑭

卡米羅在「劇場」與祖依克莫斯的會晤，與布魯諾開卷的不尋常對話，雖然根本上的主題是相同的，兩者的風格卻有極大差異。卡米羅是圓熟的威尼斯派雄辯家，他介紹的這個記憶方法雖然本質上有祕教色彩，形式上卻是新古典主義式的井然有序。布魯諾是還了俗的修士，既狂又熱情，帶著他藉魔法變成內在神祕之術的記憶術，衝出修道院的中古風規範，一發不可收拾。布魯諾比卡米羅晚生半個世紀，環境背景也完全不同，不是文明風雅的威尼斯，而是極南方的那不勒斯。我不認爲他受了卡米羅多大影響，充其量只有「劇場」架構先到了法國，使國王有了後來再接受記憶「祕方」的心理準備。布魯諾受赫米斯傳統影響的記憶術版本，是在與卡米羅無關而且頗不一樣的環境中產生的。

他的環境條件包含了什麼？我首先要提的是一個尙不確知的條件，就是那不勒斯的道明會修院裡是否有記憶術方面的一些發展。修道院在十六世紀晚期處於混亂與動盪之中，⑮有些騷動有可能是道明會記憶術在文藝復興中轉型引起的。

阿奎那的記憶法則的規劃非常謹愼地排除了魔法之術，也非常謹愼地套入亞里斯多德思想並且加以理性化。只要遵照阿奎那所定法則的精神，就不可能把道明會的記憶之術變成一種魔法之術。這套記憶術變成一種宗教虔敬的道德的藝術，這是阿奎那曾經強調的一個層面，但是他所主張的這套藝術當然不是魔法之術。阿奎那堅決反對中世紀的魔法記憶術——符號之術（Ars Notoria），⑯他採用自「圖里亞斯」的法則也都是謹慎詳細說明的。他與大阿爾貝特斯在回憶論述上的立場有微妙的差異，可能爲了避開乃師落入的陷阱。⑰

大阿爾貝特斯的立場就不像阿奎那的那麼清楚。阿爾貝特斯的記憶論有些地方很奇怪，尤其是把古典記憶影像變成暗夜中的公羊這一點。⑱布魯諾的那不勒斯修道院裡，是否可能因爲魔法之術在文藝復興時期普遍再盛行的衝擊，使記憶術有了一些往阿爾貝特斯路線發展的情形？是否可能曾經採用阿爾貝特斯甚感興趣的星辰的符咒式造像？我只能把這個想法當成問題提出來，因爲，至今仍甚少有人從這個角度研究大阿爾貝特斯。

我們必須注意的另一點是，布魯諾雖然深深拜服阿奎那，卻把他當作一位術者，這可能是文藝復興時期阿奎那主義的一個趨向，後來由多瑪索・康巴奈拉（Tommaso Campanella）發揚光大，這又是一個甚少有人涉入的研究領域。⑲把大阿爾貝特斯當作術者來景仰，是有充足理由的，因爲他的確有這樣的傾向。布魯諾被逮捕後，爲自己持有可以致罪的法術造像做答辯時，理由就是大阿爾貝特斯贊同這樣做。⑳

我們暫擱下布魯諾在修道院裡的期間是否經驗過記憶術轉變的問題，先看一下他於一五七六年逃離那不勒斯之前（之後他再也沒有回去），是否受到修道院外面的什麼影響。

一五六〇年間，著名的魔法師及早期科學家喬凡尼・巴蒂斯塔・波爾塔（Giovanni Battista Porta）在那不勒斯設立了「自然秘密學院」（Academia Secretorum Naturae），學員們在他家裡聚會討論「祕密」，有的是魔法方面的祕密，有的是純粹科學方面的。他曾於一五五八年發表他的鉅著《自然法術》（*Magia naturalis*）的初版，這部作品後來對於培根（Francis Bacon）與康巴奈拉都有很深的影響。㉑波爾塔在書中探討植物和礦石不爲人知的效能，並且把天界星辰和地上人世的相應系統做了十分完整的說明。他的「祕密」之一即是他對面相學的興趣，㉒在動物與人的面孔相似方面做了一番研究。布魯諾當然對於波爾塔的動物面相學有所知，曾經在《瑟西》中談到瑟西魔法的時候提及，他的其他作品裡也有這方面的蛛絲馬跡。波爾塔對於密碼文書也有興趣，㉓認爲是與古埃及神祕事物有關聯，這又是布魯諾也感興趣的題目。

我們在此要談的重點是波爾塔於一六〇二年在那不勒斯出版的《回憶之術》（*Ars reminiscendi*）。㉔這是一篇記憶術專論，他在書中說，想像力以影像爲鉛筆在記憶中畫圖。記憶有自然的與技巧的之分，技巧記憶是賽莫尼底斯發明的。波爾塔認爲，維吉爾詩作中描述，女王黛朵（Dido）帶伊尼亞斯（Aeneas）參觀畫滿圖畫的房間，那其實就是黛朵的記憶系統，她藉這個房間記憶自己的先祖歷史。當作記憶場所用的建築就是宮殿或劇場。數學式子與幾何圖形具有亞里斯多德所說的次序條理，所以也可以當作場所用。人物造像應該當作記憶影像用，要選鮮明醒目的，特別美的或特別荒誕可笑的。可以選用上乘畫家所畫的圖爲記憶影像，因爲它們比平庸畫家畫的圖要鮮活。例如米開朗基羅、拉斐爾、提香的畫作，都會深存在記憶裡。埃及人的象形文字可以當作記憶影像用，另外還有字母和數字可用（他指的是形象字母）。

波爾塔的記憶論值得注意的是具有高度審美特質，可是整篇專論是平常的記憶論，屬於以圖里亞斯和亞里斯多德爲基礎的經院派傳統，照例重述了各種法則，也有那些繁雜的字母。除了沒有講到記憶天堂與地獄，簡直和隆貝赫或羅賽留斯沒什麼兩樣。就我看來，其中沒有公然講魔法的地方，波爾塔也指責賽普西斯的麥卓多羅斯在記憶中用到星辰是不當的。他這篇短小的專論卻提到一點：那不勒斯的玄祕哲學家對技巧記憶很有興趣。

布魯諾引用的法術方面的主要資料來源之一，就是阿格里帕一五三三年的作品《論玄祕哲學》。阿格里帕並沒有在這部作品裡講到記憶術，卻在《論科學之不實》（早三年出版）中，以一章的篇幅指那是虛假無用之術。㉕不過，阿格里帕在《論科學之不實》裡罵遍了所有祕法藝術，卻在三年後的《論玄祕哲學》裡詳細闡述這些祕法藝術，而《論玄祕哲學》堪稱文藝復興時代論赫米斯傳統與卡巴拉法術的最重要的一部著作。許多人曾試圖找出阿格里帕兩本書前後態度相反的原因，最可信的一個說法是，《論科學之不實》是涉入危險課題的寫作者常用的一種自保手段。萬一《論玄祕哲學》使他惹禍上身，他可以拿反對祕法藝術的這一本書當擋箭牌。這也許只是他態度轉變的原因之一，我們倒可以因此猜想，阿格里帕指爲「不實」的那些「科學」，也許正是他眞正感興趣的東西。文藝復興時代的玄祕哲學家大都對記憶術有興趣，如果阿格里帕不在此例，反倒令人意外了。總之，布魯諾是從阿格里帕的法術大全擷取星辰的魔法造像，再用到《影子》的記憶系統裡。

布魯諾的《影子》於一五八二年在巴黎出版，當時的讀者不會像我們這樣覺得這是一本怪書。他們會立即把它歸入當時的某一種潮流，看出它是論記憶之作，把記憶當作赫米斯式祕方呈現，當然是充滿魔法思想的。有的讀者因爲害怕遭人指謫而棄之不讀。有的人已經浸淫當時盛行的新柏拉圖思想，沾到了法術的邊，會想看看這位新的記憶專家是否再接再厲，繼卡米羅之後，把記憶術更進一步帶入玄祕哲學的方向。《影子》是獻給亨利三世的，顯然就是與卡米羅當年獻給亨利三世祖父法蘭西斯一世的記憶劇場是一脈相承的。

這時候的法國人仍然記得卡米羅的「劇場」。巴黎的一個玄祕思想中心是由甲克・高厄里（Jacques Gohorry）形成的，他主辦了一個醫藥法術學院，地點距離巴伊夫（Baif）的「文學音樂學院」不遠。[26]高厄里受菲齊諾與巴拉塞蘇斯的影響很深，他以「李奧・索維亞斯」（Leo Suavius）爲筆名，寫了一些極爲晦澀的作品，其中一篇是一五五〇年發表的，高厄里在文中簡略描述了一下卡米羅爲法蘭西斯一世建的「木造圓形劇場」。[27]高厄里的學院——或集團——似乎在一五七六年前後便銷聲匿跡，這股影響力可能維持不衰，其中包括高厄里撰文大加稱讚的祕術記憶與卡米羅「劇場」的相關資訊。除此之外，不過是在《影子》出版之前四年，卡米羅

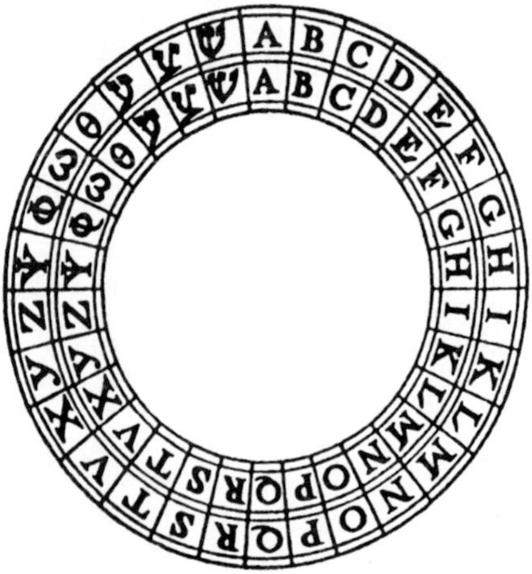

圖9-1
記憶之輪，原載《影子》，1582年版。

的名字就在巴黎出版的《義大利傳承》中出現，與米蘭鐸拉的皮可等等著名的義大利文藝復興人士並列。㉘

到了十六世紀後期，玄祕之術大膽地壯大起來。高厄里等人認爲菲齊諾和皮可都太怯懦，不敢實踐瑣羅亞斯德、三度至上者，以及其他古代聖賢著述中的祕法，也沒有充分利用「印記與影像」。高厄里表示，他們未能充分運用這方面的知識，結果就是不能成爲可製造奇蹟的「術者」。布魯諾的記憶系統透露了在這些方面的顯著進步。相較於卡米羅，他的膽子大得太多了。他在《影子》中毫不遲疑地使用黃道十二宮裡（據說）具有極強威力的「十度距」的影像；在《瑟西》裡率先把女巫師念的有強大魔法的咒語用在記憶術裡。㉙布魯諾要的遠遠比卡米羅馴獅或星辰雄辯術更強的力量。

讀者看了《影子》就會立刻發現，有一個標示了三十個字母的圓圈圖形重複出現了好幾次。其中有幾次是多個同心圓的圓形（圖9—1）。十六世紀的巴黎是歐洲首屈一指的盧爾主義中心，只要是巴黎人，一見就會認出這是著名的盧爾之術的輪形組合。

以促成古典記憶術與盧爾主義融洽並存爲目的的行動，在十六世紀後期力量持續增大。這個問題當時一定曾經引起廣泛的注意，情況可能和現在人人矚目電腦相似。我在前文不止一次提及的一五七八年出版的《大眾廣場》，作者賈佐尼就曾在書中表明，他的雄心就是要創出一種結合羅賽留斯與盧爾想法的普世通用的記憶系統。[30]賈佐尼是個俗家的局外人，還會懷著這種希望，鑽研著道明會修士羅賽留斯寫的記憶術教科書。像布魯諾這樣的內行人，難道沒有被寄予發明普世通用記憶機器的厚望嗎？他是道明修會科班出身，又是盧爾學說的專家，自然是他人心目中終將解決這個疑難的人選。

我們應該知道，布魯諾理解的盧爾是文藝復興的盧爾，不是中世紀的盧爾。他的盧爾式圓圈上的字母之多，超過所有正宗盧爾之術的圓圈，還有一些希臘字母和希伯來字母，是純正盧爾之術所沒有的。他的輪形圖比較像一些僞盧爾的煉丹術圖表，這類圖表也會使用拉丁字母以外的字母。布魯諾所列的盧爾作品一覽表，把《論卡巴拉傳聞》也包括進去。[31]由此可見，布魯諾的盧爾主義概念包含了從事煉丹術的盧爾和鑽研卡巴拉的盧爾。此外，布魯諾所知的盧爾是比一般文藝復興的盧爾主義更加奇特，距離中世紀的盧爾更遙遠。他告訴聖維多僧院的圖書管理人，說自己比盧爾本人還要了解盧爾之術，㉜至於他運用盧爾之術的方式，的確有很多令純正盧爾主義者驚駭之處。

布魯諾爲什麼把盧爾式的輪形劃分成三十格？顯然他想到的是上帝的「尊名」或屬性，因爲他曾在巴黎講授過「三十個神聖屬性」（這些演講現已亡失）。㉝布魯諾時時被三十這個數字縈擾。不但《影子》的基本數字是三十，《印記》裡的印記也是三十個，《雕像》裡的雕像是三十個，教導如何與神魔「連結」的作品中的連結也是三十個。㉞就我所知，他只在一本書中講到自己用「三十」的話題，這本書即是與《影子》和《瑟西》同一年在巴黎出版的《盧爾藝術之建築撮要》(*De compendiosa architectura artis Lullii*)。他先列舉了盧爾說的善、宏大、眞理等等尊號，然後把這些化入卡巴拉玄祕哲學的「神能數字」：

> 這些盧爾的尊號，都被猶太卡巴拉玄祕人士化爲十種神能，被我們化爲三十……㉟

所以他當作基礎的「三十」是盧爾所指的尊號，卻是被卡巴拉同化爲神能數字的三十。他在上面這一段裡駁斥了盧爾藝術的基督教式和聖三位一體式用法。他說，神聖尊號其實是代表四個希伯來字母拼寫成的「上帝之名」（即 YHVH, YHWH, JHVH, JHWH），卡巴拉玄祕人士將這四個字母同化爲這個世界的東南西北四方位，再藉連續相乘而等於全宇宙。

他是如何得出三十這個數的，我們不得而知，[36]但「三十」似乎一直與法術特別有關聯。第四世紀的一篇希臘法術紙草紙上記錄的「上帝之名」有三十個字母。[37]第二世紀的伊萊尼亞斯（Irenaeus）曾經在痛罵諾斯替教派異端的時候說，施洗者約翰應該有三十名門徒，暗示諾斯替信徒的三十個世代。更有法術暗示意思的是，三十這個數字與術者賽門（Simon Magus）有關係。[38]我覺得布魯諾根據的原始資料比較可能是崔特米烏斯的《祕密文書》（*Steganographia*），其中列出三十一個神靈，以及召喚它們用的祕法。布魯諾後來使用的這部作品的摘要中，列出來的神靈變成了三十個。與布魯諾同一時代的人物中，約翰・狄也很重視「三十」的法術效用。他所寫的《天使之鑰》（*Clavis angelicae*）於一五八四年在克拉考（Cracow）出版[39]（比《影子》晚兩年，因此有可能受了布魯諾影響），書中描述如何用咒語召請「空中三十品級的君主」，這些天使是主宰全世界的。狄設計了三十環同心圓上標示著三十個魔法之名，從事用祕咒召請天使或魔鬼的法術。

布魯諾多次在《影子》裡提到自己的另一部作品《巨鑰》（*Clavis magna*），這部作品他可能根本沒寫成，也可能是亡失了。如果有這巨鑰，也許可以明白如何利用盧爾之輪爲祕法來召請空中的神靈。我相信，那巨鑰就是《影子》裡使用盧爾之輪的祕訣。布魯諾把古典記憶術的影像變成星辰的魔法影像，爲的是要上通天界。他也把盧爾的輪形變成「實用卡巴拉」，要藉它們

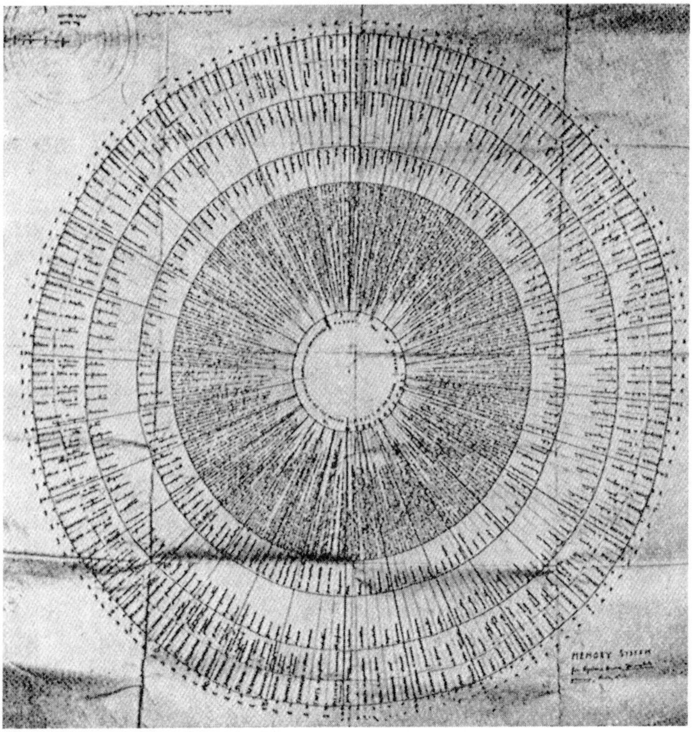

圖9-2
佐丹諾・布魯諾《論概念的影子》之中的記憶系統。原載1582年巴黎版。

與神魔或天使相通。

他能找到結合古典記憶術與盧爾之術的方法，是基於能夠把兩者都極度「玄祕化」。他把古典記憶術的影像放在盧爾的組合輪形上，影像卻變成魔法影像，輪形也變成咒語法術的輪子。

《影子》出版之初的那個世界會把這本書歸入一個大家熟知的類別，卻不會因此而沒有驚駭的反應。反之，當時的讀者會看出布魯諾打著什麼主意，也看得出他竟敢拋下一切防護和自制。這個人已經豁出去了，他管不了危險的後果和嚴格的禁令，要用盡一切魔法祕術，藉著與宇宙力量相通，達到從天界把心靈組織起來的目的。這也是穩重而按部就班的卡米羅想做的，而布魯諾做的態度遠比卡米羅大膽，方式也複雜得多。

現在請讀者注意圖9—2這個奇怪的東西。它看來像是從埃及沙漠挖掘出來的有難解文字的骨董。其實不是。我倒想從其中挖掘出《影子》的祕密。

這個圖中的同心圓各劃分爲三十個分隔，總共一百五十個分隔部分。所有分隔部分上都刻了字，可是這些字根本無從判讀。不過這沒關係，因爲我們反正不可能弄懂全部的細節。這幅示意圖只是要把這套系統的設計做個大概的說明，也把其中的複雜如麻的想法略作解釋。

我爲什麼這樣說？這東西爲什麼以前沒人看過？原因很簡單。以前沒人發現，書中所列的影像表（每個表包含分爲三十組的一百五十個影像）是要安排在這些同心圓上的，方式就如同

IMAGINES FACIERVM
signorum ex Teucro Babilo-
nico quæ ad vsum presen-
tis artis quam commo-
de trahi possunt.

Aries.

AA  Ascendit in prima facie arietis homo niger immodicæ staturæ, ardentibus oculis, seuero vultu, stans candida precinctus palla.

Ae In secunda mulier non inuenusta, alba induta thunica, pallio veró tyrio colore intincto superinduta, soluta coma, & lauro coronata.

Ai In tertia homo pallidus ruffi capilli rubris indutus vestibus, in sinistra auream gestans armillam, & ex robore baculum in dextra, inquieti & irascentis præ se ferens vultum cum cupita bona nequeat adipisci nec præstare.

圖9-3　牡羊座的十度距影像

Taurus.

AO  Iu prima Tauri facie Nudus arans, de palea pileum intextum gestans, fusco colore. quem sequitur rusticus alter femina iaciens.

Av In Secunda Clauiger nudus, & coronatus aureum baltheum in humeris gestans & in sinistra sceptrum.

Ba In tertia vir sinistra serpentem gestans & dextera hastam siue Sagittam, ante quem testa ignis, & aquæ lagena.

Gemini.

Be  In prima geminorum facie, vir paratus ad seruiendum, virgam habens in dextera. Vultu hilari atque iocundo.

Bi In secunda, homo terram fondiens & laborans: iuxta quem tibicen nudis saltans pedibus & capite.

Bo In tertia Morio tibiam dextera gestans, in sinistra passerem & iuxta illum vir iratus apprehendens baculum.

圖9-4　金牛座與雙子座的十度距影像

原載布魯諾著《影子》，1886年那不勒斯版。

多次出現同心圓插圖（見圖9—1）。這些同心輪是要按盧爾的方式轉動再形成組合的，用拉丁字母A至Z加上希臘字母、希伯來字母標示，一共是三十個字母標示。書中所列的影像劃入有字母標示的三十個分隔部分，每個分隔部分又再分爲五個部分，以五個母音標示。這些列出來的影像，每一列有一百五十個影像，所以是要放在轉動的同心輪上。因此我把一百五十個影像登入分隔爲三十部分又各再細分成五部分的同心輪上，結果便成爲看來好似埃及骨董的東西。其中必然大有魔法玄機，因爲中央的這一輪上有黃道十二宮的十度距造像，行星造像，月亮星宿造像，以及十二星座造像。

布魯諾書中描述這些影像的文字，都寫在圖的中央輪上。這字跡密密麻麻的中央輪可以算是星靈發電廠，是整個系統的動力中心。

我照登了一八八六年版《影子》中布魯諾所列的星靈影像的頭兩頁，都是要安排在系統的中央輪上。第一頁（圖9—3）開頭寫著「按巴比倫人圖賽（Teucer）所示星座各面貌的影像，可用於該藝術」。其中有木刻的一幅牡羊座圖，還描述了牡羊座的第一、第二、第三「面貌」，也就是牡羊座的三個十度距。第二頁（圖9—4）是金牛座和雙子座，也各有三個十度距影像。要注意的是影像旁邊有字母A分別與五個母音相連，即Aa、Ae、Ai、Ao、Au，然後是B分別連著五個母音。布魯諾列的影像包括輪上的全部三十個字母，每一字母都再分隔出五個母音的部分。列出的所有影像都以同樣方式標示。我們根據這些字母標示推斷，這些影像都要放在同心輪上。

我們姑且只看照登的這兩頁的三個星座。文中描述的牡羊座的三個十度距影像是(1)魁梧的黑人，目光灼灼，身穿白衣；(2)一女子；(3)一名男子，手持一球體與一杖。金牛座的是(1)一男子在犂田；(2)一男子拿著一支鑰匙；(3)一男子手持毒蛇與矛。雙子座的是(1)一男僕手持一棍；(2)一男子在挖掘，另一人在吹笛；(3)一男子手持笛子。

這些影像源自古埃及的星辰傳說和星辰魔法。㊵黃道十二宮的三百六十度圓圈分隔爲十二星座，每個星座有三個各占十度的「相貌」。這些就是十度距，每一個十度距有一個相應的影像。十度距影像可以溯源到古埃及的恆星的時間神祇；時間神祇的名字保存在古埃及神殿的檔案庫裡，然後傳入後期星靈魔法的各種傳說，以文本流傳後世，一般都指作者是「三度至上的赫米斯」，十度距影像和魔法尤其都被當作是他所創。這些影像來源各有不同，布魯諾使用的那些十度距影像的資料並不難找，大多數是從很容易取得的印刷的著作得來，最主要的一部是阿格里帕的《論玄祕哲學》。阿格里帕在介紹各個十度距影像之前先說：「黃道十二宮中有三十六個影像……巴比倫人圖賽敍述過。」布魯諾在開始列出十度距影像之前也抄了這一段話，影像內容也只稍有改動。㊶

《影子》羅列的星辰影像，最先是三十六個十度距的影像，然後是四十九個行星影像，每一個行星有七個。每一組七個的影像都是以行星的傳統式木刻圖像開端。例如：

土星第一影像：一個鹿頭的男子騎在龍上，右手中的一條蛇正被一隻貓頭鷹啄食。

日的第三影像：一名戴著冠冕的年輕男子，頭上放射出光芒，拿著弓和箭筒。

水星第一影像：拿著權杖的年輕美男子，杖上兩條毒蛇交纏，兩隻蛇的頭面對面。

月的第一影像：頭上生角的女子乘著一頭海豚；右手握一隻變色蜥蜴，左手拿百合花。

這種影像呈現了行星諸神和他們各自主宰的事物，情形和行星咒符的一樣。布魯諾的四十九個影像，大多數是從阿格里帕的《論玄祕哲學》所列的而來。[42]

布魯諾接著列出天龍星座的影像和月亮二十八宿的影像，也就是一個月中月亮每一天的不同位置的影像。這些影像呈現的是月亮在傳遞黃道十二宮和行星職司時的任務和行動。這些影像也差不多直接取自《論玄祕哲學》，改動甚少。[43]

我們必須把這些星靈影像都放在《論玄祕哲學》的架構裡看，才能了解布魯諾的意圖。阿格里帕的魔法教科書裡，這類影像列表是在第二卷中出現，整個第二卷用於羅列有關天界魔法的影像一覽表，這個魔法是在中層的天上世界操作的。所謂中層，是相對於第一卷的下層元素世界，以及第三卷的至高天界。按這種魔法觀念，用星辰的魔法或咒符影像是天上世界操作的主要方法。布魯諾把天界影像當作記憶影像用，將魔法操作搬到記憶上應用，讓想像力的內在世界套上星辰的世界，或可說是從內心重造一個天上世界。

然後是一幅星座分隔爲十二宮的木刻圖，以及三十六種影像的描述，每一宮三個影像。這些影像表達各宮相關的各個面向——出生、財富、兄弟、父母、子女、病痛、婚姻、死亡、宗教、統御、受恩、牢獄。這些都約略和傳統的十二宮影像有相關性，例如我們看見的一份一五一五年的日曆那樣。㊹怪的是，布魯諾把這些加以改變後增添進去，形成一套古怪的影像，可能大都是他自己發明的。我們可以想像他埋首「創作」魔法影像的情景，後來他寫了一整本書討論這些。

以上就是寫在魔法記憶中央輪上的一百五十個影像。整個天空及其所有大小威力都記載在這個輪上了。同心輪轉動時，星辰的影像就產生組合和錯綜結構。天空與天上的一切運動和影響都藉魔法影像巧妙地印入記憶了，能做到這樣的聰明人，確實掌握了值得一探究竟的「祕密」！

《影子》的導論把即將揭示的記憶之術說成是一種赫米斯的祕密，說它其實來自赫米斯交給本哲學家的一部書。㊺此外，書名《概念的影子》也來自一部論魔法的著作，即卻科·達斯考里（Cecco d'Ascoli）針對薩克洛波斯科的約翰（John of Sacrobosco）的《天球》（*Sphere*）所作的亡魂問卜術評注，其中曾提到一本《概念之影卷》。㊻要當作赫米斯式記憶系統之基礎的魔法「概念之影」究竟是些什麼呢？

布魯諾的思考路線是現代人難以捉摸的，那也是菲齊諾在《獲得星辰生命》所走的思考路線，是把星辰的影像當作最高天界和天底下元素世界兩類概念的中介。如果能排組或操控或利用星辰影像，就能操控比凡俗界事物更接近眞實的那些形體。凡俗世界的一切都受星辰界影響力的左右。人如果知道如何排組操控星辰影像，就能改變星辰界的影響力，能左右世上的一切。其實星辰影像就是「概念之影」，是眞實之影，是比下界有形的影子更接近眞實的。一旦明白了這個觀點（現代人實在很難明白它），《影子》中的許多神祕就不難懂了。赫米斯交給本哲學家的這部書，是「論供內在書寫的概念之影」的一部書，㊼也就是說，它的內容是供銘印在記憶中的一整套星辰的魔法影像，是要應用在旋轉的同心輪上的：

> 概念是事物的首要形態，一切都是依概念而成形。……因此我們應於內在形成概念的影子……以便運用於一切可能有的形成物。我們把它們形成於內在，如同在輪子的旋轉中。你若知道任何其他方法，就試試吧。㊽

把「上界作用力」的影像印在記憶中，我們便能藉星辰之力知悉下界之事；一旦我們在記憶中把天界事物的影像排組好了，下界的事物就會自動在記憶中排組妥當。天界事物是以較優

越的形態蘊含下界事物之眞實，那優越形態是更接近終極眞實的。

畸形動物的形態在天界是美麗的。不會發光的金屬在它們的行星上會閃耀。不論人類、動物、金屬，在那兒都與在這裡不一樣……會發光、活躍、聯合一體，遵從上界的作用力，在人類的孕育與保存上前進。㊾

知悉箇中祕訣的人該如何遵從上界的作用力？即是從內在使自己與星靈的影像一致，這樣個別的人便能聯合。這種星靈的記憶不但能供給知識，也能帶來力量：

你的原始本性中存在元素與數字的一種混沌，但那是亂中有序的。……你會發現，其中有一些清楚的間隔。……一個之上印有牡羊座的肖像；另一個之上有金牛座，其餘（黃道十二宮的星座）依此類推。……這是要組織不成形的混沌用的。……數字和元素依次序排成某種易記住的形態（如黃道十二宮的影像），乃是控制記憶所必要的。……我敢說，你若專心地這樣思索，就能成就這樣象徵的藝術，它不但有益記憶，而且對靈魂的所有力量都有奇妙的效益。㊿

這會使我們想到什麼？應該會想起賽普西斯的麥卓多羅斯的記憶系統吧。他用了黃道十二宮爲場所系統，可能也用了十度距的影像。那個系統現在變成了魔法系統。行星影像、星宿的影像、占星術各宮影像等，這些在布魯諾的魔法影像表上的項目，按著與黃道十二宮基本影像的關係，在記憶之輪上反覆組成天界層級的宇宙模式。人能這樣做，乃是赫米斯哲學說的，因爲人的本源是神聖的，本來與統御世界的星辰是有關的。原形的影像在「你的原始本性」中是混沌狀態；魔法記憶把它們從混沌中找出來，整理出原有的秩序，也讓人重獲神聖的力量。

最中央的星辰影像的輪子，是供給記憶活化力量的魔法中央發電廠。它的外圍還有其他輪子或圓形，每一個都分隔成三十組，寫滿一百五十個項目。這是仔細遵照布魯諾書中指示寫的，除了一百五十個星辰影像，還有另外三個清單，各有一百五十個項目，每個清單都用字母標示輪子上三十個部分的分隔，每一分隔再分爲五部分，各用母音標示。顯然這三個清單的內容是要安排在與星辰輪同圓心的外環輪子上。

中央星辰影像輪外面的第一環上寫的項目是這樣開始的：

Aa Oliua（橄欖）

Ae Laurus（桂）

Ai　Myrthus（桃金孃）

Ao　Rosmarinum（迷迭香）

Au　Cypressus（柏）[51]

這些全都是植物，以下還有禽類、獸類、石頭類、金屬類、工藝品類，以及各式其他物品，甚至包括有神聖意味的東西，如 ara（聖壇）、septem candelabra（七柱燭台）。大致說來，清單顯然是要呈現植物界、動物界、礦物界，但是也包括了製造的東西，這大雜燴也許並無多少分類的脈絡可循。依我看來，布魯諾是要在這一輪上呈現比較低等次的被造物，即植物、動物、礦物，一起跟著天界之輪旋轉。

再往外的一輪（即中央輪算起的第三輪）上所寫的字是這樣開始的：

Aa　nodosum（錯綜的）

Ae　mentitum（僞造的）

Ai　inuolutum（涉入的）

Ao　informe（不成形的）

Au　famosum（著名的）[52]

這些全是形容詞。爲什麼用受格，我也莫名其妙，更不明白爲什麼選列這一百五十個形容詞。

最外面的一輪上的一百五十個項目是這樣開始的：

Aa	Rhegima	panem castanearum（栗粉麪餅）
Ae	Osiris	in agriculturam（農業）
Ai	Ceres	in iuga bouum（牛犂）
Ao	Triptolemus	serit（播種）
Au	Pitumnus	stercorat（施肥）㊸

這五個是栗粉麪餅的發明者（Rhegima）、農業的發明者（Osiris）、牛犂的發明者（Ceres）、播種的發明者（Triptolemus）、施肥的發明者（Pitumnus）。

我在示意圖上把發明者的名字寫在最外環，發明的項目寫在下面靠內的一圈。讀者仔細看，可知A字母的五項目是在最外環輪子的下半圓的中間。

研究布魯諾的人都不曾探究過這個清單，更沒有人發現這些人物影像是要放在由中央輪發動的記憶系統的外環上的。我認爲這個清單值得仔細研究。以下我要試著把這一大列跟著輪子前進的人物做個整體介紹，但不再逐一述明發明者和發明的項目。

以上的農業組後面跟著的是原始器具和方法的發明者。包括二輪戰車、燧石打火、葡萄栽培（發明者包括諾亞）、園藝、使用油（女神雅典娜）、發現蜂蜜等。接下來是發明陷阱捕獸、狩獵、捕魚的人。之後的一組包含極少有人聽過的籃子的發明者（Sargum）、泥砌建築的發明者（Doxius）。工具組中有鋸子（Talus發明）、槌子（Parug發明）等。接著是製陶、紡線、織布、補綴的發明者。梳理毛棉、鞋子、玻璃、鑷子、刮鬍子、梳子、地毯、船等等許多項目的發明者，都是很奇怪的人物。㊿

促進文明的基本工技的發明者羅列完畢之後，開始出現人類從事的其他活動了。以下是M與N字母的全部內容：

Ma　Chiron（凱隆）　外科

Me　Circe（瑟西）　迷惑

Mi　Pharphacon（法爾法康）　亡魂占卜術

Mo　Aiguam（埃谷安）　圓環

Mu　Hostanes（霍斯泰尼）　通神魔

Na　Zoroaster（瑣羅亞斯德）　魔法

Ne Suah（蘇阿） 手相術
Ni Chaldaeus（加爾底奧斯） 火占卜術
No Attalus（阿塔魯斯） 水占卜術
Nu Prometheus（普羅米修斯） 牲祭公牛㊺

魔法卜術的諸位發明者令人目眩！瑟西這位女巫也首度在布魯諾的著作中登場——她一直是布魯諾想像世界中的要角。發明「通神魔」的人也在其中，這個題目布魯諾會在三十個標目之下提到。還有瑣羅亞斯德，魔法的至尊。

這一組爲什麼以「牲祭公牛」結束？按清單的前面看來，原則應該是，五個一組中的頭一個與前一組銜接，最後一個與下一組銜接。普羅米修斯隱含的宗教獻祭意義，銜接到即將轉過來的O、P、Q這三組之中的宗教領袖與發明者。其中有《聖經》中獻祭羔羊的亞伯，發明割禮的亞伯拉罕，爲人施洗禮的施洗者約翰，發明酒神祭的奧斐亞斯，發明偶像的貝魯斯（Belus），發明金字塔墓葬的凱米斯（Chemis）。〈舊約〉人物和一個〈新約〉人物和一些不搭軋的走到了一起。㊻

魔法和宗教（兩者連著分不開，被看成了同一件事）之後，是視覺與音樂藝術的魔法發明者。

Ra Mirchanes 蠟像

Re Giges 圖畫

Ri Marsias 笛

Ro Tubal 弦琴

Ru Amphion 音符㊼

接下來的一組是其他樂器的發明人，然後由海神奈普頓——馴馬者——導引，進入御馬術運動和軍事藝術方面的發明者。

之後便是一項根本的發明：

Xe Theut（托特） 發明字母書寫㊽

托特（Theut 或 Thoth）即是「三度至上的赫米斯」，字母書寫的發明者。跟在這位古埃及聖賢之後的是天文學、占星術、哲學，過了泰利斯（Thales，哲學家兼數學家、天文學家）和畢達哥拉斯，來到一些奇怪的名字和觀念的混合組：

Ya Nauphides（諾菲底斯） 太陽運行
Ye Endimion（安第米翁） 月亮
Yi Hipparcus（希帕克斯） 恆星向左之運動
Yo Atlas（阿特拉斯） 天球
Yu Archimedes（阿基米德） 銅造天界
Za Cleostratus（克里奧斯屈杜） 十二宮
Ze Archita（阿基塔） 幾何立方
Zi Xenophanes（澤諾芬尼） 無數多之宇宙
Zo Plato（柏拉圖） 概念之理念
Zu Raymundus（拉蒙） 九元素[59]

這兩組中有古代最偉大的天文學家希帕克斯，有阿基米德造的天界模型，有澤諾芬尼「發明」的「無數多之宇宙」，有柏拉圖的理念。最後還有拉蒙·盧爾以九字母或九元素爲基礎的藝術。

記憶之輪的旋轉運作也許才是最有意思的。無數多之宇宙是布魯諾哲學的一個要件，在此是他第一次提出。從魔法到魔法宗教、哲學、盧爾之術的這一大串發明者，把我們帶進布魯諾自己感興趣的領域，他是循什麼脈絡來理解這些興趣，也由跟在Z組後面的第一個人物（以希臘字母標示的一組）點出來：

Ior. in clauim & umbras [60]

乍看也許不明白他寫的是什麼，其實並不難以理解。布魯諾在《影子》裡不斷提及自己寫的另一本書《巨鑰》。Ior.是佐丹諾・布魯諾（拉丁文拼法是Iordanus Brunus）的簡寫，clauim是「鑰匙」，umbras是「影子」，這一個人物就是《巨鑰》和《影子》的創作者，他自己。他把自己放在輪子上，因爲他完成了一項偉大發明，他發現了把「概念的影子」用在盧爾之輪上的方法！

讀者走到了這個高潮點之後，可能會想停下來休息了。可是我們必須跟著輪子走到終點，不過只再舉幾個名字了。[61]還有歐幾里德（Euclid），以「靈魂之自由」爲特徵的伊比鳩魯（Epicurus），菲洛勞斯（Philolaus）是說明「事物內涵的和諧」的人（也是布魯諾一再在作品中指爲哥白尼的先驅者），以及布魯諾偏愛的另一位哲學家阿那克薩哥拉（Anaxagoras）。我們終於來到最後一個人名，是一百五十個在記憶之輪上旋轉的發明家兼偉人之中的最後一個，即是：

Melicus in memoriam [62]

梅里克斯（Melicus）就是賽莫尼底斯，古典記憶術的發明者。用賽莫尼底斯的名字結束是再恰當不過的，正應該用他的名字回到起點！在漫長的記憶術歷史上，再也沒有比《影子》更淋漓盡致的表現了。[63]

布魯諾的發明者名單大量借自波里多爾‧維吉爾（Polydore Vergil）的《論發現》（*De inventoribus rerum*, 1499），許多名字都是按傳統說法的。但是也有許多很奇怪，我一直未能找到出處。因爲有大量野蠻時代的和魔法相關的名字，使名單透著古老原始的味道。發明者的這一輪擺出整個人類文明發展史，也讓我們看見布魯諾的興趣所在，他的心態，他腦中在想什麼。這個名單偏重各式法術，還包括「通神魔」的人在內，證明這是極端崇尚法術者的記憶論。輪上的宗教儀式和牲祭是法術與宗教信仰的大膽混合，證明布魯諾是個相信法術宗教的術士，他要提倡復興古埃及的法術宗教信仰。[64]我們跟輪子一路轉到哲學、天文學、「無數多之宇宙」，可以看出布魯諾的這些主要興趣如何在一位法術士的思維中交融。法術走到極端會有一種合理化闡釋，這一大串發明者，從工技到魔法與宗教再到哲學的領域，也算是頗爲近代的一部文明發展史。

從記憶的觀點看，這些影像仍屬於古老的記憶術傳統，出發點和聖瑪麗亞教堂的阿奎那智慧的壁畫、羅賽留斯把柏拉圖和亞里斯多德「存放」在記憶裡提示神學和哲學，應是一樣的。⑥⑤布魯諾把一長串發明者的影像當作記憶影像用，儘管與傳統方法大異其趣，卻毫無疑問是古典記憶術的正統。他把這些著名偉人鮮活的影像放在記憶輪上，目的是要結合古典記憶術和盧爾之術。盧爾的旋轉輪變成了安置影像的場所。

整個系統中效能最強的影像，是中央輪上的魔法影像。布魯諾的《記憶術》(*Ars memoriae*)是遵循「赫倫尼」模式談場所和影像的，也收入《影子》中，他在其中講到各式各樣的記憶影像，並且認爲，各種影像因接近眞實的距離不一，而有效能程度上的差異。他稱那些效能最強的爲「印記」(sigilli)，也就是最能顯露眞實的。⑥⑥我認爲，他在這些章節裡解釋了如何在記憶系統裡使用那一百五十個「印記」或星靈影像。

這套系統怎樣運作？當然是憑法術運作，憑中央的「印記」發電廠的動力，憑星辰的影像，憑那些比地上事物的影像更接近眞實的影像，憑星靈力的傳送者，憑星辰以上理想世界與下界之間的「影子」中介而運作。⑥⑦

不過，我們不能籠統地說這些記憶之輪是憑魔法運作。因爲這是高度系統化的一套法術。布魯諾思維的一大基調就是系統化，這套魔法記憶術中有不由自主追求系統化的力量，推著設計者終其一生努力尋找理想合用的系統。我在這裡並沒有把這套系統的整個繁複結構呈現出來，按布魯諾的設計，輪子上各個三十分隔部分之中的五個小分隔，是可以在所屬的大分隔內獨立旋轉的。[68]所以，黃道十二宮的十度距影像、星辰的影像、星宿的影像，都在形成不斷變換的組合。他是否想在這使用星靈影像不斷改變組合的記憶中，形成想像力的一種煉金術，一種心靈上的點金石，憑這種法寶能夠理解並且記住塵世中一切事物——植物、動物、礦石——可能產生的所有結構組合？這些發明者隨著中央輪上星靈影像的變換組合而不斷變換組合，人類的整個歷史，所有的發現、思想、哲學、工技成果，是否就能夠藉上界之力全部記在腦中？

這樣的記憶乃是神人的記憶，是擁有神力的術者使想像力配合宇宙力而運作的記憶。這種記憶的發揮，源於赫米斯知識傳統的人類「心智」有神聖性的假說，認爲人類的本源是統御宇宙的星辰，所以能夠反映出宇宙，也能支配宇宙。

魔法僭取了貫通宇宙的法則和力量，使用魔法的人只要知道了掌控這些法則和力量的方法，就能揮灑自如了。我在另一本書中強調過，文藝復興觀念中的萬物有靈宇宙是由魔法運作的，有這種觀念開路，才有後來的由數學運作的機械論的宇宙觀。[69]就這一層意義而論，布魯諾心目中這個以魔法及機械論法則貫通的、有無數多個世界的宇宙，是爲十七世紀的魔法思想提示了預兆。但是布魯諾的興趣不是外在世界，而是內心世界。我們可以在他的記憶系統中看見要運作魔法及機械論法則的意圖，他不是爲了向外在世界操作，而是想在心靈中複製魔法的機制來進行內在運作。要等到我們這個時代，才真正做到把這種魔法概念轉化成數學原理的作用。布魯諾的假設是，主宰外在世界的那些星靈力也在人的內在運作，人可以從內在再造或掌握住這種力，用它來運作魔法機制的記憶。這其實相當接近人類用機械手段完成想做的事的思考模式。

然而，布魯諾的這一番作爲並不是用心智機能的角度就能交代清楚的。他那個時代的宇宙，並不曾把神靈界排除在外。星靈力是神界使用的工具，在諸多具有作用力的星辰上還有更高層級的神靈。對於布魯諾而言，最高層次的境界就是太初的「一」，是神聖的和諧一統。他的記憶系統的宗旨，就是在星辰的層次上完成和諧一統，爲達到更高層次的和諧一統做準備。在他看來，魔法本身不是目的，而是爲了達成「一」而採用的手段。

布魯諾的這一面在《影子》裡不會看不出來。而且整本書就是從這個層面開始，讀者如果從頭開始看「影子的三十種意向」與「思想的三十種概念」，但是並沒有看到這些關於三十的引言要講的魔法記憶系統正題，或是根本沒看出來以三十爲基礎的魔法記憶系統，也許就認定這本書是在談某種新柏拉圖主義的神祕學。我倒覺得，要先花費相當工夫看明白了記憶系統，才可能探討根本的神祕三十。我不敢說我已經徹底弄懂了，不過起碼理解了一些端倪。

「影子的三十種意向」的第一個從「唯一上帝」和引用自〈雅歌〉的句子：「我歡歡喜喜坐在他的蔭下。」⑳人必須坐在善與眞的影子下。坐在影子裡就是透過內在的知覺、藉腦中的影像來領會它。隨後是光明與黑暗的「意義」，以及影子的意向，這些是從神性的和諧一統降下來的，而神性的一統延伸向無限多的境界。意向從超物質的神界下降到神界的遺跡、影像、形影。[71]下界的事物與上界的相連了，上界的也與下界的相連；連串的元素在普世阿波羅的弦琴上不斷起伏。[72]古代的人或許知道用什麼方法把記下來的各式各樣事物在記憶中歸納一統，他們卻沒教給我們（布魯諾就要把方法教給大家）。[73]本質上一切都在一切之中。所以人領悟的是一切都在一切之中。記憶可以藉一切記住一切。[74]阿那克薩哥拉說的混沌是多樣而欠缺秩序；我們必須使多樣之中有秩序。把天界和地上的一切都相連，就產生一個美麗的動物，這個宇宙。[75]天界和地上協調一致，這是連接起天堂和人世的金鏈；天堂的可以降到人世，人世的也可以藉這個秩序升上天堂。[76]這些聯繫可以幫助記憶，有詩爲證，詩中牡羊座作用於金牛座，金牛座影響雙子座，雙子座影響巨蟹座，依此類推[77]（書中接著附了這首論黃道十二宮的詩）。後面的「意向」是關於某種神祕的或魔法的光學，目標是太陽與太陽投下的影子。

「思想的三十種概念」也是一樣有一大堆格言式的句子（有些句子前文已經引用過）。第一個悟力是安妃翠蒂（Amphitrite）之光。這光灌注入一切；它是和諧一統的泉源，無數多在它之中合爲一。[78]醜陋的動物在天上是美麗的；不發光的金屬在各自的行星中會閃閃發亮；不論人、動物、金屬在天上都是和在地上不一樣的。我們要使自己清明、有生命力，與優於人世的力量聯結配合，才能夠提升人類的孕育與延續。[79]光之中包含了智能、統一性、一切物種、完美的眞理、數字、事物的層次。在自然界裡不同的、變異多樣的，在天上卻是相同的、一致的，是「一」。因此我們要盡一切努力，從既認定的不同物種之中找出相同處，將它們協調合一。不可擾亂思維或混淆記憶。⑳天地間的一切形體中，最卓越的是天界的形體。㉑靠著天界形體，我們可以從混亂的多樣達到一統的境界。人體的各部歸納爲一體來看，比分開來看更易理解。所以宇宙萬物不應分開來看，應該看他們各個與根本秩序的關係如何，找出其中可供我們記憶、理解、實行的意義。㉒「一」是一切之中燦爛的美。「一」是從無數物種散發的光。㉓下界塵世事物的形成達不到眞正形體的程度，只是眞正形體的降格與殘餘。所以必須向上升入精純境界，與眞正的形體合一。㉔「一」以下的一切必然是複合的、多不勝數的。大自然的最低階有無限多之數，最高階上有無限大的統一性。㉕因爲概念是事物的根本形體，一切都是根據概念形成，所以我們應當從內在形成概念的影子。我們要像輪子旋轉作用那樣在心中形成概念之影。㉖

以上兩段是我試將引自「影子的三十種意向」和「思想的三十種概念」的內容串成的大意。這兩組的三十句話，是以三十個字母開端，就是標示在輪子上的三十個字母，文中附上標示了三十個字母的圖解。我認爲，這證明上面兩組三十句神祕的話其實是在說以三十爲基礎的記憶輪系統，說的是如何以天界的事物形體爲記憶的根本，以星辰影像——也就是「概念的影子」——爲根本，如何編組、協調、統一記憶之中現象的多樣。

我想，三十個「意向」中包含自由意志的元素，有熱愛眞理的導向，這也是盧爾技巧記憶術的一個面向。所以會以〈雅歌〉的情詩開端。「理想意向典型」的記憶輪中心有一個太陽，是含有重要意義的，因爲這象徵布魯諾追求「一之光」的心。一切外表的多樣在魔法記憶系統中藉複雜的方法完成協調之後，記憶中就會出現「一之光」。

我相信，這部不尋常的作品——也是布魯諾的第一部著作——就是解開布氏哲學與觀點的「巨鑰」。他不久之後在英國發表的義大利文的對話集，就曾表達過自己的觀點。我在另一本書中也指出，[87]《影子》開頭的對話中，赫米斯拿出論記憶的書，被描寫成旭日東升般的古埃及啓示面對著迂腐的學究。這與布魯諾在《聖灰星期三晚餐》中爲哥白尼的太陽中心論辯護而迎戰迂腐學者，是很相似的。《影子》所謂的「內在太陽」的境界，就是布魯諾心目中「哥白尼學說」的內在表現，他是把日心論當作「埃及」觀想與赫米斯信仰復興的預兆。

《影子》的兩組三十句話的哲理，就是布魯諾在義大利文對話集之中表達的宇宙觀。他在《論原因，原理與一》(*De la causa, principio e uno*) 之中聲明，「一切」在「一」之中的合一乃是：

> 自然界之眞理與祕密的最牢固的基礎。因爲你必須明白，大自然下降而產生出事物，與領悟力上升而理解它們，是藉著同一道階梯；一個從統一狀態出發，一個是回到統一狀

態，中間都要經歷大量的事物。⑱

記憶系統的用意是，藉著把有意義的影像組織起來，從內在——在心靈之中——確立悟力能重回統一狀態。

布魯諾在《逐出得勝之獸》(*Spaccio della bestia trionfante*) 中談到僞埃及著作《阿斯克勒比厄》的魔法宗教信仰，其實也是他自己的信仰，這樣說：

> 憑藉魔法與神聖儀典……它們經由自然的階梯登上神界的高峯，神性也是經由此一階梯下降至最微小的事物。⑲

藉著以魔法星辰影像爲基礎的記憶，確立內在的這種魔法的上升作用，這就是記憶系統的目的。

《英雄的狂暴》(*Eroici furori*) 中，熱切的人追蹤神界形跡而獲得力量，能夠沈思自然整體的心性之美。他能看見安妃翠蒂，她是一切數字的起源，是「單體」(monad)，他如果看不見單體的本質——也就是純粹的光，也能看見它的影像，因爲塵世的這個單體是從神性的單體產生的。⑳記憶系統就是要從內在成就這和諧一統的景象，而且只能從內在達成，因爲內在所見的事物影像是更接近眞實的，也不像外在世界的事物本身那樣會阻擋住光。

我們從《影子》中看見，古典記憶術眞正改頭換面，已經變成可以把心理狀態造就成赫米斯神祕主義者或術者的一種工具了。按赫米斯知識傳統，將宇宙反映在思維中是一種宗教經驗。透過記憶術，這個原則組織成一種魔法兼宗教的方法，循這套方法把具有意義的影像排組起來，就能領會並且統合這眼見的世界。我們在卡米羅的「劇場」也看見記憶術發生這種赫米斯式的轉變，但形式簡單得多。布魯諾的這種改變複雜得多，而且也深入得多，既是極端偏向魔法，宗教意味也極爲濃厚。平易近人的卡米羅所規劃的法術記憶及西塞羅式的雄辯術，與熱情的前道明會修士布魯諾那種「古埃及」式的宗教訊息是截然不同的兩回事。

但是話說回來，將兩者做個比較，對了解兩種記憶系統都有幫助。

我們想一下卡米羅「劇場」的七道行星基礎，以及每往上一階的不同安排，一直到最高階，也就是要銘記所有技藝與科學的「普羅米修斯」階。顯而易見，布魯諾的這套系統也有類似的程序，以星辰爲基礎，下一環上有動物、植物、礦物的世界，發明者的輪子上則是所有的技藝與科學。

卡米羅的記憶系統裡，七行星的影像要在天界合一，與天使和「神能數字」的最高天界相連相通。布魯諾把盧爾之術改頭換面，用來取代卡巴拉玄祕術。他的「三十」和盧爾的「上帝尊名」一樣，能貫通下界塵世和天界、神界，加固各個層次之間的階梯。

卡米羅的系統遠比布魯諾更接近皮可那種基督教式的祕法傳統綜合。他可以自認是基督教的術者，能上通天使與神聖的力量，而神聖力的終極意義就是象徵聖三位一體。布魯諾卻捨棄了基督教式解讀赫米斯知識的方式，熱烈接受《阿斯克勒比厄》的僞埃及魔法宗教，相信這是優於基督教的，⑼進而走入旁門左道，走向更純粹異教信仰的通靈術。他想追求的不是聖三位一體，而是「一」的境界。他心目中的這個「一」不是在天國裡，是在這個世界之中。要先在星辰的層次把記憶統一，有了這個初步成果，才能從內在看見「一」之光遍布一切。這又與卡米羅的目標相似。卡米羅規劃的記憶法如同登山，頂峯以下的一切都在頂峯上融合統一。布魯諾爲了從「一切」達於「一」的目標，也以類似的方式採用了盧爾式熱烈的基督教三位一體思想。

卡米羅和布魯諾的記憶系統都是非凡的傑作，兩者都是呈獻給法國國王的「祕密」，也都是文藝復興的產物。研究文藝復興的人不可忽略這兩種記憶系統透露的文藝復興思路。它們屬於那個時代特有的一種玄祕傳統，相信人是外在大千世界的縮影，人能夠憑想像力領悟、掌握、了解整個世界。在此又要重提中古時代與文藝復興的一項根本差異，也就是對於想像力各有不同的看法。在中古時代，想像力是低層次的，人藉它塑造有形喻象以幫助記憶，唯有如此，才能維繫人對於不可知世界的意向。到了文藝復興時代，想像力成爲人類最高層次的能力，人憑想像掌握有意義的影像，從而能夠領會表象世界深層的不可知世界。這是非常大的差異，我們會覺得，從中世紀理解的記憶術到文藝復興另一種風貌的記憶術，中間隔著難以跨越的障礙。但是，卡米羅的「劇場」包括了記憶天堂和地獄。布魯諾的《影子》開端時的對話為圖里亞斯、阿奎那、阿爾貝特斯辯護，反駁了當時的「迂腐學究」。中古時代把古典記憶術變成莊嚴而有宗教意義的藝術，卡米羅和布魯諾這樣的文藝復興玄祕派記憶大師，也自認延續了中古時代的體統。

10 拉姆斯主義的記憶術

祕法派記憶聲勢增強而且目標越來越大膽之際，反對技巧記憶——我指的是包含在古典修辭學之中的記憶術——的力量也漸漸變得比以前大得多。前文說過，昆蒂里安對人文主義者的影響是正面的，他不重視記憶場所與影像卻強調次序的態度，連伊拉斯謨都附議。

進入十六世紀以後，人文主義的教育家們十分重視修辭學和修辭學的五部分（發明、布局、風格、記憶、呈演），但是新的規劃把西塞羅傳統五部分的記憶剔除了。①這與昆蒂里安的影響有很大關係，因爲昆蒂里安曾說，他當時的修辭學者有人並不把記憶列爲修辭學的一部分。十六世紀新派教育者講修辭雄辯而不提記憶，其中一位就是梅藍克頓。不提記憶的結果當然就是摒棄技巧記憶，可用的記憶術就只有背誦或強記了。

十六世紀的所有改革教育方法的人士之中，最著名的一位，也是最擅長自我標榜的一位，就是皮耶爾·德·拉·拉梅（Pierre de la Ramée），但世人一般稱他彼得·拉姆斯（Peter Ramus）。

拉姆斯本人和拉姆斯學說近年來成爲各方深入研究的題目。②我將盡可能節略說明一下錯綜複雜的拉姆斯學說，讀者若想更詳盡地了解，可參考我提供的諸位的著作。我的目的只是從本書論點的架構探討拉姆斯主義，或許可以呈現比較不同的樣貌。

原籍法國的邏輯學家拉姆斯生於一五一五年，死於一五七二年聖巴多羅買日（St. Bartholomew's Day）發生的法國天主教派屠殺胡格諾派新教徒的事件中。這種下場使他受到新教徒的歡迎，也使他的教育論成爲清除經院派繁瑣理論的工具。被他一掃而空的，包括古老記憶術的複雜細節。拉姆斯廢除了記憶在修辭學中的地位，也連帶廢除了技巧記憶。這倒不是因爲拉姆斯對記憶不感興趣。反之，拉姆斯推動教育改革與簡化的主要目的之一就是，提出新的方法來把所有科目記住。他主張用新方法把每個科目按「辯證次序」排好。這個次序設計成綱要略圖的形式，其中以該科目「總括」的面向排在最前面，再由此往下將「專門的」或個別的面向做一連串的二分類別。這種辯證次序就是著名的拉姆斯綱要，一個科目一旦按這個次序排好，就能按這個次序記牢了。

如翁氏在《拉姆斯：方法與對話之衰頹》（*Ramus: Method and the Decay of Dialogue*）中所說，拉姆斯能夠把記憶從修辭學剔除的眞正原因是，「他用按題目構想的邏輯爲基礎的整個文藝科目系統，乃是一個位置記憶的系統。」③羅希也發現，拉姆斯因爲把記憶納入邏輯，所以能把方法論的問題當作和記憶的問題一樣而處理。④

拉姆斯很清楚他刻意要剷除的古典技巧記憶的那些要則，昆蒂里安對於技巧記憶的批評也使他受到影響。拉姆斯在《文科學校》（*Scholae in liberales artes*）中有一段不受注意的話，我認爲是很重要的，他引用了昆蒂里安的意見，包括批評場所與影像不能確立記憶，反對卡奈亞底斯（Carneades, 214-129 B.C.）、麥卓多羅斯、賽莫尼底斯，以及主張把素材加以分配及組構的比較簡單的記憶法。拉姆斯贊成並且稱讚昆蒂里安的這些觀點，並且問，哪裡能找到昆蒂里安說的那種不用場所和影像、只憑「分配及組構」記憶的比較簡單的方法。

> （昆蒂里安所說的）記憶術完全在於分配與組構。我們若是尋找一種能分配並組構事物的技藝，就能找到記憶術。這個原理在我們的辯證的要則……與方法……中有闡述。……因爲眞正的記憶術和辯證法是完全一樣的。⑤

所以拉姆斯認爲他的辯證記憶方法是眞正的古典記憶術，是昆蒂里安認爲比西塞羅的場所與影像以及《赫倫尼》作者的方法都好的。

雖然拉姆斯排斥「場所」和「影像」，他的方法卻包含了一些古典的法則。亞里斯多德和阿奎那強調的必須按次序排置，便是其中之一。隆貝赫和羅賽留斯的記憶教科書都教導了按「共同場所」排置材料的方法，「共同場所」裡面包括多個不同的場所；這與拉姆斯強調的從「總括的」向下發展到「專門的」也有相同之處。拉姆斯把記憶分爲「自然的」與「審愼的」，有可能是受了老式的記憶爲審愼之要素的觀念影響。此外，翁氏指出，⑥把層次分明的綱要印在紙上按圖記憶，也有空間上的形象化意味。這裡其實也有受昆蒂里安影響的成分，因爲昆氏主張可以憑直接想像寫著演講詞的書頁或字版來記起內容。有一點是我與翁的看法不同的。他認爲這種藉空間想像畫面的記憶方式是印刷書籍問世以後才有的。⑦我倒覺得，印刷版的拉姆斯綱要圖表不過是把手稿本一目了然的圖解搬到印刷的書上。已故的薩克索曾有專文探討手稿本插圖到早期印刷書的變遷；⑧從手稿本上的圖解設計轉爲拉姆斯的印刷版的綱要，是一樣的情形。

從拉姆斯藉辯證秩序記憶的「方法」中，雖然看得出老式記憶術的許多痕跡，他卻刻意要擺脫老式記憶術最典型的特徵：發揮想像力。他反對在想像中銘印鮮明的教堂或其他建築物裡的場所。更重要的是，拉姆斯系統裡不會有古典修辭學教師傳下來的那種生動醒目的影像。喚醒記憶的「自然」刺激不是那種挑動情緒的影像，而是抽象的辯證分析次序。在拉姆斯看來這也是「自然」的，因爲人的思維本來就有邏輯辯證的次序。

我們看一個實例，便可知拉姆斯改革如何揚棄這最古老的心智活動習慣。我們想記住，或是教給小孩子，文法這門文科和它包含的各部分。隆貝赫在他的印刷版的著作中用一欄的空間，依序列出文法的各部分，安排得與拉姆斯的綱要類似。可是隆貝赫教導的是用影像來記，「文法」是個醜樣子的老婦，她身上附帶次要的物件影像和題字象徵文法包含的部分。⑨到了拉姆斯這兒，我們要打碎老醜「文法」的這個內在影像——也要教小孩子這麼做，用拉姆斯書頁上印著的無影像的綱要來記。

拉姆斯學說本身是相當浮面的教學方法，能夠在英國之類的新教國家締造卓著成績，部分原因在於這提供了一種內在的破除偶像之舉，與外在的反對舊制傳統呼應。「文法」老太太如果和一系列文藝科目的造像一起雕刻在教堂的正門上，在極端崇信新教的國家遭遇的對待會和拉姆斯主義給與的內在處置相同，她會被搗毀。我們在前文中說過，⑩隆貝赫把神學、哲學、各種文藝科目等所有學門都列出記憶方法，而且附有每個學門的著名實踐者，這套計劃也許與阿奎那的記憶論遙相呼應。聖瑪麗亞修道院禮堂的壁畫就有阿奎那的記憶，在一列十四種學科的有形喻象之中，還有十四學科的傑出人士的畫像。我們如果想像類似這幅壁畫中的人像曾經雕刻在英國的某一所主教座堂或教堂上，此時那原來有雕像的位置會是空的，或是雕像雖在卻被毀壞了。拉姆斯主義也是這樣從內在把記憶術的影像剷除了。

按拉姆斯的設想，他的「辯證分析」方法是記憶所有科目都適用的，甚至適於記憶詩文。最先出現在印刷書裡的拉姆斯式綱要，就是分析奧維德詩作之中潘娜洛普（Penelope）之訴怨的辯證條理。⑪拉姆斯明白表示，這種習作是爲了教學童用這個方法記住奧維德詩作中的這二十八行。⑫我們可以附加一個說明，即是拉姆斯有意用這個方法取代古典記憶術。在這一段詩文的「辯證分析」之後，他緊接著說，使用場所和影像的記憶法遠不如他自己的方法，因爲那種方法用的是外在的符號和不自然的方式造出來的影像，而他是順自然方法進行組構。所以辯證原理可以取代所有其他「鞏固記憶」的學說。⑬我們也許不會毫不猶豫地教學童去想像「多米提亞斯遭受馬爾西雷克斯家人鞭笞」，或是「伊索波斯和辛伯裝扮成劇中人物」，把這些當作背誦課的詞語記憶提示。但是我們很想知道拉姆斯的背詩方法如何處理詩中的節奏和意象語。

由於拉姆斯時刻不忘自己要用「自然的」記憶法取代老式的技巧記憶，我們不免會覺得，拉姆斯這個方法是古典記憶術的又一次變形：這次變形保留並且加強「次序」的原理，卻除掉了「技巧」的一面，也就是把培養想像力當作主要記憶工具的一面除掉了。

我們要探討十六世紀新時代人物——如伊拉斯謨、梅藍克頓、拉姆斯——對記憶術的反對意見，必須先謹記，他們接觸到的是經歷中古時代而染上濃厚中古色彩的記憶術。在他們眼中，這是一門中古時代的藝術，是屬於老式建築和意象的那個時代的藝術，是經院派人士採用且推行的一門藝術，是和修士們與宣道辭關係特別密切的一門藝術。而且，人文主義學者認爲，記憶術是與無知的舊時代誤認爲圖里亞斯作品的《赫倫尼》扯到一起的藝術。人文主義的教育家爲昆蒂里安的華麗文采而傾倒，所以比較會認爲他的記憶術觀點才是更純正的有見識的古典批評立場。伊拉斯謨是一位反對中世紀「愚昧風」的人文主義者。梅藍克頓和拉姆斯是反對經院派的新教徒，而老式記憶術和經院派的關係特別近。拉姆斯著重的是記憶的邏輯條理，他採納了「亞里斯多德化」了的經院派記憶術的一面，同時卻不接受有形實物的喻象部分，而這個部分與藉影像表述道德及宗教的眞理的老式說教方法有密不可分的關係。

拉姆斯從不把自己的宗教觀點強加於教學著作中，但是他寫過一篇神學作品〈論基督宗教〉(De religione Christiana)，其中清楚表明他從宗教信仰角度看影像的態度。⑭他引用了《舊約》裡禁止影像的話，特別是〈申命記〉第四章裡的一段：「所以你們要分外謹愼，因爲耶和華在何烈山從火中對你們說話的那日，你們沒有看見什麼形象。唯恐你們敗壞自己，雕刻偶像，彷彿什麼男像女像，……又恐怕你向天舉目觀看耶和華你的上帝爲天下萬民所擺列的日月星，就是天上的萬象，自己便被勾引敬拜事奉它……」拉姆斯把《舊約》的禁止雕刻偶像與古希臘的偶像崇拜做了一番對照，接著就講到天主教教堂中都有偶像，信徒都向偶像跪拜、焚香。我們不必把這整段話摘錄，因爲那大致上只是新教反對天主教拜偶像的常見宣傳文字。這篇文章證實拉姆斯贊同他在世期間橫掃法、英、荷等國的破除偶像運動。我認爲，這與他反對記憶術中使用影像的立場是一致的。

拉姆斯主義不能完全等同新教思想，因爲有些法國天主教徒也熱烈支持，基斯家族 (Guise) 就是特別積極的一群，他們有一位親戚也欣然學習了，她就是蘇格蘭的瑪麗女王 (Mary, Queen of Scots)。⑮不過，在聖巴多羅買日大屠殺中喪生的拉姆斯，死後仍被尊爲新教的殉教者，這當然與他的學說在英國大受歡迎有很大關係。可想而知，拉姆斯這種以無影像辯證條理爲眞正自然思維條理的記憶術，正合乎加爾文教派的神學理論。

既然拉姆斯和贊同他的主張的人們反對老式記憶術使用的影像，那麼，對於記憶術的祕法式的、文藝復興的變形，以及那些法術、星辰的「雕刻偶像」的運用，他們的看法又如何呢？必然是反對得更激烈吧。

拉姆斯主義雖然知道老式記憶術是什麼，並且保留其部分次序條理而棄場所與影像不用，卻又在許多方面和另一種「技巧記憶」很接近，這種技巧記憶不是沿襲修辭學傳統，而且也不用影像。我指的當然就是盧爾之術。盧爾的「藝術」也把邏輯納入記憶，也記憶合乎邏輯的領悟過程。拉姆斯主義的另一個特徵是，按照從「總括」至「專門」的次序把題材做排列或分類。這是盧爾主義也有的概念，不同的是，盧爾講的是生命階梯上的上升與下降，或從專門到總括，或從總括到專門。盧爾在《確立記憶論卷》裡很明白地說過，記憶要分爲專門類和總括類，專門類是從總括類而來。[16]盧爾主義所說的「總括類」，當然就是根據「神聖尊號」建立的「藝術」的原理。拉姆斯主義用武斷的態度給所有知識學門定下「辯證的次序」，盧爾把「藝術」的步驟和B至K的字母套用在所有科目上，強把百科簡化統一，兩者頗爲異曲同工。就記憶方法而言，拉姆斯主義按照每一科目綱要的辯證次序而記憶，[17]盧爾主義是把「藝術」的步驟套在科目上來記住，從而記住這個科目。

毫無疑問，拉姆斯主義之誕生，多少要歸功於文藝復興時代重振盧爾主義。但是兩者仍有極大的差異。盧爾主義的宗旨是以宇宙的架構爲邏輯和記憶的基礎，相形之下，拉姆斯主義是浮面的，甚至是兒戲的。

拉姆斯主義的記憶方法很明顯是與文藝復興的祕法式記憶背道而馳的，因爲文藝復興的祕法式記憶要求加強運用影像和想像力，甚至要求把影像納入不用影像的盧爾之術。說到這裡，我有一個問題，但是無意提出解答。

我要問，十六世紀的修辭學與方法論的某些革新運動的眞正始作俑者會不會是卡米羅？——既然他的神祕雄辯術涉及邏輯課題和記憶場所的奇特合併，又牽扯到荷莫基尼斯的七概念。[18]在革新運動中居要角的約翰・史杜姆（Johannes Sturm, 1507-89），是持續復興荷莫基尼斯地位的人。[19]史杜姆當然知道卡米羅其人和「劇場」。[20]他是齊托里尼的贊助人，有傳聞說齊托里尼的《宇宙典型》（*Tipocosmia*）是從卡米羅記述「劇場」的文件「偷來」的。[21]果眞如此，齊托里尼只偷到一份按科目和主題編排出來的百科說明表，因爲《宇宙典型》就是這麼一本書，沒有影像，也沒有關於影像的描述。我的意思是要指出，卡米羅也許在他超越凡界的設計中，爲修辭學與方法論的記憶革新運動走出第一步，史杜姆和拉姆斯是後繼者，但是把影像的部分刪掉，加以理性化了。

我們暫時擱下這個問題不談了。我認爲，拉姆斯既是法國人，必定知道在法國名氣甚大的卡米羅劇場。他既然知道，就有可能受到影響，他那種從「總括」漸降至「專門」的記憶的辯證次序，可能是針對「劇場」玄祕方法的有意識的反應，因爲「劇場」把知識整理排列在星辰的「總括類」之下，世間的一切「專門」事物都是從它們而來。

我們如果仔細看一下拉姆斯的哲學觀點，會大感奇怪，因爲他的「辯證次序」看來雖是十足的理性主義，背後卻有許多神祕主義的成分。他的頭兩部作品《亞里斯多德之探討》（*Aristotelicae animadversiones*）與《辯證教育》（*Dialecticae institutiones*），把他的辯證方法做了明確的闡述。他所設想的眞正辯證原理似乎是從某種「古早神學」衍生出來的。他說，普羅米修斯是打開辯證智慧泉源的第一人，這純淨的泉水後來流到蘇格拉底這兒（比較一下菲齊諾的古老神學傳襲系列：古老的智歷經一連串承襲者才終於傳到柏拉圖）。㉒拉姆斯說，古來的純正的自然辯證卻被亞里斯多德敗壞糟蹋了，是亞里斯多德把矯揉造作和虛假帶進辯證裡來。拉姆斯認爲，把辯證藝術恢復到亞里斯多德以前的、「自然的」、蘇格拉底的純淨本質，乃是他的使命。自然的辯證是「心智」的永恆之光的影像。回歸辯證乃是從陰暗回到光明。辯證是從專門上升到總括，從總括下降到專門的方法，就像荷馬所說的從地上通天、從天上到人世的那條金鎖鏈。㉓拉姆斯反覆使用他的系統中的「金鎖鏈」的比喻，並且在《辯證教育》中的很長一段論述裡，用到文藝復興新柏拉圖主義的大部分重要題旨，包括免不了要引用的維吉爾名句「心靈滋養內涵」。他把他的自然辯證讚爲一種柏拉圖主義的奧祕，是從陰暗重返神智之光的一條路。㉔

把辯證方法放在拉姆斯思想的背景裡看，會覺得它的理性成分並不如表面說的那麼多。它是拉姆斯想重振的一種「古老智慧」。它是洞察眞實本質的一種悟性，拉姆斯能憑這種悟性把事物外表的無限多樣統一。把辯證次序套用在所有題目上，人的思維就能從總括到專門上下來去自如。看到這裡，拉姆斯的方法的構想幾乎和盧爾之術一樣充滿神祕主義意味了，而且似乎和卡米羅劇場那種藉排列影像往來於各階層沒什麼兩樣，和布魯諾在《影子》裡說的，思維找到協調統一方法後便能從陰影回到光明，也相去不遠。

確實已有許多人努力在這些方法或系統中尋找相通點和合併之道。我們可以看得出來，盧爾之術與記憶術已經合併；有人還試圖把盧爾之術與拉姆斯主義合併。循複雜難懂到極點的過程，不分玄祕的、理性的、盧爾式的、拉姆斯式的，以及其他各式各樣，只爲尋找方法，這是這個時期的一大特色。這一切努力追求的煽動力、發動者、共同的根由，就是記憶。想要探討有方法的思考方式如何起源如何發展，就必須研究記憶術的歷史，研究記憶術的中世紀變遷、文藝復興的玄祕轉變、盧爾主義的記憶、拉姆斯主義的記憶。也許等到這樣一部完整的歷史寫成之後，我們會發現，記憶的玄祕轉變是整個追尋方法的過程裡的一個重要舞台。

我們隔著歷史的距離看來，所有的記憶方法似乎都有一些共通之處。但是，如果貼近了細看，或是從當代人的觀點看，拉姆斯和布魯諾之間有一道鴻溝分隔。表面上的相似點是兩人都聲稱上承古代智慧，拉姆斯是上承蘇格拉底的、亞里斯多德以前的古代智慧，布魯諾上承比希臘早的古埃及與赫米斯的智慧。兩人都激烈地反對亞里斯多德，但理由各異。兩人都把記憶術當作改革的工具。拉姆斯用他根據辯證次序設計的記憶方法來改革教學法。布魯諾傳授祕法式的記憶術，以此爲赫米斯傳統式宗教改革的工具。拉姆斯摒棄意象和想像，用抽象的次序操練記憶。布魯諾卻以意象和想像爲組織記憶的關鍵。拉姆斯切斷了與中世紀轉型記憶術的連續性。布魯諾自稱祕法系仍是圖里亞斯、阿爾貝特斯、阿奎那的記憶術。一個是加爾文派教育者，提出一套單純化了的教學法。一個是熱情的還俗修士，把祕法式記憶當作魔法兼宗教的技巧。拉姆斯和布魯諾處於對立的兩極，代表文藝復興晚期完全相反的兩種趨向。

布魯諾在《影子》一開始抨擊的那些瞧不起記憶術的「迂腐學究」中，不只是有人文主義者，還有拉姆斯派的人，火力十足地反對記憶中使用影像。既然伊拉斯謨會對卡米羅的劇場不屑一顧，如果拉姆斯活到布魯諾發表《影子》的時候，會有什麼感想呢？布魯諾筆下的拉姆斯既是「法國大書呆子」，他見了布魯諾那種從陰暗到光明的上升下降，恐怕要駭然吧。

11 佐丹諾・布魯諾：《印記》的祕密

布魯諾於一五八三年發表他的大部頭的論記憶的作品，應該是在他到達英國後不久。我將這部書簡稱爲《印記》，①其實書中包括四個項目，即是：

回憶的藝術（Ars reminiscendi）

三十印記（Triginta sigilli）

三十印記解說（Explanatio triginta sigillorum）

印記中的印記（Sigillus sigillorum）

書名頁上沒有標明出版的地點和日期，但幾乎可以確定是在一五八三年初，印行者可以相當確定就是倫敦的查爾伍德。②「回憶的藝術」不是新作，而是把前一年在巴黎出版的《瑟西》

中講記憶術的部分重印，③原來是排在瑟西對七行星的魔咒之後。④巴黎的讀者看到記憶術排在魔咒之後，會感覺記憶是有魔法特性的（巴黎讀者可能也讀過《影子》）。魔咒的部分並沒有一併在英國版中重印。英國版的「回憶的藝術」後面接著的是以前沒有發表過的「三十印記」、「三十印記解說」、「印記中的印記」。

讀過《影子》的人如果沒弄懂魔法的記憶系統是怎麼回事，看了《印記》也許會更茫然。這些「印記」是什麼？回答這個問題之前，我請讀者先到佛羅倫斯走幾頁，我們一起練習一下記憶術。

阿哥斯蒂諾·戴爾·李奇歐（Agostino del Riccio）是佛羅倫斯的聖瑪麗亞故事修道院的一位道明會修士，他於一五九五年寫成一本供「勤學的公子們」使用的《場所記憶術》（*Arte delle memoria locale*）。這本簡短的論著從未出版過，手稿本現存佛羅倫斯的國立圖書館。⑤書中有七幅插圖，是爲了講解記憶的藝術而畫。

「君王」（圖11—1a）是一位君王在拍自己的額頭，他象徵「場所的記憶」，以這個姿勢提示對於傳道者、演說者、學生，以及所有階層的人都十分有用的地方的記憶。⑥

「第一位智謀者」（圖11—1b）是一位手觸地球儀的男士，所有的地點——城市、城堡、商店、教堂、宮殿——都在地球儀上。此人代表記憶術的第一個要則，戴爾·李奇歐在此講解

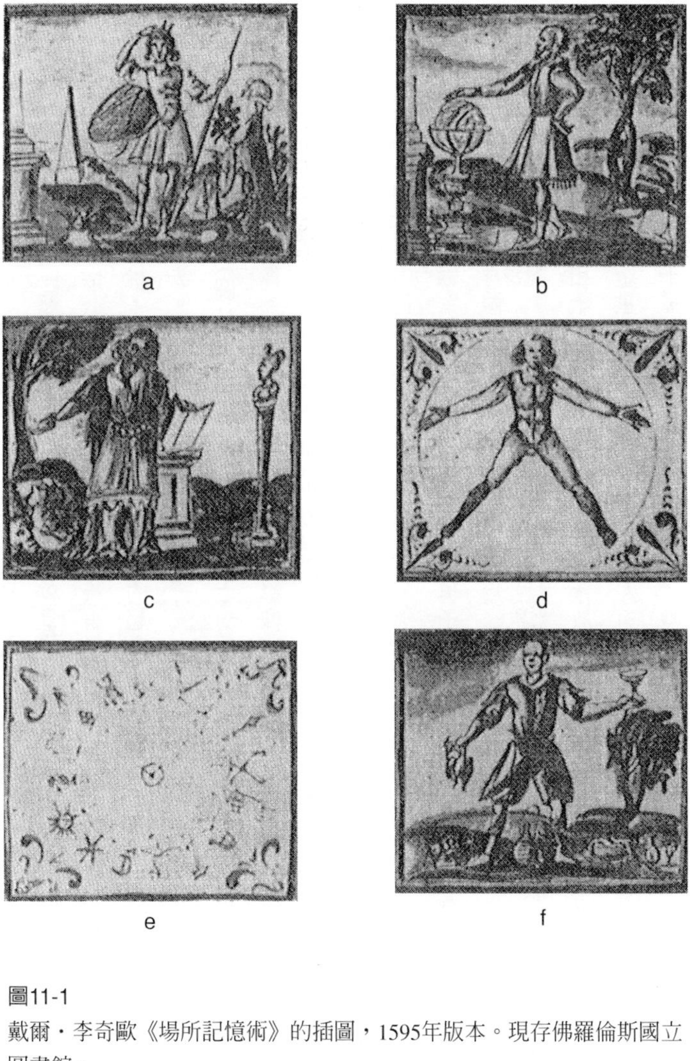

圖11-1

戴爾・李奇歐《場所記憶術》的插圖，1595年版本。現存佛羅倫斯國立圖書館。

了一般所知的記憶場所的法則。他也提出在聖瑪麗亞修院的教堂裡設定一些記憶場所的例子，從主聖壇開始，可以把「慈善」放在那兒；然後往教堂的其他各處走，也許可以把「希望」放在齊奧迪聖壇上；把「信心」放在賈第聖壇上，之後再繼續在所有的小禮拜堂的聖壇上、聖水缽、陵墓等等位置上安排，直到繞完一圈回到原定的起點。⑦戴爾・李奇歐教導的是用記憶術記下各種德行的老式方法。

「第二位智謀者」（圖11—1c）也是一位男士，旁邊有各種東西，包括一座雕像——其實是一個立在柱頂上的胸像。這個人代表的是「使用影像」的要則。影像可包括實物的影像、意象，以及雕刻家刻的與畫家畫的形象。尼可羅・賈第先生府邸的廳廊裡就有一些精美的雕像，很適合做記憶影像用。⑧在短短一瞥這麼有藝術性的記憶之後，接著來的是非常難懂的按字母順序排列的一覽表，其中包括各種工技、聖徒名字、佛羅倫斯家族姓名。

「第一位隊長或直線」是一條垂直線畫在一名男子身上。黃道十二宮的星座一一放在他身體上，按照各宮職司的身體部位而排列，按這樣成爲一種記憶系統。⑨

「第二位隊長或圓圈」（圖11—1d）是一個置於圓圈內的四肢伸開的男子。他身上的各部位要用來記憶四大元素和十一重天：地放在腳上；水放在膝上；風放在腰窩；火放在手臂；月在右手；水星在下臂；金星在肩；日在頭；火星在左肩；木星在左下臂；土星在左手；恆星界在左肩；水晶界在腰；十重天在雙膝；天堂在左腳。⑩

「第三位隊長或橫線」（圖11—1e）是十二件小東西放在一個圓圈上。戴爾·李奇歐解釋，他是在「史卡拉街」上記憶了這些東西。⑪去過佛羅倫斯的人也許記得，這條街仍在，經過聖瑪麗亞修道院廣場。他在這條街上的神龕上記憶一位佩著十字架的修士（見圖中圓圈正上方的十字架）；在一排老房子的第一家門上記憶一顆星；在賈可波·狄·波哥家的門上記憶太陽等等。他在道明會修士們的一間密室裡也用了這個記憶法，把密室分成多個場所，分別記憶約伯比喻人的七種苦。⑫

「餐食與僕人」（圖11—1f）中是一個手持食物和酒的男子。地方的記憶就像吃與喝。如果我們一下子把所有的食物吃完，就會消化不良，所以要分成多餐。地方的記憶也是一樣：「一天兩百個意念，或是聖湯瑪斯的兩百件事物，如果我一起牀就馬上記憶它們，會太勉強了」。⑬所以要小量地做場所的記憶。長此以往，也許可以達到著名宣道士帕尼嘎羅拉（Francesco Panigarola）的程度，據說他用過數以十萬計的記憶場所。⑭

戴爾·李奇歐對於精彩的文藝復興記憶術變遷並無所聞。他是屬於老一派的。他把德行的影像放在聖瑪麗亞修院教堂裡的記憶場所上（這所教堂曾是道明修會在記憶術上引領風騷的重地），運用在薰陶虔敬心的方面，運用到極致時會激發大量德行與罪惡的影像產生。我們不必猜疑他使用黃道十二宮的動機，這是記憶術論文自然而然會提及的可用方法之一，沒有理由不把十二星座理性地當作記憶次序來用。他的目的是要記下十一重天的次序，方法雖然稚氣，卻沒有用法術的意思。他是在使用傳統的道明修會記憶技巧，藉此記下虔敬的素材，其中包括阿奎那的《神學總彙》。他是記憶術自中古時代全盛以後走衰勢的一個樣本，凸顯的是後期記憶論述的思維模式。

我爲什麼在這裡介紹戴爾・李奇歐修士？因爲他的想法和作法和布魯諾在《印記》裡說的相似。例如，布魯諾把聯想的原理說成「連接者」，把使用影像說成「繪畫者宙克西斯」。《印記》便是這些，是記憶術原理和方法的陳述，這卻是魔法化了的記憶術，摻雜了盧爾主義和卡巴拉思想，爆發成不可思議的謎。布魯諾是把他在道明修會裡學到的記憶藝術實行到他自己的奇怪用途上。

布魯諾在英國避人耳目出版的這本奇怪的書（沒有印出版日期和地點），伊莉莎白一世時代的讀者若想看懂，應該會從頭開始看，也就是從「回憶的藝術」開始。⑮布魯諾沿用先前的術語，稱記憶場所是「境地」，記憶影像是「置入」。他舉出記憶術的古典法則，大致按常見的記憶專論加以闡述。⑯布魯諾似乎打算製造大量的記憶場所，他說，假如已經把自己住的城市一個區的房子用完，不是不可以再用另一區的其他房子。如果羅馬的場所用完了，可以接著從巴黎的場所再開始⑰（這令我們想到拉維那的彼得，他養成在旅行中蒐集記憶場所的習慣了）。⑱布魯諾強調，影像必須鮮明，而且要有關聯性。他舉了三十種組成影像的方法，都是藉聯想提示（一般記憶專論也會這樣列舉方法）。⑲他認爲自己的詞語記憶法比圖里亞斯的高明，在此也引用了《赫倫尼》的文句，當那是圖里亞斯的著作，並未改正中古時代的錯誤。⑳他建議用他所謂的「半數學的」主體爲記憶系統，㉑也就是用圖表式的數字，不算是一般所知的數學，卻有數學的意味。

看過隆貝赫或是羅賽留斯的人，會看出這個「回憶的藝術」應該歸入記憶專論的文類。布魯諾自己卻說，方法雖然是老的，他卻是按新的更好的方式使用。這新的用法與「瑟西之歌」有關㉒（大概是《瑟西》中對行星發的魔咒，英國出版的「回憶的藝術」並未將它納入）。由此可見，「回憶的藝術」的核心有瑟西女巫式的神祕，至於那究竟是什麼，伊莉莎白時代的讀者可能莫測其高深了。接著就是「三十印記」的大謎團了。三十句魔法記憶原理與技巧的陳述，後面跟著另外三十句不易理解的「解釋」，其中有些句附有無從解明的「半數學」圖表說明。我實在不知道有多少讀者能解開這個大謎團。

第一個印記是「場地」。㉓這場地是記憶或想像，是供場所和影像發揮技巧的廣闊空間。布魯諾在此簡短而含糊地概述了一下法則，強調影像必須有醒目而不平常的特色，因而有感動人的力量。這裡也提到「猶太法典家索里曼」(Solyman the Thalmudist) 有分成十二支的記憶系統，用各族族長的名字標示。

「天上」

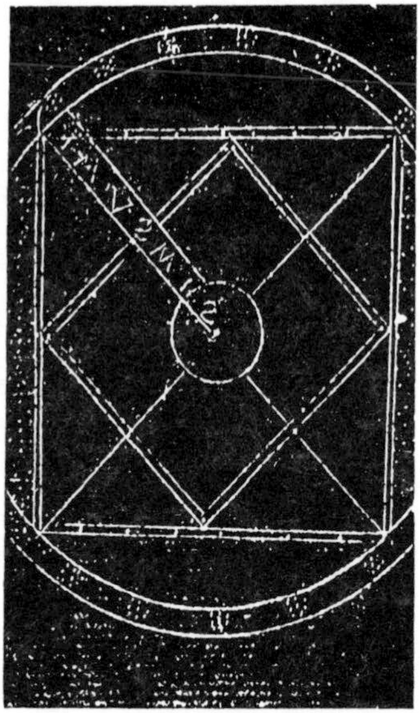

「陶匠的轉盤」

圖11-2 原載布魯諾《三十印記》，1583年倫敦版。

第二印記是「天上」（圖11—2左）。㉔按此，「天上的影像的次序和系列可以刻成」一個依某種方式區分的球體，劃成場所和地點。這段敍述附有圖解說明，是以占星術十二星座爲本。布魯諾把十二星座當成記憶場所，或記憶室，「天上的影像」就刻在其中。

「鎖鏈」的印記㉕強調，記憶必須一個接一個地推進，如同鎖鏈的一環扣一環。這聽來很像聯想，類似受了亞里斯多德思想影響的記憶法則。可是布魯諾給這個印記做的解釋卻說，鎖鏈其實是黃道十二宮，十二星座前後相連不絕。他並且講到自己在《影子》裡有關黃道十二宮的陳述，也把其中引用過的那首論星座次序的拉丁文詩再引用了一次。㉖

看到這裡，糊里糊塗的讀者會想到，這些「印記」，或部分的印記，說不定是在講《影子》裡的記憶系統。

接下來的三個印記是盧爾式的。「樹」與「林」㉗與盧爾的「科學之樹」銜接，聚成林的樹木代表各門學科知識，每一棵樹都從共同基本原理的根生出。「階梯」㉘講的其實就是《小藝術》中盧爾記憶之輪字母組合的第三圖形。讀者不免會想到，這些「印記」也許是在講使用盧爾式組合系統的原理，如《影子》所述，要與融入占星術和魔法的古典記憶術並用。

這些猜測在第十二印記「繪畫者宙克西斯」的部分成爲確定的事實。宙克西斯代表在記憶術中使用影像的原理。布魯諾說：「巴比倫人圖賽的影像供應給我三十萬個命題的提示。」㉙下面這段話也進一步證明《印記》是呼應《影子》的：

> 爲了改進自然記憶與教導技巧記憶，我們現在有了雙重的圖像；一個是我們爲了在記憶中留存而按影像及符號的奇特描述所形成的，我在《概念的影子》附帶的記憶術中舉過例子；另一個是根據需要而虛構有知覺事物的比喻影像，藉此提示我們要記住的無知覺的事物。㉚

我認爲，兩種記憶的「雙重圖像」包括⑴以星靈影像爲基礎的記憶，布魯諾在《影子》中已經列舉這種影像，又在《印記》中討論；⑵使用「虛構」影像的常見古典記憶法。但是，按布魯諾的系統，即使是常見古典記憶法的技巧，也從來不照常見的方法用，必然是藉著與星辰的系統結合而化爲魔法的活動。

這些「印記」雖有好幾個都提到《影子》的系統，卻並不限於任何系統的範圍。反之，布魯諾表示自己在試驗所有可能的方法，也許會有出乎意料的發現，就如同沒煉成黃金的術士意外獲得重要的發現。㉛他在隨後的「印記」中試驗了各種不同的星靈排列組合、盧爾式的（或他認爲是盧爾式的）設計、卡巴拉祕法，都是爲了尋找眞正可行而有效的方法。這無休止的尋找也每每帶進記憶的話題，記憶的各種技巧雖然在一個個「印記」中變成玄祕法術，卻仍可辨認出來。我寫本書的一貫不改的仁道態度就是，讀者受記憶折磨之苦能免則免。所以我不打算把三十個「印記」全部講到，只再選其中幾個談一下。

第九印記是「桌枱」，㉜描述「形象字母」，講到如何用名字以某字母起頭的人的影像來記住字母。讀者應該沒忘，拉維那的彼得用這個方法的經典範例：對調尤瑟比亞斯與湯瑪斯的位置，藉此幫他記住ET與TE。㉝布魯諾在這個印記以欽佩的語氣記述拉維那的彼得。

第十一印記是「旗幟」，㉞以掌旗者的影像代表整組整組的事物：柏拉圖、亞里斯多德、戴奧吉尼斯、一個懷疑主義者、一個伊比鳩魯派的人的影像，都不只代表個人，而是包括與他們各自相關的許多事情。這又是從舊傳統而來：用各門技藝與科學的傑出人士當作記憶影像。

第十四印記是「戴德拉斯」(Daedalus)，㉟提出一系列記憶物件，可以附加或放置在主要影像上，其功用是以主影像爲中心組織起一叢叢的意義。古老記憶術傳統也有布魯諾的這種記憶物件系列。

第十五印記是「計數者」，㊱描述如何用形狀像數字的物件來組成數字的影像。這是老式記憶論著中常講到的方式，以往的論著中會附上一組代表數字的物件以及形象字母表爲說明，或是用插圖呈現形似字母的一組東西。

第十八印記是「百數」，㊲在一百個場所安排百人一組的朋友群，這是古典法則所說的用認識的人當作記憶影像的例子。

第十九印記是「化圓爲方」，㊳是以不可免的占星術圖解爲基礎。布魯諾用一個「半數學式」解這個亙古難題，以魔法圖形充當記憶用的場所系統。

第二十一印記是「陶匠的轉盤」(圖11—2右),㊴又是用占星術的圖解,其中有一斜條上寫著在盤中旋轉的七行星的名稱的第一字母,這是很難懂的一套系統。

第二十三印記是「博士」,㊵用了肉販、麪包師、剪髮師等不同種類的店鋪爲記憶場所,與隆貝赫書中的一幅木刻插圖(圖5—1)所示的方法相似。但是布魯諾的店鋪並不是這麼直截了當。

第二十六印記是「瑟西的場地和花園」,㊶是極端魔法式的系統,顯然是要念咒召喚七行星成功之後才能夠形成的。熱溼、熱乾、冷溼、冷乾等元素混合狀態在七個宮的場所中變化、移動,促成心靈內在元素性質的改變。

第二十五印記是「遊歷者」,㊷記憶影像遊歷經過不同的記憶房間,每個影像都從房間裡存放的記住的素材中提取所需要的。

第二十八印記是「卡巴拉的圍籬」,㊸教會的、俗世的社會秩序,從教皇到教堂執事,從君王到農民,都有按階級地位的記憶影像代表。這是大家熟悉的記憶次序,許多記憶論著都說過這種便於記憶的人物秩序。但是,布魯諾的系統中的次序會發生卡巴拉式的變換與組合。

最後是第二十九印記的「組合者」與第三十印記的「解讀者」,㊹也就是盧爾式的變換組合,以及玄祕的希伯來字母操弄。

布魯諾究竟想要做什麼?他在處理兩套概念,記憶的與占星術的。按記憶術的傳統,利用影像可以使任何事物都比較容易記住，記憶用的影像應當鮮明而有激動情緒的力量，而且應當彼此可以銜接。布魯諾要把根據這些原理而來的記憶系統與占星術的系統連在一起操作，並且運用了有強效魔法的影像、「半數學」或魔法的記憶場所，以及占星術的相關等級次序。他這樣做便是把盧爾式組合與猶太玄祕法術混用了！

卡米羅的「劇場」就已經有結合記憶與占星術的想法。布魯諾卻要爲這種想法發展出比較合乎科學的細節。我們從《影子》的系統就可以看出他這種用意。《印記》中的他把方法和系統一個接一個地試驗，也是爲了這個目的。這又讓我們想到電腦了。布魯諾相信，只要他能做成一個會進入占星系統的方法，他就能隨時借用大自然的機制來管理心靈，因爲占星系統反映了行星與黃道十二宮的互動關係的變換組合，以及它們對各星座的影響。我們在上一章已經說過，把布魯諾的記憶系統當作電腦遠祖的看法，有其參考價値，但不宜太當眞。我們如果刪掉「魔法」這個詞，把追求祕法記憶術的人下的工夫，視爲追求心靈的「原型」形象組合，這又似乎走進了近代心理學的某些主流。而我的建議仍是，這樣扯上心理學只會徒增困擾，對於理解布魯諾是幫了倒忙。

我贊成把布魯諾放在他的時代裡看，注意他規劃記憶的不同時期面向。其一就與他反對亞里斯多德式自然哲學有關係。他講到記憶系統中的「掌旗」影像與自然界的星辰組合相關，自然而生與生於自然的一切，如同軍隊中的士兵，要跟隨指派給他們的領袖。……阿那克薩哥拉很清楚這一點，亞里斯多德前輩卻因爲他那不可行的、無中生有的把事物之真實做邏輯的分隔，所以無法做到這一點。㊺

從這裡可以看出布魯諾的反亞里斯多德立場的根由；自然界的星辰分組歸類，抵觸了亞里斯多德的學說，用星象組織記憶的人也無法接受亞里斯多德的自然哲學思考方式。布魯諾從他的原型記憶影像的魔法中看見，自然的分組歸類是用魔法與聯想的環扣維繫在一起的。

我們再想想文藝復興時代如何理解影像的法力，就會發現這又是布魯諾記憶觀點的一個方向。我們看見，魔法影像的魔法在文藝復興時代可以解釋爲一種藝術性的魔力；影像因爲具備完美的比例而充滿美學力量。因此，像佐丹諾・布魯諾這樣有非凡天賦的人，密集的內在訓練想像力，有可能是特別的內在形態。從他討論「畫家宙克西斯」與「雕刻家斐底亞斯」這兩個印記可以看出，他的記憶術是屬於文藝復興一派的。

畫家宙克西斯能畫記憶的內在影像，布魯諾從他開始把繪畫和詩做了比較。布魯諾說，畫家和詩人得到的力量是均等的。畫家的想像力 (phantastica virtus) 優異，詩人的認知能力優異，是來自神靈啓示的熱忱迫使詩人把認知的表達出來。所以詩人的力量來源與畫家的力量來源是接近的。

因此哲學家從某些方面看也是畫家和詩人；詩人因此也是畫家和哲學家；畫家因此也是哲學家和詩人。所以，眞正的詩人、眞正的畫家、眞正的哲學家會彼此尋覓而彼此欣賞。㊻

因爲哲學家沒有不會塑造與繪畫的；所以無須懼怕「理解就是用影像推斷」這句話，而理解「就是想像，或者，沒有想像就不可能有理解」。

在關於記憶術影像的討論中看見詩等於畫的說法，令我們想到普魯塔克曾說過，最先把詩與畫並論的人就是發明記憶術的賽莫尼底斯。㊼不過，布魯諾想到的是賀瑞斯的名言「圖畫是敍事詩」(ut pictura poesis)，這也是文藝復興時代詩畫理論的基礎。他再配上亞里斯多德名言「思想是用影像進行推斷」，㊽這一句話是經院派用來合併亞氏與「圖里亞斯」的古典記憶論的，㊾許多記憶論著都提過。於是，布魯諾筆下的畫家宙克西斯繪製記憶的影像，代表「使用影像」的古典法則，布魯諾藉他達成詩人、畫家、哲學家基本上是同一者的結論。三種人都在想像中作畫，如同宙克西斯繪製記憶的影像，第一個表達出來的是詩，第二個是畫，第三個是思想。

「雕刻家斐底亞斯」代表的是記憶的雕刻師，從內在雕塑記憶的雕像。

斐底亞斯是塑造者。……就像雕刻師斐底亞斯，或在用蠟塑造，或在用一些小石塊往

上加著築構，或是如同往下減把粗糙不成形的石頭雕刻著。(50)

最後半句令人想到米開朗基羅，鑿刻著沒有形狀的大理石塊，要把他看見藏在裡面的形狀釋放出來。雕刻想像的斐底亞斯也一樣（布魯諾似乎在這麼說），要把形狀從記憶不成形的混亂中釋放出來。在我看來，「斐底亞斯」的這個印記有深層的含義。布魯諾這位記憶藝術家的用意似乎是，要我們看見饒富意義的記憶雕像從無到有，去蕪存菁釋出形狀，因而深入這項創造藝術的核心。

我們不要忘了前面提過的伊莉莎白時代的讀者。他曾經面對「三十印記」的大謎團。結果突破了嗎？他是否一直讀到「宙克西斯」和「斐底亞斯」的部分？如果是，他就是讀到首度在英國發表的文藝復興詩畫理論說明，而他是在祕法記憶術的影像闡述架構中讀到的。

魔法師、畫家、詩人、哲學家的「三十印記」作爲，是以什麼哲學思想爲基礎？在「農夫」（第八印記）耕耘記憶之田的部分可以找到答案：

正如所謂宇宙是上帝的形象，三度至上者並不怯於稱呼人是宇宙的形象。(51)

布魯諾的哲學即是赫米斯哲學：人就是赫米斯傳統中《阿斯克勒比厄》所形容的「偉大奇蹟」；人的心智是有神性的，本質與統御宇宙的星辰是相似的，這是赫米斯傳統的《牧人者》說的。我們曾在《卡米羅的劇場要旨》裡詳細找出記憶劇場與赫米斯傳統的淵源。[52] 卡米羅要建造一個映照「宇宙」的記憶劇場，把這個「宇宙」映照在記憶的「宇宙」之中。布魯諾也是以同樣的赫米斯原理爲出發點。假如人的心智是有神性的，宇宙的神聖組織就存在人的心智之中，一種藝術如果能在記憶中複製出這神聖的組織條理，就能擷取宇宙的力，而宇宙力是存於人的內在的。

布魯諾認爲，一旦記憶的內容歸於統一，心靈中就會出現超越表象多樣的「一」的幻象。

> 我在思索的是一門科目的一種知識。因爲一切的主要部分本來就有主要形態……而其所有次要形態都與主要部分會合了。[53]

這是「泉水與鏡」（第二十二印記）的說法。各個部分在集合，次要部分和主要部分會合了，把人累壞的這套系統開始收穫成果了，我們也在開始思索「一門科目的一種知識」。

這揭示了布魯諾記憶工夫的宗教目的。我們於是準備好要接著一探「印記中的印記」的究竟了。這個部分與《影子》中充滿想像的第一部分相當。《影子》是從統一的想像向下發展記憶系統的統一過程，《印記》是反過來的，從記憶系統開始，以「印記的印記」結束。我只能就我的觀感把這部論著做個節略的說明。

一開始就宣稱有神聖的靈感降臨。「神聖的精神把這些事物注入我內心。」㊹我們既已跟著天界神祇走，現在即將進入最高天界的環道。布魯諾在這裡列出了古代的記憶術名人，有考奈亞底斯、西尼亞斯、麥卓多羅斯，㊺以及最重要的一位──賽莫尼底斯，憑藉他們的善德，一切事物得以被追尋、求得、整理排列。㊻

賽莫尼底斯被變成一位神祕主義的啓蒙者，是他曾教導我們如何在天界層級上統一記憶，現在又要帶我們進入最高天界。

一切都是從上往下傳，從思想的泉源下降，而且可以從下面往泉源上升。「你若使自己與自然界的巨匠一致，……假如你憑藉記憶與悟力而能理解三重宇宙的構造以及其中包含的事物……結果會是無比奇妙。」㊼遵從構造自然界的大師，將獲得奇妙結果，這令人想到阿格里帕曾說過的話：赫米斯式的上升天界乃是成就一位術者的必備經驗。㊽「印記的印記」之中的記憶術的美化典型就是要導向這種經驗。

布魯諾接著用大段鋪陳詞藻講認知的等級，但並未脫離記憶論述的一般範圍。一般論文通常會概述官能心理學的作用，按經院派心理學，因感官印象產生的影像，經由官能心理的作用，

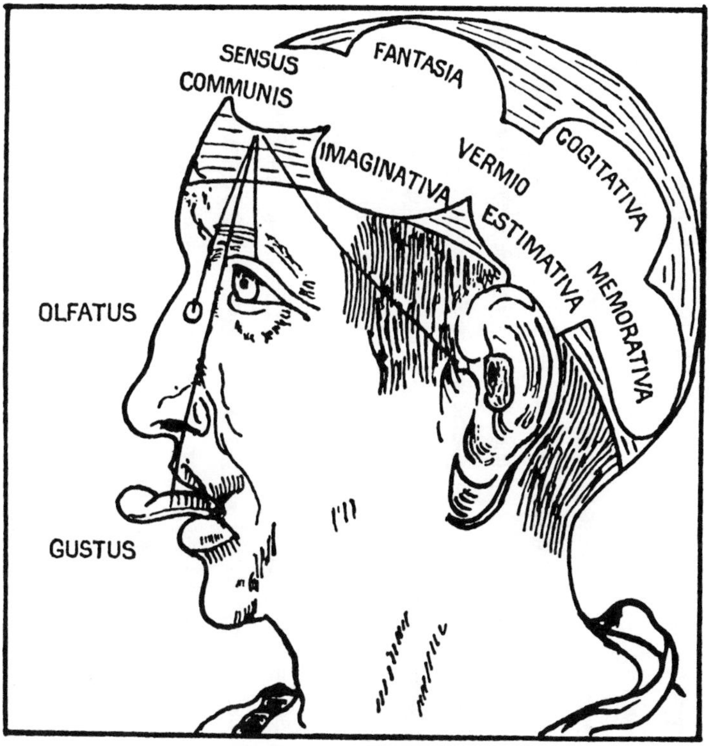

圖11-3
「官能心理學」的圖解，按隆貝赫著《技巧記憶彙編》插圖重畫。

從「一般感受」（sensus communis）進入心靈的其他部門。例如，隆貝赫的論著中就有幾頁講述官能心理學作用，引用了阿奎那的許多話，還有一幅圖解，是一個男人頭部剖開呈現其中各種官能的部門（圖11—3）。[59]布魯諾想到是記憶專論例常有的這種圖解，可是他的論點是反對這樣把心靈劃分成官能心理學的多個部門。他的這幾頁鋪陳[60]類似一篇宣言，主張想像在認知過程中居於首要地位，而認知過程不是分配於多種官能的，卻是整體爲一的。不過他把認知分爲四個等級（這是受普洛替納斯的影響），也就是感受、想像、推理、領悟四等，但是排除了專斷的區隔，在彼此之間開了互通的門。末了他還聲明，他認爲認知的整個過程是一體的，而且基本上就是一個想像的過程。

我們此刻再回頭看「宙克西斯」和「斐底亞斯」，會發現他在這兩個「印記」談記憶中使用的影像時，已經表明了這個立場。按他在「宙克西斯」裡所說，理解就是想像，就算理解不等於想像，也必須藉想像才有可能理解。所以，只有在想像領域中作爲的畫家和雕刻家才是思想者，而思想者和畫家、詩人其實是一體的。亞里斯多德曾經說：「思想是用影像進行推斷。」這話的意思是說，抽象的思維必須利用感受得來的印象產生的影像才能夠運作。布魯諾把意思改了。[61]在他看來，這麼一種官能——能把事物抽象化的悟力——並不存在；心智只能藉影像運作，但這些影像的效能是有強弱之分的。

布魯諾說，由於神性的心智普遍存在自然世界中，[62]必須感覺世界的影像映照在心智中以後，才能達到對於神性心智的認知。因此故，想像力在記憶中整理影像，乃是認知過程中絕對必要的。必要而生動的影像會映照宇宙中的活力和生命（他指的是有魔法活力的星辰影像和「赫倫尼」記憶法則說的生動鮮明影像）[63]，這些影像能統一記憶的內容，建立外在世界與內在世界的神奇聯繫。影像必須充滿打動人心的情感，尤其必須具備導向愛的情感，[64]如此才有力量穿透外在與內在世界的核心。這是很特別的結合，既有古典記憶術主張的使用能激動情感的影像，又有魔法師使用充滿情感的想像力，還有愛的意象既神祕又有宗教意味的運用。這是布魯諾在《英雄的狂暴》中描述的愛之譬喻，有能力啓開心靈內在的「黑鑽石之門」。[65]

「印記的印記」最後是五個等級的認知。布魯諾將它們分成十五個「縮約」。[66]他在這裡談的是宗教經驗，是良好與不良的沈思，是好的與壞的宗教信仰，是良好的「魔法的宗教」——也是最好的一種宗教，不過卻有惡劣的僞造品和十分相像的對應品。我在另一本書中詳談了這些段落，[67]指出布魯諾是在追隨阿格里帕的魔法宗教論，但是說得比阿格里帕詳盡而且走入更極端的方向。他就是在這裡說出惹禍上身的話。他把阿奎那、瑣羅亞斯德、使徒保羅等同，當作達成最優縮約的同一人。[68]要達到這種境界，須經歷獨處和退隱的時段。摩西走出何烈山的荒涼之後，才在法老王的術士面前行神蹟。拿撒勒的耶穌也是在荒野中面對魔鬼之後，才做了種種奇妙事工。拉蒙・盧爾在度過隱士生活後，才以許多發明證實他的深奧知識。享有隱者稱號的巴拉塞蘇斯，是新醫藥學的發明者。[69]不分古埃及人、巴比倫人、德魯伊信徒（Druids）、波斯人、穆罕默德信徒，好沈思的人都曾達到這個高超境界。因爲，在低等級與高等級人事物之中運作的是同一個心靈力量，擁有神蹟能力的偉大宗教領袖便是從這個力量產生。

布魯諾便把自己呈現爲這樣一位領袖，提出一種宗教信仰，或者說是一種赫米斯式的經驗，或是一種內在的神祕崇拜。這種宗教崇拜中有四個嚮導，「愛」憑神聖的狂熱把靈魂提升到神性；人藉「藝術」而能與宇宙的靈魂連接；「科學」是將數字做魔法運用；「魔法」則是宗教的法術。[70]吾人跟隨這四個嚮導，就可以漸漸領會四目標，第一個目標就是「光」。[71]這乃是古埃及人所說的原始的光（他指的是赫米斯大全中的《牧人者》論原始之光的那一段）。占星秘術家、古埃及人、畢達哥拉斯信奉者、柏拉圖主義者，所有最優秀的沈思自然世界的人，都熱切崇拜太陽。柏拉圖說太陽是至尊神的形象，畢達哥拉斯在太陽升起時唱讚歌，蘇格拉底在日落時向它致敬而且禁不住狂喜。

在布魯諾的祕教式改頭換面下，記憶術變成一種魔法及宗教兼而有之的技巧，是一種與宇宙靈魂相連的方法，成爲赫米斯神祕崇拜的一部分。記憶的「三十印記」解開後，這便是「印記的印記」揭示的「祕密」。

這自然會引起一個疑問。那三十個布滿無從透析的記憶術忠告的「印記」，是不是爲了庇護「印記的印記」而設的障礙？是否爲了防止外行人觸及這本書的核心？布魯諾眞的相信他自己闡述的這些難以置信的記憶術模式嗎？這會不會是個幌子，爲了掩護他要傳播的神祕宗教而設計的文字迷障？

這樣的疑問幾乎足以使人如釋重負，因爲這多少算是給「印記」提出有些合理的解釋。按這個觀點，「印記」本來就是不要讓人看懂的。那些各式各樣的記憶方法，奧祕化了，「印記」的標題又帶著法術意味，都是要製造一種謎樣的屏障，擋在外行讀者和「印記的印記」之間。許多從頭開始看的讀者，讀不到結尾就會把它擱下了。這就是印記的本來目的嗎？

我認爲，布魯諾討論記憶的著作的布局雖然有要遮掩的動機，卻不是只爲了要遮掩而已。他確實出於眞心想要做一件他認爲可行的事，也就是找到方法把含有重要意義的影像排組好，從而引發內在統一的效果。「我們可以藉它而與宇宙靈魂連結」的那個「藝術」，是他的宗教之中的嚮導之一。它不是用來掩護他的信仰的一個幌子；它是這個信仰不可或缺的部分，是這個宗教的主要方法。

此外，我們也看到，布魯諾在記憶方面的鑽研並不是一個單一現象。這屬於一個明確的傳統，屬於文藝復興時代的祕法傳統，祕法形態的記憶術本來隸屬其中。到了布魯諾身上，赫米斯傳統的記憶術演練變成了宗教信仰的精神修鍊。這根本上是信仰奮鬥的鑽研行爲，也有其壯觀之處。這「愛」與「魔法」的宗教，建立在「想像之力量」的基礎上，也建立在「意象之藝術」的基礎上。影像按複雜的聯想次序呈現宇宙不斷在變的所有形態，反映出天界不斷在變的運行，充滿打動人心的情感，永遠在試圖把宇宙的偉大「單體」反映出來，統一在人的心智之中。這麼宏大的企圖不可能完全沒有引人肅然起敬之處吧。

這麼特別的一部作品，會留給伊莉莎白時代的英國讀者什麼印象？

讀者應該曉得記憶術一般大概是什麼樣子。在十六世紀初期的英國，教會以外的人已經開始對記憶術產生興趣，其他國家的情況亦然。史蒂芬・郝斯（Stephen Hawes）所著的《樂趣消遣》（*Pastime of Pleasure*, 1509）中，「修辭女士」描述了場所和影像，這也許是史上第一次有人用英文談論記憶術。一五二七年出版的開克斯頓（William Caxton）著的《世界的鏡子》（*Mirrour of the World*），包含關於「技巧記憶」（Memory Artyfcyall）的一段討論。歐洲大陸的記憶論著傳到了英國，拉維那的彼得所著的《鳳凰》的英譯本於一五四八年出版。[72]伊莉莎白一世在位早期，記憶教科書風尚的代表是福爾伍德的《記憶城堡》，[73]是葛拉塔若羅原作的英譯。這本書的第三版於一五七三年印行，題詞說是獻給菲利普・席德尼（Philip Sidney）的舅舅——萊斯特伯爵勞伯・德特里（Robert Dudley, Earl of Leicester）。可見這位好義大利風的英國貴族並沒有把記憶術排除在自己的興趣之外。《記憶城堡》引用了西塞羅、麥卓多羅斯（他的黃道十二宮系統）、阿奎那的論點。

然而，在伊莉莎白在位中期的一五八三年間，奉新教的教育權威是反對記憶術的，與論可能也普遍反對。伊拉斯謨對於英國人文主義的影響很深，我們也在前文說過，伊拉斯謨並不主張學練記憶術。奉新教的教育理論家梅藍克頓在英國是受景仰的人，他主張把記憶術從修辭學剔除。還有清教徒的拉姆斯論者，當時勢力非常大，說話聲音也大，他們認定不涉影像的「辯證次序」是唯一的記憶技巧。

由此可知，即便是比較常態的記憶術，這個時候試圖引進英國都會遭遇有權有勢的反對力量。像《印記》講述的這麼極端玄祕的記憶論，又會有怎樣的下場呢？

伊莉莎白一世的子民初讀《印記》的感覺大概是：這個人是從教皇至尊的舊時代來的。這奇怪的義大利人說的兩種藝術——記憶術和盧爾的「藝術」——都是中世紀的老東西，都是和修道院關係特別密切的，一個與道明會修士有關，一個與方濟各會修士有關。布魯諾來到英國的時候，不會在倫敦大街上看見像佛羅倫斯的那種景象：「黑衣修士」們走來走去物色記憶系統需要的場所。新派的牛津劍橋博士們不會拿著盧爾「藝術」的輪子在那兒轉動，也無意強記那些圖表。修士已經被掃地出門，他們居住的宏偉修道院或被充公，或是已經成了斷垣殘壁。布魯諾和他的「藝術」在《印記》中留給讀者的第一印象，可以從第二年接著出版的義大利文對話錄的相關段落得到確認。因爲布魯諾在對話錄中爲昔日牛津的修士們（現在是被學弟們鄙視的一群）辯護，並且譴責奉新教的英國摧毀天主教時代的建築與根基的行爲。[74]

中古時代變質的記憶術，已經成爲英國以及歐洲其他國家構成整體中世紀文化的一個必要部分。⑮昔日的英國修士們當然也曾利用銘記「畫面」實行記憶術。⑯布魯諾雖然把阿奎那的名字和自己的藝術扯在一起，顯而易見，《印記》講的不是中世紀與經院派的記憶術，而是文藝復興的神祕崇拜形態的記憶術。前文說過，在義大利，文藝復興的記憶術是從中古時代的記憶術發展出來的，並且精美地奉祀在卡米羅的「劇場」裡。就我所知，英國並沒有這樣的發展。

有一種人物是英國不曾出現的，就是文藝復興風氣下的多才多藝的修士。這是因為英國發生了持續的宗教動亂。我們如果想到威尼斯的方濟各修會修士法蘭且斯科・吉奧基，他曾在自己的著作《和諧的世界》中，把文藝復興的赫米斯思想和卡巴拉影響注入中世紀的宇宙和諧固有思想，⑰就會因而發現英國沒有出過這樣的修士，如果有，可能也只是在戲劇裡。英國的修士退回了中世紀的過去，迷信的人可能因為擔心古老魔法被摧毀的後果而恐懼他們，他們卻不屬於文藝復興的時代，和耶穌會修士是不一樣的。伊莉莎白時代的英國人如果從未走出過國境，也許從未見過文藝復興時代的修士，狂野的還俗修士布魯諾應該是第一位。他突然現身英國，帶著他從修士們的古老記憶術發展出來的赫米斯式魔法兼宗教性質的技法。

布魯諾未來到之前，唯一可能幫英國人做一點準備功課的英國人物——應該說是威爾斯人，就是約翰・狄。⑱他飽受文藝復興玄祕思想的影響，和布魯諾一樣熱烈地實踐阿格里帕《論玄祕哲學》中的魔法祕方。他對於中古時代也有很深的興趣，蒐集了別人嗤之以鼻的中世紀老手稿書本。他想在英國促成義大利文藝復興「新柏拉圖主義」順理成章發生的中世紀傳統轉型，但他是單人獨行，沒有威尼斯盛行的那種研究神祕學的學院的支持。狄可以稱得上是盧爾之術在十六世紀復興時唯一的英國代表人物。他的藏書室裡有一批盧爾主義的手稿本，裡面夾雜著僞盧爾的煉金術作品，[79]顯然他也相信文藝復興時代關於盧爾的一些假說。看來他對於轉變中的記憶術的認知課題應該也曾注意過。

狄著的《象形單體》[80]是指以七行星的特點聚合成的一個符號。他爲發現這個組合符號而興奮不已。這可能是因爲，在他眼中，他的「單體」也許是許多有意義的符號的統一排列，吸收了星靈力量，對人的心靈能發生統一的作用，使心靈變成「單體」或「一」，映照出宇宙的「單體」。狄的符號雖然沒有用到記憶術的場所和影像，我在前文中說過，[81]他的根本假設，也許和卡米羅劇場用行星的影像與特性，和布魯諾假定星辰影像和特性有統一記憶的能力，都是異曲同工。

因此，曾經受教於狄的那些人——這些人可能在他導引下，接觸了赫米斯的「單體」神祕思想，也許對於布魯諾的記憶系統在講些什麼可以多少有些概念。我們知道，菲利普・席德尼和他的朋友福克・葛瑞維爾（Fulke Greville）、愛德華・戴爾（Edward Dyer）選中狄爲他們的哲學老師。布魯諾主動求見席德尼，並且把他在英國出版的兩部作品獻給席德尼，另外也在書中兩度提到葛瑞維爾。我們無從知道席德尼對布魯諾的感想，席德尼留下的著述中並沒有相關的證據。布魯諾題的獻辭卻十分熱烈地讚揚席德尼，顯然他也希望席德尼本人和席德尼交往的圈子裡的人，能成爲他的知音。

我們很想知道才子席德尼讀《印記》是否也很費力。他是否讀到了「宙克西斯」的部分，看到他如何繪製內在的影像，闡述著文藝復興時代「圖畫是敘事詩」的理論？席德尼曾在自己的作品《詩之辯》（*Defence of Poetrie*）闡釋過這個理論，而《詩之辯》的主旨就是反駁清教徒對想像的抨擊，寫作的時間可能就是布魯諾在英國的期間。

我們知道，《印記》與布魯諾在法國寫成的《影子》與《瑟西》是密切相關的。查爾伍德印行的《印記》中的「回憶的藝術」這一部分應是摘自《瑟西》，其餘各部可能取自布魯諾在法國寫成又帶到英國來的手稿。他聲稱自己的作品《巨鑰》有一部分來自「印記的印記」，[82]他在法國寫的書中都一再提到《巨鑰》。由此可見，《印記》大體上是把布魯諾呈給法國國王的「祕密」加以重述或申論之作。

布魯諾與法國的關係仍維持不斷，他將《印記》獻給法國駐在倫敦的大使毛威西耶（Michel de Castelnau de Mauvissière）的時候，正在大使邸中作客。[83]至於把「祕密」轉入英國的行動，他是開門見山直衝著牛津的副校長和博士們而來。[84]他把頌揚文藝復興神祕記憶術的《印記》，大剌剌擺在當時的牛津大學面前，形容自己是「世人沈睡靈魂的喚醒者、自不量力且頑固的愚昧之教化者、普世博愛的宣揚者」。他展示「祕密」給伊莉莎白的子民看，並不採取禮讓低調的態度，而是極盡挑釁之能事，宣稱自己是從沒有派系的立場大膽直言，他既不屬新教也不屬天主教的立場，而是有新的訊息要宣告世人。《印記》是布魯諾英國生涯的這齣戲的第一幕。必須先讀過這部作品，才能夠讀他後來發表的義大利文對話錄，因爲《印記》說明了撰寫對話錄的這位「術者」的思維與記憶。拜訪牛津、與牛津博士們的爭議、《聖灰星期三晚餐》和《原因，原理與一》反映的這項爭議、《逐出得勝之獸》中的道德改革概述以及宣示赫米斯信仰即將復興、《英雄的狂暴》的神祕主義忘形狂喜，這些未來的發展都已經隱含在《印記》之中。

布魯諾的「祕密」在巴黎所處的氛圍是，卡米羅「劇場」的記憶猶在，喜好神祕的國王爲首推動表面上是天主教的某種深奧難懂的信仰。那比他像炸彈般突然投入的奉新教的牛津的環境要友善多了。

12 布魯諾與拉姆斯的記憶論衝突

一五八四年間，英國發生了一樁很不平常的爭議。爭議雙方是一位忠實的布魯諾信徒，以及劍橋大學的一位拉姆斯信徒。這也許是伊莉莎白時代最根本的爭議之一。要等到這個時候，到了記憶術歷史上的這個轉折點，人們才開始明白問題出在哪裡，亞歷山大・狄克森（Alexander Dicson）①拋給拉姆斯主義的布魯諾利器是什麼，威廉・柏金斯（William Perkins）爲什麼憤怒回應，說拉姆斯的才是正宗的記憶術。

這樁爭議②始於狄克森的《論理性的影子》（*De umbra rationis*），這是仿布魯諾的《影子》之作（書名也呼應《影子》的原名 *umbris idearum*）。這本作品只有小冊子的篇幅，書名頁上的出版年份是一五八三年，題銘獻給萊斯特伯爵勞伯・德特里，並標明是「一月朔日」所寫的。因此，按現代的計算法，應是一五八四年初出版的。這本書招來的回應是《反對狄克森論》（*Antidicsonus*, 1584），作者自稱是 G. P. Cantabrigiensis（劍橋的 G.P.），G是「威廉」的拉丁文拼法 Guglielmus 的縮寫，P即是「柏金斯」。這位劍橋的威廉・柏金斯是知名的清教派神學家，也是一位拉姆斯主義者。除了《反對狄克森論》之外，劍橋的 G.P.再發表了一篇短論，解釋自己爲什麼強烈反對「狄克森不虔敬的技巧記憶」，狄克森用化名海伊斯・塞普修斯（Heis Scepsius）寫了《爲亞歷山大・狄克森辯護》（*Defensio pro Alexandro Discono*, 1584）來反駁。G.P.在一五八四年再次發動攻擊，寫了《記憶論小冊》（*Libellus de memoria*），接著又發表了一篇短論《告誡狄克森關於其技巧記憶之虛誇不實》。③

這是一場純屬記憶課題的筆戰。狄克森抬出布魯諾式的技巧記憶，柏金斯認爲是咒詛、不虔敬的花樣，並且高呼拉姆斯式辯證次序才是唯一正確的、道德的記憶方法。我們熟知的記憶術老前輩，賽普西斯的麥卓多羅斯，在這一場伊莉莎白時代的衝突中擔任了重要角色。柏金斯指控狄克森是個「賽普西斯派」，狄克森欣然接受，並且用「塞普修斯」爲答辯的化名。按柏金斯的說法，「賽普西斯」派是指在不虔敬的技巧記憶中運用黃道十二宮的人。文藝復興神祕記憶術的布魯諾式極端表現，和拉姆斯主義的記憶術成了死對頭。這種爭辯表面上始終是兩種技巧記憶之爭，骨子裡卻是宗教信仰上的爭議。

我們初見《理性的影子》裡的狄克森，是朦朧的，包在布魯諾的「影子」裡。一開始的對話中，說話的人是在深奧的古埃及神祕裡。這些對話就是狄克森記憶術的導論，其中以「境地」稱場所，以「輔助」（adjuvants）稱影像，但更常以「影子」（umbra）指影像。④顯然他是在採用布魯諾的術語。他重述了「赫倫尼」的場所與影像法則，卻和布魯諾一樣，講得模糊而神祕兮兮。影像如神性心智之光的影子，我們從它的影子、形跡、印記中尋找它。⑤記憶要以黃道十二宮的次序爲基礎，十二星座是要重複的，⑥但是狄克森並沒有重複十度距影像的一覽表。狄克森主張托特堤斯（Theutates）可以代表字母，奈留斯（Nereus）象徵水占卜術，凱隆象徵醫藥，等等，這可以看得出是受布魯諾的發明者點將錄影響，⑦但是他沒有把布魯諾的名單完全列出。狄克森的記憶術雖然只是《影子》所述的系統及說明的片斷印象，卻毫無疑問是以《影子》爲本的。

開場的對話是《理性的影子》的最重要特色，篇幅幾乎和後面講述布魯諾記憶術的正文一樣長，靈感顯然來自布魯諾《影子》的開端。讀者應該記得，《影子》一開始就是赫米斯與費羅蒂姆斯（Philothimus）、邏輯弗的談話，赫米斯拿出「論概念的影子」這本內在之書寫的書；費羅蒂姆斯當它是「古埃及」的祕密而欣然接受，迂腐的邏輯弗的嘮叨聲有如畜生聒噪，他卻瞧不起記憶術。⑧狄克森把人物改了一下，其中之一保留，也就是莫丘里（即赫米斯），另外三人是撒姆斯、托特堤斯、蘇格拉底。

狄克森構想的是我在前文引過的柏拉圖《菲德洛斯》的一段話，⑨其中蘇格拉底講了埃及王撒姆斯與剛發明了書寫技藝的智者修斯（Theuth）晤面的故事。撒姆斯說發明書寫對於記憶無利卻有害，因爲埃及的人們會仰賴這些「不是他們本來具有的字母書寫法」，這會妨礙他們「使用自己內在的記憶力」。狄克森在撒姆斯與托特堤斯的談話中，把這個論點做了一番近似原版的重述。

狄克森的對話中的莫丘里和托特堤斯是不同的人物；乍看會覺得奇怪，因爲一般認爲三度至上的莫丘里（即三度至上的赫米斯）就是發明字母的托特赫米斯（Thoth-Hermes）。不過，狄克森不把莫丘里說成發明字母的人，而說他是發明記憶術「內在書寫」的人，這是和布魯諾說法一致的。莫丘里也因此代表了內在智慧，撒姆斯說埃及人在外在書寫字母發明後喪失的那種智慧。對於狄克森而言，對於布魯諾而言，三度至上的莫丘里是赫米斯式或祕法式記憶的守護神。

《菲德洛斯》中講撒姆斯故事的人是蘇格拉底。到了狄克森的對話中，蘇格拉底變成了絮叨的迂腐學究，是不能理解古埃及赫米斯式記憶術智慧的膚淺之人。有人指出，描寫這個膚淺的希臘學究是爲了要諷刺拉姆斯，[10]我認爲的確是如此。這也符合拉姆斯的「古早神學論」，按此論，拉姆斯是重振蘇格拉底正宗辯證法的人。[11]狄克森所寫的「蘇格拉底—拉姆斯」是傳授膚淺虛假辯證法的老師，莫丘里才是更古更優良智慧的典範，傳講的是祕法記憶術呈現的古埃及智慧。

一旦弄清楚四個人物的來頭與含義，他們嘴裡說出來的話就不難懂了，至少在他們傳達意思的責任範圍內不那麼難懂了。

莫丘里說他看見面前有一些野獸。撒姆斯說他看見的是人，不是獸。莫丘里硬說這些人只是有著人形態的獸，因爲眞正的人的形態是「心智」，這些人卻罔顧自己的眞正形態而墮入獸的形態，承受著「形體的懲罰」(vindices materiae)。撒姆斯問他，形體的懲罰是什麼意思？莫丘里的回答是：

> 是十二的，被十的逐出了。⑫

這是來自《赫米斯大全》的第十三篇論文的典故。按原論描述的赫米斯式重生經驗，靈魂擺脫形體的主宰，形體的主宰就是十二種「懲罰」或罪惡，脫離之後便被十種德行之力充滿。⑬這個重生經驗乃是穿越界域的一種上升經驗，過程中，靈魂拋開來自黃道十二宮的不良的或物質的影響（即十二），以純淨狀態升上星辰界，完全沒有物質影響力的汚染，在星辰界被灌輸德行之力（即十），唱出讚美重生之歌。狄克森的對話中莫丘里說的意思是：沈溺於物體和獸形的「十二」，一待靈魂在赫米斯式重生經驗中充滿了神性的力，就會被「十」逐出。

於是撒姆斯說托特堤斯是一頭獸，托特堤斯激烈抗議：「撒姆斯，你毀謗……字母的用途和數學的用途，這些是野獸所爲嗎？」撒姆斯的回答和柏拉圖原文差不多，他在一個叫作埃及底比斯的城市中見到的人們，都用知識在靈魂上書寫，托特堤斯卻發明字母而賣給他們一個劣質的記憶輔助。這引來了膚淺與爭執，把人變得和獸類沒什麼兩樣。⑭

蘇格拉底跑來幫腔，說托特堤斯發明字母是了不起的事，質問撒姆斯憑什麼說人學會用字母之後就荒廢記憶。撒姆斯便憤而痛罵了蘇格拉底一頓，說他是詭辯者與說謊者，消滅了眞理的一切準則，把睿智的人降低到小童的水平，辯論時只會用惡毒言語；他對上帝一無所知，也不在「塵世的結構」中尋找上帝的形跡和影子；他沒有能力領會什麼是美的、對靈魂有益的，困在肉體的衝動中時不可能領會這些；他鼓勵這種衝動激情，灌輸貪欲與憤怒；他雖自誇知識在常人之上，其實沈溺在物質的昏昧裡，

> 因爲，如果欠缺神性心智，如果人不曾浸入重生之皿，什麼光耀頌揚都是徒然。⑮

這又是赫米斯式重生經驗的典故，在重生之「皿」(crater) 中浸泡的主題，來自《赫米斯大全》的第四論：「赫米斯對其子講皿或單體」。⑯

蘇格拉底便說出爲自己辯護與反擊的話，例如批評撒姆斯從來沒有著作。就這篇對話的主題而言，這樣批評是犯了大錯。撒姆斯的回答使蘇格拉底無從招架，撒姆斯說自己是寫在「記憶的場所之中」，⑰蘇格拉底不過是個虛誇的希臘人。

把古希臘人說成膚淺的、好爭執的、欠缺高深智慧的，這種觀點早有悠久歷史，把特洛伊

戰爭中的特洛伊人寫成比較聰明且較有深度的一方，只是例子之一。⑱狄克森的反希臘對話令人想到這個傳統，不同的是，他以古埃及人代表智能與品德較優的一方。狄克森這種希臘不如埃及的觀點，可能受到《赫米斯大全》的第十六論影響，其中國王安蒙主張這篇埃及文的論述不可譯爲希臘文，因爲希臘文是無用而空洞的語文，埃及文的「效能優點」會因爲譯入希臘文而喪失。⑲狄克森應該從他參考的柏拉圖原作中知道，安蒙和撒姆斯是同一位神。把柏拉圖故事裡的撒姆斯寫成反對蘇格拉底代表的希臘人之膚淺，可能是由此得來的靈感。假如狄克森看過盧多維科・拉查瑞里（Ludovico Lazzarelli）的拉丁文《赫米斯大全》譯本的第十六論，⑳可能也看過拉查瑞里的《赫米斯之皿》（*Crater Hermetis*），其中描寫了赫米斯式的重生經驗如何師徒相傳。㉑

莫丘里引用《大全》裡的言語，等於就是在引用自己的著作。他是以三度至上的莫丘里的身分在說話，是在赫米斯知識傳統中傳授古埃及智慧的導師。而他也是傳授玄祕記憶「內在書寫」的人。狄克森表明得非常清楚，我們在布魯諾的論著中也看見，布魯諾的記憶術和赫米斯的神祕崇拜有十分密切的關係。狄克森這段奇怪的對話的主題包括：記憶術的內在書寫代表古埃及的深奧智慧與高超見識，記憶術的內在書寫蘊含三度至上者描述的古埃及重生經驗，這是與野獸般的言行、希臘人的輕浮膚淺相反的，與沒有赫米斯式經驗的、沒有領悟知識的、沒有在「塵世結構」中看見神跡的、沒有從內在反映神性與之合一的希臘人是相反的。

狄克森對於上述所謂希臘人的特性反感太深，以至於他也否認記憶術是希臘人賽莫尼底斯發明的。他說發明記憶術的是埃及人。㉒

這部作品雖然篇幅不長，重要性卻非常大。因爲狄克森把話說得比布魯諾自己還要明白：布魯諾的記憶術包含了赫米斯的神祕崇拜。狄克森的記憶論只是布魯諾《影子》的重點反映，眞正重要的是前面的對話部分。這是《影子》中對話的擴大申論，其中有赫米斯重生論的逐字引述。這裡有濃重的赫米斯宗教影響與赫米斯式記憶術交織。

狄克森塑造蘇格拉底這個人物，可能是爲了要諷刺拉姆斯。由於說得不差，「劍橋的 G.P.」又憤而跳出來爲拉姆斯辯護，並且抨擊狄克森的不虔敬記憶術，更證明的確是如此。柏金斯在《反對狄克森論》的致穆菲（Thomas Moufet）的獻詞裡說，記憶術有兩種，一種利用場所和影像，另一種利用拉姆斯教導的合乎邏輯的布局。前者是徹底徒勞的，後者才是唯一正確的方法。像麥卓多羅斯、羅賽留斯、諾拉人氏、狄克森氏這些虛有其表的記憶術設計者都應受排斥，吾人應當像依靠砥柱般信賴拉姆斯主義者的信心。㉓

我們要注意的是「諾拉人氏」。一年前把《印記》拋在牛津人面前的那個原籍諾拉（Nola）的佐丹諾．布魯諾，才是這場辯論的眞正引爆者。在柏金斯眼中，他是和賽普西斯的麥卓多羅斯、道明會修士羅賽留斯同一黨的。柏金斯當然知道狄克森和布魯諾的關聯，不過我看不出他在《反對狄克森論》中有什麼指涉布魯諾記憶術的地方，他攻擊的目標只有一個，就是狄克森的《理性的影子》。

他說，狄克森的拉丁文風格晦澀，毫無「羅馬正宗」的味道。㉔狄克森在記憶中使用星辰符號是荒唐的。㉕那一整套胡扯都應該交給邏輯次序查驗，這才是拉姆斯教誨的唯一記憶之道。㉖狄克森的靈魂是瞎的、謬誤的，全然不知什麼是眞與善。㉗他的所有影像和「影子」都是無用的東西，因爲邏輯次序中就有自然的記憶力。

柏金斯的抨擊通篇都有拉姆斯的影子，他還不時逐字引用拉姆斯的話，注明是拉姆斯說的。他向狄克森怒吼：「伸長你的耳朵，聽聽拉姆斯反對你的話，認淸他的才智是浩瀚的河。」㉘接著他引用《辯證教育》的話證明，邏輯辯證次序的記憶法遠遠優於使用場所和影像的記憶術；㉙以及《修辭教育》中的兩段話。第一段是拉姆斯常做的宣示：記憶應以邏輯辯證次序爲基礎。㉚第二段是拉姆斯記憶法與古典記憶術的比較，前者優後者劣：

> 不論何種幫助記憶的技巧，都在於事物的次序和配置，在心靈中確定什麼在先，什麼居次，什麼殿後。至於那些粗俗的利用場所和影像的說法，是拙劣的，該受到所有精於記憶方法者的嘲笑。需要多少影像才能把德莫蒂尼斯（Demosthenes）的《抵抗菲立普》（*Philippics*）記住？次序的原理只在辯證的布局；只有辯證的次序能幫助記憶。㉛

《反對狄克森論》出版之後，柏金斯又發表《明白證實狄克森技巧記憶不虔敬之小冊》，在其中把狄克森引據過的「赫倫尼」法則逐條舉出來與拉姆斯的邏輯次序詳細對比。柏金斯在這相當沈悶的比較中，有一個地方倒是頗有趣味的，而且很好笑，這當然不是他的本意。那就是在講到狄克森把記憶用的影像「活化」的一段。狄克森陳述布魯諾遵循的古典影像法則，說影像必須醒目、生動、不尋常，能夠從情緒上挑動記憶。柏金斯認爲，這種影像不但就理解力而言遠不如邏輯的安排，而且就道德而言是應予譴責的，因爲這種影像必然會擾動激情。於是他提到，拉維那的彼得曾在論記憶的書中建議年輕人使用淫蕩的影像。㉜他指的應該就是彼得說自己藉女友的影像記憶，由於皮斯托亞的茱妮珮是彼得年少時鍾愛的人，她的影像自然會刺激記憶。㉝柏金斯卻以清教徒之手擋住這種建議，說那其實是要藉著撩撥不當的感情來激發記憶。這種技巧絕不適合虔敬的人用，而是不虔敬的、糊塗的、不把神聖律法放在眼裡的人編造出來的。

我們循這個方向也許可以找出拉姆斯主義受清教徒歡迎的原因。辯證的方法不沾染絲毫情緒。用邏輯配置次序的方法來背奧維德的詩，可以對奧維德詩中影像挑起的引人遐思的感情進行消毒。

柏金斯的另一部批評狄克森之作，是同樣在一五八四年發表的《告誡狄克森關於其技巧記憶之虛誇不實》，也是說明拉姆斯記憶法，舉了許多用邏輯分析方法記憶詩和散文的例子。正文之前有一封致讀者書，其中簡略講了古典記憶術的發展史，從賽莫尼底斯發明、麥卓多羅斯改良、圖里亞斯和昆蒂里安闡釋，到後來予以發揚的佩脫拉克、拉維那的彼得、布斯鳩斯（H. Buschius）、[34]羅賽留斯。結果又怎樣呢？——柏金斯問。這個科目完全沒有益處與學問可言，只透著「某種野蠻和頓斯之輩」的氣息。[35]頓斯（Dunses，源於蘇格蘭神學家John Duns Scotus的名字）是極端的新教徒辱罵天主教徒的用語，在摧毀修道院藏書的運動中，「宗教改革者」曾把「頓斯派」手稿書焚燒一空。對於柏金斯而言，記憶術帶著中世紀的味道；主張記憶術的人說的拉丁文不是「羅馬正宗」，它含有舊時代的野蠻和愚昧。

《告誡狄克森》的主旨和《反對狄克森論》相同，但《告誡》在「天文學」方面談得比較細，這是狄克森記憶術的基礎，也是柏金斯要證明是錯誤的部分。他對占星術表現的反應值得注意。他要從理性著手打擊關於占星術的依據，使「賽普西斯的」記憶術站不住腳。可是，柏金斯提出的理性觀點給人話講不清楚的感覺，他說的不可在記憶術中使用「天文學」的主要原因是，「天文學」是「專門」學門，記憶卻是辯證修辭這個「普通」學門的一個部分。[36]這樣的說法是盲目遵照拉姆斯武斷的學科重新分類。

在《告誡》快要結尾的地方有一段總結，叮囑狄克森要把他的技巧記憶與拉姆斯的方法做個比較。正確的方法是按自然的次序在記憶中記錄，你狄克森的技巧記憶卻是無聊希臘人的矯揉造作。正確的方法運用真正的場所位置，把一般的放在最高的位置，特稱的放在中間，專門的放在最低位置。你的那一套講的又是哪一種場所位置？是眞實的還是憑空揑造的？如果你說是眞實的，你就是在說謊；如果你說是憑空揑造的，我倒不會有異議，因爲這表示你把自己的藝術搞成可恥的東西。正確方法中的影像是淸楚而區分明白的，不像你的藝術都是些難以捉摸的影子。「因此，優勝的一方是正確方法，不是那不完整的、無力的記憶術。」㊲這段話證明，正確方法是從古典記憶術而來，卻因爲在影像這個根本要點上的歧異而變成反對古典記憶術。柏金斯採用古典記憶術的術語，卻把它套用在自己的正確方法上，反對古典記憶術。

狄克森的《爲亞歷山大·狄克森辯護》，特別値得注意的是他用的化名「海伊斯·塞普修斯」。海伊斯可能取自他母親娘家的姓氏海伊（Hay），㊳塞普修斯當然是指他是「賽普西斯的麥卓多羅斯」——以及布魯諾——的追隨者，麥氏也就是首創在記憶方法中使用黃道十二宮的人。

這一場爭議可以充分證實，拉姆斯的方法基本上就是一種記憶法。柏金斯自始至終的立場都不曾稍離一個基本假設：拉姆斯所說的方法是一種記憶術。他和拉姆斯一樣認爲古典記憶術比不上拉姆斯的，認爲應該摒棄古典記憶術，以拉姆斯的取而代之。柏金斯也證實了我們在上一章中的一個想法：布魯諾式的技巧記憶在伊莉莎白時代的英國人眼中，會像是中世紀古風再現。在他的眼中，狄克森的這套記憶術令人想到過去的時代，那個愚昧的、頓斯思想盛行的惡劣時代。

是因爲爭議雙方都認爲自己的方法是記憶術，筆戰的一來一往完全只限於記憶的課題。但是這場記憶術的爭議顯然還包含了其他意義。雙方都認爲自己的記憶術是道德的、有益的、確實有虔敬心的，對方的是不道德的、不虔敬的、徒勞無益的。一邊認爲古埃及人是淵博的，希臘人是膚淺的，另一邊認爲古埃及是迷信的、愚昧的，改革清教徒化的希臘是可取的。一個是「賽普西斯的」技巧；一個是拉姆斯的方法。

「G.P.」眞實身分的證據，可以在柏金斯以本名於一五九二年發表的《預言》(*Prophetica*)中找到。其中對古典記憶術的猛批是按「G.P.」規劃的步驟進行的。郝威爾認爲，《預言》是第一部由英國人把拉姆斯的方法應用到講道上的作品。郝威爾也指出，柏金斯在這部作品裡鄭重規定，記憶講道詞應該用的是拉姆斯的方法，不是利用場所和影像的技巧記憶。㊴反對技巧記憶術的一段如下：

> 利用場所和影像的技巧記憶術會教導如何輕易而不費力地把概念存在記憶中。但是(基於以下原因)不應予以認可。一、使記憶關鍵所在的影像活起來是不虔敬的：因爲這會喚起荒唐的念頭，無恥、怪異之類的意念，會刺激並燃起肉欲的情感。二、它會拖累思維和記憶，因爲它加諸記憶的是三件任務，不是一件；第一件是記住場所；然後是記住影像；之後才是記憶要講的內容。㊵

我們從這一段中可以看見清教徒講道家柏金斯的字句，看見撰文抨擊狄克森不虔敬的技巧記憶術、譴責拉維那的彼得教人用淫蕩影像的那位「G.P.」的語氣。隨著時代改變，本來在中世紀努力組成德行及罪惡形象以促使審慎的人不入地獄而進入天國的那位圖里亞斯，現在變成一個故意用有形喻象挑撥肉欲的粗鄙的、不道德的人。

柏金斯的其他宗教性著作還包括一則《警告過去時代之偶像崇拜》（*A Warning against the Idolatrie of the Last Times*），寫得熱切而堅決，因爲「天主教的餘孽仍然留存在許多人腦中」。[41]人們在家裡存著藏著「偶像，也就是曾被濫用於崇拜的那些造像」。[42]這些偶像絕對必須交出來，凡是尚未將過去偶像崇拜的殘餘掃蕩的，都必須趕緊實施。柏金斯除了催促積極消滅偶像，也告誡必須消滅宗教偶像背後的理論。「異教徒曾說雕塑形象是元素或字母，用來呈現神；教皇黨徒也說，影像是俗家人的書本。異教徒中智慧最高的人利用影像及其他儀式來促成天使與天界力量降臨，藉此而認識上帝。教皇黨羽也用天使與聖徒的像做同樣的事。」[43]但這樣做是不可以的，因爲「我們不可將上帝之臨在、上帝聖靈的行事、祂對我們的垂聽與任何事物連結在一起，上帝並未如此將自己與外物連結。……上帝從未說過影像可以代表祂的臨在」。[44]

而且，嚴禁影像對於外在和內心是一體適用的。「只要在心中把上帝構想成任何形貌（例如教皇黨設計的一位老人坐在御座上手持權杖的模樣），就是在內心設置偶像了……」[45]凡是用到

想像的地方，都一樣要嚴禁影像。「藉想像在心中虛構的東西就是偶像。」㊻

我們如果設想柏金斯與狄克森當時爭議的情景，必須放在殘敗的修道院建築、搗毀的或被塗掉臉部的聖像的背景裡——這種背景一直存在伊莉莎白一世在位的英國。我們必須重現古人的心智習慣，那自古以來使用古老建築物在裡面安置影像的記憶方法。「拉姆斯主義者」必須從外至內搗毀影像，必須用新的無影像的、憑抽象辯證次序的記憶方法，取代舊的迷信偶像的記憶術。

假如中世紀的記憶法是錯誤的，文藝復興時代神祕法術式的記憶法又如何呢？神祕法術式的記憶走的是完全與拉姆斯式記憶相反的路線，把拉姆斯派禁止的想像放在第一重要的地位，把想像強調成有魔法力量了。對立雙方都認爲自己的方法是正確的、恪守教規的，認爲對方是愚蠢而邪惡的。狄克森筆下的撒姆斯大罵蘇格拉底好辯、把聰智的人降格爲幼童、不研究天象、不努力從上帝的形跡和「影子」中認識上帝，這是宗教熱情高漲造成的。布魯諾把他在英國看見的敵對宗教立場做了以下的概括：

> 他們感謝上帝恩賜他們導向永生之光，熱誠及信心並不遜於我們之慶幸自己的心不像他們那樣昏暗盲目。㊼

所以英國的記憶法之戰牽扯了另一場戰爭。心靈的領域發生了戰爭，爭論的範圍很廣。問題不是單純的新舊對立。爭議的雙方都是新時代的想法。拉姆斯主義是新時代的，布魯諾和狄克森的記憶論都彌漫著文藝復興時代的赫米斯傳統影響。他們的記憶術因爲主張使用影像，所以和舊時代的牽連多於拉姆斯的方法，但並不是中世紀的記憶術，而是在文藝復興時代變質的記憶術。

這些爭議問題並不是遮遮掩掩地提出，而是大張旗鼓。狄克森和柏金斯聳動的爭議，還扯上布魯諾聳動更有過之的《印記》與他在牛津引起的爭議。布魯諾和狄克森兩人合力槓上了牛津和劍橋兩大學府。狄克森和劍橋拉姆斯派的爭執激烈，布魯諾的牛津之行與亞里斯多德派的爭執也一樣可觀，他在一五八四年出版的《聖灰星期三晚餐》中透露這次衝突的結果，這一年也是狄、柏爭議發生的一年。牛津雖然也有拉姆斯主義者，卻不像劍橋是拉姆斯主義的堡壘。牛津博士們反對布魯諾放在哥白尼日心論架構裡闡述的菲齊諾法術，他們卻不是拉姆斯主義者，《聖灰星期三晚餐》嘲諷他們時，稱他們是亞里斯多德派的迂腐學究，而拉姆斯主義者是反對亞里斯多德的。我在此不贅述布魯諾與牛津的衝突以及《聖灰星期三晚餐》中的抒發了。⑱我要請讀者注意的是，布魯諾與牛津的爭議，和他的弟子與劍橋的爭議在時間上有重疊。

布魯諾的《原因，原理與一》於一五八四年出版。他在開端致法國大使的獻詞中表示，巨大騷動正在他周遭發生。他說自己正被抨擊的急流迫害，抨擊來自無知者的妒嫉、詭辯者的欺侮、惡毒者的詆毀、僞善者的汲營、野蠻者的仇視、暴民的狂怒——以上只是他列舉的各種迫害者的少數幾個例子。面對這一切，大使一直是維護他的磐石，在海中挺立，不爲狂濤所動。靠著大使之助，他躲過這暴風雨之災，爲表示感謝，將新發表之作獻給大使。[49]

《原因》的第一篇對話，雖然以諾拉人新哲學思想的太陽的景象開始，也滿是騷動發生的記錄。伊里奧卓波（Eliotropio，這個名字與「向陽開花的植物」——heliotrope 近似）與阿米索（Armesso，可能是 Hermes 的另一種拼寫法）[50]告訴哲學家菲洛泰奧（Filoteo，即布魯諾自己），他的《聖灰星期三晚餐》引起許多不利的評論。阿米索希望這部新作「不會像前不久出現的情形那樣，成爲喜劇、悲劇、哀歌、對話等等之類的題材，迫得你隱伏在這宅子裡」。[51]別人說他在一個異國不該這麼不知分際。哲學家的回答是，不該只爲了一個外地醫生用本地人不知道的療方治病，就把這醫生殺死。[52]再問他憑什麼這麼有自信，他答是憑他心中感覺的神聖啓發。阿米索說：「極少有人理解你那樣的貨色。」[53]有人說他在《聖灰星期三晚餐》的對話中，把整個國家都罵了。阿米索認爲他的批評有很多是言之有理的，雖然抨擊牛津令他感到痛心。諾拉人因此決定撤回對牛津博士們的批評，卻又改成稱讚中世紀的牛津修士們，那些人正是現在的牛津人瞧不起的。[54]於是這篇對話又有煽動性的言語，對於緩解激憤的局面並沒有幫助。

阿米索希望，新的這本對話集裡說話的人不要再像《聖灰星期三晚餐》的發言者那樣惹麻煩。得到的回答是，說話者之一將是「那位聰明的、正直的、善心的、文質彬彬的可靠的朋友，亞歷山大·狄克森，他是諾拉人十分看重的人」。[55]其實「狄克森氏」是《原因》的主要發言者，所以《原因》不但在卷首的對話中反映布魯諾對牛津的批評和批評招致的麻煩，而且在隨後的四篇對話裡，用「狄克森氏」爲主要發言人和布魯諾的忠實徒弟，提醒讀者再注意他和劍橋拉姆斯派人士正有爭議。

因爲對話中有狄克森氏，「法國大書呆子」即便不出自他口中，是另一個人物說的，分量也會加重。這句話之後的句子證明，這法國大書呆子就是拉姆斯，因爲他被描述爲 *Scole sopra le arte liberali*（《文科教育》）與 *Animadversioni contra Aristotele*（《譴責亞里斯多德》）的作者，這兩個書名是拉姆斯最有名的兩部著作的義大利版。[56]柏金斯在駁斥狄克森「不虔敬的技巧記憶」的論著中，曾大量引用這兩本書。

整體而言，《原因》的後四篇對話沒有公然的爭議性，只是諾拉人氏布魯諾的哲學思想的又一次闡述，內容說到神性本質可以理解爲物質的形跡與影子，[57]宇宙的生命力來自一個宇宙靈魂，[58]宇宙的精神可以藉魔法捕捉，[59]一切形態的基本實體是神性的，是不可毀滅的，[60]三度至上者和其他神學家曾說人的心智是神，[61]宇宙是一個影子，從其中可見神聖的太陽，憑高深的魔法可以求得自然界的祕密，[62]「一切」就是「一」。[63]

這套哲學思想遭到迂腐學究波利尼歐（Poliinio）的反對，弟子狄克森氏卻自始至終支持老師，提出許多可以顯露老師智慧的恰當問題，並且眞誠地贊同老師所說的一切。

布魯諾便是這樣在一五八四年爭議的激烈氛圍中，宣示了狄克森是自己的弟子。激動的英國大眾因而記起來，「諾拉人氏」和「狄克森氏」是一夥的，狄克森的《理性的影子》不過是在幫布魯諾再說一遍，他在《影子》和《印記》裡宣揚的那種神祕式的「賽普西斯式」記憶術，也是諾拉人的赫米斯傳統思想所講的那一套。

由於記憶術已經成爲激烈討論的題目，詩人華生（Thomas Watson）——他也是席德尼文藝圈子的成員之一——於一五八五年或更早發表《場所記憶概要》（*Compendium memoriae localis*），是有點冒險的行爲。這部作品徹底直截了當說明古典記憶術這個理性的學門，介紹了各種法則，並且逐一舉了實例。華生在序文裡頗用心，讓自己與布魯諾、狄克森二人劃清界線。

> 我非常擔心這部小作（nugae meae）會被人拿來與諾拉人神祕而淵博的《印記》做比較，或是與狄克森的《技巧運用的影子》（*Umbra artificiosa*）比較，這樣對筆者名聲之損害會超過對讀者之實用。[64]

華生這本書中顯示，古典記憶術在詩人中依舊通行，在這個時候出版一本「場所記憶」，無異於採取反對淸教派拉姆斯主義的立場。他在序文中也表示，他非常淸楚一點：布魯諾和狄克森的記憶術裡隱藏著其他東西。

伊莉莎白時代文學復興運動的領袖人物席德尼，在這些爭議中又是採取什麼立場？眾所周知，席德尼的名字和拉姆斯主義密不可分。劍橋學派重要人物譚波爵士（Sir William Temple），是席德尼的朋友，就在「賽普西斯派」和拉姆斯主義者爆發記憶論大戰的一五八四年，他把自己版本的拉姆斯著作《辯證法第二卷》（*Dialecticae libri duo*）獻給了席德尼。[65]

杜爾堪（John Durkan）在〈亞歷山大・狄克森〉（Alexander Dicson）中有一則有趣的情報頗引人好奇。杜爾堪是在翻閱政府文件中與狄克森有關的資料時發現一封信，是英國派駐蘇格蘭宮廷的代表包斯（Bowes）於一五九二年間寫給博爾里爵爺（Lord Burghley）的信，信中說：

> 記憶術高手狄克森，也是曾經隨侍已故的菲利普・席德尼先生的一位人士，進宮來了。[66]

顯而易見，博爾里爵爺的通信者很懂得提醒爵爺注意狄克森其人：一位曾經隨侍菲利普・席德尼的記憶術高手。狄克森是在什麼時候隨侍席德尼？也許是一五八四年前後，正當他以記憶術高手的身分，以及另一位記憶術高手布魯諾弟子的身分，變得引人注目的時候。

這個片斷證據拉近了席德尼與布魯諾的距離。假如布魯諾的弟子曾經隨侍過席德尼，席德尼不可能對布魯諾本人全盤嫌惡。我們終於找到一個線索，證明布魯諾在一五八五年把《英雄的狂暴》與《逐出勝利之獸》獻給席德尼是有理由的。

至於席德尼，他又如何在拉姆斯主義和布魯諾師徒這派思想這麼對立的勢力中間取得平衡呢？也許兩邊的人都在爭取他的贊同。柏金斯在《反對狄克森論》的致穆菲的獻詞裡有一句話，可能有端倪可循。穆菲是席德尼圈子的一員，柏金斯表示希望穆菲能幫助他一同把「賽普西斯的」與「狄克森派的」影響力驅逐。[67]

席德尼是約翰・狄的學生，容許狄克森隨侍，讓布魯諾覺得可以公然把作品獻給他，這樣的人必然找到使兩種相對意見和好的辦法，卻與「清教徒兼拉姆斯主義者」的形象不合。純正的拉姆斯主義者不會寫下《詩之辯》，這是爲想像辯護而反駁清教思想之作，也是英國的文藝復興宣言。純正的拉姆斯主義者也不會寫下〈給絲黛拉〉(To Stella) 這首十四行詩：

雖然積塵的心智膽敢輕蔑星象，
愚人也能以爲那些最純淨光亮之燈
它們的樂韻、方向、巨大、永恆，
預示著神奇，著實令人詫異
它們無緣由據有天界特權，
只爲在黑夜暗叢中閃耀；

抑或爲一些喧鬧，往那廂疾行，
它們仍舞著使瞻望者爲之欣悅。
而我，知道自然界不致無謂徒勞，
也知道大因可造大果；
也知道上界諸天體統御下界。
設若此種統御失靈，證據使我確知，
它們一向預見我以後的世代，
只憑藉絲黛拉臉上的那一雙眼睛。

詩人在觀察天象，懷著宗教的虔誠，就像狄克森那篇對話中的埃及君王撒姆斯；他在追蹤自然界裡的神聖形跡，和《英雄的狂暴》裡的布魯諾一樣。假如要拿有場所和影像的古典記憶術來測試席德尼的態度，他並沒有表露過敵意。他在《詩之辯》中講到詩句比散文容易記住，是這樣說的：

……教導記憶術的人用得最恰當的，莫過於把一個房間分成多個場所，明明白白；詩其實也有完全相同的情形，每一個字都有它本來該在的位子，這位子必定使這個字被記住。[68]

把位置記憶做這樣有意思的改編，顯示席德尼背詩時用的不是拉姆斯的方法。

諾拉人於一五八六年離開了英國，他的弟子仍在英國繼續傳授記憶。這是從修・普萊特（Hugh Platt）於一五九二年在倫敦出版的《藝術與自然的寶殿》（*The Jewell House of Art and Nature*）得來的訊息。普萊特在書中講到「蘇格蘭的狄克森老師近年來在英格蘭教授的記憶藝術，他還寫了一部關於此題的詞藻富麗而晦澀的專論」。[69]普萊特曾經上過狄克森的課，學習記憶十個一組的場所，場所中有影像，影像要取生動而有作用的，這個過程「狄克森老師稱之爲umbras 或 ideas rerum memorandarum（難忘的意念事物）」。[70]這種賦予「影像」生命的例子之一是：「貝羅娜目光如炬地注視，按照詩人們常用的描述呈現一切特色。」[71]普萊特覺得這種方法有某種程度的效用，但實在達不到他的老師所說的他那種「偉大的膨脹的藝術」引發的期望。他似乎學習了一種簡單的記憶技巧，但並不知道這是古典記憶術，以爲是「狄克森老師的技巧」，對於赫米斯式神祕法術顯然尚未入門。

狄克森的「詞藻富麗而晦澀的」專論，似乎銷售量不小。一五九七年書名改爲《撒姆斯》（*Thamus*）重印，出版者是在荷蘭萊登營業的英國人巴森（Thomas Basson）。巴森也於同年印行了「海伊斯・塞普修斯」的《爲亞歷山大・狄克森辯護》。[72]我不清楚巴森爲何對於出版這些作品感興趣。他本人喜好神祕學，而且可能是祕密結社「愛的家族」（Family of Love）的一員[73]。席德尼的舅舅萊斯特伯爵是他的庇護者，[74]那本「詞藻富麗而晦澀的」專論就是獻給伯爵的。第九世諾桑柏蘭伯爵亨利・帕西（Henry Percy, Earl of Northumberland）有一本《撒姆斯》，[75]在波蘭出版的這本書是與布魯諾的作品裝訂在一起的。[76]這本奇特的書還有更令人意外的遭遇。一六〇〇年間，耶穌會修士馬丁・戴爾・黎歐（Martin Del Rio）出版了一本反對魔法的書，卻在書中稱讚「亞歷山大・狄克森的《撒姆斯》頗有聰明機智之處，海伊斯・塞普修斯在萊登發行的版本中曾經爲之辯護，而反駁一位劍橋人的抨擊」。[77]狄克森傳授的古埃及「內在書寫」的記憶術受到耶穌會的人稱讚，傳授這門學問給他的布魯諾卻被處以火刑而燒死，這是怎麼一回事？

卡米羅的「記憶劇場」雖然是個赫米斯傳統的祕密，卻是在文藝復興的威尼斯大眾注目下建造的。英國文藝復興的特有環境條件下，赫米斯式的記憶術也許就走向地下，和暗中同情天主教的人、和暗中存在的宗教團體、和初期的玫瑰十字會（Rosicrucianism）或同濟會等祕密結社扯上關係。伊莉莎白時代某些神祕學帶有明顯的歷史意義，也許是因爲古埃及王撒姆斯的主張「賽普西斯」方法，反對希臘人蘇格拉底的方法。

我們已經看到，記憶術之辯離不開想像這個議題。伊莉莎白時代的人在這個辯論中面臨一個兩難的問題。若不遵照拉姆斯的方法把內在的影像完全剔除，就要藉魔法把影像發展成掌握眞實的唯一工具。中古時代虔誠教徒的那些有形喻象必須被搗毀，否則就要搬進宙克西斯和斐底亞斯這兩位想像領域大師設計的巨大圖形裡去。這種衝突之緊迫與折磨，是否曾經有助於使莎士比亞這樣的人物突然冒出來？

13 佐丹諾・布魯諾：最後的記憶論

一五八六年，布魯諾和法國大使毛威西耶（他也是曾在英國發生風暴期間庇護布魯諾的人）渡過英吉利海峽，回到巴黎。環境卻與他兩年前將《影子》呈給亨利三世的時候大不相同，對他的祕密也很不利。①此時的亨利面對天主教的極端反動幾乎束手無策，這股勢力由基斯派（Guise）領導，而且有西班牙爲後盾。巴黎在「神聖聯盟」之戰的前夕已經籠罩在恐懼與謠言之下，這場戰爭也終將把國王趕下台。

在這憂慮危險之城裡，布魯諾並不害怕拿出自己的反亞里斯多德哲學迎戰巴黎的博學人士。他的弟子尙・安奈岡（Jean Hennequin），乃是一位法國版的狄克森）在康布萊學院（Collège de Cambrai）發表演講。②面對應邀而來的大學博士們，他講的內容梗概，和布魯諾描寫自己（在《聖灰星期三晚餐》中）對亞里斯多德派的牛津博士們所講的很相似。康布萊學院的演講闡述的哲學是宇宙是活的，灌注著神性的生命，自然界的神性有待吾人去領悟。這是與亞里斯多德無生命的、空虛的自然哲學相反的。

同時布魯諾出版了一本《亞里斯多德物理學之圖示》(*Figuratio Aristotelici physici auditus*)，③教導如何藉著把一系列神話的記憶影像放在模樣奇怪的場所系統上，來記住亞里斯多德的物理學。用技巧記憶來銘記亞里斯多德的物理學，這顯然是道明修會的傳統了，因爲隆貝赫曾在他的《技巧記憶彙編》裡講過這個故事：

> 一位對於記憶術幾乎完全無知的年輕男子，在牆壁上描畫了一些相當荒誕的小圖形，藉這些而能夠把亞里斯多德的《物理學》從頭至尾依序講一遍；他用的影像雖然不很符合他的題材，卻幫他把它們記住了。如果這麼鬆散的輔助都能幫忙記憶，若能以習慣和練習把基礎鞏固，助力不知會有多大呢。④

隆貝赫用的《物理學》書名*De auditu physico*和布魯諾用的完全一樣，這一段話是一位修士在講如何用技巧記憶把這本書記下來，也正是布魯諾聲稱要做的。

我故意說他「聲稱」要做，因爲其中有令人不解之處。他爲什麼要教人記住沒有生命的、空虛的亞里斯多德物理學？他爲什麼不教大家用藉魔法活起來的影像去記住有神性的宇宙的活生生力量？也許這本書其實就是在教這個。神話人物都是記憶用的影像，奧林匹克之樹、米娜娃（Minerva）、賽蒂絲（Thetis）代表物質，阿波羅代表形體，「優越的牧神」是自然，丘比特是運動、農神薩騰是時間，周比得是原動力，等等。⑤諸如此類的形象是藉完美比例的魔法賦予生命，它們會包含布魯諾的哲學。它們本身就是想像工具，可以用來領會布魯諾哲學。我們一旦看見，要安置這些影像的場所系統（圖13上）是類似《印記》裡的那種星象式的圖表，我們就知道這些影像是假定應藉魔法活起來的，是要藉魔法與宇宙力接觸的。的確，《亞里斯多德物理學之圖示》一開始就說明了與《印記》的關聯，讀者被告知要去參照「三十印記」，找出其中適合自己的，可能是「畫家的印記」，可能是「雕刻家」的。⑦

用來「圖示」亞氏物理學的這個記憶系統，本身就與物理學抵觸。這本書是一個「印記」，是他對付巴黎博士們的反亞里斯多德抨擊的副本，正如《印記》是他給牛津博士們的抨擊的副本。宙克西斯或是斐底亞斯，在記憶中畫下或刻下鮮明而有含義的影像，他們代表布魯諾理解活生生世界的方法，也是藉想像力而領會世界的方法。

布魯諾離開了巴黎，在德國漫遊後來到威登堡，在這裡寫了幾本書，其中之一是《三十雕像的燈炬》（*Torch of the Thirty Statues*），以下簡稱《雕像》。這本書雖可確定是一五八八年前後在威登堡寫的，卻沒有寫完，布魯諾在世時也未出版。⑧布魯諾在《雕像》裡做的，就是他在《圖示》裡教讀者做的事，使用了「雕刻家斐底亞斯的印記」。這米開朗基羅般的記憶雕刻家

《亞里斯多德物理學之圖示》的記憶系統，1586年巴黎版。

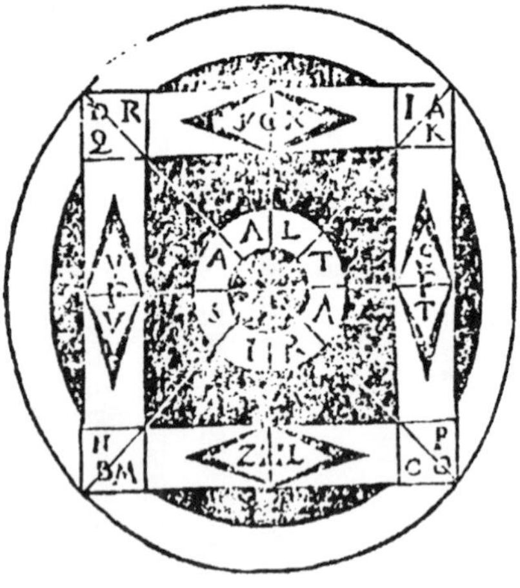

《影像之組成》的記憶系統，1591年法蘭克福版。

圖13

從內在完成的宏偉神話雕像，並不僅僅表達或說明布魯諾的哲學。它們就是他的哲學，在展示想像力如何藉影像而理解宇宙。雕像系列從「不可圖示的」開始，之後才是圖示的。

布魯諾在這個系列中提出他的哲學信仰，他的宗教哲學。不可圖示的「冥府」（Orcus）或「深淵」象徵對於神聖無限境界的極度想望與需求，是布魯諾的《無限大之宇宙與塵世》（*De l'infinito universo e mondi*）裡說的對無限大的渴求。⑨可圖示的「阿波羅」駕著戰車馳過，他裸體，頭部有太陽光芒的光輪，他是「單體」或「一」，⑩是中央的太陽，布魯諾的一切求統一的努力就是以中央之日定位。接下來是農神「薩騰」，舞動著鐮刀，代表「時間之始」。被兀鷹啄食的「普羅米修斯」是「作用因」（Causa efficiens）。⑪這三個雕像涵蓋了布魯諾的《原因，原理與一》的題旨。黃道十二宮的射手「人馬宮」，作彎弓之勢，代表意圖對目標的方向（如同布魯諾《英雄的狂暴》中的神祕企盼）。⑫希里亞斯（Coelius）象徵自然界秩序表現的本來之善，星辰的對稱，天堂朝向善的目標的自然秩序，⑬這是布魯諾在「塵世構造」中尋找神性的形跡。

維斯塔象徵道德上的善，照料著人類社會的福祉，這是布魯諾對於社會倫理和慈善行爲的堅持。愛神維納斯與丘比特母子，我們藉他們可以追求愛的統一力量，愛是活的世界的活的心靈，⑭這即是布魯諾的「愛與魔法」的宗教信仰。

「米娜娃」是重要的雕像。她是「智慧」，是人類內在的神性，反映著神性的宇宙。她是記憶與回憶，代表記憶術，也是布魯諾宗教中的紀律。她是從神性和魔界智能延續而生的人類理性，代表布魯諾所相信的：吾人藉腦中的影像可能建立這種交流。吾人藉「米娜娃之梯」可以從最初達到最終，把外在的物種蒐集到內在的知覺中，憑技巧把心智運作整理成一個整體，⑮這也就是布魯諾不同凡響的記憶術。

我把《雕像》的內容簡化到不能再簡，所以表現不出這部作品的衝擊力和含有各種屬性的圖形的深刻印象。這是布魯諾最令人難忘的作品之一，他認為「詩人」、「哲學家」、「藝術家」是一體的概念，在這本書中一目瞭然。他在導言裡說，他在這本書裡做的不是創新，而是在重振一些非常悠久古老的，是在喚回：

……古代哲學與最初神學家的習慣與方式。早期神學家不甚以類型及比喻遮隱自然界之奧祕，反而較常把它們融會成一系列做明示或解說，使之更便於輕易記住。我們容易記下一座可感覺的、可看見的、可想像的雕像，我們能輕易把神奇虛構的故事存入記憶；所以（藉雕像）我們可以毫不困難地思考並記住玄義、學說、道理……正如我們看見自然界光與黑暗的變遷，不同種類的哲學也有變化。因為事情沒有全新的……幾百年後仍必須重回這些想法。⑯

布魯諾在這一段裡把三條思路合而為一。

首先講的論理是：古人的神話和寓言中含有物理和道德思想的眞理。文藝復興時代講解自然及道德眞理的簡易教科書，應該就是納塔里斯·孔姆斯（Natalis Comes）著的《神話》（*Mythologia*）。布魯諾當然知道這部作品，而且在《雕像》中以這本書爲參考，雖然哲學思想是他自己的。他認爲自己是在從神話中抽出他要重振的眞正古代哲學。

但是布魯諾把記憶納入他的神話論了。一般說法都認爲古代人把自然界不可解的現象化入神話，布魯諾卻反過來說，指古人藉神話宣布並解釋眞理，以便眞理更容易記憶。接著他又呼應阿奎那和道明修會的記憶術理論，說「可感覺的事物」比「可理解的事物」容易留存在記憶裡，所以我可以在記憶中使用圖里亞斯建議的「有形喻象」，因爲這些可以幫助我們把精神意向導引到可理解的事物上。布魯諾受的道明修會調教，把阿奎那式的記憶理論說法深深印在他腦裡了。他說「雕像」都含有「意向」，雕像表達的不只是自然的與道德的眞理，還有靈魂對眞理的意向。雖然布魯諾的記憶理論和方法都和阿奎那的截然不同，但是，只有從記憶影像的宗教用途中，才可能產生布魯諾這種轉變。

第三，當布魯諾說到光與黑暗的改變，以及光再與他回來，必然都是指赫米斯傳統的或「古埃及的」哲學和埃及人的魔法宗教。按赫米斯派的《阿斯克勒比厄》，埃及人知道如何塑造可以招來天界與神性智能的神像。記憶用的雕像之形成就是爲了發揮這種內在的魔法力。魔法和符咒的技巧不一而足。⑰按卡米羅的解讀，《阿斯克勒比厄》雕像的魔法是藝術完美比例的魔法，所以，當「雕刻家斐底亞斯」在布魯諾的記憶裡塑造宏偉的神像，我們也許可以把斐底亞斯想成文藝復興時代「如神的」藝術家。

由此可見，《雕像》對布魯諾而言應有三重作用。一是用神話形態說明古代眞正哲學與宗教的眞理，而他相信自己正在重振古代哲學。二是當作記憶影像，裡面包含要領悟古代哲學眞理的意向。再就是，雕像是藝術完美的魔法記憶影像，「術者」可以藉它們而接觸到「神性」與魔界的智能。

《雕像》是布魯諾的一套記憶方法，可以看出是他整套複雜的記憶論著的一分子。《雕像》證實，《亞里斯多德物理學之圖示》的記憶系統雖然是要記住亞里斯多德的物理學，其實骨子裡在駁斥亞氏的哲學思想。⑱因爲《圖示》的許多神話造像和《雕像》的一樣。

我認爲，「三十雕像」原本是要放在盧爾的組合輪子上轉動的。這個系統一旦完成（前文說過手稿是未完成的），將是布魯諾結合古典記憶術和盧爾之術的最駭人之作，因爲放上組合輪子的不再是字母，而是影像了。布魯諾在威登堡期間寫了多部盧爾主義的作品，可能都是與「三十雕像」相關，⑲因爲我們看得出來，布魯諾在運用的概念來自盧爾主義的「原理」與「陳述」。他在《影子》裡提出旋轉輪與三十個神話人物的系統（從萊考恩到格勞克斯的系列），⑳可能只是規模更龐大的《雕像》的發端。

《圖示》和《雕像》不是十足的布魯諾式記憶論文。兩者都是使用「畫家宙克西斯」或「雕刻家斐底亞斯」之「印記」的實例，方法是把神話影像當作記憶基礎。神話影像⑴包含布魯諾哲學；⑵想像與意願有強烈「意向」導往這些影像；⑶神話影像是星靈化或魔法化而成影像，和《阿斯克勒比厄》的魔法雕像一樣，會吸引天界或神魔的力量進入影像人物。

柏金斯把布魯諾和狄克森師徒的記憶術放在天主教與反對影像的新教立場的脈絡裡看，是十分正確的。布魯諾這位異端的「記憶論術者」，可以從中世紀虔敬的影像運用中，發展出一套記憶術（他也已經這麼做了），新教的內在外在禁絕偶像就可以設法阻止這種發展。

布魯諾最後一本論記憶的書是他發表的最後一部作品，發表之後他便返回義大利，進入宗教裁判所的監獄，終於被判火刑處死。他突然束裝回國，是因爲一位想學他的記憶術祕密的人從威尼斯寫了信邀請他。因此他在最後這本書裡再一次闡述他的記憶術之祕。書名是《論影像、符號、概念的組成》（*De imaginum signorum et idearum compositione*）[21]，以下簡稱《影像》，一五九一年在法蘭克福出版，但可能大部分是在瑞士寫的，也許就是在鄰近蘇黎世的一座城堡裡寫作。堡主漢澤爾（Johann Heinrich Hainzell）信仰祕教兼研究煉金術，布魯諾在堡中住了一段日子，《影像》就是獻給漢澤爾的。

書的內容包含三部分。第三部分也是最後的部分，是講述「三十印記」。布魯諾列出各種不同類型的祕法記憶系統，和八年前在英國出版的《印記》一樣。其中許多和英國《印記》的標題相同，內容也雷同，但這些新出爐的「印記」比以前的那些更隱晦難懂。描述「印記」的拉丁文詩句中，有些與布魯諾不久前在法蘭克福發表的拉丁詩作肖似。㉒這裡的「印記」也有新的發揮，尤其是在僞數學（mathesistical）的場所系統方面。這些德國發表的「印記」與英國「印記」的一個重大差異是，並沒有導向「印記的印記」，沒有像英國印記系列那樣揭示「愛」、「藝術」、「科學」、「魔法」的宗教信仰。布魯諾似乎只在英國把這些印成書說個明白。

在德國發表的「三十印記」，加上它們與在德國發表的詩作的關係，可算是研究布魯諾在德國之影響的起點。正如英國「印記」加上與在英國出版的義大利文對話錄的關係，是研究布魯諾在英國造成影響的必讀。我的這一本書主要是談布魯諾在英國造成的影響，所以不再多花篇幅談《影像》第三部分的「三十印記」。我必須談的是前兩個部分，因爲布魯諾在這裡再一次努力要想解釋清楚他那個難懂的影像問題和新的記憶方法。

第一部分是講記憶術，布魯諾照例（如同在《影子》和《瑟西》的舊例）先講了一遍「赫倫尼」說過的記憶法則，但是講得比以前更令人糊塗。「我們開創一種方法，不是關於事物的，是關於事物含義的。」㉓他開始先講影像的法則；組構記憶影像的不同方法；記憶事物用的影像和記憶詞語用的影像；影像必須生動、鮮明，盈滿動人的情感，才能夠進入記憶庫房的大門。㉔古埃及與加爾底亞的神祕思想隱約可見，但清楚可見繁冗文字之下的記憶論結構。有一章裡講到「記憶詞語用的影像」，布魯諾說O這個字母可以用一個球體代表；A可以用梯子或圓規；I

用一根柱子，㉕這其實是在用文字表述隆貝赫的形象化字母。

接下來講場所的法則（這樣是把次序顛倒了，按古典記憶術應該先講場所法則，後講影像法則），記憶論的結構仍很清楚。有時候他會詩興大發，拉丁文的詩句教人望而生畏，不過好在我們有隆貝赫幫忙譯解。

Complexu numquam vasto sunt apta locatis
Exiguis, neque parva nimis maiora receptant.
Vanescit dispersa ampla de sede figura,
Corporeque est modico fugiens examina visus.
Sint quae hominem capiant, qui stricto brachia ferro
Exagitans nihilum per latum tangat et altum. ㉖

這詩是什麼意思？的確，記憶場所不可太大或太小，末兩行加了隆貝赫的忠告：記憶場所不可超出一個人伸手可及的高度和寬度，這一點隆貝赫附了插圖說明（見第五章）。

布魯諾在《影像》的這個第一部分中提出一個極端複雜的「建築式」記憶系統。我說「建築」，是因為這個系統用到一系列屋室來存放記憶影像。這種形式本來是古典記憶術最平常的一種，布魯諾卻把它做了最反常的運用，屋室的分配按照魔法的幾何學，整個系統是按天界的機械原理運轉。屋室（atrium）有二十四間，每間分成九個記憶場所，都安置了記憶影像。正文紙頁上畫了這些屋室的說明圖解。這個系統還有十五個「場地」，每個劃分爲九個場所；並且有三十個「小隔間」，這又把這個系統拉回布魯諾忘不了的「三十」之數。

讀者必須了解，塵世的一切都要藉這些屋室、場地、小隔間裡的影像來記住。物質世界的一切，所有植物、礦石、金屬、走獸、飛禽等等都在其中（布魯諾用了記憶教科書中可以找到的照字母順序的百科全書式分類）。人類所知的一切技藝、科學、發明，以及人類的所有活動，也都在其中。布魯諾說，按他教的方法建立的屋室和場地，可以包納人說出來的、知道的、想像的一切事物。

好大的目標！不過我們已經習慣了。這是包羅萬象的記憶系統，和《影子》裡的那個一樣，那些繞著中央輪而轉的一圈圈輪子，也是要包括人世間的一切、人類所知的一切技能和科學。讀者和我都不是「術者」，但是我們大致可以曉得布魯諾的意思，先前放在中央魔法影像輪外圍的發明者之輪、其他輪子上的那些材料，現在要分配在記憶用的屋室系統裡了。這是一個建築學的「印記」，裡面充滿往來通聯和相關的層次，既是記憶術的層次，也是星靈的層次。

這種無所不包的祕法記憶，唯有靠天界系統才能發揮作用。這天界的系統又在哪裡呢？就在第二部分裡。

我們看見，第二部分有十二個巨大的造像，㉗也就是一切事物起因的十二「原理」，隸屬「不可表達且不可圖示的至優至大」之下。十二原理是周比得（即木星，與朱諾一起）、薩騰（即土星）、馬爾斯（即火星）、莫丘里（即水星）、米娜娃、阿波羅、艾斯屈拉比亞（Aesculapius，醫神；與瑟西、阿里翁〔Arion，爲音樂家〕、奧斐亞斯一起）、日、月、維納斯（即金星）、丘比特、泰勒斯（Tellus，大地女神；與海洋、海神奈普頓、冥王普魯托一起）。這些是天界人物，是宇宙神祇的雕像。布魯諾在這些主像之外，又安排了一大堆咒符的或魔法的影像，算是主像的輔助力，幫助主像把力量灌注到心靈之中。我在另一本書中分析過這個系列與相關的影像，㉘並指出布魯諾是在把菲齊諾的咒符魔法應用到記憶影像上，可能有意要把特別強的太陽、木星、金星（情愛）的力量吸收到他企望成爲的術者的人格之內。這些人物構成了《影像》的天界系統，這些內在形成的雕像，憑藉魔法可以與星辰的影響力相比。

《影像》的兩種系統，第一部分的記憶屋室與第二部分的天界人物，要怎樣結合呢？有一個圖解（圖13下）正可以表述這整體系統的「印記」。書上說，這個圖呈現的就是二十四屋室（每個之中的記憶場所都裝滿影像）的排列。每一個屋室，以及二十四屋室的整體布局，都是與羅盤上的方位點相關的。方形的記憶屋室規劃圖外面的圓圈，我想是代表天。圓圈上要銘記天界的人物和影像，圓圈的天界系統對於屋室系統中所記的無數多的人世事物具有賦予生命、整理編組、調和統一的作用。

所以這個圖解應當代表《影像》整體系統的記憶建築物，是一座代表天界的圓形建築，裡面有方形的規劃圖。這座建築反映的是天上與地下的世界，而記住整個人間世界要藉天上的統一編組的力量。這個系統也許能執行《印記》的第十二印記。布魯諾在第十二印記的部分說，「我們現在有了雙重的圖像」供記憶之用，[29]一個是用星靈影像的天界記憶，另一個「根據需要而虛構」比喻影像。這個系統會同時使用「雙重圖像」，結合圓形的天界系統與記憶屋室組成的方形系統。

我們再注意看圖解，會發現中央圓環上排著字母，正文中卻沒有相關的說明（十九世紀重印版本中也沒有按原圖正確排印）。讀者既迷惑又茫然，這些字母看來好像是拼成 Alta Astra（崇高的星辰）。這是某種星辰宗教的記憶聖殿嗎？

有一種簡單得多的古典建築記憶法適應了文藝復興時代的用法，我們在多瑪索・康巴奈拉的「太陽之城」中可以看見。《太陽之城》（*Città del Sole*）[30]基本上是個烏托邦，這個理想之城的宗教即是一種崇拜太陽或星辰的信仰。這座城是圓形的，城中央有一座圓形的廟宇，天上所有星辰與地上一切事物的關聯都描畫其上。城裡的房子呈圓形圍牆（giri）而排列，與中央的圓形廟宇是同心圓。牆上描繪所有的數學圖形，所有的鳥獸蟲魚、金屬礦物等等；人類的一切發明與活動，最外面的一環圍牆上有偉人、品德高尚的人、宗教領袖、宗教的創始人。這是萬能記憶系統的百科全書式布局，有統領全局的「天界」基礎，這是布魯諾已經教我們熟悉的基礎。康巴奈拉曾經一再聲明，他的「太陽之城」——或是這個城的模型——可以供「場所記憶」使用，可以當作認識一切事物的速成法，「把這世界就當作是書」。㉛顯然，「太陽之城」當作「場所記憶」使用，應該是相當簡單的一種文藝復興時代的記憶系統，在建築物裡記下場所的古典法則在這裡變成文藝復興式的，用來映照這個世界。

「太陽之城」是個建立在星辰崇拜的宗教信仰上的烏托邦，如果當作記憶系統用，正可以和布魯諾的系統做一比較，和《影子》或《影像》裡的系統都可以比較。這個系統比布魯諾的單純，因爲是靜止狀態的一個「城」（和卡米羅的「劇場」一樣是靜止的系統），並沒有要像布魯諾的系統那樣複雜的企圖。然而，如果拿《影像》系統中央圓壇上的 Alta Astra，和「太陽之城」的圓形聖殿比較，就可以看出來，同樣是那不勒斯的道明會修道院出身的布魯諾和康巴奈拉，構想的「場所記憶」確實有基本的相似之處。

布魯諾在《影像》中再一次說：「思想是用影像進行推斷。」㉜他也和在《印記》裡一樣，再次曲解亞里斯多德的這句話。他最念念不忘的想像，在他這最後的作品裡也表達得比以前都明顯，這裡有他的所有系統中最難纏的一個，以及他關於影像的最終定論想法。他以兩種運用影像的方式作業，一是傳統記憶術的，一是咒符或魔法的，在他自己的參照架構裡，在任何可用的參照架構裡，竭力想要找出尚未解開的問題的答案。

書名本來是《論影像、符號、概念的組成》，布魯諾所說的「概念」是指魔法影像或星靈影像的意思，是他在《影子》裡表示的意思。在《影像》的第一部分裡，他既討論也組構記憶影像，用到了記憶術傳統的法則。在第二部分裡，他討論並組構「概念」，咒符影像、星辰肖像成爲有魔法的「雕像」，試圖造就可以傳導宇宙力到人心中的影像。他這番努力既是在把記憶術的影像「咒符化」，也在把記憶術的特質納入「咒符」，爲的是「組成」適合他用途的影像。兩種傳統都賦予影像力量，記憶術傳統要求影像鮮明突出而能激動情感，魔法傳統則將星靈力或宇宙力引入咒符。布魯諾努力要組成影像、符號、概念的時候，兩種傳統也融合了。這本書是天才的展現，是他嘔心瀝血要解開他認爲最重要的一個問題——怎樣才能夠藉想像力把心靈力量組織起來。

主要在乎內心，內在的影像比外在的物件更接近眞實，從內心領會眞實、達成統一的見識。這個信念就是整個系統的根本。在內在太陽的光照耀下，影像與「一」的景象就融爲一體。布魯諾的浩大記憶工程是宗教的動力驅使的，這種動力在《影像》中比其他作品都明顯。他導向內在影像上的「精神意念」力量非常強，這種力量是古典記憶術在中古時代變質後留下的影響，雖然在文藝復興時再經歷奇怪的變質，成爲「赫米斯式」或「古埃及式」宗教的一門藝術。

布魯諾回到義大利之後，可能曾撥時間在帕度阿和威尼斯講授記憶課。可是，一待他於一五九二年步入宗教裁判所的監獄，他的遊歷生涯也告結束。就在布魯諾沒入黑暗時，另一位記憶導師出現，在比利時、德國、法國遊歷。我們會爲此感到好奇，不過這也許只是巧合。藍貝特・申克爾和約翰・裴普（Johannes Paepp）師徒雖然不足以和布魯諾相提並論，卻是值得重視的後布魯諾時期記憶導師，對於布魯諾版本的技巧記憶有所認識。

藍貝特・申克爾（1547-c.1603）[33]在世時，就是相當有名的人，因公開表演記憶力以及發表著作，而引起各界注意。他原籍大約是奉天主教的低地國家（荷、比、盧）；在比利時的盧萬受教育，一五九三年在法國杜埃出版第一本書《論記憶》（*De memoria*），在這個強烈反宗教改革的天主教中心顯然頗獲好評。[34]不過後來他又受到懷疑，被指爲從事魔法。他授課是收費的，想學會記憶祕訣的人必須聽他面授，因爲他說並沒有在書中揭示全部的祕密。

申克爾的主要記憶著作是《科學寶庫》，於一六一〇年在斯特拉斯堡出版，法文版於一六二三年在巴黎出版。[35]這本書的內容主要是以《論記憶》的概念爲基礎，但是做了詳盡的申論和一些補充。

《科學寶庫》承襲的是隆貝赫和羅賽留斯的記憶教科書走向，申克爾也刻意要拉近自己與道明會記憶傳統的關係，在書中不斷引用阿奎那，以阿奎那爲記憶的專家大師。書中第一部分是講述記憶術的漫長歷史，照例要介紹賽莫尼底斯、賽普西斯的麥卓多羅斯、圖里亞斯等古代人物，也講了近代的佩脫拉克等，並且額外列入一些在記憶方面有卓著表現的晚近人物，包括米蘭鐸拉的皮可。申克爾把自己的根據出處都列出來，使這本書成爲相當有價值的記憶術歷史書，後代讀者如果一一查找申克爾給的出處，可能發現很多有用的資料。

申克爾傳授的記憶術似乎並沒有什麼異常之處，基本上是一套古典的技巧，有很長的篇幅講場所，附了包含記憶場所的屋室圖表，也有長段講影像的文字。申克爾這套學問雖然形式流於記憶專論的繁複精細，卻可能是一種理性的記憶術。但是他講得很晦澀，又提出一些頗受人懷疑的作者，約翰・崔特米烏斯便是其一。

申克爾有一位門生與模仿者，即是約翰・裴普。這位裴普的記憶著作很值得細讀，因爲他做的事——套一句俚俗語——是洩漏申克爾葫蘆裡賣的是什麼藥。按他自己所說，他「探查申克爾」的所爲，也就是揭示了隱藏在申克爾的著作裡面的玄祕記憶的祕密。裴普出版的第一本書的標題就表明了他這個目的，那即是一六一七年出版的《探查申克爾：或近乎祕法的技巧記憶》(*Schenkelius detectus: seu memoria artificialis hactenus occultata*)。隨後發表的兩部作品繼續著「探查申克爾」的工作。㊱這位洩密的裴普提出一個名字是申克爾從未提過的，即是 Jordanus Brunus（布魯諾姓名的拉丁文拼法），㊲他揭露的祕密也有布魯諾的味道。

裴普研讀布魯諾作品很仔細，尤其細讀了他引用多次的《影子》。㊳他列出來的可做記憶影像用的一長串魔法影像，與《影像》的那些也很像。裴普說，神祕難解的哲學之謎，包含在記憶術之中。㊴他的幾本小書裡沒有講布魯諾的奇特哲學和想像力，卻有一段很有意思的話，是我所見過關於古典記憶文獻和經院派記憶論著如何應用到赫米斯式宇宙秩序觀，意思最明白的講解之一。

他先引用《神學總彙》中阿奎那著名的記憶論述，強調阿奎那說的記憶中的次序，然後就馬上轉到一段引自「三度至上者在《牧人者》中的第五篇講道詞」的話。他採用的是菲齊諾的《赫米斯大全》拉丁譯本，《牧人者》的第五論是講「既顯然又不明顯的上帝」。這是一篇熱烈的讚歎，說宇宙秩序是上帝的啓示，並且講到憑冥想這個秩序而受神啓的赫米斯式經驗。接著他引用了柏拉圖《泰米亞斯》（*Timaeus*）的話語，再轉到西塞羅《論雄辯家》說的次序是幫助記憶的上策，以及《赫倫尼》說的記憶的技巧就在於場所和影像依序排列（他仍以爲這是西塞羅的作品）。最後回到亞里斯多德和阿奎那說的法則：經常思索有益記憶。㊵裴普這一段話呈現了一種轉折，從技巧記憶的場所和影像，轉到「三度至上者」領悟宇宙秩序的宗教經驗。他引用典故的順序也顯示了思考順序，從圖里亞斯和阿奎那的場所和影像，變成把宇宙秩序銘印在記憶上的方法。換言之，這顯示了技巧記憶的方法如何變成玄祕式記憶的魔法宗教性的方法。

這是文藝復興時代的一個祕密，卡米羅的《劇場要旨》就引用過三度至上者的第五論，㊶裴普在十七世紀初期仍在揭示，不過他是從布魯諾那兒得來這個資訊。

中克爾和他這位欠謹慎的弟子證實了我們已經在猜想的事：記憶術傳授時如果帶有玄祕的

一面，難免會成爲宣揚赫米斯式宗教訊息的管道，或成爲赫米斯宗教的一個教派。師徒倆也證明，即便素材充滿布魯諾的奇才與想像，到了他們手裡，又變回一般的記憶專論。文藝復興氣魄的藝術家在記憶中雕塑形象，把哲學意涵和宗教見解灌注於遼闊宇宙想像的人物的情境，已經看不到了。

我們該如何看布魯諾的記憶論著系列？這些作品是彼此緊密相關的，全都像鎖鏈般相扣著。在法國發表的《影子》和《瑟西》，英國的《印記》，第二次到法國的《圖示》，德國的《雕像》，返回義大利承受處死命運之前最後發表的《影像》，這些全是一位先知先覺者走過歐洲的足跡嗎？他是否預示用密碼——記憶密碼——傳遞訊息的新宗教的來臨？所有複雜的記憶招式，所有不同式樣的記憶系統，是不是搭造起來的障礙，故意使未入門的人糊里糊塗，卻指點已入門的人去看藏在這一切的後面的「印記的印記」，去看一個赫米斯的宗派，甚至可能是一種政治兼宗教的組織？

我在另一本書中曾提到，以前有謠言說布魯諾在德國創立了一個叫作「佐丹諾主義者」(Giordanisti) 的宗派，㊷說這個宗派可能與祕密結社「玫瑰十字會」有關係。「玫瑰十字會」是十七世紀初期在德國公布成立宣言的，但外界對這個結社所知太少，所以有些學者說根本沒有這麼一個組織。傳說中的「玫瑰十字會」和「同濟會」的起源究竟有沒有關係，又是一個無解的謎（英國人第一次聽說同濟會這個組織是在一六四六年，當時英國古物收藏家艾士摩〔Elias Ashmole〕入會成了會員）。總之，布魯諾在英國和德國都傳播過他的想法，所以他的行動可能被當作與玫瑰十字會、同濟會同源。㊸同濟會的起源雖然按理應該是中世紀的「動手做的」石匠或建築工的行會，結果卻包裹在層層神祕中。爲什麼「動手的」行會會發展成「動腦的」工藝，在儀式中使用建築影像的象徵，沒有人知道。

這些話題是想像力過於豐富又不講求考據的作家的最愛。我們早就該以適當的歷史方法和批評方法探討這些問題，現在看來時機是成熟了。一本談同濟會起源的書在序文中說，同濟會的歷史不應該當作社會發展史以外的一件事來看，它應該是社會史的一支，研究這個特別的社會現象和它根本的概念，「應當用與其他社會制度發展過程一模一樣的調查與撰寫方式」。㊹其他比較近期發表的關於這個題目的書，已經漸漸走到歷史資料力求精確的路上，但是作者們對於「動腦性質」的工程法起源的問題不宜下定論。會員爲什麼使用柱子、拱門等等建築特色的象徵，爲什麼用幾何圖形的象徵，爲什麼在這種架構裡提出關於神聖的宇宙工程師的道德教誨與神祕觀點，應該仍是待解的疑問。

我會覺得，這種疑問的解答可以從記憶論發展史中去找線索。我們在卡米羅「劇場」看到的、布魯諾積極宣揚的文藝復興神祕記憶法，可能是魔法與神祕學興起的眞正源頭，這一派思想當作傳授媒介的不是「動手的」工匠術的建築物，而是記憶術的「動腦的」建築物。我們如果仔細檢視一下玫瑰十字會和同濟會用到的符號系統，也許可以證實這樣的假設沒錯。這方面的探討不屬於本書的範圍，但是我要指出一些可以循線探索的引子。

傳說的玫瑰十字會宣言（即一六一四年的*Fama*），曾說到神祕的「輪子」(rotae)，以及一個神聖的拱頂窖，這窖的牆壁、天花板、地板分成多個隔間，每一隔間各有幾個圖形或警句。㊺這可能是把記憶術做某種玄祕式的運用。由於同濟會的資料記錄是過了相當一段時候才開始有的，做比較只能取十七世紀晚期與十八世紀的同濟會象徵符號，也許可以特別注意一下號稱「皇家之拱」(Royal Arch) 的這一支分會的象徵符號。這個分支的一些老的印圖、旗幟，以及「皇家之拱」的圍裙，都有拱形、柱子、幾何圖形、徽章等設計，㊻看來頗有玄祕記憶傳統的架式。那個傳統應該是被全盤遺忘了，所以會有同濟會早期發展史的斷層。

這個論點的長處是，後來的祕密結社表現的赫米斯傳統因而可以和主流的文藝復興傳統連接起來。因爲我們已經說過，卡米羅的「劇場」在早期文藝復興已是廣爲宣傳的事，布魯諾的祕密也差不多算是公開的祕密。他的祕密就是把赫米斯式的信仰和記憶術結合。在十六世紀初期的人們眼中，這可能自然歸入文藝復興的傳統，屬於從佛羅倫斯傳至威尼斯的菲齊諾和皮可的「新柏拉圖主義」。它算是赫米斯知識的書籍對文藝復興產生特殊影響的一個實例。因爲這種影響，人們才專注於思索「人世構造」，把這個世界的神性築構當作宗教崇敬的對象，當作宗教經驗的源頭。到了十六世紀晚期，布魯諾的這個比較多紛擾的時代，政治與宗教上的壓力可能就漸漸把「祕密」推向地下。但是，我們如果認爲布魯諾只是個推展某種祕密結社的人（他也許確曾這麼做），就是以偏概全了。

因爲他的祕密，赫米斯信仰的祕密，其實是整個文藝復興時代的祕密。布魯諾帶著他的「古埃及的」訊息周遊各國，等於是在傳播文藝復興很後期的、特別鮮明強烈的一種形態。他把文藝復興的創造力發揮到了極致。他自內在創造廣大無邊的宇宙想像，一旦把他想像的成果外化，便成就了天才奇想之作——他在英國寫的對話錄。他如果能把他在記憶裡塑造的雕像外化，把他在《逐出得勝之獸》裡所畫的星辰影像的美妙壁畫眞正訴諸美術表達，世上又會多一位藝術大師了。然而，布魯諾的使命是從內在作畫雕塑，是對世人說畫家、詩人、哲學家是一體的，因爲眾繆斯之母就是記憶。必須先往內在建立內容，才可能往外在表達，所以有意義有價值的東西都是自內在完成。

我們看得出來，他在記憶術中教導的築構影像的強大力量，可以在文藝復興時代充滿想像的創造力中得到印證。可是，他那些繁複得嚇人的細節表述，《影子》記憶系統的旋轉輪子寫滿宇宙天界與人類世界各種內容，《影像》的記憶屋室系統，又該怎麼解釋？這些系統僅僅是爲了傳遞某種祕密結社的密碼或儀式而設計的嗎？如果不是，如果布魯諾眞心相信這些東西，那他八成是個瘋子吧。

我覺得，布魯諾這種不由自主要組織系統的顯著性格，當然有其病態的成分，但這股努力追求方法的狂勁也太驚人了！他的記憶魔法可不同於「符號術」的惰性魔法，實施符號術的人只需要注視符號口誦魔咒。他奮發不懈地在輪子外再加輪子，在記憶屋室上再加記憶屋室。他不歇止地辛苦組成要存進系統裡的無數影像；它們組出來的可能性難以估計，都得一一試過。這一切只能用科學精神來形容，是從玄祕領域預兆下一個世紀方法重於一切的視角。

因爲，記憶既是所有繆斯之母，應該也是方法之母。拉姆斯主義、盧爾主義、記憶術，以及十六世紀晚期到十七世紀早期層出不窮的所有混亂的記憶方法，都是爲了尋找方法而顯露的徵候。如果放在這種急切尋找方法的環境背景裡看，問題倒不在布魯諾的記憶系統太狂，而在於那非找到有意義的方法不可的決心。

我仔細研讀布魯諾至此，要強調我並未表示已經完全理解他的記憶論著。本書試圖探討的一些以往幾乎無人注意過的題目，如果後繼之人有了更多發現，就可對這些不凡的論著，以及玄祕記憶法的心理學，有更加完善的理解。我所試做的，是把它們放入某種歷史的脈絡，這也是一個必要的初步。布魯諾是把中世紀的記憶術，以及記憶術與宗教和道德的關聯，轉化成他的玄祕魔法記憶系統，這可能切中三方面的歷史課題。這些系統可能把文藝復興的玄祕記憶往祕密結社的方向發展。它們當然仍包含文藝復興時代全部的藝術及想像力發揮。它們預兆了記憶術與盧爾主義在科學方法發展方面的影響。

14 記憶術與布魯諾的義大利文對話錄

布魯諾構想的記憶術，不可以和他的思想與宗教信仰分開來看。按魔法觀的自然哲學，想像可能具有與自然界相通的魔力，至於布魯諾式的記憶術是工具，人藉這個工具而能與自然界相接。這是他的信仰的內在規範，是他用來理解並統一有形世界的內在手段。此外，按卡米羅「劇場」，祕法記憶術可以把魔法力賦予修辭，所以布魯諾想把力量灌注給他的詞語。他希望影響這個世界，也想映照這個世界。他以詩和散文傾訴他的赫米斯式自然哲學，以及他認為與這個哲學關聯的「古埃及」宗教信仰，並且預言它將在英國復興。

因此，我們可以預期的是，布魯諾在記憶論著裡講過的玄祕記憶術的模式，也會在他的其他所有作品中出現，尤其可在他最聞名於世的義大利文對話錄中看見。①這是他在駐倫敦的法國大使館裡作客時寫的，當時周遭環境的動亂不安都歷歷如繪寫在裡面。

一五八四年在英國出版的《聖灰星期三晚餐》，反映了他的牛津之行，以及因為他主張菲齊諾式——或魔法版——的哥白尼日心論，而與牛津博士們發生的衝突。②其中的對話所設的地理場景是在倫敦市街走過一趟。這一趟似乎是從法國使館起，使館位於肉鋪街（Butcher Row），穿過斯特蘭德（the Strand），到現今的法院所在位置，目的地是福克・葛瑞維爾的家宅，因爲葛瑞維爾邀請布魯諾到他家去講對於日心論的觀感。從描述這一趟路的文字看來，目的地似乎靠近懷特豪宮（Whitehall）。③布魯諾和朋友們從法國使館出發，是要到葛宅參加書名所示的神祕的「聖灰星期三晚餐」。

約翰・弗洛里奧（John Florio）與馬修・葛文（Matthew Gwinne）④到使館來找布魯諾，兩人比預定的時間晚，三人在日落後一起出發走上黑暗的街道。走到了大街上（從肉鋪街到了斯特蘭德），他們決定拐彎到泰晤士河邊搭船。三人喊「坐船」喊了許久，才叫來兩名年老船夫，划的是一條又老舊又漏水的船。起初船資多少談不攏，後來船夫同意載客，卻又划得其慢無比。布魯諾和弗洛里奧爲了解悶，便吟誦亞里奧斯托的長篇詩《狂怒奧蘭多》。布魯諾念道：「女人多麼精明。」弗洛里奧接吟：「在沒有我的地方，我甜美的生命」，語氣「像是在想念情人」。⑤這時候船夫催他們下船了，可是距離目的地還很遠。一行三人上了岸，置身一個黑暗又骯髒的巷道，兩側都是高牆。他們卻不信邪，繼續摸黑找路，但口中咒罵不已。最後總算走回「寬闊的幹道」（也就是斯特蘭德），卻發現離他們先前搭船開始走水路的地方沒多遠。這一趟船根本是白坐了。三人有意打消赴葛宅的計劃，布魯諾卻想起自己是有任務要履行的。眼前的問題雖然麻煩，卻不是解決不了的。「精神不凡的人有一種英雄氣概與神聖性，他們能翻越艱巨之峯，從困境中收穫永恆的勝利。你雖不一定能達到終點贏得獎品，卻要勇往直前。」⑥於是他們決定繼續前進，沿著斯特蘭德向查令十字路（Charing Cross）走去。此時卻又遇上粗暴的群眾，到了「三條街交會處的大廈附近的金字塔」（即查令十字），布魯諾被打中一記，他回應了他會說的唯一英語句子：「Tanchi, maester.」。

好不容易到達了葛宅，又發生了一些怪事，但他們總算都入席了。席上的主位坐著一位名氏不詳的武士（可能就是菲利普·席德尼）；葛瑞維爾坐在弗洛里奧右手，布魯諾坐在他左邊。布魯諾左邊坐著托爾瓜多（Torquato），他是即將與布魯諾辯論的博士之一；另一位辯論對手是農狄尼奧（Nundinio），坐在布魯諾對面。

這一路行程交代得不清楚；描述每每被打斷，因爲布魯諾要闡釋他的新哲學思想，他如何在赫米斯式經驗中升上天界而幻見浩瀚宇宙，以及他如何解讀哥白尼的日心論。他的解讀與哥白尼本人的理論相去甚遠，因爲哥白尼只是一位「數學家」，不了解自己這項發現的重大意義。在「晚餐」席間，布魯諾與兩位「迂腐學究」辯論太陽是否地球環繞的中心；雙方都有誤解；兩位「學究」得理不饒人，哲學家（布魯諾）也出言不遜。結果是哲學家定論：反對亞里斯多德，贊成三度至上赫米斯，地球因爲有生命而能動。

後來布魯諾在宗教法庭受審時告訴審判官，這次「晚餐」其實是在法國大使館舉行的。⑦

那麼赴「晚餐」的這一段走街道又搭船的行程是純屬虛構的嗎？我認爲，走這趟路類似走過某種玄祕記憶系統，布魯諾藉此記起要在「晚餐」中辯論的各個主題。他曾在另一本記憶論著中說：「你可以在最末的羅馬場所之後接上最開頭的巴黎場所。」⑧他在《聖灰星期三晚餐》裡使用了「倫敦場所」，包括斯特蘭德街、查令十字路、泰晤士河、法國使館、懷特豪宮區的一所宅子。他用這些場所來記住要在「晚餐」上與人辯論太陽時的各個主題，這些主題當然都有玄祕意義，與「哥白尼之日」起頭的魔法宗教之復興有關。

布魯諾將要敍述「晚餐」始末之前，呼求記憶女神之助：

> 我的妮摩姬尼啊，你藏在三十印記底下，幽禁在概念的影子的黑暗監獄裡，現在讓我聽見你的語聲在我耳中響起吧。
>
> 幾天前一位宮廷紳士派的兩位使者來找諾拉人。他們通知他，這位紳士很希望和他晤談，以便聽他申辯哥白尼的理論以及他的新哲學包含的其他矛盾之處。⑨

接著才開始說明布魯諾的「新哲學」，以及前往「晚餐」的糊塗不清的路程，還有在席間和「迂腐學究」關於「太陽」的辯論。進入正題之前先呼求《印記》和《影子》的妮摩姬尼，這似乎可以證明我的看法。誰要是想知道玄祕式記憶有什麼話說，就應該讀一讀《聖灰星期三晚餐》。

這套魔法的雄辯，發揮了非常大的影響。布魯諾之成爲傳奇人物，包括他爲近代科學與哥白尼學說而殉道之說，以及他如何反抗中世紀亞里斯多德主義的禁錮，主要都是因爲有《聖灰星期三晚餐》的那些論「哥白尼之日」與赫米斯式升空經驗的文字。

《聖灰星期三晚餐》提供了一個從記憶術程序發展成功文學作品的實例。因爲，《晚餐》當然不是一個記憶系統；這是一組對話，有生動的、個性突出的對談者，包括哲學家、學究，以及其他人物，其中的故事有趕赴「晚餐」的行程，以及三人到達以後發生的事。《晚餐》裡包含了諷刺，也有滑稽場面。最重要的是，有戲劇轉折。布魯諾在巴黎期間寫過一齣喜劇《持炬者》(*Candelaio*)，他在英國的時候也表現過自然流露的戲劇才華。我們可以從《晚餐》中看見記憶術如何發展成文學；記憶場所的街道如何能夠變成有人物穿梭，又能變成戲劇的布景。記憶術對文學有無影響，可以說是從未有人碰觸過的話題。《晚餐》這部幻想文學作品與記憶術有關聯是毫無疑問的，是個值得探討的範例。

另一點值得注意的是，在記憶術的背景中使用寓言。赴葛宅的三個人一路走過多個記憶場所，前往神祕目的地的途中遭遇許多阻礙。爲了想節省時間，他們搭了一隻嘰嘎作響的小船，結果白走了冤枉路又回到原點。更糟的狀況是，在夾在高牆中的黑暗泥濘巷道裡找出路。回到斯特蘭德之後，再努力往查令十字路走，卻遇上蠻不講理的人們阻擾毆打。終於到達「晚餐」

現場了，又有一大堆誰該坐哪個位子的繁瑣客套。在場還有書呆子學究在爭論，爭論的是「太陽」，抑或是「晚餐」？《晚餐》頗令人想到卡夫卡（Franz Kafka）的世界裡那種模糊不明的掙扎，讀者也應該把其中的對話放在這個層次上來看。不過這樣與現代並列比較也可能產生誤導；因爲《晚餐》發生於義大利的文藝復興時代，人們習慣隨口吟誦亞里奧斯托的情詩；記憶場所都是伊莉莎白時代倫敦的地方，住著富有騎士精神的未具名的詩人，顯然在那兒主持一個很神祕的聚會。

有一個記憶場所的寓言也許可以這樣解讀：朽壞的諾亞方舟乃是教會，它把朝聖者帶進一所不好的修道院的圍牆中間，這朝聖者從這兒逃了出去，覺得自己負有崇高的使命，結果卻發現新教徒和他們的一席「晚餐」對於魔法宗教的太陽返回的光更盲目不覺。

易怒的「術者」在這本書裡洩漏了他脾氣上的缺點。他被惹怒了，不但氣「迂腐學究」，也氣葛瑞維爾招待不周。但是他對著名的儒雅武士席德尼卻只有讚美的話。「我熟知他的爲人，以前在米蘭和法國便如雷貫耳，如今，自從我來到這個國家，才知百聞不如一見。」⑩

就是因爲這本書招致抗議反對的風暴，使布魯諾不得不投靠法國大使，在使館內受庇護。⑪也是在這一年裡，他的弟子狄克森和拉姆斯主義者打起筆戰。看來伊莉莎白時代倫敦的記憶場所的確熱鬧非凡！雖然並沒有一些類似佛羅倫斯的阿哥斯蒂諾修士那樣的「黑衣修士」，在倫敦市區裡蒐集記憶場所，以供記憶阿奎那的《神學總彙》之用，⑫異端的還俗修士布魯諾仍在使用這古老的方法，只不過他用的是最奇特的文藝復興玄祕式版本。《晚餐》的結尾針對曾經批評記憶術的人發出神話式的告誡：「我對你們所有人說，爲某些人要呼求米娜娃之盾與矛，爲另一些人要呼求特洛伊木馬的高貴後裔，爲另一些人呼求醫神艾斯屈拉比亞的可敬意旨，爲另一些人呼求海神奈普頓的三叉戟，爲另一些人呼求格勞克斯遭受的馬踢，請你們所有人以後循規蹈矩，我們才能夠寫下對得起你們的對話，否則就請你們免開尊口。」⑬已經解開一些神話式記憶「印記」之謎的朋友，也許曉得這一段話講的是什麼意思。

布魯諾在獻給菲利普・席德尼的《英雄的狂暴》（一五八五年）的題詞中說，他在這本書裡寫的情詩不是爲某個女子而寫，乃是表陳對於一種自然冥思的宗教所懷的英勇熱忱。這部作品的文體是一系列大約五十個用詩描述的寓意圖畫，每首詩都附有討論的評注。詩中的意象都是佩脫拉克式的關於眼睛、星星、愛神之箭等等的繁瑣比喻⑭，或是一些帶著紋章的題銘盾牌。這些意象都帶有濃烈的情緒。如果放在他的記憶論著架構裡，參照那些講到魔法記憶影像必須充滿感動力的段落來看，尤其是講到愛的感動的部分，我們會有一些不同的視角。當然不是把這些愛情象徵看作是一個記憶系統，應該是看見一部文學作品裡面的記憶方法痕跡。尤其明顯的是，到了結尾處出現女巫瑟西的幻象，我們更會覺得又回到熟悉的布魯諾思維模式上了。

在這裡可以提出一個問題。記憶術傳統每每扯上佩脫拉克，這是否因爲把比喻意象視爲記憶用的影像？畢竟這些影像都包含心靈對事物而發的「意圖」。不論是或否，布魯諾使用那些比喻是有很強的意圖的，是爲了成就洞察力而用的想像與魔法的手段。這些愛情連篇詩之中，有一處講到「印記的印記」中所說的「縮約」或宗教經驗，可見是和「印記」有關聯的。⑮

這本書寫出「哲學家」是「詩人」的一面，以詩的形式滔滔不絕說著他的記憶影像。描寫阿克蒂恩（Actaeon）的詩重複出現，這位獵人追蹤神祇的形跡，終於落得自己成爲獵物，被狗群分食了。這首詩表達的是主體與客體的神祕合一，在沈思的林木流水中胡亂追尋神性目標的行爲。這裡也出現了安妃翠蒂（海神之妻）的巨大幻影，有如大型記憶雕像，體現的是熱望者憑想像而領悟了單體或「一」。

布魯諾的《逐出得勝之獸》於一五八五年在英國出版，題銘獻給席德尼。這本書是根據天上的四十八星宿的影像而規劃，包括北方星宿、黃道十二宮、南方星宿。我在另一本書中說過，布魯諾可能是在使用公元前一世紀的希賈納斯的《故事集》（*Fabularum liber*），這本古籍描述了四十八星宿的形象和相關的神話故事。⑯布魯諾用星宿秩序來做他的德行罪惡講道詞的大綱。所謂「逐出得勝之獸」，是指德行把罪惡逐出，布魯諾在這個長篇講道詞裡仔細說明德行如何升到每一個星宿之上，相對的罪惡又如何在這天界大除弊之中被德行消滅而貶降。

前文說過，布魯諾對於隆貝赫的記憶教科書十分熟悉。而隆貝赫就曾經說，希賈納斯的《故事集》提供了很容易記住的記憶順序場所，⑰這樣的固定秩序很方便當作記憶的順序用。

德行與罪惡、賞與罰，這些不是古時候修士們講道辭的基本主題嗎？隆貝赫建議用希賈納斯的星宿秩序當作記憶順序，如果一位傳道的修士採納了他的建議，可能就用在記憶德行與罪惡上了。布魯諾在《逐出》的致席德尼獻詞裡，把他分派給四十八個星宿的各個道德主題都列出來，⑱這豈不令人想起和當時伊莉莎白治下的英國很不相同的一種傳道方式？《逐出》除了有這樣的提醒之外，還有不斷抨擊當時學究的話助陣。例如指責這些迂腐的人蔑視善行之重要，很明顯是在罵加爾文教派強調的因信稱義。當周比得呼召未來將解救歐洲脫離痛苦的某位大力士，嘲弄與非難之神莫摩斯（Momus）在旁幫腔說：

> 那位英雄若能終結那無所事事的書呆子學派就好了。那些人不做神聖法則與自然法則的善事，就自認是也希望別人認爲他們是遵行神的意願的虔敬之人，說行善是善，行惡是惡。但是他們說，人不是因爲行了的善或未做的惡而成爲可敬的得神喜悅的人，是因爲按照他們的教理問答手冊指示而希望與相信才得如此。諸神啊，世上還有比這個更公然的粗俗下流嗎。……最糟的是，他們誹謗我們，說他們的這個宗教信仰是諸神所設立；憑這個而批評效用與成就，甚至說效用與成就是缺陷與敗德。鑑於無人爲他們而做，他們也不爲

任何人而做（因爲他們唯一做的就是指責工作），他們卻享受他人爲別人而勞作的成果，他人爲別人而建了聖殿、教堂、寓所、醫院、學校、大學，不是爲他們而建。因此他們是十足的賊子與別人祖傳財產的侵占者。別人即便不能十全十美或做到自己的最好程度，也不會像他們那樣悖逆危害社會。別人總會盡作爲社會一員的本分，會成爲思維科學的專家、研究道德的人，一心爲了促進人們互助與維繫社會的熱忱與關注（一切法律都是爲此而制定），而爲贊助者提供酬賞，對違犯者施以處罰。[19]

諸如此類的話，除了在法國使館的安全外交保護之下的人，不可能公然在伊莉莎白時代的英國境內說。如果就藉星宿記憶的德行罪惡論的脈絡來看，布魯諾這一席話明顯適用於加爾文教派的「書呆子」，以及加爾文教派對他人事工的破壞。布魯諾反對他們的教條，贊同古代人教導的道德律。他自己是仔細研讀過阿奎那《神學總彙》的人，自然也知道如何按阿奎那定義的德行與罪惡，來運用「圖里亞斯」以及其他古代人物的道德論述。

不過，《逐出》當然不是中世紀修士的一篇德行與罪惡、賞與罰的講道辭。其中把靈魂改造天界的力量擬人化，成爲周比得、朱諾、薩騰、馬爾斯、莫丘里、米娜娃、阿波羅帶著女巫（瑟西與米蒂亞〔Medea〕）和醫神（艾斯屈拉比亞）、黛安娜、維納斯與丘比特、希瑞斯（Ceres）、奈普頓、賽蒂絲、莫摩斯、伊希斯（Isis）。這些從靈魂內在看見的人物，據說看來是如同雕像或圖畫的。這又回到了把魔法活化的「雕像」當作記憶影像使用的玄祕記憶系統上。我曾在另一本書中說過，《逐出》裡的對話者與《影像》記憶系統的十二原理有密切關係。[20]加上在這本書裡進一步探討布魯諾的其他各本記憶論著，更足以證明，《逐出》這些執行改造的神祇都有玄祕記憶系統的脈絡可循。他們進行的改造雖然是以道德律爲基礎，卻包含了回歸「古埃及」魔法宗教，書中有長篇的辯護，[21]引用《阿斯克勒比厄》大段文字，說明古埃及人如何能塑造可召來天界力量的神像。《阿》之中爲了神聖的埃及魔法宗教遭禁而發的「哀嘆」也全文照錄。所以，布魯諾的道德改造具有「古埃及」或赫米斯傳統的特質。這個面向如果與舊式的德行罪惡講道連結起來，會有很奇怪的結果，即是出現一種新的道德規範，也就是以遵守自然法則爲本的自然宗教與自然道德觀。德行與罪惡的系統與行星影響的善惡面有關，而改造就是要使善面勝過惡面，並且凸顯善行星的影響力。改造完成後的人格造像，應該兼有阿波羅式宗教悟性與周比得式的崇尚道德律；維納斯的天生本能琢磨成一種「更爲溫柔的、更文雅的、更加巧妙的、更明白的、更通情達理的」組合；[22]敵對派別的酷行將由一種全面的善意和仁慈取而代之。

《逐出》是一部獨立的虛構文學作品。其中的對話可以正面去讀，讀許多題目的大膽而奇特的論述方式，讀其中的幽默與諷刺，讀諸神改造會議的戲劇性發展，讀盧西安（Lucian）喜劇風格的批判。此外，從側面讀也可以清楚看見其中包含的布魯諾記憶系統結構。他一如往常從記憶教科書擷取了一個系統，即希賈納斯以星宿秩序爲記憶順序的用法，再把這個系統「玄祕化」成爲他自己的「印記」之一。他非常注重星宿的實際影像，這顯然符合他一貫的魔法模式思考。

因此我認爲，《逐出》可以說是提出了一種配合布魯諾玄祕記憶系統使用的言語。其中所說的話，所列出的表述行星諸神影響力善的一面的不同稱謂，是假定注滿行星力量的，和卡米羅記憶系統會發出滔滔雄辯是一樣的。《逐出》是修士出身的布魯諾的魔法講道詞。

《逐出》出版的時間背景有布魯諾與牛津博士的爭議，有他的弟子和劍橋拉姆斯派的爭議，當時的讀者看這本書，不會像現代人這麼心平氣和。知道有這些爭議發生的人，必然看得出其中的「賽普西斯式」（麥卓多羅斯式）的記憶系統。這樣一本書竟是獻給席德尼的，柏金斯一定爲此更感焦慮。因爲從這本書可以明顯看得出，「諾拉人氏」和「狄克森氏」這些「賽普西斯派」是在妖言惑眾。然而，也可能有人覺得這部作品帶來令人眼花撩亂的啓發，預示全面性的赫米斯式宗教與道德改革的來臨，它的呈現方式是用偉大文藝復興畫作的壯麗影像，由記憶藝術家從內在進行繪製與雕塑。

讀者在義大利文對話錄中看見記憶「印記」的跡象，會回過頭來看《印記》這本布魯諾理論的實際操作的書，這本書是他在英國的整個行動的開場，記憶術因這本書而成爲至關重要的話題。《印記》的讀者如果看懂了「印記的印記」，會欣賞義大利文對話錄的詩意、看見其中的藝術，把它當作關於「愛」、「藝術」、「魔法」、「知識」的宗教的講道詞而理解其中的哲學。

一五八三年至一五八六年間躲在倫敦使館裡的這個奇人，發散的便是這種影響力。這幾年是關鍵的幾年，是英國文學文藝復興開端的萌芽期，這個文學動向是由席德尼爵士和他的一群友人導引的。布魯諾便是以這群人爲注目對象，把意義最重大的兩部對話《英雄的狂暴》與《逐出》獻給席德尼。他在《逐出》的獻詞中說了以下彷彿未卜先知自己命運的話：

> 我們看見這個人，這個世界的公民與僕人，太陽父親與大地母親的孩子，如何因爲太愛這世界而必須受這世界的仇恨、指責、迫害、毀滅。但是，在那一天未來臨之前，但願他不要在等候死亡、遷移、改變的期間無所事事或不務正業。他願在此把他的道德哲學編了號的、排列整理的種籽獻給席德尼。……[23]

（按他的天界記憶系統看，的確是編了號的、排列整理的。）我們知道布魯諾在席德尼的圈子裡有一定的重要性，並不是只憑這篇獻詞爲證。前文已經說過，「賽普西斯派」的爭議，諾拉人氏和狄克森氏與亞里斯多德學派以及拉姆斯主義者的衝突，似乎都繞著席德尼這個人物。與席德尼形影不離的朋友福克・葛瑞維爾是「晚餐」的作東者，在《逐出》的獻詞裡又被描述爲：「在您（指席德尼）首先給予照顧幫忙之外的第二人，提供我其次的援助照顧。」[24]布魯諾在英國造成的衝擊，必定是這幾年裡最刺激的經驗，是與英國文藝復興領袖們關係密切的大事。

這個衝擊對於英國文藝復興晚期最重要的一位人物的影響又如何？布魯諾來到英國的這一年莎士比亞十九歲，他離去的那年莎士比亞二十二歲。我們並不知道莎士比亞哪一年來到倫敦，哪一年開始演戲又寫劇本，只知道他確實在一五九二年以前已經在事業上站穩腳步。有關莎士比亞的片斷證據和傳聞中，有一則是提到葛瑞維爾的。是在一六六五年出版的一本書裡，有這麼一段描述他的話：

> 他的一大優點是看重他人的優點，自己無意留名，只願後世知道他曾是莎士比亞與班・強森（Ben Johnson）的師父，是伊格頓（Egerton）大法官的贊助人，歐弗羅（Overall）主教的主人，菲利普・席德尼爵士的朋友。㉕

葛瑞維爾什麼時候、在哪一方面曾是莎士比亞的師父，我們不得而知。他和莎翁可能相識，因爲他們的原籍都是沃里克郡（Warwickshire），㉖葛瑞維爾家族宅邸距離莎翁故里斯特拉福（Stratford-on-Avon）很近。年少時代的莎士比亞可能憑同鄉關係而進入葛府，在這裡的社交圈中活動，並且在這兒得知技巧記憶中黃道十二宮的意思，學會賽普西斯的麥卓多羅斯那一套。

15 弗洛德的劇場記憶系統

英國文藝復興時期是赫米斯傳統影響歐洲的鼎盛時期。英國人深入探討赫米斯哲學的作品，卻遲至詹姆斯一世（James I）的時代才問世。勞伯・弗洛德（Robert Fludd）①是最著名的赫米斯哲學家之一，他有多不勝數的玄奧著作，其中許多都附有象形符號的雕板印插圖，這些作品近年來頗吸引人們注意。弗洛德所處的赫米斯卡巴拉玄祕傳統的文藝復興的全盛期，是承襲菲齊諾與米蘭鐸拉的皮可而來的。他飽受《赫米斯大全》（菲齊諾的譯本）與《阿斯克勒比厄》的浸淫，若說他的著作幾乎每一頁都引用「三度至上的赫米斯」的作品，並不爲過。他也是位玄祕學家，承襲的是米蘭鐸拉的皮可與羅士林（Johanne Reuchlin）的世系。因爲弗洛德表現的文藝復興祕法傳統非常貼切，所以我在另一本書中收了一些他的雕板印插圖，用那些圖表式的說明來解釋稍早的文藝復興推理法。②

在弗洛德的時代，文藝復興模式的赫米斯哲學與魔法思想卻遭到正在興起的一代十七世紀哲學家抨擊。當凱佐邦（Isaac Casaubon）在一六一四年確定《赫米斯大全》的著述年代是在基督紀元以後，《大全》的權威地位便不穩了。③弗洛德完全不理會這項考證，仍然認定《大全》是眞正出於最古老的埃及聖哲之手。他熱切捍衛自己的信念與觀點，導致他與新時代的領袖人物們發生激烈衝突。他與麥瑟尼（Marin Mersenne）的爭議，與克卜勒（Johannes Kepler）的爭議都很有名，在這些爭議中，他以「玫瑰十字會會員」的角色出現。不論是否眞有玫瑰十字會這麼一個組織，宣告這個組織存在的那篇宣言，在十七世紀初曾經激起很大騷動與各界注意，卻是事實。弗洛德最初發表的作品中都自稱是玫瑰十字會的信徒，在一般大眾心目中，也就成爲這神祕而隱匿的團體以及其難以捉摸的宗旨的代表了。

我們所知的以往的赫米斯派哲學家或祕教哲學家，都是對記憶術感興趣的。弗洛德也不例外。他在文藝復興極晚期才出現，就在文藝復興時代的哲學家將要讓位給十七世紀新興的運動時，他爲文藝復興記憶藝術再樹立了一個典範，也可能是最後的一個。這個系統與文藝復興記憶術的第一個重要里程碑一樣，是以劇場爲架構的。卡米羅的「劇場」是文藝復興記憶系統的開端，弗洛德的「劇場」將是這個系列的結束。

我將在下一章中說到，弗洛德的記憶系統可能有驚人的重要性，因爲反映出莎士比亞「地球劇場」的構造。我希望讀者能耐下性子與我在這一章中抽絲剝繭解開最後一個「記憶的印記」。

這個記憶系統在弗洛德最具代表性的、表述其哲學思想最完整的一部著作裡。這本書的標題很長，《兩個世界，也就是較大者與較小者，之玄學與物理學技術歷史》（*Utriusque Cosmi, Maioris scilicet et Minoris, metaphysica, physica, atque technica Historia*）。這部歷史所涵蓋的「較大與較小的世界」，是指整個宇宙的大世界與人這個微世界。弗洛德引用了三度至上赫米斯在《牧人者》（也就是菲齊諾的《赫米斯大全》拉丁文譯本）與《阿斯克勒比厄》裡的許多話，作爲自己對於宇宙和人類觀察論點的基礎。他把魔法兼宗教的赫米斯思想與猶太卡巴拉玄祕哲學合而爲一，也把我們在早幾年的卡米羅「劇場」看見的文藝復興「術者」的宇宙觀整理完全了。

弗洛德的這部鉅著由德・布萊（John Theodore de Bry）在德國的歐本罕姆（Oppenheim）分成幾次出版。④第一冊（一六一七年出版）是論宇宙大世界，其中第一部分的開端是兩篇神祕主義極濃的獻詞，第一篇獻給上帝，第二篇獻給在人世代表上帝的君主詹姆斯一世。第二冊（一六一九年出版）論微世界，有一篇呈給上帝的獻詞，其中所界定的「神性」（Deity）引用了許多三度至上赫米斯的話。這一冊的獻詞沒有提到詹姆斯一世，但他在第一冊的獻詞裡被寫得十分近似「神性」，所以應該也隱含在第二冊的獻詞裡了。弗洛德似乎在這些獻詞中呼求詹姆斯一世來擔當赫米斯信仰的「護教者」。

我們知道，弗洛德大約是在這個時候特別請求國王支持，以抵擋敵對者對他的抨擊。大英博物館收藏了一部大約是一六一八年寫的手稿，其中有弗洛德的一篇「宣告」，是關於他已付印的著作與觀點的聲明，是呈給詹姆斯一世的。⑤他辯稱自己和玫瑰十字會的人都是毫無惡意的、信仰神聖古代哲學的人，提到《大世界》的致詹姆斯一世的獻詞，並且附上外國學者的評語以證明他的作品是有價值的。他把這部第二冊包含了記憶系統的著作獻給詹姆斯一世，正當他自覺遭受攻擊而特別需要尋求國王支持的時候。

弗洛德寫這部作品和其他東西的時候是住在英國，但這些書都不是在英國出版。這件事便被他的敵人拿來作文章。一六三一年間，一位名叫威廉·佛斯特（William Foster）的英國國教牧師，指弗洛德應用的巴拉塞蘇斯醫術是用魔法的，又說麥瑟尼曾經稱他是魔法師，並且暗示他因爲有魔法師的不良名聲而不在英國出版作品。「我猜想這是他到海外去印行著作的原因之一。我國的各大學和諸位主教閣下（感謝主）是比較精敏謹慎的，不會許可魔法的書在國內印行。」⑥弗洛德在回應中說自己的宗教信仰和佛斯特的沒有不同，提到他與麥瑟尼的爭議。「麥瑟尼曾指控我行魔法，佛斯特不明白詹姆斯陛下爲何允許我在他的國度裡生活並寫作。」⑦他說他已使詹姆斯一世相信他的寫作與意圖是無害的（大概是指他的「宣告」），並且指出，自己把一本書獻給詹姆斯（應該就是指《兩個世界的歷史》），證明他的著作與意圖並沒有什麼不妥當。他也斷然否認佛斯特所說他在海外印行著作的理由。「我把書送往海外，是因爲我們本國的印製者印第一冊與製作銅印版要價五百英鎊，在海外我卻不須出印書的錢，而且是依我的意思。……」⑧弗洛德雖然出版了許多本有雕刻印插圖的書，這一段話差不多可以確定是指《兩個世界的歷史》，此書的兩冊都有整個系列的雕版插圖。

插圖對弗洛德的作品非常重要，因爲藉視覺或用「象形字」呈現他的哲學思想，本來就是他的用意之一。這個面向結果成爲他與克卜勒發生爭議的題目。大數學家克卜勒譏笑弗洛德用「圖畫」與「象形字」，以及「照赫米斯的方式」運用數字，而克卜勒的著作使用的是正宗的數學圖表。⑨弗洛德的圖畫和象形字往往複雜到極點，而他也非常在乎插圖是否符合他那複雜難懂的正文。他在插圖上的想法是如何對德國的出版商和雕版者說明的呢？

弗洛德如果需要一位信得過的使者把他的文稿和插圖材料帶到歐本罕姆去，麥可·梅耶（Michael Maier）正合適。梅耶曾是神聖羅馬帝國魯道夫二世（Rudolph II）宮廷中的一員，他當然相信有「玫瑰十字會」的組織存在，而且相信自己就是會員之一。據說是他說服弗洛德寫了《神學哲學討論》（*Tractatus Theologo-Philosophicus*）獻給「玫瑰十字會眾兄弟」，由德·布萊在歐本罕姆出版。⑩此外，據說也是梅耶把弗洛德的這部作品帶到歐本罕姆去付印的。⑪梅耶在英德兩國之間往來多次，大約是在這個時候，他把自己的作品帶到歐市去給德·布萊印。⑫因此，有梅耶這麼一位使者可以把弗洛德的《兩個世界的歷史》的插圖資料帶到歐本罕姆，使這本書可以如弗洛德所說的「是依我的意思」而出版。

這一點不無重要性。因爲「劇場」記憶系統是有插圖的，萬一插圖不能確實呈現倫敦的劇場的本來模樣，問題就大了（見下章）。

我們再回到《兩個世界的歷史》的簡介，這本書可以說是屬於文藝復興時代的赫米斯卡巴拉傳統；它在「玫瑰十字會」熱烈風行的時代開發利用這個傳統；弗洛德在英國與德國出版者的聯繫可能是透過梅耶，或是藉由德·布萊出版公司與英國先前在出版事業中建立的來往管道。因爲這本書有這些重要的歷史背景，從其中又能看到祕教式的記憶系統，發現那是繁複神祕不輸布魯諾本人的一個記憶「印記」，便更有重要的意義。

弗洛德在《兩個世界的歷史》的第二冊（也就是論人這個微世界的一冊）裡，提出他所謂的「微世界的技術史」，意思是指微世界運用的技能與藝術。這個部分的內容照例都在開端處用圖示展現。「人」（Homo）這個微世界的頭頂之上有一個三角形的光環，表示本來具有神性；腳底下有一隻猴子，代表人類模仿或反映自然所憑藉的技巧，是弗洛德很愛用的一個象徵。圓圈的各部分顯示即將講到的各項技能或藝術，並且將按這個順序在隨後各章中討論。依序爲：預言術、泥土占卜術、記憶術、生辰占卜術（排星座圖之術）、相面術、手相術、科學金字塔。記憶術以五個記憶場所表示，各場所上都有影像。在這裡觀察記憶術頗有學習效果，因爲記憶用的場所和影像旁邊就有黃道十二宮的星座圖表。包括預言術在內的這個系列中還有其他魔法的、祕教的技藝，顯示其中隱含著神祕主義的、宗教的意義。另外還有金字塔，這是弗洛德偏好的象徵，用來表達上下的動向，以及神界或靈性與地上或有形物質界的互動。

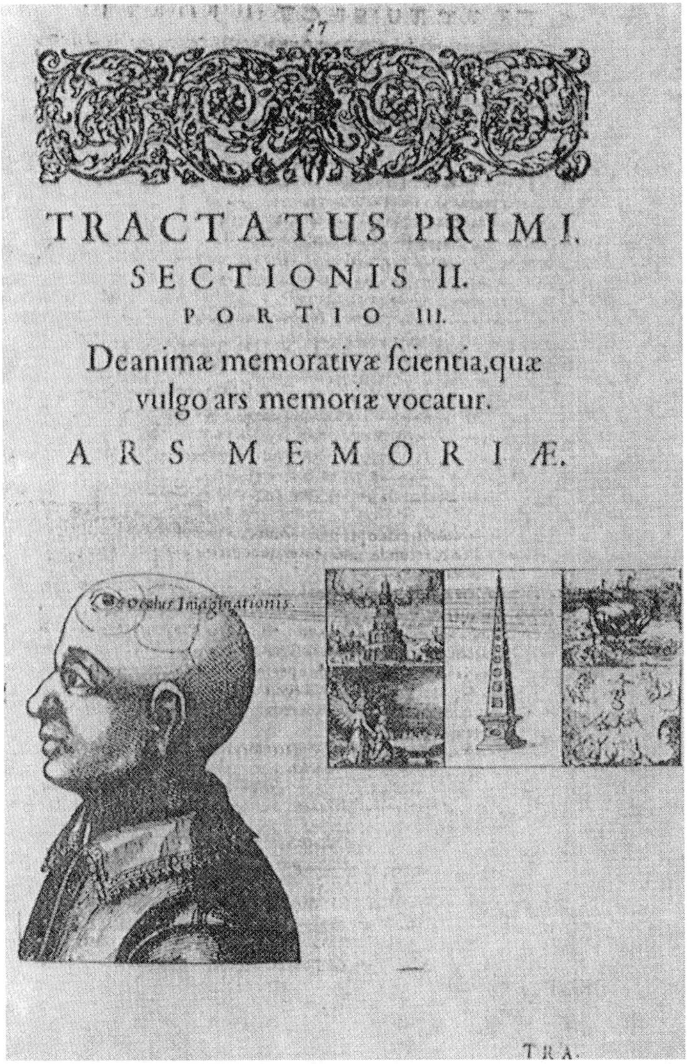

TRACTATUS PRIMI.
SECTIONIS II.
PORTIO III.
De animæ memorativæ ſcientia, quæ vulgo ars memoriæ vocatur.
ARS MEMORIÆ.

圖15-1

弗洛德著《兩個世界的歷史》第二冊的《記憶術》的第一頁。1619年歐本罕姆版（頁326-7）。

討論「靈性記憶之科學，俗稱記憶術」的這一章，⑬以說明這門科學的一幅插圖（圖15—1）開始。圖的左下方的這名男子，腦門上有一隻大大的「想像之眼」；右邊是五幀包含記憶影像的記憶場所圖。弗洛德偏好以五個記憶場所爲一組，這種排組法也示範他在一個記憶屋室裡安置一個主影像的原則。這裡的主影像是一個方尖塔；另外四個影像是巴別塔、多比亞斯與天使、一艘船、遭天譴者在最後審判時進入地獄之口——這幅圖是中世紀記憶術謹記地獄之德行在文藝復興末期的殘餘。後面的正文中沒有解釋這五個影像，而且完全不提。我不確定是否應從寓意的角度解讀，例如，方尖塔是埃及的象徵，指涉記憶術的「內在書寫」將戰勝巴別塔的混亂現象，導引使用記憶術的人跟隨天使走向虔敬的安全之地。這樣解讀也許是想像力過於豐富了，既然弗洛德未加說明，我們也就照他的意思不做解釋吧。

弗洛德照例先界定了技巧記憶的意義，然後用一章的篇幅⑭說明他區分的兩種不同的「藝術」，也就是「圓的藝術」（ars rotunda）與「方的藝術」（ars quadrata）。

> 記憶術達到完全純熟的想像是循兩種方式運作的。第一種方式是透過「概念」，概念有別於有形事物，例如精神、影子、靈魂等等，天使也是，我們主要用於「圓的藝術」。我們說的「概念」的意思和柏拉圖不同，他習慣用概念指上帝的思維，我們說的卻是泛指任何不是由四元素組成者，換言之，是指想像中構成的精神性的單純的事物；例如天使、靈魔、

> 星辰圖像、男女諸神的影像，他們是公認具有天界力量的，而且帶有靈性本質而不屬有形物質的；德行與罪惡同樣是在想像中產生而成爲影子，應該當作是靈魔。⑮

按此，「圓的藝術」要運用施了魔的或有咒符的影像、星辰圖像；藉天界力量活化的男女諸神的「雕像」；中世紀的那種德行與罪惡的影像，不同的是，它們現在變成含有「靈魔性」或魔法力了。弗洛德想要把影像做強效與較不強效的分類，這也是布魯諾老是記掛的一件事。

「方的藝術」運用的是有形事物、人、動物、無生物的影像。如果用到人或動物的影像，就是活動的，正在做某個行爲。「方的藝術」聽來像是普通的記憶術，使用的是《赫倫尼》的有作用的影像，也許是因爲用到建築物或房間爲記憶場所，才稱爲「方的」。按弗洛德的說法，圓的與方的兩種藝術是僅有的兩種記憶術。

> 增進記憶只能靠技巧方法，或藉藥物，或藉想像力，在圓的藝術中對概念的運作，或透過方的藝術中的有形事物的影像。⑯

弗洛德說，圓的藝術雖然與他在法國土魯斯聽說的「所羅門之戒」的藝術不同（那謠傳中的想當然耳是妖術之流），卻也需要靈魔之助（是靈魔之力，不是指魔鬼而言），或是聖靈的形而上的影響力之助。而且「想像應當與形而上的動作並行」。⑰

他接著說，許多人寧願訴諸方的藝術，因爲這是兩者中比較容易的一個，其實圓的藝術遠遠優於方的。這是因爲圓的藝術是「自然的」，運用「自然的」場所，本來就合乎微世界之用。而方的藝術是「人爲的」，使用憑技巧組成的場所和影像。

然後，弗洛德用相當長的一整章篇幅，痛陳反對方的藝術使用「虛構場所」的論點。⑱爲了理解這個論點，我們必須記得，從《赫倫尼》和其他古典記憶論的時代起，就有記憶場所的「眞實」與「虛構」的區分了。「眞實」場所是指按記憶術常規採用當作記憶場所的任何類型的實有建築物。「虛構」場所是指想像出來的任何建築物或場所，也就是《赫倫尼》作者說的，如果可用的眞實場所不夠，可以憑想像來組成。這「眞實」與「虛構」之爭，在記憶論述中從未結束，而且多有加油添醋的曲解。弗洛德非常反對方的藝術使用「虛構」場所，因爲這會擾亂記憶，使記憶負擔更重。記憶的人一定要用眞實建築物裡的眞實場所，「有些熟於此術的人，想要把方的藝術放在憑空想出來的宮殿裡，或是憑想像捏造而建起的王宮裡；我們現在要大略說明一下這種想法的不當之處。」⑲這個開場白之後便是一整章的辯論。這算是重要的一章，因爲，弗洛德如果信守了他反對虛構場所的立場，他的記憶系統所用的建築應該全是「眞實」的。

說完「圓的藝術」和「方的藝術」的區別，以及兩者使用影像的不同種類，並且表明「方的藝術」必須永遠只用眞實的建築物的立場之後，弗洛德要闡述他的記憶系統了。⑳這是圓與方的聯合體，觀念依據的是圓的天、黃道十二宮、行星。建築物和這些併用之下，放在天界的建築物裡面有記憶場所，場所裡有記憶影像，憑藉與星辰的整體關係而得到星靈賦予的生氣。這種見解是我們以前看過的，其實正與布魯諾《影像》裡面說的一模一樣。[21]布魯諾用的是屋室、隔間、場地，裡面擠滿影像，憑著與「圓」形的藝術的有機關係而活化起來，影像之中有男女神祇，所以是有天界力量的。布魯諾也曾在《印記》中闡明弗洛德所說的「圓的」與「方的」藝術的分別，比弗洛德早了三十六年。[22]

弗洛德記憶系統的顯著而令人興奮的特色是，要在圓方藝術大聯合中放在天上的記憶用建築物是他所謂的「劇場」。他所說的「劇場」，不是我們所理解的有戲台和觀眾席的劇場。他指的是戲台。我這個說法，後文會提出充分的證據。但是先說明這一點再開始講記憶系統，比較有助益。

弗洛德說，「圓的藝術」的「共有場所」是「宇宙中的非人間世界，也就是從第八重天起到月亮界域的天界軌道」。[23]這個陳述用圖表（圖15—2）說明，呈現第八重天——黃道十二宮——排列著十二星座圖像，以及代表行星七重天的七層圓圈，還有中央代表各元素的一個圓。弗洛德說，這呈現的是以黃道十二宮爲基礎的記憶場所的「自然」次序，也是從七重天界相對於時間而運行產生的時間秩序。[24]

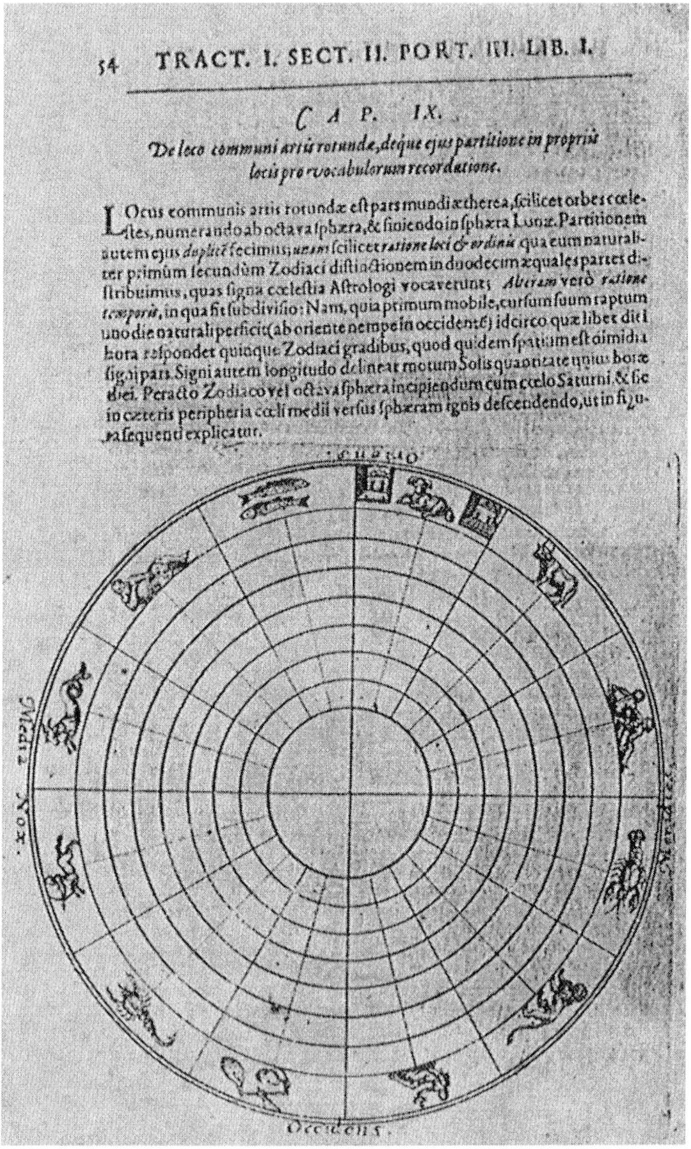
54 TRACT. I. SECT. II. PORT. III. LIB. I.

CAP. IX.

De loco communi artis rotundæ, deque ejus partitione in propriis locis pro vocabulorum recordatione.

Locus communis artis rotundæ est pars mundi ætherea, scilicet orbes cœlestes, numerando ab octava sphæra, & finiendo in sphæra Lunæ. Partitionem autem ejus duplicē fecimus; unam scilicet ratione loci & ordinis qua eum naturaliter primùm secundùm Zodiaci distinctionem in duodecim æquales partes distribuimus, quas signa cœlestia Astrologi vocaverunt; Alteram verò ratione temporis, in qua fit subdivisio: Nam, quia primum mobile, cursum suum raptum uno die naturali perficit (ab oriente nempe in occidentem) idcirco quælibet diei hora respondet quinque Zodiaci gradibus, quod quidem spatium est dimidia signi pars. Signi autem longitudo delineat motum Solis quantitate unius horæ diei. Peracto Zodiaco vel octava sphæra incipiendum cum cœlo Saturni, & sic in cæteris peripheria cœli medii versus sphæram ignis descendendo, ut in figura sequenti explicatur.

圖15-2　黃道十二宮，原載弗洛德《記憶術》。

DE ANIM. MEMORAT. SCIENT. 55

Loci iterum *temporales* sunt *duplices*, cùm *alius* sit orientalis, qui scilicet in eodem signo orientalem mundi plagam respicit, atque hunc locum theatro albo impleri imaginabimur: *Alius* verò *occidentalis*, sive occidentalis signi portio, in qua ponetur theatrum quoddam nigrum, de quo posteà dicemus.

CAP. X.

De theatri orientalis & occidentalis descriptione.

Theatrum appello illud, in quo omnes vocabulorum, sententiarum, particularum orationis seu subjectorum actiones tanquam in theatro publico, ubi comœdiæ & tragœdiæ aguntur, demonstrantur. Hujusmodi theatrorum *speciem unam* in puncto orientis sitam esse imaginabimini, quæ realis seu corporea, sed quasi vapore æthereo consideranda erit: Sitque illa theatri umbra similitudinibus spirituum agentium repleta. *Primum* ergo theatrum habebit colorem album, lucidum & splendidum, præ se ferens diem, diurnasque actiones. Quare in oriente collocabitur, quia Sol ab Oriente se attollens diem incipit, claritatemque mundo pollicetur: *Secundum* verò fingetur imbutum colore nigro, fusco & obscuro: illudque in Occidente positum imaginaberis, quia Sol in Occidente existens noctem & obscuritatem brevi venturam denunciat. Quodlibet autem horum theatrorum habebis *quinque portas* ab invicem distinctas, & ferè æquidistantes, quarum usus posteà demonstrabimus.

CAP.

圖15-3　劇場。原載弗洛德《記憶術》。

牡羊座的左右兩側各有一幢小小的建築，是微型「劇場」，或戲台。兩個這種樣式的、後方有兩扇出入門的「劇場」，在正文中既沒有再以圖示說明，也完全不提。玄祕式記憶系統總有許多沒解釋清楚的「漏洞」，我不明白弗洛德爲什麼全然不再提起這兩個「劇場」。我只能猜想，把它們安排在這個圖解上是預先表明這套記憶系統的原理，意指會用到「劇場」，與方的藝術相同的那些包含記憶場所的建築物，但是「劇場」等建築物要放在圓的藝術的共有場所上，也就是安置在黃道十二宮裡。

弗洛德這本書的下一頁，也就是天界圖示對面的這一頁，是一幅「劇場」的圖示（圖15—3）。按這樣兩圖面對面的安排，只要把書本合上，天界就蓋在劇場上了。前面說過，這個劇場並不是一個完整的劇場，只有一個戲台。面向讀者的這面牆是戲台的背景，共有五個出入門口，這是古典戲台背景的定制。可是這並不是一個古典式戲台，而是伊莉莎白時代或詹姆斯一世時代的多樓層式戲台。三個出入門口是在地上層，兩側的是拱門，中間的這個是有門的，圖中這有樞紐的厚門是半開的。另外的兩個出入口在二樓，門外即是城垛走道。二樓中央是整個戲台背景最醒目的一個設計，看來像凸窗，但也可能是樓上的一個房間或寢室。

弗洛德用以下的話介紹了這幅「劇場」或戲台的圖：

我把字詞、文句、一篇講詞的細目或主題的一切動靜在其中表現的場所叫作劇場，如

同喜劇與悲劇在其中上演的公眾劇場。㉕

弗洛德要把這種劇場當作詞語記憶與事物記憶的記憶場所系統。但這個劇場就像「喜劇與悲劇在其中上演的公眾劇場」。莎士比亞以及那個時代的其他劇作家的作品演出的那些木造的大劇場的正式名稱，也是「公眾劇場」。由於弗洛德極力反對記憶中採用「虛構場所」，我們是否可以假定他畫給讀者看的是某個眞實的公眾劇場裡的戲台？

包含了這幅劇場插圖的這一章，標題是「說明東方與西方的劇場」。可知這種劇場應該有兩種，一種是「東方」的，另一種是「西方」的，格局一模一樣，但顏色不同。東方的色淡，敞高而光明，因爲是供安置屬於白晝的動靜行爲。西方的色深，暗沈而朦朧，是屬於夜晚的。兩個劇場都要放在天上，分別適用於行星的「白晝」與「黑夜」的各個「宮」。是否黃道十二宮每一個都有東西兩個劇場呢？是否就像我們看見的圖示中安排在牡羊座左右的兩個小戲台那樣？——每個星座都應該有。我認爲應該是有這個意思的。不過，這是玄祕式記憶的領域，我們要掌握這些劇場在天界的運作方式殊非易事。

最可以拿來做比較的，是布魯諾在《影像》裡講的系統。那個系統包含細密排列的記憶屋室，裡面有安置記憶影像的記憶場所（如同弗洛德所說的「方的」藝術），算是附屬於「圓的」或天界的系統。依我看，弗洛德的「劇場」也一樣，是要放進黃道十二宮而附屬於圓的天的記憶屋室。假如他的本意是要在每一星座上安置兩個這種「劇場」，那幅「劇場」圖示應該就是二十四個一模一樣的記憶屋室之一。「東方」和「西方」的劇場，也就是晝與夜的劇場，把時間納入這個系統，而這個系統附屬於天界的旋轉運行。顯而易見，這是一個玄祕或魔法成分極濃的系統，其基礎就是大小宇宙關係的信仰。

「劇場」的二樓凸窗上刻著拉丁文 THEATRUM ORBI。由於弗洛德和受過高等教育的製版者都精通拉丁文，我覺得這不可能是 THEATRUM ORBIS（世界劇場）之誤。我猜（但不是很有把握），用間接受詞的與格是故意的，這個題字的意思不是說這是一個「世界的劇場」，而是指要放進世界的「劇場」之一，也就是要放在對面這一頁圖示上的天界。

弗洛德文中說，「每個劇場要有五個明顯有別的門，彼此大約等距，其用途將於後文說明。」㉖插圖和敍述在五個門或出入口方面是一致的。至於門的用途，按弗洛德後來的說明，是要當作五個記憶場所，五個場所對應他所說的它們對面的五根柱子。㉗這五根柱子的基部就在「劇場」圖裡的前方地板上。五個基部先是一個圓的、一個方的，中央的是六角形，然後再是一個方的、一個圓的。「要假想有五根柱子豎著，柱子彼此的形狀與顏色不同。最外側的兩根是圓形；中央的一根是六角形；中央兩旁的是方形。」㉘圖示和敍述內容也一致，因爲圖上顯示的柱基的確是這樣排列的。

弗洛德接著說，這些柱子的顏色不一樣，與「它們對面的劇場的門的顏色」一致。五個門口要當作五個記憶場所用，要記得它們的不同顏色而加以區別。第一個門口是白色，第二個紅色，第三個綠色，第四個藍色，第五個黑色。㉙門與柱子的一致性，也許是用「劇場」圖裡城垛上的幾何形狀表示的。我不明白這個一致性如何精準地表示，但是不難看出地面層中央的門應與中央的六角形柱子一致，另外四個門對應其餘四根圓形與方形的柱子。

弗洛德便是用這樣一組十個位置，每個「劇場」的五門五柱，在他的魔法記憶系統裡來記憶事物和詞語。他說明門與柱的時候雖然沒有提及《赫倫尼》的法則，其實已經想到了。例如，各個門要有間距才適合當作記憶場所，柱子形狀有差別才不會因爲太相似而擾亂記憶。藉記住場所顏色來區別場所，雖然不在《赫倫尼》的法則內，卻是一般記憶論著時常提到的。

這個系統要和星辰掛鉤才能運轉。弗洛德在論行星與黃道十二宮的關係的一章裡，稱星辰是「主概念」。㉚這一章說明記憶系統的天界基礎，隨後便是講記憶劇場五門五柱的一章。天界與記憶劇場們一同運作，劇場都在天界之中。「圓的」和「方的」藝術要合一而形成記憶的「印記」，也就是形成極端複雜的一個玄祕式記憶系統。弗洛德自己從未用過「印記」這個名詞，但是他的記憶系統毫無疑問是布魯諾式的。

另外還有兩幅「劇場」插圖（圖15－4上與下）。兩個都不是主劇場那樣的兩層式戲台，倒比較像拆掉一面牆的房間，以便觀看者看進去。它們和主劇場相符的一個特點是，牆頂端也有和主劇場一樣的城垛設計。這些次要的劇場也是當作記憶屋室使用的。圖15－4上有三個門口，

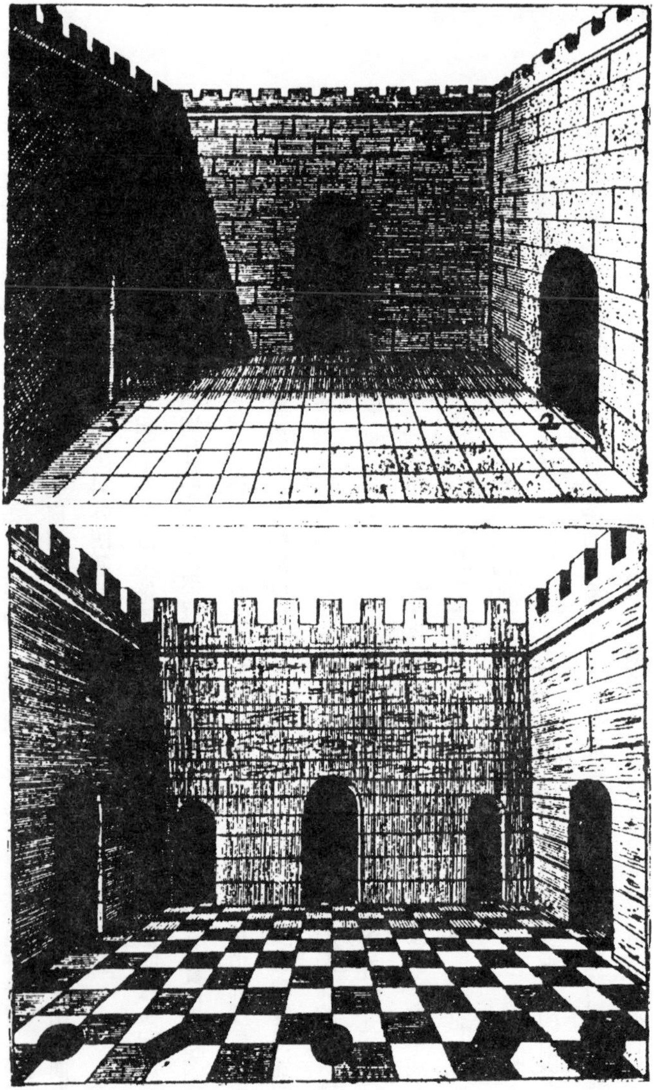

圖15-4

（上）次要劇場一　　（下）次要劇場二

原載弗洛德《記憶術》（頁333, 353-4）。

圖15—4下有五個門口。五門的這一個也有相似的柱子系列，也是用柱基顯示，和主劇場一樣是門柱對應的。這些次要劇場與主劇場相連，藉主劇場而與天界連接。

我們已經講過弗洛德系統裡的「場所」，主要的「共有場所」是天界，當作記憶屋室用的劇場是與這共有場所結合的。關於記憶的第二個面向，弗洛德又怎麼說呢？

他的基本影像或天界影像，是用布魯諾在《影子》中央輪上用的那種咒符影像或魔法影像。黃道十二宮的形象和諸行星的特性安排在天界示意圖上，但是並沒有十度距、行星、諸宮等等的影像。不過我可想而知弗洛德是循這個方向思考的，因爲他有一章是論「主概念穿越行星界域的次序」，其中分析了薩騰（土星）越過黃道十二宮的行進，描述薩騰在各個宮的不同影像，並且說其他行星的狀況也可以如此。[31]這些就是要用在記憶系統的「圓的」部分之中的天界影像，或魔法作用的影像。

「主概念」的影像這一章之後，是論「較不主要影像」的一章。這些影像是要放在劇場裡的，要放在門與柱上。這些是要用在「方的」部分的影像，要按照《赫倫尼》的鮮明影像法則來組構。弗洛德在此引用了《赫倫尼》說明，不過這些影像在這個魔法的系統裡多少是帶有魔法的。在劇場裡用的影像以五個爲一組，其中包括手持金羊毛的傑遜（Jason）、精通巫術的米蒂亞、特洛伊的巴里斯（Paris）、化身桂樹的黛芙妮（Daphne）、太陽神菲柏斯（Phoebus）。另一組是米蒂亞在採集魔藥草，這個影像要放在白色的門上；米蒂亞殺死自己的兄長，放在紅門上；

以及放在另三個門上的米蒂亞的其他面向。㉜此外還有一組米蒂亞影像，㉝以及一些女巫瑟西的影像。看來兩位女巫術師的魔法必能在系統中發揮很大作用。

弗洛德和布魯諾一樣深受舊式記憶論著的繁瑣內容影響，這些東西傳入魔法思想，也使魔法記憶系統更晦澀不明。隆貝赫與羅賽留斯特別喜歡的那種按字母順序排列名字或事物，弗洛德也列出一些，但是因爲受玄祕術影響而變得神祕難懂。其中包括重要神話人物的名單，以及各種德行與罪惡的清單——這又教我們想起中世紀的技巧記憶了。

從弗洛德納入「形象字母」插圖樣本，可以明顯看出他受舊有記憶術論著影響之深。㉞形象字母表在舊式記憶論著中如同某種符號手冊。自從十三世紀的彭岡巴諾約略提及，以後的普布里修斯、隆貝赫、羅賽留斯等等人物都用過。㉟布魯諾雖然沒有用插圖呈現整套形象字母，卻一再以文字描述過。㊱從弗洛德的形象字母可以看出，他和布魯諾一樣，認爲自己這種不尋常的記憶「印記」仍然是與古老記憶傳統是一脈銜接的。

總之，我覺得，弗洛德的記憶系統很像是布魯諾的系統之一。兩個人都極力要拿記憶術的詳盡細目與天界相連，而形成一個完備的、映照出整個世界的系統。除了系統的大綱像布魯諾，許多比較小的地方也令人想到布魯諾。弗洛德所說的記憶場所的「隔間」和「場地」，是布魯諾常用的術語。不過他似乎並不採用盧爾主義，㊲也不像布魯諾念念不忘「三十」。我認爲，布魯諾系統與弗洛德系統相似的是《影像》敍述的這一個。兩者同樣要用複雜的一系列記憶屋室與天界相連。弗洛德是以「劇場」取代屋室，當作系統中的建築物或「方的」部分，與「圓的」天界合併運用。

整個系統的首要中心思想，就是有五個門可當作記憶場所的「劇場」。從卷首圖那個人用想像之眼看見五個記憶場所的五個影像，我們可以看出這個中心思想的輪廓。

從弗洛德自己的言語看，他的記憶術應該是在法國學的。他以前到過歐洲好幾個國家，在法國南部停留過一段時間。《兩個世界的歷史》講到泥土占卜術時他說，曾於一六〇一到〇二年的這個冬季，在法國亞威農實習泥土占卜，之後離開了亞威農，到馬賽市指導基斯公爵（Duc de Guise）兄弟的「數學科學」。[38]弗洛德在談記憶術這個部分的開端處，描述自己最初是在尼姆（Nîmes，也在法國南部）對這門藝術產生興趣，這應該也是同一個時期的事。之後他在亞威農學得更加嫻熟，再到馬賽去教基斯公爵兄弟「數學科學」的同時，他也教了他們記憶之術。[39]

因此，弗洛德在法國期間可能已經聽說過卡米羅的「劇場」和布魯諾的論著。不過，《印記》是在英國出版的，「狄克森氏」也在布魯諾離開英國許久後，繼續在倫敦傳授記憶術，所以英國境內應該有布魯諾的記憶論流傳，弗洛德可能是這樣接觸到的。

還有一個可能的直接影響來源，是一部比弗洛德《兩個世界的歷史》第二冊早一年在倫敦出版的書。這本一六一八年出版的《記憶術，或回憶術》（*Mnemonica; sive Ars reminiscendi*），

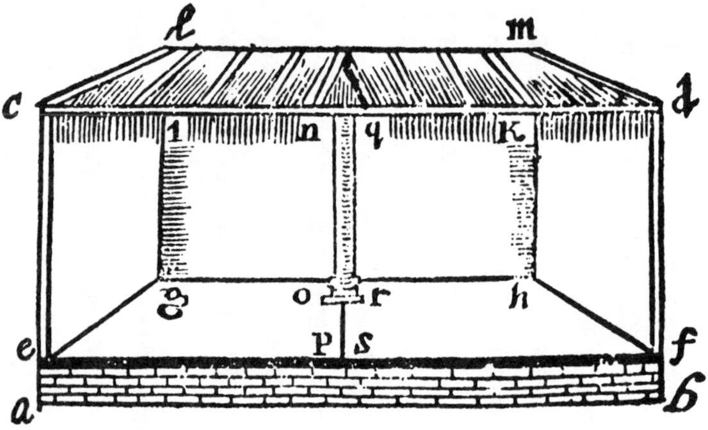

圖15-5　記憶劇場或貯存室。原載威利斯著《記憶術》，1618年版。

作者是約翰．威利斯（John Willis），㊵書中描述到一組組一模一樣「劇場」組成的記憶系統，並且附有「劇場」（他也稱之爲「貯存室」）之一的說明圖（圖15－5）。圖中是一個單層建築，正面的片牆略去，以便看見室內。靠後面這片牆有一根柱子，把內部一分爲二，威利斯因此有兩個可以安排記憶位置的房間。這種貯存室或劇場要想像成有不同的顏色，以便記憶中區別。而記憶用的影像也要有一些提示，使人聯想到這些安排記憶位置的貯存室顏色。威利斯舉出下列可以放進「金色」劇場的影像例子，以這些影像提示某人必須到市集鎮上去辦的事：

他第一件想到的事，是到市場裡去詢問做種子用的小麥的價格。所以他應當假定，在第一間「貯存室」的第一個位置或第一個房間有多個人帶著一袋袋玉米站在一起。……在舞台的左邊，他看見一個鄉下人，穿著褐色土布衣，一雙高筒鞋，把袋子裡的小麥倒進量斗裡，這斗的耳或柄部是純金的；按這樣假設，「概念」便可以帶上「貯存室」的顏色，也就是金色。……

第二件事是要取得割草具，以便割下牧場的草。所以應當假定，在第一間「貯存室」的第二個位置有三或四個擅長農事的男子在磨鐮刀，刀刃都是金的，符合「貯存室」的顏色。……這個「概念」和前者的關係是在情境方面，因爲兩個「概念」都放在第一個「貯存室」的台上。……㊶

這顯然是直截了當的記憶術絕對理性的運用；如作者自己所說，在「我們無法藉紙張、墨水、簿子幫忙」的時候，這樣頗有內心購物單的功用。㊷這的確與弗洛德採用的一組組有柱子的記憶屋室非常相似，強調藉不同的顏色來記住不同的記憶場所，也與弗洛德異曲同工。此外，威利斯主張「白天要記的東西，起碼要在就寢之前存放好；夜晚要記的東西應在睡後立刻存置」。㊸這說不定也是弗洛德奇妙的「晝」與「夜」的劇場的一個靈感來源。

布魯諾慣有的作風是，取一個理性的記憶系統，再加以「玄祕化」成爲魔法式的系統；前面已經看過他一再這麼做了。弗洛德可能也對威利斯的記憶屋室如法炮製，他把這些他所謂的「劇場」玄祕化，藉附屬於黃道十二宮也產生魔法。我們不妨回想前文，大約在同時期，法國有約翰・裴普在「探查」申克爾，[44]在老師的顯然理性的記憶術論著中查出玄祕術的暗流。再回來看威利斯的《記憶術》，我們會覺得說不定有別的意思隱藏在表面之下。這個小問題，我尚無解答。但我必須提出來，因爲在弗洛德系統發表的前一年，的確在英國出版了使用一組組「劇場」或戲台的記憶術。這顯示，弗洛德對於記憶術有所聞也許並不只是從法國之旅而來，所以值得注意。

總之，弗洛德的記憶系統似乎又把我們拉回許多年前，回到爲了賽普西斯的麥卓多羅斯使用黃道十二宮而爭議的時代。假如弗洛德出書的時候威廉・柏金斯仍在世，他一定會說弗洛德的書中有「賽普西斯派」傳布的「不虔敬的技巧記憶」。

麥瑟尼對弗洛德而發的諸多抨擊之一，是說弗洛德的兩個世界所依據的是未獲證實的「古埃及」學說（也就是《赫米斯大全》的學說），認爲人包含著全世界。他指弗洛德的理論依據「莫丘里」（即赫米斯）在《阿斯克勒比厄》裡所說的，人是偉大的奇蹟，而且近乎上帝。麥瑟尼咬住了弗洛德兩個世界論的赫米斯來源。[45]弗洛德論點中的人能從內在映照整個世界，是因爲人這個微世界可以包納外在的整個世界。弗洛德的玄祕式記憶術是要再造或再創大世界與微世界的關係，而方法就是在微世界的記憶裡確立或組構或提示整個外在世界的存在，外在大世界就是微世界的形象，而微世界是上帝的形象。爲了這樣做，要藉玄祕版的記憶術之中星靈化的影像，來導引星辰在人的內在作用，這便是布魯諾所有雄心的基礎，而弗洛德是效法布魯諾的。

不過，雖然布魯諾和弗洛德都是依據赫米斯哲學來運作記憶系統，卻不是一模一樣的哲學。弗洛德的觀點屬於文藝復興較早時期，也就是，把元素世界、天界、最高天界這「三個世界」或天地萬物的舞台基督教化，把最高天界當作第六世紀的僞戴奧尼修斯所說的基督教各階層天使的世界。這樣就可以把基督教化了的最高層級的天使和三位一體論的頂點放進整個系統裡。卡米羅也是這一派的觀點。他的「世界劇場」越過了星辰，與神能數字和天使相連結。按照奉基督教的文藝復興赫米斯哲學家的思考模式，神能數字等於基督教各階層天使，而井然有序的天使階層是在彰顯聖三位一體。

布魯諾反對把《赫米斯大全》做基督教式的解讀。他希望回歸純正的「古埃及」宗教，對於他所謂的「形而上的」頂點則不予考慮。在他看來，天界之上有最高天界的「一」，也就是「悟性」的「太陽」，這是他企望達到的目標，人在記憶中編組並統一這「一」在自然世界中的種種體現與形跡，就是爲了這個目標。

弗洛德有一幅插圖，把三個世界在微世界的思維及記憶中的反映做了視覺的呈現。圖中一個人先接收了感官印象，這是他的五種感官從可感知的世界得來的。繼而他從內在處理這些印象，把它們當作想像世界中的影像或「影子」。弗洛德在討論「想像世界」的文字中，也講到黃道十二宮與諸星辰影像之映照。㊻微世界在這個階段要從天界的層次把記憶的內容統一。接著圖中畫出思維的世界，人的心智在接收九重天界與聖三位一體的映象。最後畫的是記憶的中樞，位於頭的後部，三個世界都被收納到這裡。

按布魯諾的論點，藉心智統一的作用達致的悟性的太陽，不會有這種基督教的、聖三位一體的含義。此外，弗洛德保留了「心智機能」的劃分，布魯諾不會這麼做，而且在《印記》中排除了這種劃分。弗洛德描述記憶材料從感官印象經過分成不同部門的心智範疇。對於布魯諾而言，領悟的內在世界只有一種力量一種官能，也就是想像力或想像的官能，想像力直接透入記憶，與記憶是一體。㊼

由此可知，弗洛德的哲學思想和心智分析雖然依據赫米斯傳統，卻與布魯諾的說法很不一樣。原因很可能在於，弗洛德接觸的赫米斯傳統比較接近約翰·狄已經在英國確立的形態，不是布魯諾引進英國的那樣。弗洛德對於機械學與機械都有濃厚興趣（這兩門知識在赫米斯傳統中都算是魔法的一支），㊽約翰·狄也對這些特別感興趣，布魯諾卻不是。狄比較接近赫米斯傳統中原始的基督教化的、三位一體論的形態。布魯諾雖然摒棄這種形態，弗洛德的思想中卻保留著。

話雖如此，弗洛德在赫米斯式記憶系統方面仍受到布魯諾的影響。這也證明，布魯諾把記憶術發展成一種赫米斯之術出力最甚。弗洛德的赫米斯哲學雖然與布魯諾的不同，弗洛德的記憶「印記」帶給我們的難題卻和布魯諾的一樣棘手。我們只能大概理解弗洛德記憶系統的性質，至於細節，我們只有舉手投降的分。二十四個記憶劇場放在黃道十二宮裡，這不是純粹胡鬧嗎？抑或可以從胡鬧中導出方法？或者，這樣的系統其實是某個赫米斯教派或結社的印記或密碼？

這個問題不妨從歷史的面向來看，就當弗洛德的系統是文藝復興從頭至尾反覆出現的模式。我們初次看見的是卡米羅呈獻給法國國王的祕密——「記憶劇場」。之後是布魯諾帶著周遊列國的「記憶印記」。第三次才是弗洛德獻給英國國王的書中說的「劇場記憶系統」。而這個系統裡暗含著莎翁「地球劇場」的資訊線索。

這項事實引起的注意，也許可以導引許多學者把密集的研究工夫投注在我一直獨自努力鑽研的題目上，文藝復興玄祕記憶術的意義也因而比我現在所知的清楚得多。

16　弗洛德的記憶劇場與地球劇場

這座木造的大型公眾劇場能容納上千人，曾經上演英國文藝復興時代的戲劇，在弗洛德的時代仍然屹立而且繼續使用中。「地球劇場」(Globe Theatre) 始建於一五九九年，位於倫敦的河岸區 (Bankside)。這是國王侍從長的劇團駐演的所在，莎士比亞屬於團員之一，並且爲劇團寫劇本。這個劇場在一六一三年被燒毀，之後立刻在舊基上照原樣重建，不過比原樣更宏偉，據說新建起來的劇場是「英國從來所見最漂亮的一個」。①國王詹姆斯一世爲重建費用出力不少。②這是意料之中的，因爲他把侍從長的劇團收爲自己贊助，劇團也改稱爲「國王團」(King's Men)，③國王理應爲自己的劇團重建劇場。

近年來，重建伊莉莎白一世與詹姆斯一世時代的劇場成爲熱門題目，地球劇場因爲莎士比亞的關係尤其受到重視。④研究者能有的視覺證物極少，其實主要只能靠一幀「天鵝劇場」(Swan theatre) 內部的素描，即狄・威特 (Johannes De Witt) 的那張著名的畫 (圖16—1)。

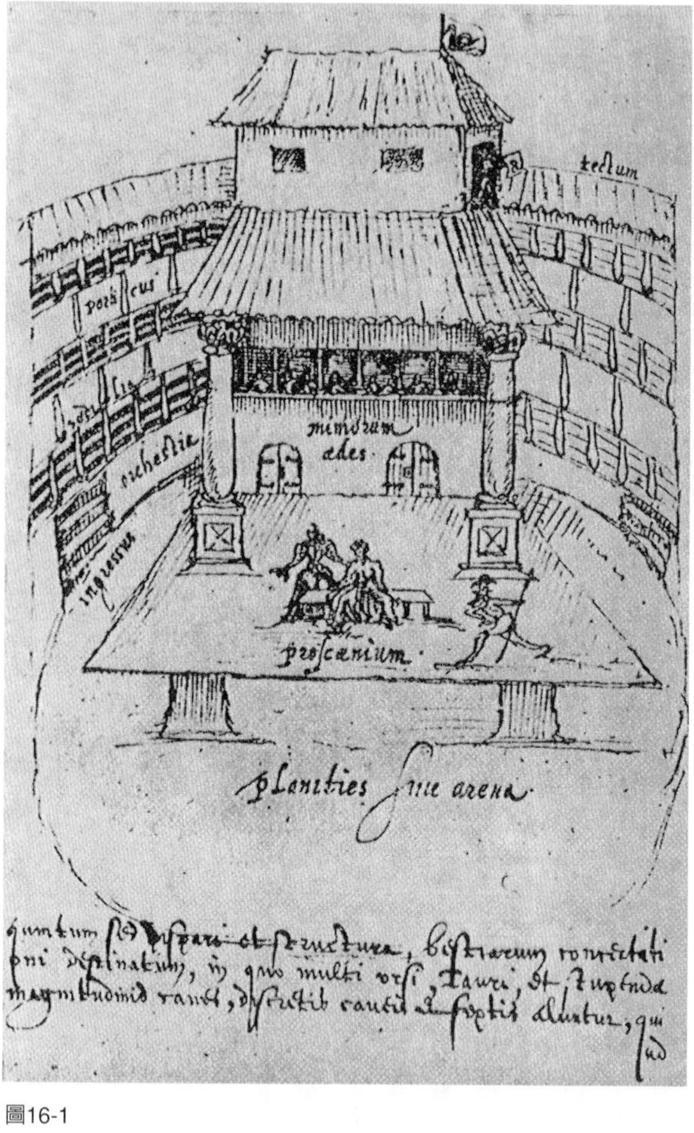

圖16-1

狄·威特素描「天鵝劇場」，現存烏特勒支大學（University of Utrecht）圖書館。

畫中可能有訊息的蛛絲馬跡已經全部被專家們查得水落石出。這幀圖可能畫得不很精確，而且是根據狄・威特的原圖臨摹，原圖也已亡失。即便如此，這仍是目前取得的公眾劇場內部設計的最佳實景圖，所有重建研究都以這張圖爲起點。地球劇場在現代再次重建，依據的就是狄・威特的圖、當時建劇場的合約，以及劇本裡舞台指導的內容。不過一切並不盡令人滿意。因爲狄・威特畫的是「天鵝」，不是「地球」。⑤重建時沒有參考地球劇場的內部設計圖，因爲大家都認爲沒有這種看得見的證據。僅有的外觀眞實證據是當年的倫敦地圖，圖中可見河岸區有個東西，據說就是地球劇場。⑥至於劇場是圓形或多邊形，各種老地圖顯示的又不一。

儘管如此，地球劇場的考據研究仍有相當不錯的成績。我們已經知道，舞台後方的這面牆就是「梳妝房」的牆，梳妝房是演員更衣、存放財物，以及其他用途的一個建築。梳妝房的牆有三層，最下面的一層有門或出口通往舞台。這門或出口可能有三個，可能是中央有一個門，兩側各一個出入口。三個門之一可能通往內台。第二層上有一個平壇，常供圍城和打鬥用，也可能有城垛，因爲劇場文件和劇本裡都提到「城垛」。⑦這一層上某處還有一個叫作「內室」的房間，以及窗子。再上一層是第三層，有安置舞台機械的「小屋」。舞台是架高起來的，向「院子」伸出去，院子是露天的，買便宜站票的後座觀眾就站在這裡看戲。花得起錢的人坐在沿劇場而建的樓座裡。狄・威特的「天鵝劇場」畫出了這個大致的格局；戲台後牆是「梳妝房」的牆，戲台向前伸入院子；還有沿牆而建的樓座。戲台上第一層有兩個門，卻沒有一扇門開著顯示有內台。上面一層沒有「內室」，也沒有窗子，只有一層像是觀眾席的樓座，可能演員也可以利用。不過這幅圖畫的不是地球劇場的戲台。

重建的古劇場有一個明顯的特徵，即是舞台有一部分是有頂篷的。這頂篷從梳妝房的牆伸向前，由「台柱」撐著。⑧狄・威特的圖中就有兩根柱子或台柱支起這種頂篷。頂篷只能遮住舞台最裡面的部分，其餘部分仍是露天的。資料指出，頂篷朝下的一面要漆成藍色，就代表天空。亞當斯（J. C. Adams）重建的地球劇場內台頂篷的天花板，畫了黃道十二宮，另外還在圓形的黃道十二宮圖上安排了一些星辰。⑨顯然這是後人製作的天花板式樣；關於劇場天空怎樣繪製，並沒有樣本留下來。當時的人應該不會用一個胡亂點幾顆星的籠統天空圖。天空應該會畫成黃道帶與十二宮的形象，以及行星的七重天，可能會畫得比較簡略，也可能畫得詳細。⑩在劇場的合約和其他文件稱這個部分的裝潢爲「天空」，⑪有時候也指之爲「影子」。⑫

已故的柏恩海默在一九五八年發表的一篇文章中，複製了弗洛德書中「世界劇場」的雕版插圖。以下是他就這個劇場所做的評論：

乍看之下，這幅挿圖顯然是描繪伊莉莎白時代的一般典型建築，雖然式樣不普通。莎士比亞會看出其中有低層的與上層的舞台，有兩個出入門在內台左右側，有適用於圍城場景的城垛，有一個凸窗，茱麗葉可能就倚在這個凸窗口聽她的心上人甜蜜的言語：沒有人看到過這些，雖然憑研究舞台指導與參照劇本已經料到它們是在那兒的。[13]

柏恩海默看見的東西，如他所說，是現代人看不到的，雖然我們從研讀劇本知道那些東西是一定有的。可惜的是，他解讀弗洛德的圖與文犯了根本上的錯誤，枉費了他的慧眼所見。

他犯的第一個錯，是以爲圖中畫的是整個的劇場，是個很小的劇場，兩側有觀眾坐的包廂，類似十六世紀的網球場。其實這幅圖不是整個劇場，畫出的只有戲台，或只是部分的戲台。

柏恩海默的第二個錯誤是，因爲沒有受過布魯諾記憶「印記」的一番磨練，所以搞不懂「圓的」與「方的」藝術。他看到弗洛德講了一大堆什麼「圓的」，以爲意思就是說圖中所示的建築物是圓的。由於圖中的建築物並沒有什麼地方呈現圓形，柏恩海默就貿然下了結論，說這圖與陳述的文字無關。他認爲是德國的印製者用自己現成的圖版來說明弗洛德晦澀難懂的記憶術，這幅圖（按柏恩海默自己想像）畫的是德國某一個小的劇場，是在一個網球場裡草草搭建出來的，刻意加上一些伊莉莎白時代的特點，以便從英國來的劇團在這兒演出時有賓至如歸的感覺。柏恩海默這種無中生有之論，也斷送了他本來頗有意義的觀察結果。我想，是因爲他這樣隨手消滅了自己直覺的見解，一般從事地球劇場重建的人似乎都沒有在意他的文章與附圖點出的重要線索。

弗洛德自稱是把「眞實的」公眾劇場用在他的兩個世界記憶系統裡（柏恩海默忽略了這一句話）。果眞如此，最適合的莫過於地球劇場了。地球劇場不但是全倫敦最有名的公眾劇場，連名稱都暗指著世界。此外，既然他把書的第一冊獻給詹姆斯一世了，在第二冊裡講到新近重建的地球劇場不失爲持續吸引國王注意的良策，因爲國王出了大筆經費來重建他自己的「國王團」的駐演劇院。

弗洛德在記憶術中運用的「世界劇場」，按他在文中提及的特徵，只包括舞台後牆有五個門或出入口，門的對面有五根柱子，圖中只畫出柱子的基部。至於圖中明顯描繪出來的其他特徵，如凸窗、城垛平壇、側牆下部的那些開口，他既未提及，也沒有在記憶術中運用。而舞台後牆的五個門雖然不斷被提及——也是五個記憶位置的基本設計，卻始終沒有明確區別，沒有說中央的那個半開的門裡是一間內室。他在圖裡呈現了這些特殊畫面，在論記憶術的文字裡卻不提它們，用意何在呢？除非這圖畫的就是弗洛德所說的「眞實」戲台的「眞實」特徵。

而且，「眞實」戲台包含了「圓的藝術」的根本特徵：畫在靠舞台後部頂篷底面的「天界」。我們不妨再看一遍那分占左右兩頁的圖，一旦把書本合上，右頁的天界圖就罩在左頁的戲台之上。這種安排是否不僅指涉魔法的記憶術（黃道十二宮每一宮的左右兩側都有這種戲台），而且呈現「眞實」劇場的設計？只要我們順著這條線索想，就會走向理解 *Theatrum Orbi* 插圖與地球劇場的關係了。

這幅圖顯示的是地球劇場的舞台上應該罩在「天界」頂篷之下的那個部分。

我們從正前方看見的戲台後牆是地球劇場的梳妝房的牆，不是整個的三層，只有下面的兩層；最下面是有三個出入門口的一層；第二層是有城垛和內室的。我們看不見第三層，**因爲我們被罩在天界之下**，畫著天界的頂篷從梳妝房牆壁第三層的下面向前伸出，是刻製插圖者與讀者心照不宣的。

這戲台有五個出入口；三個在第一層，中間的這個大門裡面是一個內間；第二層上有另兩個出入口。這些便是記憶系統中當作記憶場所用的「五門」(cinque portae)。弗洛德用的卻不是「虛構的場所」，他用的是「眞實的場所」。這五個出入口都是眞實的，就在地球劇場的眞實戲台上。二樓的凸窗也是眞實的，它是樓上「內室」的窗子，兩側是有城垛的平壇。

圖中戲台兩側貼近台面的一個個好像包廂的方洞，又是什麼？因爲這兩側把戲台包住，不可能是全場觀眾都看得見的表演位置。還有，五根只顯示基部的柱子，如果直正豎在前台的位置上，會擋住觀眾看表演的視線，它們又是做什麼用的？

依我的解釋，這是把眞實的戲台改裝，以符合記憶術的用途。弗洛德要的是一個可以實踐他的五門五柱記憶術的「記憶屋室」。他希望這個「記憶屋室」有眞實的戲台爲根據，但是各邊要圍起來，形成一個封閉的「記憶劇場」，這也許近似威利斯說的記憶劇場或貯存室。如果要看地球劇場的眞貌，必須拿掉兩邊的牆。

兩側的牆給人很奇怪的感覺，因爲包廂模樣的空洞以上那一大片牆好像沒有足夠的支撐，簡直是不可能築上去的。而且它們沒有和戲台的後牆對準，把城垛切掉了一點。兩側的牆看來不像後牆那麼牢固，其實是爲了記憶術在眞實戲台上添加的不眞實東西。不過，這兩面憑想像而畫的牆也呈現了「眞實」劇場的一個特徵，也就是包廂席，或稱「爺們座」，是有地位的人和演員的親友觀劇的座位，是在戲台兩側的樓座上。⑭

五根台柱是不眞實的，是爲了記憶術運用才加進去的。弗洛德自己說過，這些柱子是「虛構的」。⑮其實它們也有眞實性，因爲是排在眞實戲台上設柱子的位置上，只不過眞實戲台的柱子不是五根，而是兩根，要支撐畫了「天界」的頂篷。

我們先弄清楚了這些基本要點：圖中呈現地球劇場梳妝房的牆是從「天界」以下起；戲台被改成了一間記憶屋室，然後便可以把弗洛德的插圖與狄・威特畫的劇場合而爲一，從魔法記憶術中發現地球劇場的舞台。

我們從圖16—2看到的，是移除了弗洛德記憶術添加物的地球劇場素描。不可能築起來的兩片牆拆掉了，舞台上豎起兩根支撐「天界」頂篷的柱子。柱子是臨摹《兩個世界的歷史》第一冊的「音樂殿堂」。頂篷天花板上有黃道十二宮與行星的七重天。這個「天界」是以記憶劇場

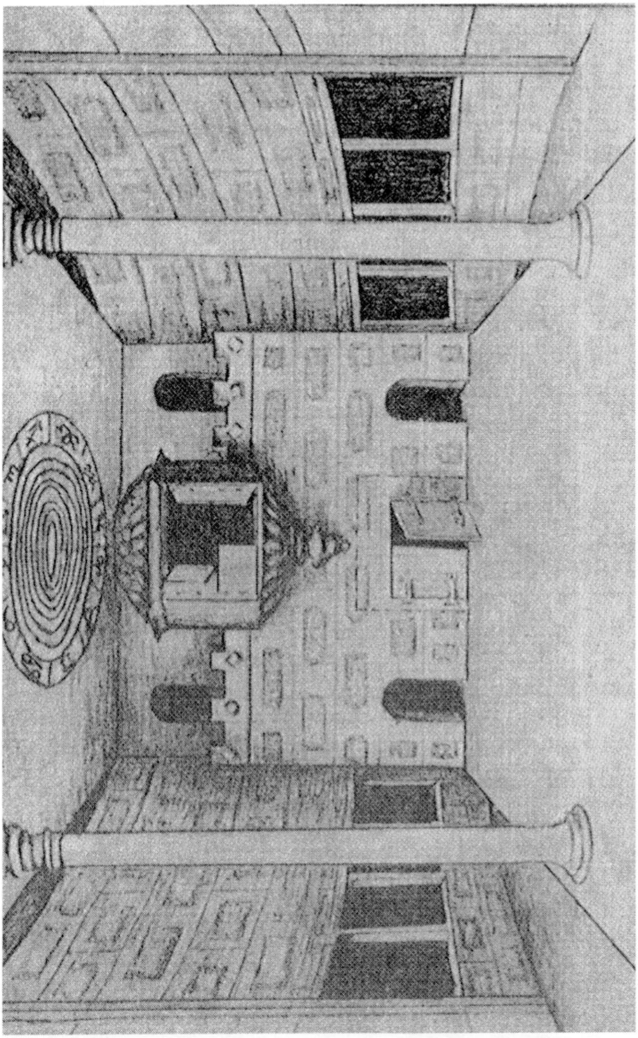

圖16-2　按弗洛德插圖所作之地球劇場素描。

對面這一頁的圖解爲藍本，只不過以符號取代原來的星座形象。這只是地球劇場原來可能有的「天界」畫面的簡略大綱。包廂或「爺們座」畫在恰當的位置，也就是在舞台的左右兩側樓座上。舞台不再是故意改裝成一個「記憶屋室」了，而是清楚看得出來是從梳妝房牆壁伸向院子，兩邊是露天的，靠後的地方有柱子支起天界頂篷。

如果將這幅素描與狄・威特那一幅天鵝劇場比較，可以看出主要的結構是一樣的，都有梳妝房的牆、伸向前的舞台、台柱、觀眾的樓座。唯一的差異——也是很重要的差異——是這幅素描畫的不是「天鵝」，是「地球」。

由此可知，弗洛德的原圖算是莎士比亞時代舞台的一項很重要的記錄文件。當然，那是第二個地球劇場，是一六一三年火災燒毀後重建的，也是弗洛德想用極迂迴的方式提醒詹姆斯一世的。曾經上演莎士比亞許多齣戲的是最初的那個地球劇場。莎翁於一六一六年逝世，距離老地球遭回祿僅三年時間。新的地球劇場在舊址的原來地基上重建，一般都認爲，新劇場的舞台和內部裝潢大概都和原來的一模一樣。我已說過，弗洛德原圖呈現的再建的地球劇場是透過魔法記憶術觀點加以改裝的。地球劇場素描圖已經把那些我認爲是改裝的部分清除了。弗洛德的本意是要在記憶系統裡採用一個眞實的「公眾劇場」；他這麼說了，並且一再強調自己用的是「眞實的」而不是「虛構的」地方。他圖示的地球劇場舞台，有的部分是讀者曉得本來就有的，有的部分是假想它存在的，但是，出入口、內室、平壇究竟是什麼樣子，一直沒人知道。

按弗洛德的圖示，戲台上有五個出入口，三個在第一層上，第二層的兩個通往平壇上。這解決了一個問題。因爲有些學者認爲出入口應該不止三個，但是第一層上顯然沒有加開出入口的空間了。錢伯斯表示應該有五個出入口，和古典戲台後牆有五個出入口一樣。⑯古典的戲台當然是只有一層的。我們看到的是，古典戲台後牆五個出入口的要旨搬到地球劇場梳妝房形成不止一層的後牆，變成下一層三個出入口，上一層兩個。這樣的設計是個圓滿的解答，而且暗示，即便有城垛和凸窗，地球劇場可能有正統古典與維楚威亞斯的影子。

「內台」的問題曾經令學者們困擾不已。亞當斯提出過一種極端形態的「內台」理論。他認爲，戲台第一層中央的出入口通往一個很大的「內台」，這內台上還有一個「上層內台」。這樣強調內台的論點現在已經不流行了，可是弗洛德的圖裡確實有中間那個門半開著露出一些東西，就在這個門的上方，還有「內室」。素描圖只在這裡做了一點變動或修改，即是凸窗前方有兩種打開的方式，可以只打開上半部，或是上下都拉開（弗洛德原圖下半部是題了字的）。這樣凸窗可供演出窗口的場景（即是只打開上半部），也可以上下全開顯示「樓上內台」。這種樓上下的內台是直通到後面的梳妝房，這裡的窗子也可以從後面採光。

弗洛德插圖中的內室位置，化解了莎翁戲劇上演時的一個重要難題。以前就知道的是，舞台的二樓層上有一條貫通左右的走廊，還有一間樓上的內室。以前大家以爲這間內室位於走廊後方，而走廊上有欄杆（或是弗洛德插圖中的城垛），會阻斷觀眾看內室的視線。⑰現在弗洛德讓我們看見，內室是往前凸出來的，前端懸空於舞台之上，走廊橫通在懸空部位的後面，演員可以從左右側進入內室（一旦演出上層內台的場景，就把兩側出入口用帘子擋住）。以前沒有人想到過這樣解開二樓內室和走廊的疑問，而這顯然就是正確答案。

在正門上方開一個用托臂撐的凸窗，是都鐸王朝式建築的一個普遍的特色。一五三六年建的漢格瑞夫邸（Hengrave Hall）就有一個有城垛的門樓上有這樣的托臂支住的凸窗。[18]據說門樓也是十六世紀英國式大宅邸的一個主要特色，[19]這是從古時候有防禦工事和城垛的城堡門樓流傳下來的模式，通常會保留城垛的設計。另一處大宅邸的入口門樓上有托臂凸窗的，是一六〇五至一六一二年建的布藍斯希爾邸（Bramshill, Hants），[20]因爲有三個入口，托臂凸窗兩側又都有平台，很令人想到弗洛德的戲台圖。我做這些比較，是要指出，弗洛德圖示的戲台後牆讓我們看見當時大宅邸入口門樓的某種特徵，而這個特徵很方便變成市鎮或城堡的城垛或防禦工事。我也要藉這些比較指出，以上舉的兩個例子中的凸窗下面的托臂都及於大門的頂端，這令我們懷疑弗洛德圖中一樓的中央入口或大門是否太小了，也許應該向上拓高到托臂的底部，像我們的素描圖中那樣。

柏恩海默認爲弗洛德圖中凸窗下面的樑托有德國味。[21]我們既有英國的實例，也許不需要做這樣的推斷，但既然爲弗洛德印行書的是德國的業者，這一點也不能完全排除。

弗洛德原圖還有一項舞台建築的修飾，即是牆上有時髦的義大利式「粗面石工」效果（我們的素描圖也大略表示了）。我們知道木造的大型公眾劇場都布滿油畫裝飾。這個圖裡顯示的裝飾效果，應該很像一五八一年在西敏寺區建的木造宴會堂，據說宴會堂的牆上「都蓋滿油畫布，外面也一樣畫滿一種叫作粗面石工的極爲人工化的裝飾，很像石頭」。[22]我們不禁會想，弗洛德圖中仿「粗面石工」的裝飾，也許是重建的地球劇場花了大錢特別添加的。粗面石工裝飾加上城垛和凸窗，形成很特別的整體效果，由此也看得出這是爲了營造當代豪宅的假象，也爲了便於呈現有防禦工事的城堡或市鎮的場景。

弗洛德的圖是裝飾華麗的新地球劇場再加上記憶術的改裝、德國風的影響而成，與上演莎翁戲劇的原始地球劇場應該有相當大的差距。但弗洛德的確讓我們看到舊地球劇場更多實貌，這是他以前的人做不到的。這也是全世界最偉大的戲劇家的作品當年演出地點的唯一看得見的證據。

我們因此可以想像劇中人物在舞台上的情景。舞台一樓的門口可以演出發生在街上的劇情，例如敲門、站在門口交談的劇情。突出來的二樓凸窗可以充當「閣樓」，凸窗底下可以躲雨。有城垛的牆可以代表城牆上的稜堡（守城的兵士從平壇入口進場），下面代表大城市或城門，就可以上演歷史劇的圍城或戰爭場面了。假定場景是義大利的維洛那，樓下是卡普萊家族準備宴客的地方，樓上是茱麗葉感歎「這樣的一個夜晚」的小姐閨房。如果場景換成丹麥的埃爾希諾，哈姆雷特和荷瑞修就是在城樓堡壘旁談論先王顯靈的怪事。如果換成是羅馬，安東尼便是在講壇上對站在舞台上的「朋友們、羅馬公民、同胞們」慷慨陳詞。如果換成是倫敦，這兒就是東市街的「野豬頭酒店」二樓房間。如果換成是埃及，二樓內室和走廊就要裝飾成克麗奧佩特拉女王自殺的陵殿。㉓

現在我們再回過頭來另外兩個「劇場」（即圖15－4）。這兩幅弗洛德記憶系統圖示中，戲台是單層的，一個戲台有五個出入口，另一個戲台有三個出入口。五個出入口的戲台前部有假想台柱，和主劇場的樣子相同。這兩個附屬劇場是和主劇場一併在記憶系統裡使用的，頂上的城垛和兩層的主劇場平壇前的城垛一樣。此外，兩個單層劇場牆上也有繪畫的裝潢，一個是畫成石砌牆之狀，另一個畫成木質牆，木材拼接處還仔細畫出釘痕。

我在這裡要打岔補充一下。記憶論著時常建議，把記憶場所想成使用不同的建材，比較不易忘記。㉔弗洛德也區別了他的記憶劇場建材，主劇場的牆是「粗面石工」，附屬的一個是石砌的，一個是木造的。不過他強調，附屬的劇場也是「眞實的」，不是虛構的場所。他把其中一個標示爲「一個眞實劇場的圖樣」。㉕所以，附屬劇場和主劇場一樣，不但是魔法記憶術的劇場，也是在地球劇場看到的某些「眞實」景物的呈現。

莎劇舞台上的位置如何表示，一直是學者們困擾的問題。例如，羅密歐要來到茱麗葉窗下之前，必須翻越卡普萊府的院牆。錢伯斯認爲必然有一道讓他翻過去的牆，並且指出許多其他需要牆出現的場景，例如敵對的兩軍，似乎應該有牆或其他東西來隔開。按他猜測，可能要把形似牆的道具搬上舞台。㉖威克姆（Glynn Wickham）所蒐集的劇場文件中，提到「城垛」布景的地方也多不勝數。㉗

我想，弗洛德的兩幅附屬劇場圖呈現的，就是這種像有城垛的圍牆的布景，或布景屏。這應該是用輕質的木材爲框架，繃上畫了布景的帆布，可以輕易搬移。弗洛德透露了一個要點：布景上挖了門口，所以能夠用於演員有上下場動作的劇情。如果主劇場後牆設計不符合某一幕的情景所需，就事先把布景搬上來。例如《羅密歐與茱麗葉》，卡普萊家花園的一景、勞倫斯神父屋室（在鄉間，來訪的人必須從一個門進入）的一景，都用得著。又例如《李察三世》，兩軍對陣的場景換得很快，我們若是想到弗洛德的附屬劇場可以派上用場，演出的困境就可以解決了。

弗洛德提供的另一個從未有人提出過的證據，是使有城垛的附屬劇場和主劇場相配。這顯示這些布景應當是整體舞台必備的一個部分。他給的這個線索，與點出二樓走廊和內室的關係一樣，使後世的人終於可以明白莎劇演出時如何換景。

弗洛德給了我們這麼多戲台方面的資訊，難道就完全不講地球劇場的形狀和平面圖嗎？我相信，只要我們仔細而有章法地研究，就可以從弗洛德的證據裡，找出足夠的資訊來畫整個劇場的平面圖。這當然不會是建築師那種畫出樓梯等等位置的詳圖，只是建造劇場時採用的基本幾何形狀的略圖。我認爲弗洛德從兩個方面提供了整個劇場平面圖的資訊：第一個是他講到五根台柱基部的形狀；第二個是他特別強調戲台後牆有五個出入口。

「世界劇場」的雕版圖裡的五根柱基的形狀是圓形、方形、六角形、方形、圓形。這幾個形狀不但在圖中呈現，而且在文中也說得很明白。

前文說過，地球劇場外觀形狀的實有證據只能在倫敦市的老地圖裡找到，那些地圖會在河岸區裡畫出劇場的微型。有些地圖裡把地球劇場畫成多邊形，有些則畫成圓形。亞當斯說，把這些地圖上畫得不甚清楚的形狀仔細研究過之後，看出其中一幅所畫的「地球」有八個邊，所以他在八邊形的地基上精心重建了地球劇場。也有人認爲地球劇場應該是圓形的。地圖給的證據實在不足以下定論。

其實我們有一位目擊證人對於地球劇場形狀的說法，但許多學者認爲不足採信。這位證人是十八世紀文壇霸主約翰生博士（Samuel Johnson）的朋友海絲特·瑟拉爾（Hester Thrale）。地球劇場毀於克倫威爾當政時代的一六四四年，瑟拉爾夫人於十八世紀中葉住在這片廢墟的附近，她形容那是「一大堆黑色的垃圾」。但是她對不復存在的地球劇場產生了思古幽情，而有以

下的話：「那兒其實是令人好奇的古地球戲院廢墟，它的外觀雖是六邊形的，裡面卻是圓形的。」㉘

我受她的話鼓舞，所以相信弗洛德是用五個柱基的形狀表明地球劇場構造的幾何形狀，也就是，有六邊形、圓形、方形。

我們仔細想一下弗洛德再三強調的一件事，即是他圖中所示的戲台應有五個出入口。錢伯斯曾說過，地球劇場應當像古典劇場一樣，舞台上有五個出入口。弗洛德此圖正好提供了答案，舞台上的確有五個出入口，不過是三個在一樓，兩個在二樓，讓古典的五個舞台出入口適應了多層舞台的構造。地球劇場的舞台不是單層的，但即便有這個根本差異，保留五個出入口的設計是否意味受到維楚威亞斯建築的影響呢？

按照維楚威亞斯的描述，古羅馬劇場的舞台後牆、舞台五個出入口、觀眾席七條走道的位置，都是根據畫在一個圓之內的四個等邊三角形而定。巴爾巴若評注的維楚威亞斯建築論中，有一幅帕拉第奧重建維氏古劇場的平面圖示，就呈現了這種一個圓之內的四個三角形（圖7—3）。㉙從圖中可以看出，其中一個三角形的底邊畫出舞台後牆的位置，這個三角形的頂點指向觀眾席的中央走道。三個三角形的尖端定出舞台後牆三個主要出入口的位置，另兩個三角形尖端定出舞台兩邊的出入口位置。其餘六個尖端定出觀眾席六條走道的位置（加上中央走道總共是七條，中央走道的位置由以底邊畫出舞台後牆位置的那個三角形尖端確定）。維楚威亞斯將

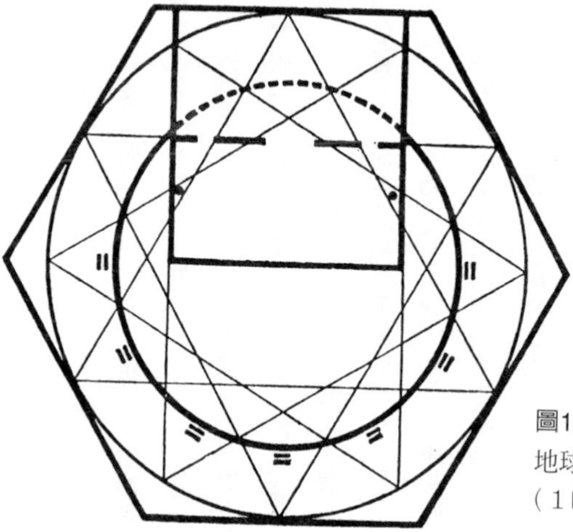

圖16-3
地球劇場平面試畫圖。
（1吋＝50呎）

這四個三角形比爲占星者畫在黃道十二宮之中的三宮一組三角形（這些三角形將十二宮裡相關的各星座連結起來）。㉚由此可知，古典劇場的舞台是按「宇宙結構」設計的。我們是否可以假定，地球劇場既然已有「天界」的頂篷，就可能和古典劇場一樣按宇宙結構設計，舞台後牆和觀眾席走道的位置是由一個圓的三個內接等邊三角形確定的？

我們假定地球劇場是按維楚威亞斯的劇場改造的，再根據這個假設試畫它的設計圖。「改造」是必然的，因爲地球劇場的舞台不是單層的，觀眾席也不像古典劇場那樣逐階上升，而是有樓座的。

我們要依據的另一個假設是，弗洛德已經透露，地球劇場建築採用的基本幾何形狀是六邊形、圓形、方形。

第三，我們的設計圖也用到了「幸運劇場」（Fortune）建築合約中所列的尺寸規模。㉛幸運劇場合約一直是研究地球劇場的學者必用的重要資料，因爲其中有兩個地方聲明規格比照以前興建的地球劇場。可是，想要重建地球劇場的人會覺得這份文件不清不楚，因爲⑴幸運是方形的劇場，不可能和地球完全相同；⑵其中文句交代不明，看不出來（至少我看不出來）哪些部分是比照地球劇場的。即便如此，合約中所列的尺寸是不容忽視的。按幸運劇場的合約，「伸向院子中央」的戲台深四十三呎；形成劇場的方形是八十呎，扣掉樓座的寬度之後，內部的方形爲五十五呎。我們試畫的地球劇場平面圖保留戲台的四十三呎，但是將方形的八十呎邊長增加到樓座外牆形成的圓形直徑的八十六呎，因爲我們認爲地球劇場是內爲圓形、外呈六邊形的。

地球劇場的新平面圖（圖16—3）將外形定爲六邊形。六邊形裡的大圓形是樓座的外牆，這個圓形之內有四個三角形，其中之一的底邊標示戲台後牆的位置；這個三角形的頂點指向對面的觀眾席；另外六個三角尖端指向觀眾席的其他部分。內圈的圓形畫出樓座和院子的界線，做了七個記號的位置（三角尖下面的圓周上）是各列座位之間的走道入口。狄・威特畫的天鵝劇院圖（圖16—1）有兩個這種入口，都標出 ingressus（入口）的字樣。這些可能不是下面樓座的眞正入口，眞正的入口也許和上面的樓座一樣是在座席的後方。但是這個入口標明了七條走道的位置。

另有三個三角尖確定了戲台後牆一樓的三個門的位置，和古典劇場一樣。這裡有一點和古典劇場不同，即是剩下的那兩個三角尖所指的不是出入口位置。如果是古典劇場平面圖，這兩個三角尖指的應是舞台兩側的入口，地球劇場的這兩個出入口卻在二樓上，就在一樓的兩側出入口正上方。因此，地球劇場的五個舞台出入口只用三個三角尖來畫定。這樣偏離古典劇場原則，是因爲舞台不是單層的。

圖中的正方形後半是梳妝房，梳妝房的後牆與劇場外觀六邊形的一邊相接。由於梳妝房裡面包含內台，也會用於演出，所以不妨說這個正方形就是舞台整體。正方形的前半舞台伸入院子的中間，舞台前緣就是院子的直徑，在古典劇場裡，這個直徑前面的半圓形就是合唱隊席。舞台上左右兩側的黑點是柱基，指出台柱支撐「天界」頂篷的位置，弗洛德圖所呈現的戲台就是從這裡開始。

這個平面圖沒畫出觀眾要從哪個位置的門進入劇場，也沒有把內部格局畫出來。這只是一個基本幾何形狀的平面圖。不過我認爲，與其依據不清不楚的老地圖和建築合約來重建地球劇場，倒不如依據維楚威亞斯的黃道十二宮三角形和弗洛德的象徵幾何圖來得可靠。

從這個平面圖看得出來，地球劇場的設計實在非常接近維楚威亞斯的理念。如果將這個圖與維楚威亞斯式的帕拉第奧劇院平面圖比較，看得出兩種設計都必須解決舞台及舞台建築相對於一個圓形的問題。不同的是，地球劇場的觀眾可以坐在重疊的樓座裡，舞台是多層的。此外，地球劇場外型是六邊形，可以包納正方形在內，維楚威亞斯的平面圖圓形卻做不到。

這個正方形是具有重大意義的，因爲它使莎翁時代的劇場與聖殿和教堂產生了連結。維楚威亞斯的《論建築》第三卷講到聖殿，曾經描述四肢伸開的人形如何正好畫在一個圓形之內。在義大利文藝復興時代，維楚威亞斯這種把「人類」畫在一個圓形或正方形裡的形象，變成表達大宇宙與微宇宙關係的一個流行符號。如維特考華所說：「基督教信仰使這個符號充滿生命力，因爲基督教相信人類是按上帝形象創造所以體現宇宙之和諧，畫在圓形或正方形裡的人於是成爲大宇宙與微宇宙之間數學式交感的象徵。最能表達人與上帝關係的……莫過於按照方與圓的基本幾何原理建造起上帝的家。」㉜這是文藝復興時代建築大師們念念不忘的道理，地球劇場的設計者顯然也不例外。

舊式說法認爲，英國文藝復興的木造劇場起源於旅店的院子。這種論點雖然在解釋某些部分上仍然行得通，例如樓座構造、合唱隊席叫作「院子」，但是已經不能成立。㉝大型劇場建材採用木料就是受古典風的影響，因爲維楚威亞斯說過，羅馬的許多「公眾劇場」是木造的。㉞外國人巡視倫敦公眾劇場時也都說，可以看得出受古典風影響的地方。㉟一位一六〇〇年間造訪英國的旅行者說，他在「一所按古羅馬形式建的木造劇場」看了一齣英國喜劇。㊱從弗洛德插圖所見的地球劇場也可以看出，設計者不但知道維楚威亞斯的建築學，而且知道義大利文藝復興所解讀的維氏建築學。

英國文藝復興時代的第一所木造戲院是「戲院」（Theater），是由柏貝吉（James Burbage）於一五七六年在濱溝區（Shoreditch）承建。㊲這個戲院是所有新式木造戲院的原型。此外，「戲院」也和地球劇場有特別的淵源，因為最初的地球劇場於一五九九年在河岸區興建時，使用的木材是取「戲院」的木材運過河去的。㊳我們如果想在地球劇場的起源中尋找義大利文藝復興再尊維楚威亞斯的影響，可以從一五七六年以前去找。除了修特（John Shute）於一五六三年發表的論建築的書，另一個在英國境內造成影響的源頭，應該是菲利普·席德尼和他的文藝圈中朋友們的老師——精通赫米斯哲學的約翰·狄。

一五七〇年間，也就是「戲院」興建之前的六年，約翰·戴（John Day）在倫敦印行了一本很重要的書。這是歐幾里德著作的英譯本，譯者是倫敦市民畢林斯里（H. Billingsley）。㊴書的正文前面有一篇很長的序文，是約翰·狄用英文寫的，㊵縱觀了所有的數學科學，既有柏拉圖主義與神祕主義觀點的數字原理，也有方便工匠工作的實用科學。狄在序文中多次引用了維楚威亞斯的話。在討論人類這「較小世界」的段落，他說「參閱維楚威亞斯」，並且在頁邊空白處注明查維氏第三卷第一章，㊶也就是描述在正方形與圓形之中的人類的一章。序文中談到建築時，又說維楚威亞斯的建築理論是科學中最高貴的，並且說建築師是全才的人，不但必須熟悉本行的實務面與機械等等，還要熟知各門知識。狄引用的人物除了「羅馬人維楚威亞斯」，還有「佛羅倫斯人李奧·巴蒂斯塔·阿爾貝蒂」。他從這兩位大師著眼，認為完美的建築是非物質的。「木工匠的手是建築師的工具」，執行建築師「在思維與想像」中做的決定。「我們可以在思維與想像中規劃整個形式，一切實物材料都排除。」㊷

狄的這一篇序，這麼熱誠地指述維楚威亞斯在義大利文藝復興再受推崇的理想，竟然一直未受注意，似乎頗奇怪。這篇序之所以被忽視，也許是因爲狄的「玄祕哲學家」身分招致偏見。不過就我所知，維特考華即將出版的一部探討英國建築理論的書已將狄納入了。

狄並沒有提供建築藍圖的細節，卻在談到建築師必須知道的音樂這門科學時，提到古代劇場的一個特點，即是維楚威亞斯說的安置在座位下面的神祕擴聲裝置：

> 建築師也必須懂音樂：常例的音樂和數學的音樂他都必須理解。……此外，劇場的台階下面要放置銅製的器皿，按數學的次序放。……聲音的變化……按音樂的協調與和聲排序，藉第四度音程、五度音程、八度音程呈圓圈散播。演員們省力的聲音傳至這些依序做好的裝置，就會擴大：聲音擴大了，觀眾會聽得更清楚且悅耳。㊸

這段描繪演員有如音樂的說話聲的文字，也許與莎翁式劇場的起源相去不遠。因爲，承造「戲院」的柏貝吉本業是木作。他著手建這個「圓形劇場」的時候，可能用到英譯的歐幾里德著作吧？應該看過這篇序如何讚揚古代劇場，如何形容木作工匠實現建築師思維中的理想。

這裡有一個值得探索的大題目，但是我只能用一小段略提示一下。狄在這篇序裡說出文藝復興時代的數字理論；他想到的是數學類科學的實際運用，對象是工匠們。這些科目是排除在學院之外的，狄在序文中也一再提到這種狀況。因此要寄望於工匠們來傳承，例如柏貝吉這樣的木作工匠，由他們來倡導伊莉莎白時代的正宗文藝復興建築——木造劇場建築。採用維楚威亞斯理論，把古典劇場與中世紀宗教教化式劇場遺風結合的人，也是柏貝吉嗎（也許獲得狄的指點）？㊹因爲採用了維氏的建築理論，才能夠巧妙地綜合了古典劇場中演員與觀眾近距離接觸，以及舊式宗教教化劇場流露的性靈層次。

原始的地球劇場雖然承襲了柏貝吉圓形劇場的傳統，卻是一個新的劇場，而且一般公認這是劇場中最上乘最成功的代表。莎士比亞是這個劇場的所有人之一；我們甚至可以猜想他可能在設計方面表達了意見。他的地球劇場（根據弗洛德插圖呈現的重建地球劇場看來）證實，莎翁式劇場不是完全模仿維楚威亞斯，而是把維氏理念改造了。除了戲台後牆改成有城垛有凸窗的房廈，還有多層舞台帶來的根本改變。舊式的宗教教化劇場演出的是人的靈魂相對於地獄、煉獄、天堂的關係。像地球劇場這樣的文藝復興劇場也演出心靈的戲劇，但是觀點已經改變，要透過人的世界、宇宙的構造來探討宗教信仰的眞理。

莎翁式的劇場是精彩的劇場，是根據維楚威亞斯劇場改造的，優於那些在舞台拱門裡安置畫景的劇場，那種劇場已經沒有維楚威亞斯的本色。但是，畫景劇場後來取地球劇場的典型而代之有百餘年之久，其實在弗洛德的圖示發表的時候就已經取而代之了。弗洛德在劇場方面的品味是老派的，因爲瓊斯（Inigo Jones）於一六〇四年引進宮廷的畫景舞台，在一六一九年已經使地球劇場顯得過時了。

弗洛德教讀者勿忘莎翁的名言：「全世界就是一個舞台。」別人都沒想到那已消失的木造劇場的設計，原來是深諳宇宙論比例之微妙的人。班・強森應該是知道的，因爲他曾在火災後憑弔原始地球劇場的殘骸，當時他歎道：「看哪，這世界的廢墟！」㊺

「大宇宙和微世界是相同的，宇宙的結構是和諧的，從數學符號中可以領悟上帝等信念……這些觀念源於古代而且是中世紀哲學及神學不容爭議的教條，本是密切相關的，在文藝復興時代獲得新的生命，也在文藝復興的教堂中找到視覺上的表達。」㊻這是維特考華討論文藝復興教堂採用圓形時說的話，他引用了阿爾貝蒂的理論，而阿爾貝蒂相信圓形是自然界最鍾愛的形狀，這可以從自然所造之物獲得證實，而自然是人類最好的老師，因爲「自然就是上帝」。㊼阿爾貝蒂建議的教堂基本形狀有九種，包括六邊形、八邊形、十邊形、十二邊形等，每個形狀都是藉圓形畫成的。㊽地球劇場的設計者選擇的是六邊形。

弗洛德還說出一件事實，即「世界劇場」的東南西北方位。這些都在「天界」的圖示（圖15—2，即戲台圖對面的那幅）標明了，頂上是「東」（Oriens），底下是「西」（Occidens）。如果把「天界」蓋在戲台圖上，就知道戲台在劇場的東端，正如教堂裡的聖壇都位於東端。

我們因而會想到，弗洛德的線索不但可以幫我們了解莎劇的演出實況，而且可以用來解讀不同樓層戲台的場景是否有宗教意涵。莎士比亞式的戲台是舊式有宗教意味的戲台經過文藝復興與赫米斯傳統影響轉型的嗎？它的多層次（「天界」上面還有一層，是弗洛德完全沒有介紹的）是否代表按宇宙三重特性所見的從神性到凡俗的關係？元素世界和天以下的世界應該是方的舞台，人類就在這兒扮演自己的角色。懸在舞台頭頂上的是圓的星辰天界，不是占星術中決定凡人命運的諸星座，而是「概念的影子」，是神界的形跡。這「天界」的上面應該是最高天界，是概念的領域，從這兒傾瀉下來的溢流會經過天界下降到元素世界，同樣地，從元素界也可以經過星辰界上升至最高天界。

較高精神層次的場景，影子在其中比較不密的，也許是要在舞台的高層演出的。茱麗葉在二樓內室現身與羅密歐談情。克麗奧佩特拉在埃及陵殿裡自殺身亡。《暴風雨》中的魔法師普羅斯佩羅有一景是「在頂上」出現，「天界」頂篷下面的演員們看不見在最高層上的他，觀眾卻看得見。[49]我們並不知道《暴風雨》最初演出是在地球劇場或是黑衣修士劇場（Blackfriars）。黑衣修士劇場位於舊時代道明會的修道院裡，國王的劇團於一六〇八年獲得這個場地。不過黑衣修士劇場當然是有「天界」的，所以，不論普羅斯佩羅是在黑衣修士或地球劇場演出「在頂上」的一場戲，他以善心「術者」的典範出現，從概念的影子躍升到至高的統一境界，必能使觀眾印象深刻。

本章將結束之前，我要再強調，這一章的內容只是一個初步，是要運用以往研究莎翁式劇場的人未能取得的材料。這些材料主要包括弗洛德記憶系統中的圖示，以及藉狄爲英譯本歐幾里德撰的序文，證明他才是第一位「不列顛的維楚威亞斯」（Vitruvius Britannicus），不是瓊斯，因此證實伊莉莎白時代最早的劇場設計者可能受到維楚威亞斯的影響。這一章必定會引起專家們細察批評，如此正好可以使這個題目有進一步的發展。需要用功研究的地方很多，尤其是弗洛德作品在德國出版的始末（可能查出劇場插圖的刻製者），以及狄與弗洛德受維楚威亞斯影響的部分。

我不得不盡量把這一章的篇幅縮短，否則可能偏離本書論記憶術歷史的主軸。但是本書不能不包含這一章，因爲，要理解弗洛德的記憶系統與眞實劇場的關係，必須放在記憶術歷史的脈絡裡來看。本來純粹是要探討記憶術的發展史，卻不知不覺走到莎翁劇場裡來。這不平凡的經驗應該歸功於誰？要歸功於凱奧斯的賽莫尼底斯與賽普西斯的麥卓多羅斯；歸功於「圖里亞斯」與阿奎那；歸功於朱里奧・卡米羅與佐丹諾・布魯諾。因爲，我們如果不曾走過漫長的記憶術歷史之旅，就算看見了弗洛德的插圖中大有趣味（柏恩海默便看見了），也未必能理解其妙處。我們因爲有一路追蹤記憶術歷史的工具，才能把地球劇場從它在弗洛德《兩個世界的歷史》裡的藏身處挖掘出來。

它確實在那兒安穩地藏了三個半世紀。現在我們不禁又要問——這是研究布魯諾的印記時一直困擾我們的問題：這些奇異的玄祕記憶系統是不是故意設計成荒誕難懂以便隱藏某種祕密？弗洛德那個黃道十二宮裡有二十四個記憶劇場的記憶系統，是不是個精心設計的幌子，爲的是不讓外行人看懂他在指涉地球劇場，而詹姆斯一世應該就是內行人之一？

前文說過，我認爲，文藝復興時代的赫米斯知識傳統雖然在文藝復興後期變得越來越隱祕，卻不能只用「一套密碼」就把玄祕記憶系統草草帶過。玄祕記憶法是整體文藝復興的一部分。布魯諾帶進英國的是有濃厚赫米斯風味的文藝復興，以及其中刺激想像力的祕密，我會覺得，布魯諾的英國行，以及他的《印記》挑起的「賽普西斯信徒」的爭議，都有足以影響莎士比亞的地方。我也認爲，約翰・狄與勞伯・弗洛德這兩位英格蘭本土的赫米斯哲學家，是研究英國文藝復興的人士不可以略過不看的。也許正是因爲兩人一向被排除在注目點之外，所以莎翁的祕密才會無人發覺。

如果不做前面的準備功課，就從最後一個「記憶印記」中揭露地球劇場的背景，會令人看不懂也不相信。放進記憶術發展史的架構裡來看，就不難理解這個來龍去脈了。這也是本章結尾眞正要點出的。

卡米羅的「劇場」有許多地方與弗洛德的「劇場」系統類似。兩者都爲了組構赫米斯式的記憶系統，而改造了「眞實的」劇場。維楚威亞斯劇場的舞台五入口裝飾，被卡米羅搬到觀眾席假想的門上，裝飾影像也變成七七四十九個。弗洛德背對觀眾席，面向戲台，把台上五個出入口當作記憶場所，放滿了想像的影像，把戲台改造成一間記憶屋室。這兩個人的改造方式雖然不同，但都是用眞實的劇場來改造的。

卡米羅的「劇場」是在威尼斯的文藝復興中建起來，是從菲齊諾與皮可發端的思潮運動直接衍生的。這個劇場立刻引來讚歎與注目，顯然應該列爲義大利文藝復興這個階段常見的創造力發揮。亞里奧斯托和塔梭都曾予以稱許。這個劇場的建築形式與新古典主義建築有關，不久之後建成的一座「眞實」劇場——帕拉第奧的奧林匹克劇場——便是新古典主義建築學的重要體現。弗洛德的劇場記憶系統的哲學基礎，來自較早期的文藝復興傳統，所採用的劇場模式是曾經演出文藝復興晚期精華的極致。我們如果努力思索兩者的比較，會覺得弗洛德的赫米斯式記憶系統會反映地球劇場，從歷史的角度看來是順理成章的。

我無法提供明確而令人滿意答案的問題是：玄奧祕法式的記憶術是什麼？從早先的使用有形喩象來呈現可理解的世界，到後來憑揮灑想像掌握可理解的世界——這也是布魯諾傾畢生心力做的事，這種改變是否眞能激發人類心靈，而開拓前所未有的寬廣創作成果？這就是文藝復興的祕密嗎？玄祕記憶術代表的就是這個祕密嗎？我的問題留待別人來找出解答。

17 記憶術與科學方法之發展

本書的宗旨是要凸顯記憶術在歐洲傳統的巨大神經中樞裡的地位。記憶術在中古時代的地位非常重要，其理論是經院哲學家規劃的，實踐方面廣及於美術與建築上的意象，以及但丁《神曲》這樣的偉大文學。到了文藝復興時代，記憶術在純粹的人文主義思想中式微了，卻在赫米斯知識傳統中大放異彩。進入十七世紀以後，它會被時間淘汰嗎？抑或退出中心的地位而走向邊緣？弗洛德是文藝復興最盛期赫米斯傳統中的最後一個前哨。他和新興科學思潮的代表人物，克卜勒與麥瑟尼，發生了衝突。他根據莎翁地球劇場建構的赫米斯式記憶系統，也是記憶術的最後一個哨站。這個狀況是否意味，賽莫尼底斯的古老藝術在十七世紀向前進步時，將被當作不合時宜的東西扔在一旁？

令人覺得奇怪卻也值得重視的是，到了十七世紀，知道而且談論記憶術的，不但包括弗洛德這樣仍舊遵循文藝復興傳統的人，還包括法蘭西斯・培根、笛卡兒（René Descartes）、萊布尼茲（Gottfried Wilhelm von Leibniz）。記憶術在這個世紀經歷又一次轉變，從記憶百科知識與映照整個世界的一套方法，變成輔助探討百科知識與宇宙的方法，其目的也變成發現新知識。觀察記憶術如何在新世紀的趨勢中化爲促進科學方法發展的一個因子，是非常有趣的。

本書的最後一章是一篇後記，我只能在此略談一下記憶術這個新角色的重要性。雖然這一章不能寫得詳盡，卻是非寫不可的，因爲十七世紀的記憶術仍在歐洲一項重大發展中占據關鍵地位。我們這一篇從賽莫尼底斯開端的歷史，不能在萊布尼茲未登場之前就結束。

「方法」（method）這個名詞是拉姆斯推廣而通俗化了的。前面曾說過，①拉姆斯主義和記憶術密切相連，單從這一點就可以看出記憶論的歷史和方法論的歷史是有關聯的。此外，「方法」一詞在盧爾主義和卡巴拉玄祕哲學中也用到，這兩者都在文藝復興時期盛行過，而且是與記憶並論的。我們可舉的諸多例子之一，是杰瑪（Cornelius Gemma）在他的《循環法藝術》（*De arte cyclognomica*）②中描述的學會一切的「圓的方法」。這是混合了盧爾之術、赫米斯知識傳統、卡巴拉玄祕哲學，以及記憶術的一部著作，可能影響過布魯諾，因爲布魯諾也把自己的步驟叫作method。③十七世紀也盛行用這個字指一些顯然和新興的數學方法扯不上關係的思想模式，以下這件事便是一個例子。

一六三二年前後，巴黎一所小型的私人學會成員聚集進行第一次會議，研討的主題是「方法」。會議開始先極爲簡略地提到「卡巴拉主義者的方法」，說他們是從原型世界降至心智世界，然後再降至元素的世界。接著會員們同樣迅速地談完以神聖屬性爲基礎的「拉蒙・盧爾的方法」，以及他們所謂的「普通哲學的方法」。這個學會出版的議事記錄之中，這些討論都用一個標題概括了，即是「關於方法」（De la méthode），④把這些大題目草草帶過的那幾頁並不值得注意，但是由此也可看出，五年後笛卡兒發表標題《方法論》（*Discours de la méthode*）的這部著作，也不會引起多少驚訝反應。

十七世紀早期流通過多不勝數的「方法」論著，記憶術和盧爾之術都在其中居於要津。這兩大中古時代的學問，曾在文藝復興時期有合併的走向，在十七世紀變成了「方法」，在方法論的革命中各司要職。⑤

法蘭西斯・培根精通記憶術知識，自己也在運用記憶術。⑥奧布瑞（John Aubrey）所寫的培根傳記，就講到建築物裡有「場所記憶」用的設計，是我們發現的少數這種例證之一。奧布瑞說，培根在果藍姆堡（Gorhambury）的住宅裡的諸長廊之一，有彩繪玻璃窗，「每一格玻璃都畫了數個獸、鳥、花的圖案：也許爵爺會以它們爲場所記憶的題目之用。」⑦培根自己對於記憶術重視的程度，從《學術的進展》（*Advancement of Learning*）可以得到證實。他在這本書中把記憶術列爲文理學科之一，認爲這個學門需要改革，方法上用途上都需要改。培根說，現存的記憶術必須改進，而且不應該用於空洞的虛飾招搖，應該放入正當用途。《學術的進展》的宗旨是促進文理學科改良並且導入有益的目的，這個宗旨在記憶方面也做了有效的發揮。培根說，記憶是一門學問，但現存的記憶術「我覺得法則可以比現在的更好，用途可以比既有的更好」。按它現有的用途，可以「揚升到驚人炫耀的地步」，但那是無益的，不是用在嚴肅的「事務與時機」。他定義記憶術是以「先入之見」和「喻意畫面」爲基礎，成爲培根版的場所與影像：

> 這種記憶術建立在兩種意思上；其一是先入之見，另一個是喻意畫面。先入之見發出吾人對於要記住的事物的不確定的追尋，導引我們往一個窄的範圍去找，即是與我們記憶的地方有些共同之處的。喻意畫面把思維的意象降格爲可知覺的影像，這樣比較能刺激記憶；從其中可歸納的原則比現有的更宜實行。……⑧

他在《新工具論》（*Novum Organum*）中進一步界定了場所：

> 技巧記憶中「共同場所位置」的分配次序，這可以就「位置」的字面意思而言，指一扇門、一個角落、一扇窗等等；或者指熟悉的有名的人；或我們選中的任何事物（只要能按某種次序排列），例如動物、草木；字句、字母、歷史人物等亦可。⑨

這樣定場所的不同類型，是和記憶術教科書絲毫不差的。影像定義爲「喻意畫面」，在《學術的進展》的拉丁文擴增版（*De augmentis scientiarum*）中做了申論，

> 喻意畫面把思維內容降爲可知覺的事物；因爲能知覺的事物對記憶的刺激比較強，印入記憶也比思想快。……所以，要存住一個狩獵者在獵兔的影像、一名藥師在整理藥匣的影像、一位雄辯者在發表演說的影像、一名男孩在背詩或一名演員在扮演一個角色的影像，會比記住發明、布局、風格、記憶、呈演這五個概念來得容易。⑩

由此可見，培根十分贊同古代記憶論所說的活動的影像最易銘印記憶之中，也同意阿奎那主義所說的，藉可知覺的事物最易幫助記憶思維的事物。從培根之接受記憶術使用影像也可以看出，他雖然受拉姆斯主義影響，卻不是拉姆斯主義者。

所以我們大概可以說，培根贊同的也運用的，是採用場所和影像的一般記憶術。他打算如何改進方法，我們並不確知。至於新的用途，包括按次序記憶事物，以便於進行研究。這對科學探索是有益的，因爲，先把個別事物從龐雜的博物史抽出來按次序排好，比較方便做判斷。⑪記憶術在此是被自然科學之探討所用，記憶術的次序與排列原則也變成近似分類法了。

記憶術於是有了改革。本來是雄辯家一心要「炫耀」令人稱羨的驚人記憶力所用，現在轉爲嚴肅事務的用途。培根要從改革後的用途中剔除的虛誇炫耀運用，當然包括「術者」的那種玄祕記憶術。他在《學術的進展》裡說：「古代所謂的人是微宇宙，是外在世界的縮影或模範，已被巴拉塞蘇斯與煉金術士荒唐地歪曲了。」⑫弗洛德那樣的「麥卓多羅斯式」記憶系統，就是以那種想法爲基礎的。對於培根而言，這種設計倒像「施了魔咒的鏡子」，裡面滿是扭曲的「謬像」，與他所提倡的用觀察與實驗探索自然界的謙卑態度相去甚遠。

不過，我雖然會同意羅希所說的，培根的記憶術改革整體而言是排除玄祕記憶法的，但是培根是個難以捉摸的人物，況且他也在《物質森林》(*Sylva Sylvarum*) 有一段話講到記憶術。他說了一個變紙牌戲法的故事，變戲法的人運用想像的威力變成功，旁觀者被他「扣住精神」而照他的意思要某一張牌。培根以下面這段話評論這種藉「想像的威力」達成的戲法：

> 我們在記憶術中發現，看得見的影像比其他的比喻效用好：假定你要記憶「哲學家」這個詞，你多半會想像有這麼一個人（因爲人是最佳的位置）在讀著亞里斯多德的《物理學》，比較不會想像有一個人在說：我要去研讀哲學。這項觀察心得因此可以帶進我們現在談的話題（紙牌戲法）上：因爲，想像越光彩，越能夠灌輸而記牢。⑬

培根雖然就這個題目做科學的探討，卻深受古典觀念影響，認爲記憶術的影像有激盪想像的力量，並且把這個與運用「想像的威力」的戲法相提並論。記憶術之所以成爲文藝復興時代魔法師的輔助物，方法之一就是循培根這樣的思路而來。顯而易見，培根和那一代魔法師一樣，看見其中有關聯。

笛卡兒也曾把他的偉大才智用在記憶術上，想過怎樣能把它加以改革。引起他作如是想的記憶術論述者就是申克爾。他在《獨思集》(*Cogitationes privatae*) 中有這麼一段話：

> 讀過申克爾有用的小玩意（在《論記憶術》(*De arte memoria*) 之中），我想到了一個簡便的方法幫我掌握藉想像發現的一切。這可以憑把事物簡化到起因來做到。既然一切都可以簡化爲一個，顯然就不必記憶所有的學科了。人一旦理解了起因，就可以藉起因的印象輕易在腦中找回所有消失了的影像。這是眞正的記憶術，和申克爾的星雲概念顯然正相反。倒不是說他的無效，而是他的記憶術用太多東西占據了所有空間，而且沒有正確次序。正確的次序是影像應當相互從屬地形成。他忽略了這一點，此乃是整個奧祕的關鍵。
>
> 我想到了另一種方法；即是應該從不相關的諸影像中組成另一個與諸影像共通的影像，或是把這個影像造得不但和最靠近它的那個影像有關，而且和所有其他影像都有關係，

使第五個影像藉擲在地上的一支矛與第一個產生關聯，中間的一個藉它們往下爬的一架梯子，第二個藉投向它的一支箭，同理，第三個要藉真實的或虛構的方式關聯起來。⑭

有意思的是，笛卡兒建議的改革比培根的更接近「玄祕派」原理，因爲玄祕記憶確實會把一切事物簡化到假定的起因，並且相信起因的影像印入記憶後便能把附屬的影像組織起來。假如笛卡兒參考過裴普「探查」申克爾⑮的心得，應該曉得這種論點。他的這句話——「人一旦理解了起因，就可以藉起因的印象輕易在腦中找回所有消失了的影像」——很像是出自一位玄祕記憶術者之口。笛卡兒雖然並沒有往這個方面想，他這個藉起因組織記憶的妙想，卻非常像是在爲玄祕記憶術做辯解。其他關於組織相關影像的說法就沒有什麼新意了，幾乎每部記憶論教科書都提過大同小異的說法。

笛卡兒不大可能積極使用場所記憶法，據巴伊耶（Adrien Baillet）的《笛卡兒先生傳》（*Vie de Monsieur Descarte*）中引用他的話，他在靜修時疏於練習，而他認爲這套方法是「有形的記憶」，是「吾人外在的」記憶，而「悟力的記憶」是內在的，是不可能增減的。⑯笛卡兒把話說得這麼不加修飾，與他一貫對於想像力不感興趣的態度是相符的。但是羅希也指出，笛卡兒和培根一樣，也受到記憶術講究次序條理的要則的影響。

培根和笛卡兒都知道盧爾之術，也都用貶抑的字眼講它。培根在《學術的進展》中談到錯誤方法的時候說：

還有一種被努力催促也在實踐的方法，那不是合乎自然律的方法，而是招搖撞騙的方法；即是，以某種方式表現知識，藉此使人可以立即賣弄他並不具備的學問。這便是拉蒙·盧爾在那個冠上他的名號的技法方面的努力。……⑰

笛卡兒在《方法論》中對盧爾之術的嚴厲不輸培根，他說這套技法不過是使人能夠「不知好惡地談講他一無所知的事情」。⑱

一位是發現歸納法的人，這個方法不會導致科學上有價值的結果；另一位是解析幾何方法的發明者，這率先以應用數學探索自然界的方法，將徹底改變這世界。但是兩個人都對盧爾的方法沒有好感，爲什麼會這樣？「近代科學之興起」與那套經歷文藝復興狂熱振興與「玄祕化」的、用神聖稱號和屬性爲混合系統基礎的中世紀玩意，可能有關聯嗎？其實，盧爾之術與培根和笛卡兒的目標是有共通之處的。它指望能用一種以眞實爲基礎的普世之術或方法，爲一切問題找到解答。此外，它有四方形、三角形，以及旋轉的輪子，算是一種幾何邏輯；再者，它用字母標注符號來表達它處理的各種觀念。

笛卡兒在一六一九年三月寫給貝克曼（I. Beeckman）的信中，概述自己的新方法，說他在沈思的不是盧爾的「小藝術」，而是一種可能解答有關量的一切疑問的新科學。[19]這裡最重要的一個字當然就是「量」（quantity），代表數字一向的質與象徵的用法有了改變。數學的方法終於被發現了。我們要知道是在何種環境氛圍中發現的，必須先弄清楚文藝復興傳給十七世紀的那些如火如荼的記憶術、混合藝術、卡巴拉藝術的固有觀念。玄祕法術的潮流正步入退勢，在氛圍改變的情況下，探索轉到了理性方法的方向。

文藝復興思考模式傳遞到十七世紀的過程中，德國人約翰—亨利克·阿士泰德（Johann-Heinrich Alsted, 1588-1638）占有相當重要的一席地位。他是百科全書派、盧爾主義者、卡巴拉玄祕哲學家、拉姆斯主義者，他的著作《記憶術系統》（*Systema mnemonicum*）[20]包納了各種記憶藝術論。阿士泰德和布魯諾以及文藝復興的盧爾主義者一樣，相信僞盧爾之作《論卡巴拉傳聞》是盧爾本人寫的，[21]這也便利他把盧爾主義和卡巴拉玄祕哲學同化。阿士泰德稱盧爾是「數學家兼卡巴拉哲學家」。[22]他界定「方法」是從普通向專門進展的記憶術工具（這當然是受拉姆斯主義影響的定義），並且說盧爾的圓圈位置等於記憶術的場所。阿士泰德是文藝復興時代的百科全書派，他爲尋找一把開啓宇宙的鑰匙而混合各種方法，也是文藝復興人的作風。[23]

然而，他也受了反對文藝復興玄祕主義的論點影響。他想要幫盧爾主義擺脫無聊作夢與幻想的有害影響，回歸貝納杜斯·拉文埃塔教導的純粹學說。他寫過一部《盧爾之術要訣》（*Clavis artis Lullianae*)，日期為一六〇九年的這篇序文中，他痛罵一些評注者以自己的謬誤與晦澀損害了神聖的藝術，他指名罵了的人包括阿格里帕和布魯諾。[24]可是他又在布魯諾死後出版了一部布魯諾的手稿（不是表達盧爾主義的一部）。[25]阿士泰德活動的圈子裡似乎有一種改革動向，留住了布魯諾，卻改了他從赫米斯主義立場大肆發揚的那些過程。如果徹底研究一下阿士泰德，也許會發現，布魯諾遊訪德國期間播下的種子已經發芽生長，卻結出比較適合新時代的果實。只不過探討阿士泰德的大量著作恐怕需要一整本書的篇幅。

從文藝復興玄祕主義浮出理性方法的另一個有趣例子，來自寇曼尼亞斯（J. A. Comenius）的《圖繪世界》（*Orbis pictus*，一六五八年初版）。[26]這是一本兒童看圖識字的語文教本，圖畫按宇宙的秩序排列，有天界、星辰及天象、獸類、禽鳥、礦石等等的圖片，還有人類和各種行為活動。兒童用這本書學拉丁文、德文、義大利文、法文，翻到太陽的圖，就可以學這些語文中的「太陽」這個詞；看到劇場的圖，就可以學各種語文中的這個詞。[27]現今市售的兒童識字圖本多不勝數，大家會覺得是極平常的東西。但是在寇曼尼亞斯的時代是極富創意的新穎教具，比起傳統教學的枯燥功課與時時責打，《圖繪世界》必定曾使許多十七世紀兒童的學習變得有趣味。據說萊布尼茲時代的萊比錫男孩子都是從小就受「寇曼尼亞斯的圖畫書」與馬丁・路德教理問答的教育長大。[28]

《圖繪世界》毫無疑問是從康巴奈拉的《太陽之城》而來。㉙讀者應還記得，這太陽之城是個星辰魔法的烏托邦，中央有畫滿星辰影像的太陽廟，外面的一層層圍牆與這個圓形廟宇是同心圓，在每一圈牆上都按照中央起因的影像畫滿宇宙萬物、人類、人類的活動。前文說過，「太陽之城」可當作玄祕記憶系統使用，把這個世界「當作一本書」和「場所記憶」來快速學會一切知識。㉚太陽之城的孩子們受教育由太陽祭司們負責，太陽祭司帶著他們走過城中畫滿影像的圍牆，孩子們就藉著看圖畫學會字母、語文，以及一切知識。崇信玄祕術的太陽城民採用的教學方法，以及他們這個城畫滿影像的設計，就是一種有場所有影像的記憶系統。把它搬到《圖繪世界》上，本來的魔法記憶術就變成了徹底合乎理性的、創意極高的、非常有效用的語文教本。我們還可以補充一下，約翰・伐倫丁・安德利亞（Johann Valentin Andreae）在《基督之城》（*Christianopolis*）裡描寫的理想之邦，也是畫滿教育青少年用的圖畫。㉛安德利亞是個神祕人物，謠傳他與「玫瑰十字會」的宣言有關係，不過他的《基督之城》也是受《太陽之城》影響之作，所以新興視覺教育方法的終極起源也許就只有《太陽之城》一個。

十七世紀念茲在茲的題目之一就是尋找一種普世語文。培根曾經疾呼要用「眞實的符號」表達意念，㉜也就是說，使用的字或符號應當與它所表達的意思有眞正的聯繫。寇曼尼亞斯受了激勵而朝這個方向努力，一群寫作者——比斯特菲（G. E. Bisterfield）、達爾嘎諾（J. Dalgarno）、威爾金斯（J. Wilkins）——在他的影響下，發憤尋找用「眞實的符號」建立的普世語文。

據羅希說，這些工夫用在尋找可充當記憶影像的記號符號，都是記憶術傳統的直接翻版。㉝創造者把普世語文視爲記憶的輔助，許多人顯然都參考採用了記憶術論著。「眞實符號之追尋」找到的出路，是記憶術傳統中玄祕的這一面。當初布魯諾用他認爲與眞實直接相連的魔法影像爲基礎建立普世的記憶系統，現在被十七世紀熱中普世語文的人轉化成理性的方法。

文藝復興的方法和目的於是融入十七世紀的方法和目的，十七世紀的讀者也不像我們這樣新舊分明地看待那個時代。在他們眼中，培根和笛卡兒的方法不過是同類東西中新添的兩個。一六五九年出版的《知識燈塔》(*Pharus Scientiarum*) 就是一個有趣的例子，㉞這部鉅著是西班牙耶穌會修士伊茲基耶多 (Sebastian Izquierdo) 的作品。

他在書中概括了曾經努力要創立普世之術的古今人士，用了相當長的篇幅談杰瑪的「循環方法」(需要研究《循環法藝術》歷史價值的讀者可以參考)，接著便談到培根的《新工具論》，再講到盧爾之術，以及記憶術。羅希對於伊茲基耶多有精闢的見解，㉟他指出，伊茲基耶多一再重申，必須有一種適用於百科大全所有科門的普世科學，必須有一種邏輯把記憶包括在內，形而上學也必須有一套以精確科學爲範本的確切方法，這是值得重視的論點。說到形而上學應有確切方法，這可能受到笛卡兒的影響，但是顯而易見他走的是盧爾式的思路，有心要把盧爾之術和記憶術合併。他強調盧爾之術必須「數學化」，而且用了許多頁在談用數字組合來取代盧爾的字母組合。羅希認爲，這是預兆萊布尼茲後來用組合原理爲計算法。另一位名氣更大的耶

穌會修士阿但納修・基爾舍（Athanasius Kircher）也力主把盧爾之術「數學化」。㊱

我們眼見伊茲基耶多寫的書裡有來自培根的影響，可能也有來自笛卡兒的影響，和盧爾主義與記憶術相提並論，又看見十七世紀的數學發展趨向在舊時代各門藝術中間進行，也就越來越會覺得，研究十七世紀的方法興起，必須放在以往術法持續發生影響的脈絡之中。

說到記憶術和盧爾之術的影響力延續到十七世紀的思維，要以萊布尼茲的例子最令人矚目。一般當然都知道，萊布尼茲對盧爾之術很感興趣，還寫了一本以盧爾之術爲題材的《論組合藝術》（*De arte combinatoria*）。㊲ 一般人比較不知道的是，萊布尼茲也很精通古典記憶術傳統，這一點羅希早已指出。其實，萊布尼茲努力要發明一種使用有意義的符號的萬能微積分，無疑可以說是在歷史上傳承文藝復興那種合併盧爾之術與記憶術的作風，布魯諾正是那種傳統最突出的例子。不過，萊布尼茲「特徵數」的有意義的符號是數學符號，這些符號的邏輯組合帶來的是發明微積分。

萊布尼茲在漢諾威期間的未發表手稿中，有的談到記憶術，特別提到申克爾的論述（笛卡兒也提到他），以及另一部很有名的記憶論著《更新賽莫尼底斯》（*Simonides redivivus*），是亞當・布魯克修斯（Adam Bruxius）於一六一〇年在萊比錫出版。繼谷杜拉（L. Couturat）之後，羅希也根據這些手稿證明萊布尼茲是重視記憶術的。㊳從他一些出版了的作品中，也能找到相當多的證據。一六六七年的《法學教學新法》(*Nova methodus discendae docendaeque jurisprudentia*) 就有記憶與記憶術的長篇討論。㊴書中說，「記憶術」提供論點的內容；「方法」給予論點形式體裁；將內容應用在體裁上即是「邏輯」。接著萊布尼茲界定記憶術，是把可感知事物的影像與想要記住的事物連結，這個影像是一種「記號」(nota)。「可感知」的記號必須與要記住的事物有某種聯繫，例如與該事物相似，或不像，或是有關聯。用這個方法可以記住詞語和事物，不過這樣記詞語並不容易。大思想家萊布尼茲的思路顯然把我們帶回《赫倫尼》所說的記事物的影像，以及更麻煩的記詞語用的影像。他也使我們想起經院派學者主張的亞里斯多德聯想三法則。然後萊布尼茲又說，看見的事物比聽見的容易記住，所以我們會在記憶時用「記號」。他並且補充說，埃及人和中國人的象形字本質上屬於記憶用的影像。說到把事物分置在多個小室或場所有助於記憶的「場所要則」，他提出這方面可參考的記憶術作者包括阿士泰德和弗瑞 (J. C. Frey)。㊵

這一段乃是萊布尼茲的一個短篇記憶論述。我會覺得，他於一六六六年出版的《論法律案件》(*Disputatio de casibus in jure*)，書名頁上那個放了幾個寓意畫面的人形，㊶是要當作銘詞訴訟案件的場所記憶系統用的 (這乃是不折不扣古典的記憶術用途)。萊布尼茲精通記憶術的其他證據應該也不難發現。我另外發現的一個，是他在一六七八年發表的一部作品裡說的話。他說，記憶術意指藉著把一系列概念依附在一系列人物之上來將概念記住，可依附的人物系列如教會先賢、使徒們、歷代帝王等。㊷這又把我們帶回循古典要則而產生的最典型最悠久的記憶方法了。

可見萊布尼茲對於記憶術傳統是再熟悉不過的。他研究過記憶術專論，學到的不只是古典法則的主要作法，還包括從其中衍生的繁複分枝。對於古典記憶術的根本原理，他也感興趣。

討論萊布尼茲和盧爾主義的著作很多，一六六六年的《論組合藝術》中，就有相當多的事實證明他是受盧爾主義影響的。這部作品一開頭的圖表中，㊸四元素的方陣與邏輯中的對待方陣結合了，顯示他所理解的盧爾之術是自然邏輯。㊹他在開場白的幾頁中提及阿格里帕、阿士泰德、基爾舍等後來的盧爾主義者，也沒有漏掉布魯諾。萊布尼茲說，布魯諾把盧爾之術稱爲「組合」(combinatoria)，㊺萊布尼茲自己也用這個詞稱他的新盧爾主義。他（萊布尼茲）解讀盧爾主義是用算術，以及培根想要改進的「發明邏輯」。這裡已經有使用數學「組合」的想法，前面說過，這是阿士泰德、伊茲基耶多、基爾舍已經在進行發揚的。

萊布尼茲說，在這種新的數學式的盧爾之術裡，要以「記號」當作字母用。這些記號要力求「自然」，應是普世共通的書寫法。它們可能像幾何圖形，或是像埃及人和中國人用的「像圖」，不過新的萊布尼茲記號會比這些都更益於「記憶」。㊻前面提過萊布尼茲在別的著作中講到的「記號」，是明確與記憶傳統相關的，而且有些像古典記憶術要求的影像。這裡也一樣，是和記憶相關的。事實非常清楚，萊布尼茲這條路是從文藝復興傳統走出來的，和那些一直想要把盧爾主義和古典記憶術合併的努力方向相同。

《論組合藝術》是萊布尼茲早期的作品，當時他尚未前往巴黎（一六七二至七六年間，他在巴黎進修數學，就教於海根斯〔Christian Huyghens〕等人士，獲得高等數學新近進展的知識）。是在這部作品裡，他表現了自己在數學上的新進展，微積分的出現屬於這段歷史。雖然牛頓也在循相同的方向工作，萊布尼茲的成果卻與牛頓無甚關係。關於牛頓，我無話可說，但是，萊布尼茲的微積分學肇端的來龍去脈是這本書的故事。他自己說過，他的後期思想的根源在《論組合藝術》裡。

我們都知道，萊布尼茲擬了叫作「符號學」的計劃。[47]他要把所有重要的思想意念列出一個清單，給每個意念指定一個符號。顯而易見，這個計劃受到從賽莫尼底斯的時候就開始的尋找「代表事物的影像」的影響。比斯特菲等人士企圖用一套符號組成普世語文，萊布尼茲當然知道這廣泛盛行的想法，[48]而我們前文說過，這種想法本身也是受記憶術傳統影響的。萊布尼茲的「符號」卻不只是一種普世語文；它是一種計算法。這些符號用在邏輯的組合中，成爲解答一切問題的一種普世萬能的藝術，也就是微積分。成熟期的萊布尼茲是數學家與邏輯學家中的至尊，他的背景裡卻仍有文藝復興把古典記憶術與盧爾主義二版合一的傳統，合併的方法是把古典記憶術的影像應用到盧爾的輪子組合上。

按萊布尼茲的想法，「符號學」或微積分要與百科大全的目標結盟，這個目標是要把人類所知的一切技藝與知識匯集在一起。當一切知識都在百科大全中依序整理好，再以「符號」代表各門知識，這樣建立了萬能的微積分，就可提供一切問題的解答。萊布尼茲的憧憬是把微積分應用在所有層面的思想與活動上。甚至宗教信仰的難題也可以用微積分來解除。㊾例如，對於天主教全教會的「特倫多會議」（Council of Trent）決議不服的人，不必再爲此走上戰場，可以坐下來說：「我們來用微積分算一算。」

盧爾認爲，他那套有字母記號和旋轉幾何圖形的「藝術」可以應用到所有知識科門上，可以使猶太教徒和伊斯蘭教徒接受基督教的眞理。卡米羅曾經建起一座「記憶劇場」，一切知識可以藉影像綜合在其中。布魯諾把移動中的影像放在盧爾的組合輪子上，帶著自己的奇想記憶術遊歷歐洲。萊布尼茲是這種傳統的十七世紀繼承人。

萊布尼茲曾經試圖引起多位君主和許多學院對他的計劃目標感興趣，卻沒成功。百科大全始終沒整理出來；以「符號」表徵想法的工作始終沒做完；萬能微積分也始終沒有建立。這令我們想到卡米羅，他的輝煌的「記憶劇場」只得到法國國王提供的一部分且不足夠的資助，始終沒有完成。我們也會因而想到布魯諾，他熱切地試驗一個接一個的記憶方法，直到遭火刑處死爲止。

萊布尼茲倒能從自己的整個計劃帶出一部分成果。他相信，自己之所以能在數學上達成進展，根本原因在於找到了代表量與其關係的符號。谷杜拉也說：「的確，他最著名的發明，即微積分學，確實是從他不斷尋找新的、更適用的一套符號而來。反過來說，這項發明也證實了他認爲良好的符號是演繹科學之要務的看法。」[50]谷杜拉接著說，萊布尼茲的深奧原創性在於使用適當的符號代表意念和作用，而以前從未有過可以代表它們的符號。[51]換言之，是因爲他發明了新「符號」，他才能夠操作微積分，而微積分不過是始終未完成的「萬能符號」的一個片斷或樣本。

假設果眞如我所說，萊布尼茲的「符號學」就整體而言是直接源於記憶術傳統，那麼，尋找「代表事物的影像」的結果轉到數學符號上才產生了新的發現，也就是數學上或邏輯數學上更佳的符號標示法，因而發明了新的計算方法。

萊布尼茲尋找「符號」一向秉持的原則是，必須力求接近所代表的眞實物，或事物的眞實本質。他的著作中有多處說明了這尋找過程的背景。例如，在《計算推理基礎》(*Fundamenta calculi ratiocinatoris*) 中，他界定「符號」是書寫的，或勾畫的，或雕刻的。越能接近所代表的事物，符號的功用就越大。不過萊布尼茲說，藥劑師和天文學家的符號，諸如約翰・狄在《象形單體》中提出的，是無用的，中國和埃及的象形符號也是無用的。人類始祖亞當用來給萬物命名的語言，應該是接近事實的，但是這個語言已經失傳。普通語文的詞語是不精確的，使用這樣的語文會導致誤差。唯一最適宜精確科學與計算使用的，就是算術學家和代數學家的「記號」。[52]

這一段文字（以及其他內容類似的段落）呈現的是萊布尼茲在尋找，沈思著在往昔世界的魔法「符號」、煉金術士的符號、占星術士的影像符號、狄氏以七行星特徵組成的單子符號、亞當能以魔力與眞實相連的語言的符號、古埃及隱藏著眞實的象形符號中間來回尋覓。結果他在這一切之中找出了正確的「記號」，是數學中最接近眞實的符號。

萊布尼茲對於那些往昔是十分熟悉的，他說自己的尋覓計劃是「無邪的魔法」或是一種「眞的卡巴拉」，也許正是因爲擔心自己的「萬能符號」會和那些往昔的關係太近了。[53]但也有的時候，他就用往昔的語調，把他的符號說成了不得的祕密，是普世萬能之鑰。他在《百科奧祕導論》（*Introductio ad Encyclopaediam arcanam*）中表示，吾人將會找到一種總括科學，一種新邏輯、新方法，一種「回憶的藝術」或記憶術，一種「符號術」或符號學，一種「組合的藝術」或盧爾之術，一種智者的卡巴拉，一種自然的魔法。總而言之，會找到一種如海洋總納一切學科的學問。[54]

這一番話令我們想起布魯諾《印記》的長長的書名頁，[55]或是他向牛津的學究們介紹那些瘋狂的魔法記憶系統的那篇演說，其中逐步揭示那個以愛、藝術、魔法、知識爲宗旨的新宗教信仰。誰會料到，萊布尼茲其實是在這些舊時代的天花亂墜中找到了普世的萬能之鑰？他在一篇論「符號學」的文章中說，眞鑰匙以前一直未被找到，所以書中充滿了無用的魔法。[56]少了眞理之光，魔法無從作用，而只有數學的紀律能帶來眞理之光。[57]

現在我們再翻回去看布魯諾《影子》中那幀奇特的圖（圖9—2）。中央的旋轉輪子上的星辰影像，支配著布滿元素世界影像的其他輪子，以及表現人類一切活動的影像的外層輪子。或者，回想一下《印記》，曾是道明會修士的布魯諾在書中試遍了他能想到的每一種記憶方法，每種組合的效果取決於假定含有魔力的記憶影像。我們回顧一下《印記》結尾的那一段（布魯諾的其他記憶術著作也一樣），玄祕記憶術者把各式記憶影像排列在盧爾的組合輪子上，其中最重要的就是符號、記號、字母、印記。[58]或者，我們仔細想想《雕像》中男女諸神雕像排在輪子上的壯觀景象，這些神像和星辰相應，既是「眞實」的魔法影像，也是包含一切意念思想的記憶影像，隨著輪子轉著。或者，想想《影像》中迷宮般複雜的記憶屋室，充滿元素世界一切事物的影像，聽從奧林匹克山諸神影像的支配。

這些狂想中有著極複雜的方法，它們的目的究竟是什麼？是爲藉組合具有重要意義的眞實事物影像而求得普世的知識。我們總會覺得這裡面有極強烈的科學衝力，是從赫米斯知識基礎上發出的，爲了追求某種屬於未來的方法，隱約瞥見，又像是夢想，在那些千頭萬緒的組合中預示出來。這是爲了追求記憶影像的微積分，爲了追求一種記憶的排組秩序，使盧爾的運動原理可以在這個秩序裡與採用象徵符號的魔法化記憶術合併。

我們可以套一句波瓦洛（Nicholas Boileau, 1636-1711）的話：「壓軸的是萊布尼茲。」我們如果站在萊布尼茲的優勢地位回顧，會看見站在赫米斯基礎上的布魯諾，一位文藝復興時代的先知先覺者，預告科學方法到來。他教我們明白，古典記憶術與盧爾之術合併，是爲找到「巨鑰」開路。

事情並不是到此便結束了。我們一路走來一直在暗示或猜想，布魯諾的記憶系統必有不可告人的另一面，它們可能是用來傳遞某種宗教信仰，或某種道德律，或某些有普世重要意義的訊息。反觀萊布尼茲尋求普世萬能符號或微積分的目標，也包含了博愛、宗教寬容、慈悲與善心的訊息。教會重新合一、分裂的派系和解、建立「慈善會」等計劃，都是他規劃的基本要項。萊布尼茲相信，科學進步可以導向宇宙知識擴展，因此導向對於上帝——知識的創造主——更寬廣的認識，繼而能有更寬廣的慈悲，因爲慈悲是一切德行的本源。⑲神祕主義和慈善心於是與百科知識以及萬能的微積分連結在一起。我們只要想到萊布尼茲的這一面，就會發現他和布魯諾的相比值得注意。記憶的印記裡面隱藏著愛、藝術、魔法、科學知識的信仰。愛與普世慈善心的信仰將藉普世萬能的微積分而體現或產生。我們如果刪除魔法，用純數學取代布魯諾說的科學知識，把藝術理解成微積分，保留愛，再看萊布尼茲追求的願望，是不是和布魯諾的非常相似？——雖然是換成十七世紀樣貌的。

萊布尼茲和「玫瑰十字會」的關係經常只被籠統地帶過。他在作品中許多地方提到「玫瑰十字基督徒」，或提到伐倫丁・安德利亞，或直接間接指涉玫瑰十字會的宣言，也甚少有人去細究或討論。[60]本書不可能深入談這個題目了，但是我們可以假設，布魯諾和萊布尼茲會有這種奇怪的關聯（這種關聯存在是無庸置疑的），也許就可以從布魯諾在德國開創後來又發展成爲玫瑰十字會的赫米斯社團中找到原因。如果要從布魯諾這一頭開始找，他在德國出版的「三十印記」[61]以及三十印記與在德國發表的拉丁文詩作的相關性，應該是個著手點。如果從萊布尼茲這一頭開始找，必須先等他的所有手稿全部付印出版，而且得整理清楚完整的版本。這個問題大概要等上一陣子才能夠解決。

近代哲學史的標準本裡異口同聲說，「單子」(monad)這個詞是萊布尼茲從布魯諾那兒借來的。其實，布魯諾和文藝復興其他赫米斯哲學研究者是從赫米斯知識傳統借來這個詞，一般哲學史卻把赫米斯傳統略過不提，只當它是題外話。雖然萊布尼茲這位十七世紀哲學家處於新的一個時代氛圍，他的單子論卻帶著赫米斯傳統的明顯記號。他所說的單子，如果是指有記憶的人類靈魂，其主要功能就是表徵或映照全宇宙，因爲人本來是宇宙的一面活生生的鏡子。[62]本書的讀者對於這種概念應該是非常熟悉的。

循不同於以往的方向詳細地比較布魯諾與萊布尼茲，也許是研究十七世紀與文藝復興赫米斯傳統之淵源的上策之一。這種研究也許可以證明，十七世紀科學的宗教憧憬與博愛理想這些高貴情操，其實在布魯諾的赫米斯哲學中已經存在，在他的記憶術祕密中傳遞給了後世。

我選了萊布尼茲給我這篇歷史收尾，是因爲寫書總得有個結尾，也因爲記憶術對於主要歐洲思潮的影響也許到此爲止了。但是十七世紀以後它的影響仍然持續。討論記憶術的書持續問世，其中依舊看得見古典記憶術的傳統。玄祕記憶術的傳統不大可能亡失，也不大可能就此不再影響重要的思潮。以後還會有人再寫書把這個話題傳下去。

本書雖然試圖把談到的這些時代的記憶術發展史做一個交代，卻絕對不是最終定論。這個龐大題目的現有資料，或進一步查找可取得的資料，我只用了一小部分。嚴肅探索這個被人們遺忘的藝術，可以說才剛開始。這種題目還沒有建立起有條有理的近代學術研究後盾；不屬於正規常見的課目表，所以是受冷落的。記憶術毫無疑問是個邊緣課題，沒有被確認隸屬哪一個正規科門，因爲不是任何領域的正業，所以沒人重視。結果我們卻發現，它可以算是每個科門應該重視的正業。整理記憶方法的歷史曾觸及宗教與倫理的歷史、哲學與心理學的歷史、藝術與文學的歷史、科學方法的歷史。技巧記憶是修辭學的一部分，所以可歸屬修辭學傳統；記憶是心靈的一種力量，所以應納入神學。我們一旦細想過這些深遠的相關性，就會覺得，這一趟探索會打開我們觀察西方文化的視野，重新看一些最重要的發展，其實並不值得意外。

從這一點上回顧，我才自知，賽莫尼底斯當初在宴會災變後發明的這門藝術，有太多事實仍待我們去理解釐清。

注釋

1 古典記憶術的三個拉丁原始資料

①本書引用的三部拉丁經典是哈佛大學羅伊布版（Loeb edition）的英譯本。《獻給赫倫尼》由凱普蘭譯；《論雄辯家》爲瑟頓（E. W. Sutton）與萊克罕（H. Rackham）合譯；昆蒂里安的《雄辯教育》爲巴特勒（H. E. Butler）的譯作。引用譯文時可能略加修改而不按原著的紆說文體，以便符合記憶術的用語。

我所讀過論古代記憶術的最精闢作品，是哈吉杜（H. Hajdu）的《中古時代記憶術文獻》（*Das Mnemotechnische Schriftum des Mittelalters*, 1936）。我於一九五五年發表於《中古時代與文藝復興，紀念納爾迪文集》的文章〈西塞羅的記憶術〉，便是將哈吉杜之作加以概述。整體而言，這個學門不知何故一直未受重視。

②西塞羅，《論雄辯家》，卷二。

③《雄辯教育》，卷十一。

④《論雄辯家》，卷二。

⑤見凱普蘭譯本的詳盡序文。

⑥見《獻給赫倫尼》，卷三。

⑦《論發明》，卷一（英譯以 H.M. Hubbell 的爲準，但爲說明「事物」與「詞語」修改得更爲白話一點）。

⑧《赫倫尼》，卷三。

⑨同上，卷三。

⑩同上，卷三。譯者將 medico testiculos arietinos tenentem 譯爲「在無名指上有一枚公羊的睪丸」。digitus medicinalis 是左手的無名指。中古時代的讀者不懂 medico（藥）的意思，引入一位醫生。見第三章。

⑪《論雄辯家》，卷二。

⑫《赫倫尼》，卷三，見英譯者注解。

⑬見凱普蘭注解。

⑭《赫倫尼》，卷二。

⑮同上，卷三。

⑯據普魯塔克（Plutarch, c. 46–126AD）說，是西塞羅把速記引入羅馬的。所謂的「蒂隆筆記」（Tironian notes），就與西塞羅一名獲自由之身的奴隸蒂羅（Tiro）有關。參閱《牛津古典詞典》（*The Oxford Classical Dictionary*）之中的Tachygraphy（古希臘速記）條。另參閱米爾恩（H. J. M. Milne）編《希臘速記手冊》（*Greek Shorthand Manuals*, 1934）的導論。希臘記憶術傳入古羅馬世界，與大約同時期輸入的速記法也許有些關聯。

⑰《赫倫尼》，卷三。

⑱老瑟尼卡，《辯論習作》（*Controversiarum Libri*），卷一。

⑲奧古斯丁，《論靈魂》（*De anima*），卷四。

⑳《赫倫尼》，卷三。

㉑《論雄辯家》，卷一。

㉒同上，卷二。

㉓同上，卷二。

㉔同上。

㉕同上。

㉖同上。

㉗《論發明》，卷二（H. M. Hubbell 英譯本）。
㉘參閱第三章。
㉙《雄辯教育》，卷三。
㉚同上，卷十一。
㉛同上，卷十一。
㉜同上，卷十一。

2 希臘的記憶術：記憶與靈魂

①昆蒂里安在《雄辯教育》卷十一中說，希臘原始資料關於宴會舉行的地點說法不一，是否「如賽莫尼底斯在某一段落中所說是在法撒勒斯（Pharsalus），這也是阿波羅多洛斯（Apollodorus）、埃拉多斯底尼斯（Eratosthenes）、優弗里翁（Euphorion）、拉里撒的優里庇勒斯（Eurypylus of Larissa）諸位所記錄的地點。抑或是在克拉農（Crannon），這是阿波拉斯・卡里馬丘斯（Apollas Callimachus）所說的地點，西塞羅便是以他的爲準」。
②古代文學有關賽莫尼底斯的引述蒐集於《希臘抒情詩》（*Lyra Graeca*），由 J. M. Edmonds 譯。
③普魯塔克著《希臘之光》（*Glory of Athens*）；李（R.W. Lee）撰〈圖畫是敍事詩：繪畫的人本理論〉（Ut pictura poesis: The Humanistic Theory of Painting），原載《藝術學報》（*Art*

Bulletin, XXII, 1940），頁一九七。

④見本書第十一章。

⑤《希臘抒情詩》，卷二。參閱 F. Jacoby 著《希臘史家殘卷》（*Die Fragmente der Griechischen Historiker*, 1929），以及《殘卷評注》（*Fragmente, Kommentar*, 1930）。

⑥狄爾茲（H. Diels）著《蘇格拉底以前的殘卷》（*Die Fragmente der Vorsokratiker*, 1922），第二章。另參閱龔培茨（H. Gomperz）著《詭辯與修辭》（*Sophistik und Rhetorik*, 1912）。

⑦見龔培茨，頁一七九。

⑧《主要希庇亞斯》（*Greater Hippias*）·，《次要希庇亞斯》（*Lesser Hippias*）。

⑨戴奧吉尼斯·雷厄舍斯著《亞里斯多德傳》（*Life of Aristotle*），為《哲學家列傳》（*Lives of the Philosophers*）第二十六冊。此處所指的亞氏之作可能是現今殘存的《論記憶與回憶》。

⑩《瑣事集》為皮卡堪布瑞吉（W. A. Pickard-Cambridge）英譯，收入牛津版《亞里斯多德作品集》（*Works of Aristotle*），第一冊。

⑪《論失眠》，哈佛版，赫特（W. S. Hett）英譯。

⑫《論靈魂》，赫特譯。

⑬同上。

⑭同上。

⑮同上。

⑯同⑫。

⑰《論記憶與回憶》，赫特譯，449b31。

⑱同上，450a30。

⑲同上，450b1-10。

⑳同上，451b18-20。

㉑見羅斯（W. D. Ross）著《亞里斯多德》（*Aristotle*, 1949），以及羅氏於所譯《不足的自然》（*Parva Naturalia*, 1955）的本段注釋。

㉒《論記憶與回憶》。

㉓見羅斯注解《不足的自然》，頁二四六。

㉔《論記憶與回憶》452a16-25。關於多變難懂的字母系列，參閱羅斯譯《不足的自然》，頁二四七－八。

㉕《雄辯教育》，卷十一。

㉖《塞伊泰特斯》，191 C-D。

㉗《菲多》，75 B-D。

㉘《菲德洛斯》，249E-250D。

㉙見本書第六章。

㉚《菲德洛斯》，274C-275B。

㉛見諾多普羅斯 (J. A. Notopoulos) 撰〈口述文學中的記憶女神〉(Mnemosyne in Oral Literature)，刊載於《美國語言學協會年報與記錄》(*Transactions and Proceedings of the American Philological Association*, LXIX, 1938)，頁四七六。

㉜寇蒂亞斯 (E. R. Curtius) 在《拉丁中古時代的歐洲文字》(*European Literature in the Latin Middle Ages*, 1953) 中說，這是「典型希臘式的」貶低書寫與書籍不如深奧智慧的態度。

㉝見本書第十二章。

㉞見本書第一章。

㉟見普魯塔克的盧加拉斯 (Lucullus) 傳記。

㊱斯特雷波，見《地理》(*Geography*, XIII)。

㊲波斯特，撰〈古代記憶系統〉(Ancient Memory Systems)，刊載於《經典週刊》(*Classical Weekly*, XV, 1932)，頁一〇九。

㊳老普利尼，《博物史》，卷七。

㊴《詭辯家列傳》，見哈佛大學版萊特 (W. C. Wright) 英譯本，頁九一—三。

㊵《蒂亞那的阿波羅尼厄斯傳記》(*Life of Apollonius of Tyana*)，史丹福大學版，伊爾斯 (C.

P. Ealls）英譯，頁一五。

㊶同上，第三章，頁七一，八五—六。

㊷參閱桑戴克（Lynn Thorndike）著《法術與實驗科學史》（*History of Magic and Experimental Science*），第二冊，第四十九章。

㊸見本書第九章。

㊹《雄辯教育》，卷十一。

㊺《托斯古勒辯論》，卷一，見哈佛版英譯本。

㊻同上。

㊼同上。

㊽《懺悔錄》，普賽（Pusey）英譯。

㊾同上。

㊿同上。

(51)同上。

(52)《論三位一體》，卷九。

(53)《懺悔錄》，卷三。

3 中古時代的記憶術

①見馬克斯（F. Marx）於一八九四年的萊比錫版《赫倫尼》所寫的序論。以及凱普蘭譯本的導論。

②見《盧菲諾斯著作之反辯》（*Apologia adversus libros Rufini*），卷一。

③馬堤亞納斯・卡佩拉，《語文學與莫丘里的婚禮》，狄克（A. Dick）主編，一九二五年萊比錫版，頁二六八—七〇。

④見寇蒂亞斯，《拉丁中古時代的歐洲文學》，頁三六。

⑤郝威爾（W.S. Howell）著《查理曼與阿爾昆的修辭學》（*The Rhetoric of Charlemagne and Alcuin*, 1941），頁一三六—九。

⑥見郝威爾導言，頁二二。

⑦「許多人爲了增進記憶而加入有關場所和影像的說法，我覺得這些是毫無用處的。」見於哈姆（Carolus Halm）著《拉丁修辭學》（*Rhetores latini*, 1863），萊比錫版，頁四四〇。

⑧阿爾昆，同上，頁一四六。

⑨參閱馬克斯與凱普蘭兩個版本的《赫倫尼》序論。葛羅塞（D. E. Grosser）在康乃爾大學的一九五三年博士論文《赫倫尼修辭學與西塞羅論發明之影響》（Studies in the influence of the

Rhetorica ad Herennium and Cicero's De inventione）有關於《赫倫尼》傳布狀況的極精闢詳論。

⑩見馬克斯序論，以及葛羅塞論文。

⑪《拉丁中古時代的歐洲文學》，頁一五三。寇蒂亞斯比較「新」、「舊」兩種修辭學與舊論新論的《匯集》（*Digestum vetus and novus*）、亞里斯多德的《形上學舊論與新論》（Metaphysica vetus and nova），都與聖經的舊約、新約有淵源。

⑫《君主國》（*Monarchia*），卷二。但丁多次引用《論發明》。

⑬第九世紀的費里耶的盧普斯便是一例，見貝森（C. H. Besson）的〈作爲書記與文本批評者的盧普斯〉（Lupus of Ferrières as Scribe and Text Critic），原載《美國中古學會》（*Mediaeval Academy of America*, 1930）。

⑭有關《論雄辯家》之傳播，見山蒂斯（J. E. Sandys）著《古典學術史》（*History of Classical Scholarship*），第一冊，頁六四八起。薩巴蒂尼（R. Sabbadini）著《拉丁思想史及批評》（*Storia critica di testi latini*），頁一〇一起。

⑮有關《雄辯教育》之傳播，見山蒂斯《古典學術史》，薩巴蒂巴《拉丁思想史及批評》，以及包斯考夫（Priscilla S. Boskoff）撰〈昆蒂里安在中古時代晚期〉（Quintilian in the Late Middle Ages），刊載於《鏡》（*Speculum*, XXVII, 1952），頁七一起。

⑯幸運兒之一應該就是薩斯伯里的約翰（John of Salisbury），他精通古典學術，熟知西塞羅的《論雄辯家》與昆蒂里安的《雄辯教育》，見李伯舒茲（H. Liebeschütz）著《薩斯伯里的約翰生平及著作中的中世紀人文精神》（*Mediaeval Humanism in the Life and Writings of John Salisbury*, 1950），頁八八起。

薩斯伯里在《文科邏輯》（*Metalogicon*, Lib, I. cap. XI）中討論「藝術」，並且在介紹技巧記憶時重述了古典文獻中的一些字句（他引用了《論雄辯家》，也許也引了《赫倫尼》），卻沒有提場所與影像，也不提法則。在卷四第十二章中，他說記憶是「審慎」的一個要素（當然引據了《論發明》），卻完全不談技巧記憶。我覺得，他的觀點似乎與中古時代的赫倫尼主流不同，比較接近後來的盧爾（Ramon Lull）的記憶術。盧爾的《確立記憶論卷》（*Liber ad memoriam confirmandam*）（見本書第八章）採用的語彙似乎頗能呼應《文科邏輯》。

⑰康托羅維契撰〈圭多・法巴「自傳」〉（An "Autobiography" of Guido Faba），刊載於華堡學院之《中古時代與文藝復興研究》（*Mediaeval and Renaissance Studies*, I, 1943），頁二六一—二。

⑱彭岡巴諾，《最新修辭學》。

⑲同上。

⑳同上。

㉑同上。

㉒同上。

㉓同上。

㉔見大衛遜（R. Davidsohn）著《但丁時代的翡冷翠》（*Firenze ai tempi di Dante*, 1929），頁四四。

㉕見本書第四章、第五章。

㉖大阿爾貝特斯著《論善德》，收於《全集》（*Opera omnia*），庫勒（H. Kühle）、費克斯（C. Feckes）、蓋耶（B. Geyer）、庫貝爾（W. Kübel）主編，XXVIII（一九五一），頁八一起。

㉗同上，頁二四五。

㉘同上，頁二四五—六。

㉙同上，頁二四六—五二。

㉚第三點，頁二四六。

㉛第八點，頁二四七。

㉜解法，第八點，頁二五〇。

㉝解法，第七點。

㉞第十點，頁二四七。

㉟解法，第十點，頁二五一。

㊱第十一點，頁二四七。

㊲第十五點，頁二四七。

㊳解法，第十五點，頁二五一。

㊴第十二點，頁二四七。

㊵解法，第十二點，頁二五一。

㊶第十三點，頁二四七。

㊷解法，第十二點，頁二五一。

㊸阿爾貝特斯在《論靈魂》中談意向時舉過這個例子。

㊹這是我的類推，阿爾貝特斯本人不曾舉這個例子。

㊺《論善德》，第十六點與第十八點解法。

㊻《論善德》，第十六點與第十八點解法。

㊼第十七點。

㊽阿爾貝特斯使用的本子中，舉例的那一行詩中的 itionem 這個字寫成了 ultionem（復仇）。後面的「伊索波斯和辛伯裝扮成《伊菲姬娜》劇中的阿格曼儂和曼尼雷奧斯的角色」，也變成 in altero loco Aesopum et Cimbrum subornari vagantem Iphigeniam, hoc erit ‘Atridae parant’。

㊾解法，第十七點。

㊿第二十點與解法。

(51) 第二十點與解法。

(52) 同上，是「解法」的開場白。

(53) 見阿爾貝特斯《全集》，第九冊，頁九七起。

(54) 見班迪（M.W. Bundy）著《古典與中世紀思想中的想像理論》（*The Theory of Imagination in Classical and Mediaeval Thought*, 1927），頁一八七起，論阿爾貝特斯官能心理學。

(55)《全集》第九冊，頁一〇八。

(56) 阿爾貝特斯在《論善德》中曾正確無誤引據這兩個法則。

(57) 參閱克里班斯基（R. Klibansky）、潘諾夫斯基、薩克索（F. Saxl）著《土星與憂鬱》（*Saturn and Melancholy*, 1964），頁六九，三三七。阿爾貝特斯在《論善德》中提供了常見的定義：「記憶好在於乾與硬的特質，所以憂鬱質是所謂最宜記憶的。」另見彭岡巴諾論憂鬱與記憶的部分。

(58)《全集》第九冊，頁一一七。參閱《土星與憂鬱》中論阿爾貝特斯與僞亞里斯多德著述《疑難卷》所說的「啓發性」憂鬱，頁六九起。

(59) 藍德著《西塞羅在聖湯瑪斯·阿奎那的法庭》一九四六，頁七二—三。

⑥⓪使用版本爲史畢亞齊（R. M. Spiazzi）編 *In Aristotelis libros De sensu et sensato, De memoria et reminiscentia commentarium* (1949)，頁八五起。

⑥①同上。

⑥②同上。

⑥③同上，頁九二。評注應該與阿奎那的《論靈魂》評注中的心理學部分放在一起看。阿奎那使用的亞里斯多德著作是莫爾貝克的威廉（William of Moerbeke）的拉丁文譯本，其中將亞氏的話譯成 Numquam sine phantasmate intelligit anima 或是 intelligere non est sine phantasmate。這個本子中被阿奎那引用的部分的英譯，見《亞里斯多德之〈論靈魂〉與聖湯瑪斯・阿奎那評注》（*Aristotle's 'De anima' with the Commentary of St. Thomas Aquinas*, 1951），佛斯特（Kenelm Foster）與亨福瑞斯（Sylvester Humphries）合譯。

⑥④阿奎那，《論記憶與回憶》評注。

⑥⑤同上，頁一〇七。緊跟在這一段之後，是阿奎那詮釋的亞里斯多德關於牛奶、白色、天空、秋天的聯想法則。參閱本書第二章。

⑥⑥藍德，頁二六。

⑥⑦《神學總彙》，第二部之二，第四十八問，〈論審慎之要素〉（De partibus Prudentiae）。

⑥⑧第四十九問，審慎的各個部分：要點一，記憶是否審慎的一部分（De singulis Prudentiae partibus: articulus I, Utrum memoria sit pars Prudentiae)。

⑲《赫倫尼》，卷三。參閱本書第一章。

⑳《神學總彙》，卷一之二，第一問，要點九。

㉑潘諾夫斯基著《哥德式建築與經院哲學》(*Gothic Architecture and Scholasticism*, 1951)，頁四五。

4 中古時代的記憶與意象形成

①拉高尼著《技巧記憶範式》(*Artificialis memoriae regulae*)，一四三四年之作品，手稿現存大英博物館。

②普布里修斯著《修辭藝術梗概》(*Oratoriae artis epitome*)。

③隆貝赫著《技巧記憶彙編》，一五三三年。

④同上。

⑤賈佐尼著《大眾廣場》，第六十講。

⑥傑蘇瓦著 *Plutosofia*。

⑦佩普著《技巧記憶基礎》，一六一九年。

⑧申克爾著《科學寶庫》(*Gazophylacium*)，一六一〇年。法文版《科學寶庫》(*Le Magazin de*

Sciences, 1623)，頁一八〇。

⑨英譯者爲福爾伍德（W. Fulwood）。

⑩馮・費奈格勒（Gregor von Feinaigle）著《記憶新藝術》（*The New Art of Memory*）。

⑪例如哈吉杜的《中古時代記憶術文獻》，羅希（Paolo Rossi）的《普世之鑰》，都這樣表示。羅希探討了阿爾貝特斯和阿奎那在《總彙》和亞里斯多德評注中談及記憶的部分，堪稱目前最精闢者，但書中沒有詳論「有作用的影像」，也沒有追問中古時代對這些是如何解讀。

⑫總纂供宣道者使用的此類集子很多，參閱威爾特（J. T. Welter）著《中古時代宗教文學中之教喻故事》（*L'exemplum dans la littérature religieuse et didactique du Moyen Age*, 1927）。

⑬見歐斯特（G.R. Owst）著《中古時代英國的宣教》（*Preaching in Mediaeval England*, 1926）。

⑭參閱董戴恩（A. Dondaine）撰〈聖吉米尼亞諾的喬望尼的生平及著作〉（La vie et les oeuvres de Jean de San Gimignano），刊登於《宣道會古文庫學刊》（*Archivum Fratrum Praedicatorum*, II, 1939），頁一六四。這部作品非常流行，應該是一二九八年以後，一三一四年以前寫成。

⑮聖吉米尼亞諾的喬望尼著《事物比喻範例總彙》，第六冊，第四十二章。

⑯我使用的是一八〇八年的米蘭版。初版於一五八五年在佛羅倫斯問世。義大利穀糠學會（Academia della Crusca）的曼尼（D.M. Manni）主編的一七三四年佛羅倫斯版影響以後的版本甚多。見注⑳。

⑰可能正好與聖吉米尼亞諾的《比喻範例》同時，不會較晚。

⑱聖康柯狄歐的巴多羅買著《道德古訓》，卷九，第八章。

⑲兩者現存於佛羅倫斯國立圖書館。參閱羅希著《普世之鑰》，頁一六—七，二七一—五。

⑳率先在《道德古訓》中加印「技巧記憶專論」的是曼尼的一七三四年版本。後來的編者將錯就錯，假定這也是巴多羅買寫的。後來的所有《道德古訓》印刷本裡都附有「技巧記憶專論」。一八〇八年米蘭版的在頁三四三—五六。

㉑兩部修辭學經典（《赫倫尼》與《論發明》）在最早譯入義大利文的典籍之列。但丁的老師拉蒂尼（Brunetto Latini）曾將「第一部修辭學」——即《論發明》——的一部分意譯。波隆納的圭多托（Guidotto of Bologna）曾於一二五四至一二六六年間譯過「第二部修辭學」（《赫倫尼》），書名定爲《修辭學精華》。這個譯本把論記憶的部分刪了。另外一個譯本也叫作《修辭學精華》，大約是吉安波尼同時期譯的，其中的記憶部分未刪，放在全書的最後。參閱馬基尼（F. Maggini）著《拉丁經典的早期普及化》（*I primi volgarizzamenti dei classici latini*, 1952）所談此二書的義大文譯本。

㉒我個人認爲，波隆納學派的「作文」肯定對早期的修辭學翻譯有影響。見馬基尼《拉丁經典》。

㉓一部梵諦岡的十五世紀抄本就是這個部分獨立的，其中有後人在注解中誤指是拉蒂尼翻譯的。

拉蒂尼和修辭學翻譯有些混淆誤解產生。事實是，他把《論發明》故了一番意譯，但並未譯過《赫倫尼》。不過他也知道技巧記憶，在作品《寶藏之書》（*Trésor*）的第三卷裡提及。

㉔這種結合只出現在兩部典籍中，兩者都是十五世紀的。最初的《古訓》手稿並沒有納入「技巧記憶專論」。

㉕見第三章。

㉖柯希尼著《生活念珠》，波里多里（F. Polidori）編，一八四五年佛羅倫斯版。

㉗供記憶《生活念珠》使用的〈技巧記憶法〉（*Ars memorie artificialis*）附印於羅希的《普世之鑰》，頁二七二—五。

㉘《普世之鑰》，頁二七二。

㉙Pal.54和J.I. 47的內容（是一模一樣的，唯一不同的是J.I. 47結尾處加上聖巴納德〔St. Bernard〕的一些論述）如下：⑴《生活念珠》。⑵《技巧記憶專論》（即吉安波尼翻譯的《赫倫尼》論記憶的部分）。⑶「賈可波尼·達·托第（Jacopone da Todi）生平」。⑷《道德古訓》。⑸〈技巧記憶法〉，開端是「我們既已提供了可讀……」，並提及《生活念珠》是要記住的書。其他抄本說到《念珠》與這兩部記憶論述或只提出其一，但沒列入《道德古訓》。還有一部可能也被認定適合牢記的作品，是拉蒂尼《寶藏之書》的關於道德的部分，冠上了奇怪的書名《亞里斯多德倫理學簡略，拉蒂尼總結》（*Ethica d'Aristotele, ridotta, in compendio da ser Brunetto Latini*)，於一五六八年在里昂出版，是從一部舊手稿本排印的。其中有八個項目，三個如下：(1)「倫理學」取自《寶藏之書》的義大利譯本談道德的部分；(4)一部殘卷，似乎想把「倫理學」結尾的各項罪惡用形象呈現；(7)《修辭精華》，即吉安波尼的《赫倫尼》義大利翻譯，記憶的部分放在最後，訛誤極多。

㉚有關本畫的圖像學意義，參閱魯賓斯坦（N. Rubinstein）撰〈西耶那美術中的政治意見〉（Political Ideas in Sienese Art），刊載於《華堡學院與果道研究所期刊》第二十一期（一九五八），頁一九八—二二七。

㉛見本書第三章。

㉜見本書第五章。

㉝隆貝赫，《技巧記憶彙編》，頁一八。

㉞多爾卻著《傳說爲促進並保存記憶方法之對話》（*Dialogo nel quale si ragiona del modo di accrescere et conservar la memoria*），一五六二年初版，頁一五背面。

㉟可以按聖吉米尼亞諾的《範例總彙》列舉的喻象來證實。我希望能出版探討本書的研究來當作《神曲》意象的指南。

㊱史摩利，《十四世紀早期的英國修士與古風》，一九六〇。

㊲同上，頁一一四—五。

㊳黎德沃著《福爾真修斯比喻集》，李伯舒茲編，一九二六年萊比錫版。另參考賽茲尼契（J. Seznec）著《異教神祇的倖存》（*The Survival of the Pagan Gods*），賽笙（B. Sessions）英譯，一九五三，頁九四－五。

㊴後來雖然加了插圖（見賽茲尼契，圖30），按史摩利說，這不是原書的本意。

㊵見本書第三章。

㊶史摩利，頁一六五。

㊷史摩利，頁一七四，一七八－八〇。

㊸薩克索撰〈中世紀晚期的精神百科全書〉（A Spiritual Encyclopaedia of the Later Middle Ages），刊登於《華堡學院與果道研究所期刊》第五期，一九四二，頁一〇二。

㊹史摩利，頁一七三－四。

㊺同上，頁一七二。

㊻維也納國立圖書館藏，手稿編號二六三九，對開頁三三，左右頁。從這些袖珍圖也許可找出一幅已亡失的帕度阿壁畫痕跡，參閱馮・史洛瑟撰〈帕度阿的裘斯多壁畫與「雅典學院」之先驅〉（Giusto's Fresken in Padua und die Vorläufen der Stanza della Segnatura），刊載於《皇宮精選美術史年鑑》（*Jahrbuch der Kunsthistorischen Sammlungen der Allerhöchsten Kaiserhauses*, XVII, 1896），頁一九起。這些圖和香蒂伊（Chantilly）的一部手稿裡有關德行和文科

七藝的記憶詩的插圖相近。參閱鐸瑞茲（L. Dorez）著《德行與知識的抒情詩》（*La canzone delle virtu e delle scienze*, 1894）。

㊼史洛瑟指出（頁二〇），畫中人物上的題字是《神學總彙》中定義的各項德行的要素。

㊽見本章下文。

㊾隆貝赫，《技巧記憶彙編》，頁二七—二八。

㊿同上，頁一九—二〇。

(51)傑蘇瓦多，*Plutosofia*。

(52)賈佐尼，《大眾廣場》，第六十講。

(53)阿格里帕著《論科學之不實》（*De vanitate scientiarum*, 1530），第十章，〈論記憶的藝術〉（De arte memorativa）。

(54)申克爾，《科學寶庫》，一六一〇年斯特拉斯堡版，頁二七。

(55)一七六七年盧卡（Lucca）版第十冊頁二六三的「記憶」詞條中，狄奧達蒂（Diodati）注解。參閱羅希《普世之鑰》，頁二九四。

(56)《要銘記的事》，一九四三年佛羅倫斯版，畢拉諾維契（G. Billanovich）編。見導論頁一二四—一三〇。

(57)同上。

(58)同上。

(59)同上。

(60)佩氏的《要銘記的事》是最顯然可解讀爲技巧記憶論述的作品，他的其他作品也可能有此解讀。

5　記憶論述

①可找到記憶專論材料的現代著作有哈吉杜的《中古時代記憶術文獻》；福克曼撰〈記憶術〉(Ars Memorativa)，刊登於《維也納美術史選集年鑑》(*Jahrbuch der Kunsthistorischen Sammlungen in Wien*, 1929)，頁一一一—二〇三（這個題目中唯一有插圖的）；羅希撰，〈十四與十五世紀的影像與記憶場所〉(Immagini e memoria locale nei secoli XIV e XV)，刊載於《哲學史評論雜誌》(*Rivista critica di storia della filosofia*)，摹本，一九五八，頁一四一—一九一；〈文藝復興時期之影像建構與技巧記憶論述〉(La costruzione delle immagini nei trattati di memoria artificiale del Rinascimento)，刊載於《人文主義與象徵主義》(*Umanesimo e Simbolismo*, 1958)，卡斯泰里 (E. Castelli) 編，頁一六一—七八（以上兩文均連同一些記憶術專論手抄本發表）；另參考羅希著《普世之鑰》（正文有引用古手抄本，亦於附錄中刊印記憶術專論抄本）。

②大英博物館藏編號 Sloane 3744，劍橋菲茲威廉博物館（Fitzwilliam Museum），編號 McClean Ms. 169。

③洛多維柯此作已付印，並有齊李奧托（Baccio Ziliotto）所撰的導論〈洛多維柯・達・皮蘭諾修士及其技巧記憶法則〉(Frate Lodovico da Pirano e le sue regulae memoriae artificialis)，刊載於 Atti e memorie della società istriana di archeologia e storia patria, 1937, XLIX，頁一八九—二二四。齊李奧托印的是馬其亞那卷六（Marciana VI, 274）的版本。這個本子沒有包括其他抄本裡的那些奇怪的圖表，像馬其亞那卷十四（Marciana, XIV, 292），以及梵諦岡的抄本編號 Lat. 5347，都有供「倍增場所」使用的一排排高塔的圖表。只有馬其亞那卷六，二七四標明作者是洛多維柯。另參閱托科（F. Tocco）著《佐丹諾・布魯諾拉丁文著作》(*Le opere latine di Giordano Bruno*, 1889)，佛羅倫斯版，頁二八起；羅希著《普世之鑰》，頁三一—二。另一部提到德謨克里脫的論著是布拉加（Luca Braga）於一四七七年在帕度阿所寫，大英博物館現存有一部抄本。但是布拉加也提及了賽莫尼底斯和阿奎那。

④現存的一部譯入希臘文的《赫倫尼》，譯者可能是十四世紀早期的普拉努德斯（Maximus Planudes），或是十五世紀的加薩的提奧多（Theodore of Gaza）。見凱普蘭譯《赫倫尼》導論。

⑤羅希在《普世之鑰》中引了一篇「恭敬的神甫」論著的場所與影像法則。影像法則強調影像人物必須和我們認識的人相似。羅希沒有引據列舉的物件，齊李奧多的〈洛多維柯及其技巧

記憶法則〉中附印的洛多維柯論文中即有。

⑥見彭岡巴諾，《最新修辭學》，頁二七七—八。

⑦有關拉高尼的論文，見羅希《普世之鑰》，頁一九—二二，以及謝瑞登（M. P. Sheridan）撰〈賈可波‧拉高尼及其技巧記憶法則〉（Jacopo Ragone and his Rules for Artificial Memory），刊載於《手稿本》（*Manuscripta*, 1960），聖路易大學出版，頁一三一起。現存大英博物館的拉高尼論文抄本中有一幅圖，畫的是宮殿華廈，是供組構記憶場所用的。

⑧馬其亞那，XIV。

⑨馬其亞那，VI。〈論技巧記憶〉這篇有趣的論文可能寫成的時間早於十五世紀。作者強調記憶術應當用於虔敬冥思和精神慰藉，他說他記憶只用「表示虔敬的影像」和「聖道史料」，不用寓言故事或「空洞影像」。他似乎把聖徒及其特徵的圖像當作虔敬的人，放在記憶場所上當作記憶影像來用。

⑩同上。

⑪維也納國立圖書館，抄本編號五三九五，見福克曼《彙編》，頁一二四—三一，圖一一五—二四。

⑫同上，頁一二八，圖一二三（「按圖里亞斯所說之記憶術的場所與影像」）。

⑬同上，圖一一三。這位女士除了（按理應該）特別美麗，又戴著冠冕，而且遵循了另一條法

則：畫得形似實行技巧記憶者認識的人。據作者說，這個記憶影像的臉在記憶中可以像「瑪嘉烈塔、多羅蒂亞、阿波羅妮亞、路琪亞、阿娜斯塔沙、阿格妮斯、貝寧娜、碧亞翠絲，或汝所知的任何一位處女，例如安娜、瑪塔、瑪麗亞、伊莉莎白，等等」。頁一三〇。男子的人像之一（圖一一六）的標示是「奧特爾弟兄」，大概是他的同事的記憶系統裡面用了修道院裡的某位修士！

⑭同上，圖一一九。

⑮一四八五年威尼斯版是第二版。

⑯一四八五年版。另見羅希《普世之鑰》，頁三八。

⑰編號二八八〇五；亦見福克曼，頁一四五起。

⑱他繪製的一幅記憶圖表（見福克曼，圖一四五）很可能是魔法術的圖。

⑲計有一四九二年波隆納版；一五〇六、一六〇八年科隆版；一五二六、一五三三年威尼斯版；一五四一、一六〇〇年維也納版；一六〇〇年維臣薩版。

⑳英譯本爲柯普蘭（Robert Copland）於一五四八年前後譯成的《記憶藝術，或稱爲鳳凰》（*The Art of Memory that is otherwise called the Phoenix*），倫敦印行。

㉑賴許著《哲學珍寶》（*Margarita philosophica*），一四九六年初版，後又印行多版。拉維那的彼得的書收入第三卷。

㉒羅希，《普世之鑰》，頁二七注。除羅希提及的抄本，另有梵諦岡所藏的一部（Lat. 5347）與巴黎的一部（Lat. 8747）。

㉓《鳳凰》，一四九一年威尼斯版。

㉔同上。

㉕例如威契多爾夫（Jodocus Weczdorff）的 *Ars memorandi nova secretissima*，約一六〇〇年的版本，以及威達的西門（Nicolas Simon aus Weida）所著的《遺忘的技巧遊戲》（*Ludus artificialis oblivionis*），一五一〇年版。兩部作品的卷首插圖和內頁圖表都收入福克曼，圖一六八—七一。

㉖我使用的是一五三三年威尼斯版。多爾卻的義大利文譯本有較佳的參考。見本書第七章，以及前文（第四章）。

㉗隆貝赫，頁二反，頁一二反，頁一四右，頁二〇右，頁二六反。

㉘同上，頁一七，頁三一。

㉙同上，頁一八。

㉚同上，頁二五。

㉛同上，頁三三。

㉜同上，頁三五。

㉝同上，頁二八。

㉞同上，頁三九。

㉟彭岡巴諾，《最新修辭學》，頁二七八。

㊱普布里修斯的「物件」字母是隆貝赫沿用的，見福克曼，圖一四六。

㊲福克曼，圖一四六—七，一五〇—一，一七九—八八，一九四，一九八。另一方法是用物件的影像表徵數字，有隆貝赫、羅賽留斯、波爾塔（Giovanni Battista Porta）的例子，見圖一八三—五，一八八，一九四。

㊳羅賽留斯著《技巧記憶寶庫》，一五七九年威尼斯版，頁一一九。

㊴拉維那的彼得，《鳳凰》。

㊵隆貝赫，頁八二—三。

㊶隆貝赫如果按他自己的「鳥」字母來造像，A鳥應該用雁（Anser），可是他在文中說「文法」臂上的那隻是鷹（Aquila）。

㊷隆貝赫，頁八四。

㊸同上，頁八一。

㊹羅賽留斯，《寶庫》，頁二一。

㊺同上，頁三三。

㊻同上，頁二二。

㊼維也納手抄本編號五三九三，福克曼文中有引用，頁一三〇。

㊽作者已確定爲道明會修士法蘭且斯哥・柯洛納（Francesco Colonna）；參閱卡塞拉（M. T. Casella）與波齊（G. Pozzi）合著《法蘭且斯哥・柯洛納傳記及作品》（*Francesco Colonna, Biografia e Opere*, 1959），頁十起。

㊾《論科學之不實》（*De vanitate scientiarum*），卷十。

㊿雷吉歐斯著《兩百個問題與同樣多的昆蒂里安雄辯教育曲解》（*Ducenta problemata in totidem institutionis oratoriae Quintiliani depravationes*），一四九一年威尼斯版。書中包括〈問獻給赫倫尼修辭學是否誤歸於西塞羅〉（Utrum ars rhetorica ad Herennium Ciceroni falso inscribatur）。另參考馬克斯《赫倫尼》譯本導論。考恩尼非舍斯常被指爲《赫倫尼》的眞正作者，如今已不再有人提此論；見凱普蘭譯本導論。

51瓦拉，《作品集》（*Opera*），一五四〇年巴塞爾版，頁五一〇；馬克斯，導論；凱普蘭，導論。

52見本書第三章。

53隆貝赫，頁二六、四四。

54羅賽留斯，序言。

55布魯諾，《拉丁文著作》（*Opere latine*），卷二，頁二五一。

56 《杜勒的文學遺物》（*Literary Remains of Albrecht Dürer*），康威（W. M. Conway）編，一八九九年劍橋版，頁五四—五（書信日期爲一五〇六年九月）。這是庫爾茲（O. Kurz）提示我看的。

57 伊拉斯謨著《論理性熱忱》（*De ratione studii*），一五一二年版。另參考哈吉杜，頁一一六；羅希，《普世之鑰》，頁三。

伊拉斯謨當然強烈反對一切利用法術達到記憶的方法，他在談話錄中曾警告教子不可以涉入，見《伊拉斯謨談話錄》（*The Colloquies of Erasmus*），一九六五年湯普遜（Craig R. Thompson）英譯，芝加哥大學版，頁四五八—六一。

58 梅藍克頓著《修辭初步》（*Rhetorica elementa*），一五三四年威尼斯版，頁四；另見羅希《普世之鑰》，頁八九。

6 文藝復興時期的記憶

① 記憶術現在進入文藝復興的發展階段，也是玄祕影響萌發的階段。我在《布魯諾與赫米斯知識傳統》前面十章中，大略陳述了文藝復興時期赫米斯暨猶太玄祕傳統的歷史，從菲齊諾和米蘭鐸拉的皮可開始，一直到布魯諾爲止。《布魯諾與赫米斯知識傳統》中未提到卡米羅，卻提供了他的記憶論述觀點的背景，以下將以《布、赫》簡稱此書。

菲齊諾的法術觀與《阿斯克勒比厄》，在華克（D. P. Walker）著的《從菲齊諾到康巴奈拉的靈法與邪術》（*Spiritual and Demonic Magic from Ficino to Campanella*, 1958）中有更詳盡的討論，以下將以《法術》簡稱此書。

卡米羅使用的赫米斯知識論著的最佳版本是諾克（D. Nock）與費杜吉耶（A. J. Festugière）合編的四冊《赫米斯大全》（*Corpus Hermeticum*），一九五四年巴黎版（附法文翻譯）。

②此說乃根據《義大利百科全書》（*Enciclopedia italiana*）所述，並無誇大之處。

③十八世紀出版了兩部卡米羅的回憶錄，一部是阿塔尼・狄・薩瓦若羅（F. Altani di Salvarolo）的 Memorie intorno alla vita ed opere di G. Camillo Delminio，收於卡羅杰拉（A. Calogiera）與曼德里(F. Mandelli)合編的《新編科學及語文小冊集》（*Nuova raccolta d'opuscoli scientifici e filologici*），一七五五—八四年威尼斯版。另一部是黎汝堤（G. G. Liruti）著 *Notizie delle vite ed opere ... da'letterati del Friuli*，一七六〇年威尼斯版，第三冊，頁六九起。其他可參閱蒂拉波斯基著《義大利文學史》（*Storia della letteratura italiana*），第七冊，頁一五一三起。

④賈林（E. Garin）在《修辭學的人文主義見證》（*Testi umanistici sulla retorica*, 1953），頁三二—五・，柏恩海默（R. Bernheimer）撰〈文雅劇場〉（Theatrum Mundi），刊載於《藝術學報》（XXVIII, 1956），頁二二五—三一・，華克，《法術》，頁一四一—二・，斯克列著〈文藝復興祕法之緩進〉（Les cheminements de la Kabbale à la Renaissance），刊載於《哲學史評論雜誌》

（XIV, 1959），頁四一八—三六，以及斯克列著《文藝復興時代祕法派基督徒》（*Les Kabbalistes Chrétiens de la Renaissance*, 1964）。，羅希撰〈盧爾主義及記憶術研究〉（Studi sul lullismo e sull'arte della memoria），刊載於《哲學史評論雜誌》（XIV, 1959），頁二八—五九。，羅希《普世之鑰》，頁九六—一〇〇，都提起他。

我於一九五五年一月在華堡學院演講時將卡米羅劇場拍成幻燈片，並與布魯諾、康巴奈拉、弗洛德的記憶系統做了比較。

⑤黎汝堤，頁一二〇。

⑥伊拉斯謨，《書信集》（*Epistolae*），艾倫（P. S. Allen）等合編，第九冊，頁四七九。

⑦同上，第十冊，頁二九—三〇。

⑧關於卡米羅的動向，見一件致伊拉斯謨的短簡，《書信集》，第九冊，頁四七九。

⑨克利斯蒂（R. C. Christie）著《艾甸·鐸列》（*Etienne Dolet*），一八八〇年倫敦版，頁一四二。

⑩見致伊拉斯謨短簡，《書信集》，第九冊，頁四七五。谷贊引用祖依克莫斯部分見《相關作品》（*Cognati opera*），一五六二年巴塞爾版。亦見斯克列，頁四二〇。

⑪黎汝堤，頁一二九。

⑫貝杜西，《拉薇爾塔》（*Il Raverta*），一五四四年威尼斯版。

⑬見下文。

⑭穆齊歐，《書信》(*Lettere*)，一五九〇年佛羅倫斯版，頁六六起；黎汝堤，頁九四起。

⑮《書信集》，第十冊，頁二二六。

⑯穆齊歐，《書信》，頁六七起；黎汝堤，同前。

⑰泰吉歐(Bartolomeo Taegio)，《宅邸》(*La Villa*)，頁七一。

⑱《義大利文學史》，第七冊，頁一五二三。

⑲這篇序文的作者多米尼奇(L. Dominichi)的原文是：non potendosi anchora scoprire la macchina intera di si superbo edificio.

⑳卡米羅，《作品全集》(*Tutte le opere*)，一五五二年威尼斯版，多爾卻序。一五五四到一五八四年間另外還有至少九種《作品全集》出版，都是在威尼斯印行。參閱李(C. W. E. Leigh)著《克利斯蒂藏書目錄》(*Catalogue of the Christie Collection*)，一九一五年曼徹斯特大學版，頁七七—八〇。

㉑黎汝堤，頁一二六。

㉒托斯卡諾斯，《義大利傳承》，頁八五。

㉓參閱《布、赫》，頁八四起。

㉔穆齊歐，《書信》，頁七三。黎汝堤，頁一〇四；蒂拉波斯基，頁一五二二。

㉕本書所引《劇場要旨》的頁碼是以佛羅倫斯版爲準。所有的《作品全集》版本都收納了《劇

場要旨》。

㉖《劇場要旨》，頁一四。

㉗維楚威亞斯著《論建築》(*De architectura*)，卷五，第六章。卡米羅劇場藍圖中的中央走道是比其他走道寬的。卡米羅並沒有指明應當這樣規劃，但古代劇場設計的確有這種定規。阿爾貝蒂（L. B. Alberti）在《建築論十卷》(*De re aedificatoria*)，卷八第七章中稱中央走道爲「王之道」。

㉘見本章結尾。

㉙《劇場要旨》，頁九。

㉚同上，頁一〇—一一。

㉛同上，頁一一。

㉜同上，頁一七。另見荷馬著《伊里亞德》卷一。卡米羅想到的也許是馬克羅比亞斯的詮釋，也就是，與天神周比得一同赴宴的是諸行星。見馬克羅比亞斯《西比奧之夢評注》(*Commentary on the Dream of Sciopio*)，史達爾（W. H. Stahl）譯，頁二一八。

㉝《劇場要旨》，頁二九。《奧狄賽》，卷十三。山水女神洞穴解讀爲元素混合，是來自波菲里的《山水女神之洞穴》(*De antro nympharum*)。

㉞《劇場要旨》，頁五三。

㉟赫西奧德，《赫丘力斯之盾》（*Shield of Hercules*）。

㊱《劇場要旨》，頁六二。

㊲同上，頁六七。

㊳同上，頁六八。

㊴同上，頁七六。

㊵同上，頁七九。

㊶同上，頁八一。

㊷荷馬，《伊里亞德》。這個影像自古就是解讀爲四元素的寓言：朱諾腳上拴著的兩個重物是地與水；朱諾自己是風；周比得是最高空的火性空氣——以太。參閱《荷馬神話與希臘思想》（*Les mythes d'Homère et la pensée grecque*, 1956），頁四三。

㊸有關土星的聯想與特性，參閱克里班斯基與潘諾夫斯基著《土星與憂鬱》。

㊹這是來自古埃及神祇塞拉庇斯（Serapis）的時間象徵，馬克羅比亞斯也曾描述過。參閱潘諾夫斯基撰〈三連象徵：文藝復興文化中的希臘玄秘符號〉（Signum Triciput: Ein Hellenistisches Kultsymbol in der Kunst der Renaissance），刊載於《十字路口的赫丘力斯》（*Hercules am Scheidewege*），一九三〇年柏林版，頁一—三五。

㊺《劇場要旨》，頁一一—一二。

㊻見本書第十章。

㊼《布、赫》，頁六起。

㊽《劇場要旨》，頁一〇。菲齊諾的拉丁文譯本，收於菲齊諾《作品》(*Opere*, 1576)，頁一八三七。

㊾《布、赫》譯文，頁二三。

㊿《劇場要旨》，頁五三。

(51)同上。

(52)《赫米斯大全》，卷十二，〈論常人的智能〉(On the common intellect)，收錄於《劇場要旨》，頁五一。

(53)大概是精神知識上的往上提升超越了多重層級而達於神聖的源頭。按馬克羅比亞斯所說，靈魂下降到巨蟹座，喝了忘卻上層世界的水，再經摩羯座升回上面的世界。卡米羅「劇場」圖的土星系列中就有果剛姊妹階上的「少女從摩羯座上升」，月系列中的果剛姊妹階上有「少女飲酒神之杯」。

(54)《劇場要旨》，頁一三。

(55)斯克列，〈文藝復興秘法之緩進〉，頁四二二。另見維特波的埃吉狄奧著《希伯來神能數字與小冊》(*Scechina e Libellus de litteris hebraicis*, 1959) 之導論，頁一三。與維特波的埃吉狄奧同樣喜好研究卡巴拉玄祕知識的切磋伙伴，是著有《和諧的世界》（*De harmonia mundi*）的吉奧基（Francesco Giorgi），以及維特波的阿尼奧（Annius of Viterbo）。

56 《劇場要旨》，頁五六—七。《光輝之書》，卷一，二〇六a，卷二，一四一b，卷三，七〇b。另見舍倫(G. G. Scholem)著《猶太神祕主義的主要潮流》（*Major Trends in Jewish Mysticism*, 1941），頁二三六—七。

57 卡米羅，《作品全集》，一五五二年威尼斯版，頁四二一—三。

58 米蘭鐸拉的皮可著《論人的尊嚴》（*De hominis dignitate*），賈林主編，頁一五七、一五九。

59 《劇場要旨》，頁八—九。

60 有關菲齊諾法術的討論，參考華克著《法術》，頁三〇起。另參考《布、赫》，頁六二起。

61 菲齊諾，《作品》，頁九六五—七五，另參考《論光明》（*De lumine*），菲齊諾作品頁九七六—八六；《布、赫》，頁一二〇、一五三。

62 《劇場要旨》，頁三九。「公雞與獅」的靈感也許來自普洛克魯斯（Proclus）的《聖堂與魔法》（*De sacra et magia*），書中說，公雞與獅同屬日的動物，但由於公雞歌頌太陽升起，所以日的特質勝獅一籌。見華克，《法術》，頁三七。

63 《布、赫》，頁一五四。

64 同上，頁一五五、二〇八—一一。

⑥⑤《劇場要旨》，頁三八，引用《赫米斯大全》卷十二。

⑥⑥《布、赫》，頁二四一—三。布魯諾引用了《大全》卷十二的同一段話，以證明他在《聖灰星期三晚餐》(*Cena de le ceneri*) 中地球運行說的論點。

⑥⑦《布、赫》，頁七起。

⑥⑧即《赫米斯大全》卷五，見《劇場要旨》，頁二〇—一。

⑥⑨《布、赫》，頁四九起。

⑦⓪華克，《法術》，頁一—二四，以及他處。

⑦①《布、赫》，頁七五—六。

⑦②卡米羅，《以劇場爲題之演講》，收入《作品全集》，頁三三。

⑦③引用於《布、赫》，頁三七。

⑦④帕希，《論魔法術　自然法術》(*Della magic'arte, ouero della Magia Naturale*)，一六一四年威尼斯版，頁二一。另參閱斯克列，《文藝復興時代祕法派基督徒》，頁四二九—三〇。十八世紀德國的風格特異的雕刻家梅塞史密特 (F. X. Messerschmidt) 曾把對於三度至上赫米斯的虔誠崇拜與他深入鑽研的一本論比例的「義大利古書」結合，令人好奇他是否吸收了一些威尼斯老學院留下來的傳統。參閱威特柯沃 (R. & M. Wittkower) 合著《生在土星》(*Born under Saturn*, 1963)，頁一二六起。

7 卡米羅劇場與威尼斯派文藝復興

①菲齊諾，《作品》，頁六一六；另參閱克里斯泰勒（P. O. Kristeller），《菲齊諾作品增補》（*Supplementum Ficinianum*, 1937），第一冊，頁三九。

②《布、赫》，頁七三起。

③菲齊諾將「三美神」做了各種不同的解讀，參閱龔布里契（E. H. Gombrich），〈波堤且利的神話：其新柏拉圖主義整套象徵之研究〉（Botticelli's Mythologies: A Study in the Neoplatonic Symbolism of his Circle），刊載於《華堡學院與果道研究所期刊》，VIII（1945），頁三二起。

④米蘭鐸拉的皮可，《論人的尊嚴》，頁一二〇。

⑤有關劇場之比喻，參考寇蒂亞斯，《拉丁中古時代的歐洲文學》，頁一三八起。

⑥參閱斯克列，〈文藝復興祕法之緩進〉，頁四二七。

⑦阿塔尼・狄・薩瓦若羅，頁二六六。

⑧多爾卻，《傳說爲促進並保存記憶方法之對話》，一五六二年威尼斯版。

⑨見本書第四章。

⑩多爾卻，《傳說爲促進並保存記憶方法之對話》，頁八六。

⑪見本書第二章。

⑫羅賽留斯，《技巧記憶寶庫》，頁一一三。

⑬另有一六〇〇年維琴薩版本。

⑭卡米羅所寫的獻給班波主教並提到「劇場」的拉丁文詩，見巴黎手稿（編號八一三九）。有關卡米羅與班波其人，參閱黎汝堤，頁七九、八一。

⑮見伊拉斯謨，《書信集》，卷九、卷十。另參閱克利斯蒂，《艾甸·鐸列》，頁一九四起。

⑯黎汝堤，頁七八。

⑰關於鮑利尼的學院以及《七組群》，書中論及卡米羅劇場的部分，參閱華克，《法術》，頁一二六－四四、一八三－五。

⑱同上，頁一二六。

⑲鮑利尼，《七組群》，頁三一三－一四。鮑氏指這七天使和七種威力來自崔特米烏斯所著的《論七種次要智慧》（*De septem secundadeis*），此書是「實用卡巴拉」的專論，也就是講如何施魔法的書。

⑳華克，《法術》，頁一三九－四〇。華克認為，鮑利尼感興趣的七種優良雄辯術也許與「七」的神祕性有關。卡米羅也曾對荷莫基尼斯感興趣：見《作品全集》中的《朱里奧·卡米羅先生論荷莫基尼斯》（*Discorso di M. Giulio Camillo sopra Hermogenes*），第二冊，頁七七起。鮑利尼說，斯卡里格崇信荷莫基尼斯的七形式，並且「如同劇場」般呈現它們。我不知斯卡

里格所指的是哪件作品，但這也可能顯示鮑利尼認爲卡米羅是屬於修辭學與記憶的神祕「七」一派。

㉑《七組群》，頁二七，引述《劇場要旨》，頁一四。另參閱華克，頁一四一。

㉒見帕特里奇爲卡米羅談荷莫基尼斯的專論所撰的序文。帕特里奇也在自己所著的《修辭學》（*Retorica*, 1562）中稱讚卡米羅。參閱賈林，《修辭學的人文主義見證》，頁三二一五。

㉓《狂怒奧蘭多》，卷四十六、十二。

㉔塔梭，*La Cavaletta overo de la poesia toscana*，收入《對話錄》（*Dialoghi*），萊蒙地（E. Raimondi）編，一九五八年佛羅倫斯版，卷二，頁六六一—三。

㉕盧瑟里，《傑出題銘》（*Imprese illustri*），一五七二年威尼斯版，頁二〇九起。盧瑟里表示認識卡米羅，見《論義大利文寫作詩之模式》（*Trattato del modo di comporre in versi nella lingua italiana*），一五九四年威尼斯版，頁一四。卡米羅的另一位信徒是法拉（Alessandro Farra），也在作品（*Settenario della humana riduttione*, 1571）中討論了「題銘」的哲學。

㉖波基烏斯，《象徵圖探討……五卷》（*Symbolicarum quaestionum ... libri quinque*），一五五五年波隆納版，頁一三八。另有一個象徵圖是獻給卡米羅的。

狄（John Dee）著的《象形單體》（*Monas Hieroglyphica*），一五六四年安特衛普版，是七行星的綜合象徵，以莫丘里爲基礎，構想背景與波基烏斯的七支燭台的莫丘里相似。所以後來貝姆（Jacob Boehme）按其精神煉金術的七形象進行赫米斯式冥想。

㉗維楚威亞斯，《論建築》，第五冊，第六章。

㉘維楚威亞斯，《論建築之巴爾巴若評注》（*De architectura cum commentariis Danielis Barbari*），一五六七年威尼斯版，頁一八八。

㉙維特考華（R. Wittkower），《人文主義時代的建築原理》（*Architectural Principles in the Age of Humanism*, 1949），華堡學院出版。

㉚勒克列爾（H. Leclerc），《近代劇場建築之義大利起源》（*Les origines italiennes de l'architecture theâtrale moderne*, 1946），頁五一起。另參閱克藍（R. Klein）與澤爾納（H. Zerner），〈維楚威亞斯與義大利文藝復興的劇場〉（Vitruve et le théâtre de la Renaissance italienne），刊載於《劇場在文藝復興中的地位》（*Le Lieu théâtral à la Renaissance*），一九六四年巴黎「國家科學研究中心」出版，頁四九—六〇。

8 盧爾主義的記憶術

①〈拉蒙・盧爾之術：從盧爾的元素理論切入〉（The Art of Ramon Lull: An Approach to it through Lull's Theory of the Elements），原載《華堡學院與果道研究所期刊》（XVII, 1964），頁一一五—七三；〈拉蒙・盧爾與約翰・史高特斯・埃里杰納〉（Ramon Lull and John Scotus

Erigena)，原載《期刊》(XXIII, 1960)，頁一一四四。下文再提及這兩篇，將以〈盧爾之術〉與〈盧爾與史埃〉稱之。

②〈盧爾之術〉，頁一六二。另參閱卡列拉斯（T. & J. Carreras y Artau），《西班牙哲學史》(*Historia de la filosofia española*; 1939, 1943)，第一冊，頁五三四起。奧古斯丁所謂靈魂三力對照聖三位一體的定義，見《論三位一體》。

③至少有三次，盧爾參加道明修會全員大會時，希望自己的「藝術」能引起修會的興趣.，參閱皮爾斯（E. A. Peers），《拉蒙・盧爾傳》(*Ramon Lull, A Biography*, 1929)，頁一五三、一五九、一九二、二〇三。

④盧爾自己從未用過「理念」一詞，史高特斯卻把有創造力的「名字」與柏拉圖的「理念」視爲同一所指。參閱〈盧爾與史埃〉，頁七。

⑤〈盧爾與史埃〉，頁六起。

⑥參閱舍倫姆(G. G. Scholem)，《猶太神祕主義主要趨向》(*Major Trends in Jewish Mysticism*, 1941)。盧爾時代的西班牙卡巴拉的基礎是十個「神能數字」和二十二個希伯來字母。神能數字是「最常用的上帝尊名，全體再組成一個偉大尊名」(舍倫姆，頁二一〇)。它們是「上帝對世界呼出的創造之名」(頁二一二)。希伯來字母也包含上帝之名。與盧爾同時代的西班牙猶太教徒阿布拉非亞（Abraham Abulafia），精通組合希伯來字母的卡巴拉科學。方法是把字

母不斷變換組合次序接成一長串，看來毫無意義，阿布拉非亞卻相信卡巴拉教義所說的神聖語言是眞實的本質所在（頁一三二）。

⑦見亞辛・帕拉希奧（M. Asin Palacios），《阿班馬撒拉及其學派》（*Abenmassara y su escuela*, 1914），以及《基督徒教化的伊斯蘭信仰》（*El Islam Cristianizado*, 1931）。

⑧《法術與實驗科學史》，第二冊，頁八六五。與盧爾圖形有關的宇宙「圓輪」圖示，見波貝（H. Bober），〈中世紀畢德《論自然事物》教科書畫本〉（An illustrated mediaeval school-book of Bede's De natura rerum），刊載於《華特斯美術館期刊》（*Journal of the Walters Art Gallery*, XIX-XX, 1956-7），頁六五－九七。

⑨〈盧爾之術〉，頁一一八起。

⑩同上，頁一一五起。

⑪同上，頁一五八－九。

⑫〈盧爾與史埃〉。我並未看出史高特斯學說直接影響盧爾的軌跡，但認爲Honorius Augustodunensis可能是中介者之一。

⑬普林米爾（R. D. F. Pring-Mill）研究過盧爾藝術中的三合一或相互關聯的模式。見〈拉蒙・盧爾的三位一體世界觀〉（The Trinitarian World Picture of Ramon Lull），刊載於《浪漫主義年鑑》（*Romanistisches Jahrbuch*, VII; 1955-6），頁二二九－五六。史高特斯・埃里杰納的

系統中也有相互關聯性；見〈盧爾與史埃〉，頁二三三起。

⑭《科學之樹》，收入盧爾《必讀作品集》（*Obres essencials*），一九五七年巴塞隆納版，第一冊，頁八二九，引用於〈盧爾之術〉，頁一五〇—一。

⑮《沈思卷》，收入盧爾《全集》（*Opera Omnia*），一七二一—四二年麥因茲版，第十冊，頁五三〇。

⑯《科學之樹》，頁六一九。

⑰這個三部系列沒有出版。我讀的《論記憶》手稿是巴黎國立圖書館編號一六一一六的收藏。另外羅希也在〈拉蒙·盧爾給十六世紀思想的遺贈〉（The Legacy of Ramon Lull in Sixteenth-Century Thought）中引用此作，刊載於《中古時代與文藝復興研究》，V，頁一九九—二〇二。另一部「樹」的作品也談到記憶，即是*Arbre de filosofia desiderat*（收入《作品集》，頁三九九—五〇七）。盧爾說此作是設定的「記憶術」的樣本；記憶的藝術又是在於記住「藝術」的步驟。參閱卡列拉斯，《西班牙哲學史》，頁五三四—九；羅希，《普世之鑰》，頁六四起。

⑱〈盧爾之術〉，頁一五一—四。

⑲〈盧爾與史埃〉，頁三九—四〇。柯羅默（E. Colomer），《尼古拉·馮·庫薩與拉蒙·盧爾》（*Nikolaus von Kues und Raimund Lull*, 1961）。

⑳〈盧爾之術〉，頁一一八—三二。

㉑盧爾主義傳布到菲齊諾附近的證據，見魯斯夏爾（J. Ruysschaert），〈梅迪契御醫皮爾・李奧尼藏書之題目新研究〉（Nouvelles recherches au sujet de la bibliothèque de Pier Leoni, médecin de Laurent le Magnifique），刊載於《比利時皇家學院文藝與道德科學及政治學學報》（*Académie Royale de Belgique, Bulletin de la Classe des Lettres et des Sciences Morales et Politiques*），第五輯，XLVI（1960），頁三七—六五。羅倫佐・梅迪契（Lorenzo de' Medici）的宮廷醫生顯然收藏了相當多部的盧爾手稿本。

㉒布魯諾所著的《盧爾醫藥學》（*Medicina Lulliana*）是根據盧爾的《健康與病弱之分野》（*Liber de regionibus sanitatis et infirmitatis*）。參閱〈盧爾之術〉，頁一六七。布魯諾在《盧爾組合之燈》（*De lampade combinatoria lulliana*）的序文中，指巴拉塞蘇斯的醫藥學是從盧爾那兒挪用的。

㉓米蘭鐸拉的皮可，《全集》，頁一八〇。舍倫姆，〈基督教卡巴拉開端之歷史〉（Zur Geschichte der Anfänge der christlichen Kabbala），刊載於《呈交貝克之文集》（*Essays presented to L. Baeck*, 1954），頁一六四；〈布、赫〉，頁九四—六。

㉔卡列拉斯，《西班牙哲學史》，第二冊，頁二〇一。

㉕克里斯泰勒（P. O. Kristeller），〈米蘭鐸拉的皮可及其原始資料〉（Giovanni Pico della Mirandola and his Sources），《米蘭鐸拉的皮可之作品與思想》（*L'Opera e il Pensiero di Giovanni*

Pico della Mirandola, 1965），第一冊，頁七五，以及收入第二冊的巴特羅利（M. Batllori）所撰〈皮可與義大利盧爾主義〉（Pico e il lullismo italiano），頁九。

㉖參閱泰勒，《煉金術士》，頁一一〇起。

㉗〈盧爾之術〉，頁一三一—二；〈盧爾與史埃〉，頁四〇—一。

㉘一五一五年在巴黎發行初版的《修辭學入門》（*In Rhetoricen Isagoge*），書名頁上標明作者是「神聖而獲啓示的拉蒙・盧爾」。眞正的作者是雷米吉歐・魯弗斯（Remigius Rufus），是貝納杜斯・德・拉文埃塔的弟子，拉文埃塔則是在索邦學院教授盧爾學說。參閱卡列拉斯，《西班牙哲學史》，第二冊，頁二一四起。以及羅希撰〈拉蒙・盧爾給十六世紀思想的遺贈〉，頁一九二—四。本書結尾有一篇演說範例，內容涵蓋神祕主義式的宇宙以及百科學問。

㉙《確立記憶論卷》的手稿本有五種：兩部現存慕尼黑；一部在羅馬；一部在米蘭；一部在巴黎。史特格穆勒博士（F. Stegmuller）提供我慕尼黑及羅馬手稿影印本，特在此致謝。羅希於一九六〇年將《確立記憶論卷》收爲《普世之鑰》的附錄出版（頁二六一—七〇），文本不甚好，因爲他只參考了三部手稿本。但仍十分有用。羅希也在《普世之鑰》的正文中討論此作，頁七〇—四。

薩斯伯里的約翰所著的《文科邏輯》呼應《確立記憶論卷》的可能性，見本書第三章，注⑯。

㉚五部手稿本都標示「於聖道明修院」，羅希表示相信。但盧爾並沒有住過比薩的道明修院，他

住的是西多會的聖多尼諾修院。盧爾在比薩所寫的最老的一批手稿都記了是在「聖多尼諾」所寫，後來的謄寫人把 Donnini 誤抄成 Dominici。參閱塔列（J. Tarré）撰〈巴黎國立圖書館之盧爾手抄本〉（Los códices lulianos de la Biblioteca Nacional de París），刊載於《聖塔拉哥拾餘》（*Analecta Sacra Tarraconensia*, XIV, 1941），頁一六二。

㉛ 五部手稿中四部標明這是採自「記憶篇」（in capite de memoria），所以不應降級爲只有巴黎手稿本標示的「小注」（見羅希《普世之鑰》），頁二六四及二六八，注⑫⑥。

㉜ 羅希，《普世之鑰》，頁二六五。

㉝ 有四部手稿本指出是《論記憶與回憶》，只有米蘭本未列。參閱羅希《拉蒙·盧爾給十六世紀思想的遺贈》，頁二〇五。

㉞ 見本書第三章。

㉟ 見本書第四章。

㊱ 盧爾《必讀作品集》第一冊，《當代生活》（*Vida coetània*），頁四三。這個故事引用於《拉蒙·盧爾傳》英譯本，頁二三六—八。是盧爾未來到比薩之前的事。

㊲ 拉文埃塔著《拉蒙·盧爾之藝術應用之說明綱要》（*Explanatio compendiosaque applicatio artis Raymundi Lulli*），一五二三年里昂版；引用自 *Opera omnia quibus tradidit Artis Raymundi Lullii compendiosam explicationem*，一六一二年第二版。另參閱卡列拉斯，《西班牙哲學史》，

第二冊，頁二一〇起。羅希，《拉蒙・盧爾給十六世紀思想的遺贈》，頁二〇七—一〇。

㊳論卷開端，作者教讀者「去找七行星卷中 BCD 標明的第五題目，那兒講到奇蹟性的事物，你可以得到每件自然事物的知識」。最後一段裡又兩度指示讀者去看七行星卷之中的記憶的一切要訣。現存五部手稿本中都三次提及「七行星卷」。

羅希認爲（《拉蒙・盧爾給十六世紀思想的遺贈》，頁二〇五—六），《確立記憶論卷》雖然確爲盧爾所寫，這些手稿本（沒有一部早於十六世紀）卻可能是竄改了的。我認爲，果真如此，竄改的部分應該不是查照七行星卷。盧爾經常在作品中指述自己的其他作品。倒是指涉《赫倫尼》與《論記憶與回憶》有些出人意料；盧爾極少指述自己作品以外的著作。十六世紀修訂時（修訂者應屬拉文埃塔師徒），才加上這個部分也不無可能。如果確爲後世增列，對原來引用《赫倫尼》和亞里斯多德的思路並無影響。

㊴見薩爾辛格編麥因茲版盧爾《作品全集》中的〈藝術之揭祕〉(Revelatio Secretorum Artis)，頁一五四。薩爾辛格把「第五對象」解讀爲天堂（星界）。麥因茲版並未收錄《天文學專論》與《確立記憶論卷》，薩爾辛格卻在〈揭祕〉中大量引用這兩篇著作，似乎認爲祕密的根就在其中矣。

㊵兩部揭祕作品在文藝復興時代都未印行，但盧爾作品的手抄本一直有流傳。拉文埃塔的著作中就引用了《確立記憶論卷》的文句。皮羅凡諾斯 (G. Pirovanus) 的《天文學辯》(*Defensio astronomiae*)，一五〇七年米蘭版，幾乎把整部《天文學專論》都引用了，包括爲什麼會有七行星的一段。盧爾的《專論》也許助長了「七」的神祕論（見本書第七章）。

㊶我曾有專文討論元素圖形的奇巧模式。見收錄於《盧爾研究》（*Estudios Lulianos*, IV, 1960）的〈盧爾的元素理論〉（La teoría luliana de los elementos），頁五六—六二。

㊷盧爾在《新幾何學》（*Nova geometria*）中提到「所羅門圖形」，見一九五三年巴塞隆納版，頁六五—六。

㊸《劇場要旨》，頁一八。有關僞盧爾作品《見證》，參閱桑戴克，《法術與實驗科學史》，頁二五—七。

9　佐丹諾・布魯諾：影子的祕密

①本章以及後文有關布魯諾各章是以我的《佐丹諾・布魯諾與赫米斯知識傳統》爲依據，書中探討布魯諾如何受赫米斯傳統影響，並證實他屬於文藝復興時期的祕法傳統。下文再提及本書將簡稱《布、赫》。

②率先指出布魯諾受記憶論著影響的是托科，他於一八八九年發表的《佐丹諾・布魯諾拉丁文著作》仍具參考價值。

③史班巴納多（V. Spampanato）主編《佐丹諾・布魯諾生平事蹟文件》（*Documenti della vita di Giordano Bruno*, 1933)，頁四二一—三。

④同上，頁八四—五。

⑤同上，頁七二。

⑥同上，頁七七。

⑦費奧倫蒂諾（F. Fiorentino）等主編布魯諾之《拉丁文著作》（*Opere latine*），一八七九—九一年佛羅倫斯版，第二冊，頁一—七七。

⑧同上，頁一七九—二五七。

⑨同上，頁七三—二一七。

⑩同上，第三冊，頁一—二五八。

⑪同上，第二冊，頁八七—三二二。

⑫同上，第二冊，頁一四。文中的 Alulidus 應是印刷錯誤。

⑬這個名字意指「精湛的鸚鵡」，可能暗示當時普遍採重複誦讀的方式記憶，不再用古典的記憶方法。

⑭《拉丁文著作》，第二冊，頁七—九；《布、赫》，頁一九二起。

⑮《布、赫》，頁三六五。

⑯《神學總彙》，《第二部之二》，第九十六問。所問的是「符號術」是否應被禁，回答則是指其

既虛僞又是迷信之術，應予徹底禁除。

⑰見本書第三章。

⑱見本書第三章。

⑲《布、赫》，頁二五一、二七二、三七九起。卡埃丹諾樞機主教（Cardinal Caietano）於一五七〇年出版的阿奎那作品之中爲使用咒符做了辯護。參閱華克，《法術》，頁二一四—一五、二一八—一九。

⑳《布、赫》，頁三四七。

㉑桑戴克在《魔法與實驗科學史》中指出，波爾塔的自然法術思想主要是受了中世紀的《阿爾貝特斯祕法》（*Secreta Alberti*）的影響。一般認爲這是大阿爾貝特斯之作，其實作者可能另有他人。

㉒波爾塔，《面相學六冊》（*Physiognomiae coelestis libri sex*），一六〇三年那不勒斯版。

㉓波爾塔，《祕文探索》（*De furtivis litterarum notis*），一五六三年那不勒斯版。

㉔這是《記憶之術》（*L'arte del ricordare*）的拉丁文版，波爾塔於一五六六年先發表了義大利文版，據說本來是爲了提供記憶術給演員而寫。參閱柯路柏（Louise G. Clubb），《戲劇家喬凡尼・波爾塔》（*Giambattista Della Porta Dramatist*, 1965），頁一四。

㉕見本書第六章。

㉖華克，《法術》，頁九六—一〇六。

㉗高厄里，《木造符記之使用與祕密》（*De Usu & Mysteriis Notarum Liber*），一五五〇年巴黎版。頁一〇三—一〇四。參閱華克，《法術》，頁九八。

㉘見本書第七章。

㉙參閱《布、赫》，頁二〇〇—二。

㉚賈佐尼，《大眾廣場》論〈記憶導師〉（Professori di memoria）之一章。

㉛《拉丁文著作》，第二冊，頁六二、三三三。

㉜《佐丹諾・布魯諾生平事蹟文件》，頁四三。

㉝同上，頁八四。

㉞《概論束縛力》（*De vinculis in genere*），收入《拉丁文作品集》，第三冊，頁六六九—七〇。另參閱《布、赫》，頁二六六。

㉟《拉丁文作品集》，第二冊，頁四二。這本書並沒有特別講到建築的章節，探討的是盧爾之術，但是有些圖形並不是盧爾式的。書名的「建築」可能是因為布魯諾把盧爾的圖形想成記憶「場所」，不用建築物為記憶場所。

㊱用四個字母的名字相乘，應該呈四與十二的倍數，三十卻不是。布魯諾的《逐出得勝之獸》中有專論這個題目的一節。另參閱《布、赫》，頁二六九。

㊲普萊森丹茲（K. Preisendanz），《希臘紙草紙法術文獻》（*Papyri Graeci Magicae*），一九三一年柏林版，頁三二。感謝賈菲提醒我注意此書。

㊳桑戴克在《法術與實驗科學史》中提到這些「三十」的數目，頁三六四—五。

㊴狄的親筆手稿編號 Sloane 3191，頁一—一三；重抄本編號 Sloane 3678，頁一—一三。《祕密文書》遲至一六〇六年才印行，但很早就盛名遠播。參閱華克，《法術》，頁八六。概述本見布魯諾，《拉丁文著作》，第三冊，頁四九六起。

㊵有關十度距影像的討論，見《布、赫》，頁四五—八。

㊶阿格里帕，《論玄祕哲學》，卷二，頁三七。另比較《布、赫》，頁一九六，注③。

㊷《論玄祕哲學》，卷二，頁三七—四四；《布、赫》，頁一九六。

㊸《論玄祕哲學》，卷二，頁四六；《布、赫》，同上。

㊹雷曼（L. Reymann）著《占星術日曆》（*Nativität-Kalender*），一五一五年紐倫堡版；重印於華堡（A. Warburg），《作品全集》（*Gesammelte Schriften*, 1932）II. Pl. LXXV。

㊺布魯諾，《拉丁文著作》，第二冊，頁九；《布、赫》，頁一九三。

㊻《布、赫》，頁一九七。

㊼《拉丁文著作》，第二冊，頁九。

㊽同上，頁五一一—二。

49 同上，頁四六。

50 同上，頁七七—八。

51 同上，頁一三二。

52 同上，頁一二九。

53 同上，頁一二四。

54 同上，頁一二四—五。

55 同上，頁一二六。

56 同上。

57 同上，頁一二七。

58 同上。

59 同上，頁一二七—八。

60 同上，頁一二八。

61 同上。

62 同上。

63《影子》還有一個影像名單，是三十個神話圖像，從萊考恩（Lycaon）開始，以格勞克斯（Glaucus）結束，頁一〇七—八。這些都標示了輪子分隔三十區的字母，是要安排在輪上的，可是只有三十個，不像系統中其他淸單都是一百五十個項目。所以我認爲它們屬於另一個不同的系統，類似《雕像》中的「三十雕像」。見本書第十三章。

64 見《布、赫》中論布魯諾相信「埃及的」或赫米斯的宗教。

65 見本書第七章。

66 「符號、注記、特性、印記」都有此種強效能。布魯諾指示讀者參閱他那本如今下落不明的《巨鑰》。

67 他在接近《記憶術》開頭的地方說，永恆概念「如星辰中介而注入」的力量。《拉丁文著作》，第二冊，頁五八。這一段令人想到菲齊諾的《獲得星辰生命》。

68 參閱圖表，《拉丁文著作》，第二冊，頁一二三。我的示意圖上不予詳載了。

69 《布、赫》，頁四五〇起。

70 《拉丁文著作》，第二冊，頁二〇。句子引自〈雅歌〉，II，3。

71 《拉丁文著作》，第二冊，頁二二一—三。

72 同上，頁二二三—四。

73 同上，頁二二五。

74 同上，頁二二五—六。

75 同上，頁二二七。

⑯同上，頁二七—八。
⑰同上，頁二八—九。
⑱同上，頁四五。
⑲同上，頁四六。
⑳同上。
㉑同上，頁四七。
㉒同上。
㉓同上，頁四七—八。
㉔同上，頁四八。
㉕同上，頁四九。
㉖同上，頁五一—二。
㉗《布、赫》，頁一九三—四。
㉘《義大利文對話集》，頁三二九；《布、赫》，頁二四八。
㉙《義大利文對話集》，頁七七八；《布、赫》，頁二四九。
㉚《義大利文對話集》，頁一一二三—六；《布、赫》，頁二七八。
㉛《布、赫》，頁一九五、一九七等。

10 拉姆斯主義的記憶術

①見郝威爾(W. S. Howell),《十六至十八世紀英國的邏輯學與修辭學》(*Logic and Rhetoric in England*, 1500-1700; 1956),頁六四起。

②特別是以下諸位的研究:翁,《拉姆斯:方法與對話之衰頹》;郝威爾,《十六至十八世紀英國的邏輯學與修辭學》;杜夫(R. Tuve),《伊莉莎白時代與形而上詩意象》(*Elizabethan and Metaphysical Imagery*, 1947),頁三三一起;羅希,《普世之鑰》;吉爾伯特(Neal W. Gilbert),《文藝復興的方法概念》(*Renaissance Concepts of Method*, 1960),頁一二九起。

③翁,《拉姆斯》,頁二八〇。

④羅希,《普世之鑰》,頁一四〇。

⑤拉姆斯,《文科學校》,第十九冊,一五七八年巴塞爾版。另參閱《雄辯教育》,第十一冊。

⑥翁,《拉姆斯》,頁三〇七起。

⑦同上,頁三一一。

⑧見薩克索,〈中世紀晚期的精神百科全書〉(A Spiritual Encyclopaedia of the Later Middle Ages),刊載於《華堡學院與果道研究所期刊》(V, 1942),頁八二起。

⑨見本書第五章。

⑩見本書第五章。

⑪拉姆斯，《辯證教育》，引用於翁的《拉姆斯》，頁一八一。

⑫翁，《拉姆斯》，頁一九四。

⑬《辯證教育》，頁五七—八。

⑭拉姆斯，《論基督宗教》，一五七七年法蘭克福版，頁一一四—五。

⑮郝威爾，《十六至十八世紀英國的邏輯學與修辭學》，頁一六六起。

⑯盧爾，《確立記憶論卷》，見羅希，《普世之鑰》，頁二六二。

⑰我們也許應該從盧爾畫滿連結曲線的手稿圖解裡去找尋拉姆斯綱要的起源。參閱勒麥希耶（Thomas Le Myesier）的盧爾學說手冊（巴黎國家圖書館手稿本編號 Lat. 15450），其中的圖解與拉姆斯的綱要頗多相似之處，見翁著《拉姆斯》頁二〇二之邏輯學綱要解。

⑱見本書第七章。

⑲翁，《拉姆斯》，頁二三一起。

⑳有關史杜姆與卡米羅的討論見斯克列，〈文藝復興時期的卡巴拉發展：卡米羅的劇場及其影響〉（Les cheminements de la Kabbale à la Renaissance: le Théâtre du Monde de Giulio Camillo Delminio et son influence），刊載於《哲學史評論雜誌》（XIV, 1959），頁四二〇—一。

㉑貝杜西指齊托里尼的《宇宙典型》與卡米羅的「劇場」有關係。另外有人直說齊托里尼抄襲

卡米羅.，參閱黎汝堤編著，第三冊，頁一三〇、一三二、一三七等。《宇宙典型》於一五六一年在威尼斯出版。齊托里尼以被驅逐出境的新教徒身分來到英國，帶著史杜姆的介紹函。布魯諾提到的那位被倫敦群眾粗野舉動弄斷了腿的「可憐的義大利紳士」，便是齊托里尼。見布魯諾《聖灰星期三晚餐》，一九五五年土林版，頁一三八。

㉒「古早神學」是菲齊諾創的用語，指三度至上赫米斯之類古代聖哲的智慧。他認爲「古早神學」是從赫米斯等人傳下來到柏拉圖爲止的智慧。參閱華克，〈法國的古早神學〉（The Prisca Theologia in France），刊載於《華堡學院與果道研究所期刊》（XVII, 1954），頁二〇四起；《布、赫》，頁一四起。拉姆斯的思維路線相似，卻是以普羅米修斯爲太古的辯證家，蘇格拉底的智慧是他傳下來的。

㉓拉姆斯，《亞里斯多德之探討》，一五四三年巴黎版，頁二起。

㉔《辯證教育》，頁三七起。參閱翁，《拉姆斯》，頁一八九起。

11 佐丹諾・布魯諾：《印記》的祕密

①見第九章本書全名。《印記》收入布魯諾的《拉丁文著作》，第二冊，頁六九－二一七。

②見阿奎列基亞（G. Aquilecchia）撰〈佐丹諾・布魯諾的倫敦印刷者〉（Lo stampatore londinese di Giordano Bruno），刊載於《義大利語文學研究》（*Studi di Filologia Italiana*, XVIII, 1960），

頁一〇一起；另參閱《布、赫》，頁二〇五。

③布魯諾，《拉丁文著作》，第二冊，頁二一一—五七。

④我曾談過這些根據阿格里帕《論玄祕哲學》而來的魔咒，見《布、赫》，頁一九九—二〇二。

⑤國立圖書館藏（II, I, 13）。我在〈西塞羅式記憶藝術〉（The Ciceronian Art of Memory）中詳論過其方法與布魯諾在《印記》中採用的相似，此文收錄於《中古時代與文藝復興：紀念納爾迪研究》。另參閱羅希，《普世之鑰》，頁二九〇—一。

⑥佛羅倫斯手稿本，頁五。

⑦同上，頁六。

⑧同上，頁一六。

⑨同上，頁三三。

⑩同上，頁三五。

⑪同上，頁四〇。

⑫同上，頁四〇。

⑬同上，頁四六。

⑭同上，頁四七。

⑮《拉丁文著作》並沒有將「回憶的藝術」收入《印記》，因爲這個部分已經收入《瑟西》，第

二冊，頁二一一—五七。
⑯《拉丁文著作》，第二冊，頁二三一起。
⑰同上，頁二二四。
⑱見本書第五章。
⑲《拉丁文著作》，第二冊，頁二四一—六。
⑳同上，頁二五一。見本書第五章。
㉑《拉丁文著作》，第二冊，頁二三九—三一。
㉒同上，頁二五一。
㉓同上，頁七九—八〇；一二一—二。
㉔同上，頁八〇；一二一—二。
㉕同上，頁八一；一二三—四。
㉖同上，頁一二四。《影子》，頁二八。
㉗《拉丁文著作》，第二冊，頁八一—二；一二四—七。
㉘同上，頁八二；一二七—八。
㉙同上，頁八五。
㉚同上，頁一三四。

㉛同上，頁一二九。
㉜同上，頁八三—四；一三〇—一。
㉝見本書第五章。
㉞《拉丁文著作》，第二冊，頁八四；一三二—三。
㉟同上，頁一三九。
㊱同上，頁八六—七；一四〇—一。
㊲同上，頁八七—八；一四一。
㊳同上，頁八八；一四一—三。
㊴同上，頁九〇—一；一四五—六。
㊵同上，頁九二—三；一四七。
㊶同上，頁九五—六；一四八—九。
㊷同上，頁九六—七；一五〇—一。
㊸同上，頁九八—九；一五一—二。
㊹同上，頁一〇〇—六；一五三—六〇。
㊺同上，頁一三三。
㊻同上。

㊼見本書第二章。

㊽原文是 Intelligere est phantasmata speculari。

㊾見本書第三章。

㊿《拉丁文著作》，第二冊，頁一三五。

51 同上，頁一二九—三〇。

52 見本書第六章。

53 《拉丁文著作》，第二冊，頁九一，布魯諾引據了《論卡巴拉傳聞》。

54 同上，頁一六一。

55 同上，頁一六二。

56 同上，頁一六三。

57 同上，頁一六五。

58 參閱《布、赫》有關阿格里帕這一段話及其對於布魯諾之影響，頁一三五—六，二三九—四〇。

59 見隆貝赫，《技巧記憶彙編》，頁一一起；羅賽留斯，《技巧記憶寶庫》，頁一三八起（其中也有頭部的各種官能分布圖解）。此外還有勒波魯斯（G. Leporeus）於一五二〇年在巴黎出版的《記憶術》（*Ars memorativa*），也附了官能圖解。

⑥⓪《拉丁文著作》，第二冊，頁一七二起。

⑥①參閱《布、赫》，頁三三五—六。

⑥②《拉丁文著作》，第二冊，頁一七四起。布魯諾在此引用了維吉爾的話「思維能移山」（mens agitat molem）。

⑥③同上，頁一六六。

⑥④同上，頁一六七起。

⑥⑤《義大利文對話錄》，頁九六九。

⑥⑥《拉丁文著作》，第二冊，頁一八〇起。

⑥⑦《布、赫》，頁二七一起。

⑥⑧《拉丁文著作》，第二冊，頁一九〇—一。

⑥⑨同上，頁一八一。

⑦⓪同上，頁一九五；《布、赫》，頁二七二—三。

⑦①《拉丁文著作》，第二冊，頁一九九起。

⑦②引據郝斯與開克斯頓記憶術論點的部分，以及柯普蘭譯拉維那的彼得，見郝威爾著《十六至十八世紀英國的邏輯學與修辭學》，頁八六—九〇，九五—八。

⑦③郝威爾，頁一四三。《記憶城堡》初版於一五六二年印行。大致與原作相同，是一部醫藥專論，

接近結尾處有一段談技巧記憶。

(74)《布、赫》，頁二一〇起；另參閱本書第十二章、十四章。

(75)見本書第五章布萊德華丁主教的記憶論。據傳羅哲爾・培根（Roger Bacon）寫過一篇「記憶術」專論，但至今並未有人找到。

(76)見本書第四章。

(77)《布、赫》，頁一五一。

(78)同上，頁一四八起，一八七起。

(79)牛津包德連圖書館藏有狄抄寫的一部盧爾的《指示藝術》（*Ars demonstrativa*）手稿。狄的藏書目錄上有多部盧爾與僞盧爾的作品，見哈里沃（J. O. Halliwell），《約翰・狄博士私人日記及其手稿藏書目錄》（*Private Diary of Dr. John Dee and Catalogue of his Library of Manuscripts*），一八四二年倫敦出版，頁七二起。

(80)《布、赫》，圖一五a。

(81)見本書第七章，註㉖。

(82)《拉丁文著作》，第二冊，頁一六〇。

(83)《布、赫》談到布魯諾與毛威西耶及亨利三世的關係，以及他的政教使命，頁二〇三—四，二二八—九。

⑭同上，頁二〇五—六有他在《印記》中致牛津博士們的講話。

12 布魯諾與拉姆斯的記憶論衝突

①我採取狄克森自己拼寫姓氏的方式，不以現代的拼法爲準。

②討論此一爭議的作品有麥金泰爾（J. L. McIntyre）著的《佐丹諾·布魯諾》（*Giordano Bruno*, 1903），頁三五—六·；辛格（D. Singer）著《布魯諾生平及思想》（*Bruno His Life and Thought*, 1950），頁三八—四〇·；杜爾堪撰〈亞歷山大·狄克森與 S.T.C. 6823〉（Alexander Dickson and S.T.C. 6823），刊載於《書庫》（*The Bibliothek*, III, 1962），頁一八三—九〇。杜爾堪指出 G. P.就是柏金斯。

狄克森原籍蘇格蘭的埃洛（Errol），所以布魯諾稱他「埃洛的狄克森」（Dicsono Arelio）。杜爾堪根據在各種政府文件中發現狄克森的名字，推斷他可能是政治特務。他於一六〇四年死於蘇格蘭。

③狄克森的《理性的影子》與《爲亞歷山大·狄克森辯護》是倫敦的弗卓里爾（Thomas Vautrollier）印行。柏金斯的《反對狄克森論》與短論（原標題爲 Libellus in quo dilucide explicatur impia Dicsoni artificiosa memoria）是倫敦的米德頓（Henry Middleton）印行·，《記憶論小冊》與《告誡》（全名爲 *Libellus de memoria verissimaque bene recordandi scientia* 及 *Admonitiun-*

cula ad A. Dicsonum de Artificiosae Memoriae, quam publice profitetur, vanitate)，由倫敦的華德葛瑞夫（Robert Waldegrave）印行。

弗卓里爾是胡格諾教派，第一部在英國出版的拉姆斯的作品就是他印行的，他會承印反拉姆斯的狄克森作品，頗令人奇怪。

④狄克森，《理性的影子》，頁三八起。

⑤同上，頁五四、六二。

⑥同上，頁六九起。

⑦同上，頁六一。

⑧見本書第九章。

⑨見本書第二章。

⑩杜爾堪，〈亞歷山大·狄克森〉，頁一八四—五。

⑪見本書第十章。

⑫《理性的影子》，頁五。

⑬《赫米斯大全》，第二冊，頁二〇〇—九；《布、赫》，頁二八—三一。

⑭《理性的影子》，頁六—八。沒有赫米斯式重生經驗的人只有獸的形體，這個說法也許與布魯諾《瑟西》有關，布魯諾似乎認爲女巫瑟西的魔法（把人變成豬）可以用來證實人本來有獸

性。

⑮《理性的影子》，頁二一。

⑯《赫米斯大全》，第一冊，頁四九—五三。

⑰《理性的影子》，頁二一八。

⑱特洛伊人與希臘人的優劣之別，始於維吉爾的詩作。

⑲《赫米斯大全》，第二冊，頁二三二。

⑳《赫米斯大全》的第十六論並未收入菲齊諾譯入拉丁文的前十四篇論文，狄克森使用的可能是菲齊諾的本子。第十六論首次印行是在拉查瑞里一五〇七年的拉丁文譯本中。我認爲布魯諾看過這個譯本。

㉑華克對於拉查瑞里的《赫米斯之皿》的觀察，見《靈性魔法與妖術》（*Spiritual and Demonic Magic*），頁六四—七二；《布、赫》，頁一七一—二等。

㉒狄克森在對話之後的記憶論之中說，「凱奧斯的那一位」（即凱奧斯的賽莫尼底斯）被誤認爲記憶術的發明者，記憶術其實源於埃及。「如果將它脫離埃及便成爲無用之物了。」他隨即說德魯伊信徒也懂得記憶術（《理性的影子》，頁三七）。

㉓《反對狄克森論》，獻詞。

㉔同上，頁一七。

㉕同上，頁一九。

㉖同上，頁二〇。

㉗同上，頁二一。

㉘同上，頁二九。

㉙同上，頁二九—三〇。另參閱拉姆斯，《文科教育》，一五七八年巴塞爾版（《辯證教育》，卷二十）。

㉚《反對狄克森論》，頁三〇。拉姆斯，《文科教育》（《辯證教育》，卷一）。

㉛《反對狄克森論》，頁三〇。拉姆斯，《文科教育》（《辯證教育》，卷三）。

㉜同上，頁四五。

㉝見本書第五章。

㉞布斯鳩斯，*Aureum reminiscendi... opusculum*，一五〇一科隆版。

㉟《記憶論小冊》，頁三—四，致維爾納（John Verner）獻詞。

㊱《記憶論小冊》之後發行的《告誡》沒有編頁碼，本頁爲摺疊號碼C8的左頁。

㊲《告誡》，E1。

㊳杜爾堪，〈亞歷山大・狄克森〉，頁一八三。

㊴郝威爾，《十六至十八世紀英國的邏輯學與修辭學》，頁二〇六—七。

㊵柏金斯，該作全名爲 *Prophetica sive de sacra et unica ratione concionandi tractatus*，一五九二年劍橋版。

㊶柏金斯，《作品集》，一六〇三年劍橋版，頁八一一。

㊷同上，頁八三〇。

㊸同上，頁八三三。

㊹同上，頁七一六。

㊺同上，頁八三〇。

㊻同上，頁八四一。

㊼《義大利文對話錄》，頁四七。布魯諾在一五八四年版的《聖灰星期三晚餐》如是說。

㊽《布、赫》，頁二〇五—一一，頁二三五起。

㊾《義大利文對話錄》，頁一七六—七。

㊿辛格，《布魯諾生平及思想》，頁三九注。

(51)《義大利文對話錄》，頁一九四。

(52)同上，頁二〇一。

(53)同上。

(54)同上，頁二〇九—一〇，另參閱《布、赫》，頁二一〇。

55《義大利文對話錄》，頁二一四。
56同上，頁二六〇。
57同上，頁二二七—八。
58同上，頁二三二。
59同上，頁二四二起。
60同上，頁二七二—四。
61同上，頁二七九。
62同上，頁三四〇。
63同上，頁三四二起。
64華生，《場所記憶概要》序文，無出版日期及地點。S.T.C.推算出版時間是一五八五年，印製者是弗卓里爾。大英博物館存有一部手抄本，編號 Sloane 3751。
65郝威爾，《十六至十八世紀英國的邏輯學與修辭學》，頁二〇四起。
66《蘇格蘭政府文件記錄》（*Calendar of State Papers, Scottish*），卷十（1589-93），頁六二六。
67原文 Commentationes autem meas his de rebus lucubrates, tuo inprimis nomine armatas apparer volui: quod ita sis ab omni laude illustris, ut Scepsianos impetus totamque Dicsoni scholam efferuescentem in me atque erumpentem facile repellas，見《反對狄克森論》，〈致湯

瑪斯・穆菲〉。

⑱席德尼，《詩之辯》，舍克柏爾（E. S. Shuckburgh），一九〇五年劍橋版，頁三六。

⑲普萊特，《藝術與自然的寶殿》，頁八一。

⑳同上，頁八二。

㉑同上，頁八三。

㉒范・鐸斯頓（J. Van Dorsten），《湯瑪斯・巴森，一五五五—一六一三》（Thomas Basson 1555-1613），一九六一年萊登出版，頁七九。

㉓同上，頁六五起。

㉔同上，頁一六。

㉕九世諾桑柏蘭公爵安威克堡（Alnwick Castle）藏書室手稿本目錄。

㉖諾威基（A. Nowicki），〈佐丹諾・布魯諾在波蘭的早期版本〉（Early Editions of Giordano Bruno in Poland），刊載於《藏書家》（*The Book Collector*, XIII, 1964），頁三四三。

㉗戴爾・黎歐，《魔法探索，第六冊》（*Disquisitionum Magicarum, Libri Sex*），一六七九年盧萬版，頁二三〇。

13　佐丹諾・布魯諾：最後的記憶論

①參閱《布、赫》有關二度造訪巴黎的經過，頁二九一起。

②講題 *Camoeracensis Acrotismus*，收入布魯諾《拉丁文著作》，第一冊，頁五三起。《布、赫》，頁二九八起。

③《拉丁文著作》，第一冊，頁一二九起。本書在巴黎出版，獻給貝爾維修道院長戴爾・班尼（Piero Del Bene, Abbot of Belleville）。《布、赫》有關於獻書給他的意義之討論，頁三〇三起。

④隆貝赫，《技巧記憶彙編》，頁七－八。

⑤《拉丁文著作》，第一冊，頁一三七起。

⑥同上，頁一三九。

⑦同上，頁一三六。

⑧《雕像》由布魯諾的弟子貝斯勒（Jerome Besler）於一五九一年在帕度阿謄寫，是一八九一年出版的拉丁文著作收錄的手稿本之一。第三冊，頁一起。《布、赫》，頁三〇七。

⑨《拉丁文著作》，第三冊，頁一六起。

⑩同上，頁六三－八。

⑪同上，頁六八－七七。

⑫同上，頁九七—一〇二。

⑬同上，頁一〇六—一一。

⑭同上，頁一五一起。

⑮同上，頁一四〇—五〇。

⑯同上，頁八—九。

⑰《布、赫》，頁三一〇。

⑱後來培根使用神話來傳達反亞里斯多德哲學，也許與此有關，見羅希，《法蘭西斯・培根》（*Francesco Bacone*, 1957），頁二〇六起。

⑲書名分別爲 *De lampa de combinatoria lulliana* 以及 *De progressu et lampade venatoria logicorum*，顯然都與《三十雕像的燈炬》相關。

⑳《拉丁文著作》，第二冊，頁一〇七起。見本書第九章注㊳。

㉑《拉丁文著作》，第二冊，頁八五起。《布、赫》，頁三二五起。

㉒標題分別爲 *De immenso, innumerabilibus et infigurabilibus*；*De triplici minimo et mensura* 以及 *De monade numero et figura*。這三首詩都與《雕像》和《影像》有關，但牽扯太複雜，不能在此做說明了。

㉓《拉丁文著作》，第二冊，頁九五。

㉔同上，頁一二一。

㉕同上，頁一一三。

㉖同上，頁一八八。

㉗同上，頁二〇〇起。

㉘《布、赫》，頁三二六起。

㉙見本書第十一章。

㉚康巴奈拉大約是在一六〇二年寫成《太陽之城》，當時他正在那不勒斯的宗教裁判所監獄裡。這本書最初於一六二三年出版，爲拉丁文版。有關「太陽之城」與布魯諾思想的關係，參閱《布、赫》，頁三六七起。

㉛見康巴奈拉《書信集》（*Lettere*），史班巴納托編，一九二七年巴利版，頁二七、二八、一六〇、一九四。菲爾波（L. Firpo）撰〈康巴奈拉作品一覽〉（Lista dell'opere di T. Campanella），刊載於《哲學評論雜誌》（XXXVIII, 1947），頁二一三—二九。另參閱羅希，《普世之鑰》，頁一二六。《布、赫》，頁三九四—五。

㉜《拉丁文著作》，第二冊，頁一〇三；《布、赫》，頁三三五。

㉝有關申克爾其人，參閱《世界傳記》（*Biographie universelle*）的 Schenkel 條，以及《大英百科全書》的 Mnemonics 條。哈吉杜，《中古時代記憶術文獻》，頁一二二—四。羅希，《普世之

鑰》，頁一二八、一五四—五、二五〇。

㉞奉天主教的低地國家似乎很注意記憶術的復興，例如一五六〇年曾有馬梅拉諾斯（N. Mameranus）在盧萬發表演說，熱烈支持賽莫尼底斯的藝術，次年於布魯塞爾成書出版。書名 *Oratio pro memoria et de eloquentia in integrum restituenda*。

㉟申克爾，《科學寶庫》，一六一三年巴黎版。

㊱書名 *Eisagoge, seu introductio facilis in praxim artificiosae memoriae*，一六一九年里昂版；*Crisis, iani phaosphori, in quo Schenkelius illustratur*，一六一九年里昂版。

㊲見羅希，《普世之鑰》，頁一一五，以及羅希，〈布魯諾符號〉（Note Bruniane），刊載於《哲學史評論雜誌》（XIV, 1959），頁一九七—二〇三。

㊳引用於里昂版二作多處。

㊴《探查申克爾》，頁二一。

㊵ *Crisis*，頁二六—七。

㊶見本書第六章。狄克森亦曾指出。

㊷《布、赫》，頁三一二—一三、三二〇、三四五、四一一、四一四。

㊸同上，頁二七四、四一四—一六。

㊹諾普（Douglas Knoop）與瓊斯（G. P. Jones）合著，《同濟會之誕生》（*The Genesis of*

Freemasonry, 1947)，曼徹斯特大學版，序文頁v。

㊺魏特（A. E. Waite）英譯，《玫瑰十字會信史》（*The Real History of the Rosicrucians*），一八八七年倫敦版，頁七五、七七。原文本爲德文（書名 *Allgemeine und General Reformation der gantzen weiten Welt, Beneben der Fama Fraternitas, dess Löblichen Ordens des Rosencreutzes*），一六一四年版。

㊻見瓊斯（B. E. Jones），《同濟會皇家之拱卷》（*Freemasons' Book of the Royal Arch*, 1957），插圖。

14 記憶術與布魯諾的義大利文對話錄

①我在上一章中說過，布魯諾的詩作略過不談了。這些在德國寫的拉丁文詩作，其實應該對照記憶論著來研究，可以與布魯諾在德國發表的「三十印記」版本一併細讀。

②《布、赫》，頁二三五起。

③葛瑞維爾的宅子其實位於霍爾本（Holborn），有人認爲葛氏可能在懷特豪附近有住處，要不然就是布魯諾本意就是指懷特豪宮。參閱勃爾汀（W. Boulting），《佐丹諾·布魯諾》（*Giordano Bruno*, 1914），頁一〇七。

④布魯諾，《義大利文對話錄》，阿奎列基亞主編，頁二六—七。來接布魯諾的兩個人的身分，

在第一版的這一段裡就明確說出是弗洛里奧和葛文。見阿奎列基亞編《聖灰星期三晚餐》，頁九〇注。

⑤《義大利文對話錄》，頁五五—六。

⑥同上，頁六三。

⑦史班巴納多主編，《佐丹諾・布魯諾生平事蹟文件》，頁一二一。

⑧見本書第十一章。

⑨《義大利文對話錄》，頁二六。

⑩同上，頁六九。

⑪見本書第十二章。

⑫見本書第十一章。

⑬《義大利文對話錄》，頁一七一。

⑭參閱拙作〈布魯諾《英雄的狂暴》以及伊莉莎白時代十四行詩系列中的象徵比喻〉(The Emblematic Conceit in Giordano Bruno's *De gli eroici furori* and in the Elizabethan Sonnet Sequences)，刊載於《華堡學院與果道研究所期刊》(VI, 1943)，頁一〇一—一二一。另參閱《布、赫》，頁二七五。《英雄的狂暴》已有新的英譯本，爲梅莫 (P. E. Memmo) 譯的一九六四年北卡羅萊納大學版，有譯者序。

⑮《義大利文對話錄》，頁一〇九一；《布、赫》，頁二八一。

⑯《布、赫》，頁二一八。

⑰隆貝赫，《技巧記憶彙編》，頁二五。參閱本書第五章。

⑱《義大利文對話錄》，頁五六一起。《逐出得勝之獸》，伊梅爾蒂（A. D. Imerti）英譯，一九六四年羅特格大學版，頁六九起。

⑲《義大利文對話錄》，頁六二三—四；《逐出》英譯本，頁一二四—五；《布、赫》，頁二二六。

⑳《布、赫》，頁三二六起。

㉑同上，頁二一一起。

㉒《布、赫》頁三五六有關於莎翁戲劇《空愛一場》（*Love's Labor's Lost*）呼應布魯諾《逐出》的討論。

㉓《逐出》英譯本，頁七〇。

㉔同上，頁七〇。

㉕洛伊德（David Lloyd），《宗教改革以來的英國政治家與寵兒》（*Statesmen and Favorites of England since the Reformation*），引用於錢伯斯（E. K. Chambers）所著的《威廉・莎士比亞》（*William Shakespeare*; Oxford, 1930），第二冊，頁二五〇。

㉖見包德溫(T. W. Baldwin)，《莎士比亞劇團的組織與人事》(*The Organisation and Personnel of the Shakespearean Company*; Princeton, 1927)，頁二九一注。

15　弗洛德的劇場記憶系統

①弗洛德的生平與著作，參考《國人傳記詞典》(*Dictionary of National Biography*)，以及克雷凡(J. B. Craven)，《勞伯·弗洛德博士》(*Doctor Robert Fludd*, 1902)。弗洛德祖籍是威爾斯。

②見《布、赫》，圖七、八、十、十六；頁四〇三起。

③《布、赫》，頁三九九起。凱佐邦考證《赫米斯大全》的那本書是獻給詹姆斯一世的。

④《兩個世界……的歷史》分冊出版狀況如下：

第一冊(Tomus Primus)，《分兩部論大世界歷史》(*De Macrocosmi Historia in duos tractatus divisa*)。

《大世界之玄學與創造發源等》(*De Metaphysico Macrocosmi et Creaturum illius ortu etc.*, 1617)

《猿之本性或大世界技術史》(*De Naturae Simia seu Technica Macrocosmi Historia*, 1618)

第二冊(Tomus Secundus)，《超自然、自然、非自然及反自然之微世界歷史》(*De Supernaturali, Naturali, Praeternaturali et Contranaturali Microcosmi Historia ...*, 1619)

I 《微世界玄學及物理學史》（*Metaphysica atque Physica ... Microcosmi Historia*）

II 《微世界技術史》（*Technica Microcosmi Historia*）

《兩個世界之非自然歷史》（*De praeternaturali utriusque mundi Historia*, 1621，這一冊中附有弗洛德回應克卜勒的一篇文字，標題是《眞實舞台》〔*Varitatis proscenium*〕）

根據以上的複雜出版規劃，可知論大世界的「第一冊」分成兩部分在一六一七、一六一八年先後出版；論微世界的「第二冊」於一六一九年出版（一六二一年出版的是第二冊的後續）。整個系列的出版者德・布萊是繼承父業（其父 Theodore de Bry 於一五九八年逝世），負責出版兼製圖。但「第二冊」的書名頁上沒有注明是德・布萊製圖。《猿之本性》的書名頁圖上有「梅里恩（M. Merian）雕製」的簽名字樣。梅里恩是德・布萊的女婿，也是出版公司的一員。

⑤標題'Declaratio brevis Serenessimo et Potentissimo Principe ac Domine Jacobo Magnae Britanniae ... Regi'，現存大英博物館，編號皇家手稿 12 C ii。

⑥佛斯特，《拭掉兵器奴的海綿》（*Hoplocrisma-Spongus: or A Sponge to wipe away the Weapon-Slave*），一六三一年倫敦版。「兵器奴」是弗洛德主張使用的一種油膏，佛斯特認爲這是有魔法的有害之物，而且是從煉金術士巴拉塞蘇斯傳授來的。

⑦《弗洛德博士對佛斯特先生之回應，或，擠壓佛斯特牧師爲拭掉兵器奴而獲授的海綿》（*Dr. Fludd's Answer unto M. Foster, or The Squesing of Parson Foster's Sponge ordained for him by the wiping away of the Weapon-Slave*)，一六三一年倫敦版，頁一一。

⑧同上，頁二一一—二。《擠壓佛斯特牧師海綿》是弗洛德作品唯一在英國出版的，但顯然並沒有地域性，卻被視爲涉及當時重要國際議題之作，於一六三八年在荷蘭高達（Gouda）發行了拉丁文版。

⑨《布、赫》，頁四四二—三。

⑩見克雷凡，《麥可·梅耶伯爵》（*Count Michael Maier*, 1910），頁六。

⑪克雷凡，《勞伯·弗洛德博士》，頁四六。

⑫梅耶所著的有精彩插圖的《飛逝的亞塔蘭妲》（*Atalanta fugiens*），由德·布萊於一六一七年出版；另一本書（*Viatorum hoc est de montibus planetarum*）也由德·布萊在一六一八年出版。德·布萊公司與英國的往來管道很可能在老德·布萊的時代就已經暢通。老德·布萊曾用懷特（John White）的繪圖製版在《亞美利加》（*America*）中出版，也曾在一五八七年間到英國蒐集有關發現之旅的出版品的材料和插圖。參閱赫爾頓（P. Hulton）與昆（D. B. Quinn）合著的《約翰·懷特的美國繪圖》（*The American Drawings of John White*, 1964），第一冊，頁二二五—六。

⑬《兩個世界的歷史》，第二冊，II，頁四八起。

⑭同上，頁五〇。

⑮同上。

⑯同上，頁五〇—一。

⑰同上，頁五一。弗洛德在土魯斯聽說的魔法記憶術似乎就是「符號術」。弗洛德指涉的人可能是貝洛（Jean Belot），此人於十七世紀初在法國出版過有關手相術、面相術、記憶術的著作（參閱桑戴克，《法術與實驗科學歷史》，第六冊，頁三六〇—三）。貝洛的魔法式技巧記憶論著於一六五四年在里昂收入《作品集》（*Oeuvres*）重新印行，其中提到了盧爾、阿格里帕、布魯諾，見頁三二九起。桑德斯（R. Saunders）的記憶術就是以貝洛論點爲依據，他的作品《面相術、手相術……以及記憶術》（*Physiognomie and Chiromancie ... whereunto is added the Art of Memory*）於一六五三、一六七一年出版，其中也一樣提及布魯諾。這本書題獻給古物收藏家艾士摩。

⑱《兩個世界的歷史》，第二冊，第二部，頁五一—二。

⑲同上，頁五一。

⑳同上，頁五四起。

㉑見本書第十三章。

㉒見本書第十一章。

㉓《兩個世界的歷史》，第二冊，第二部，頁五四。

㉔如果將這個「圓的藝術」基本圖表與《兩個世界的歷史》第一冊的書名頁設計做比較，可以看見畫面呈現的時間之循環，繩子繞住大世界與微世界，「時間」便是在拉動繩子。此外也可看出，微世界畫在大世界裡面，因而明白記憶的「圓」藝術爲什麼是微世界的「自然的」藝術。

㉕《兩個世界的歷史》，第二冊，第二部，頁五五。

㉖同上。

㉗同上，頁六三。

㉘原文 His pratis oppositae fingantur quinque columnae, quae itidem debent figura & colore distingui; Figura enim duarum extremarum erit circularis & rotunda, mediae autem columna habebit figuram hexagoneam, & quae his intermedia sunt quadratam possidebunt figuram. 他雖然是在講「場地」，想的卻是以五門爲記憶場地或記憶場所。

㉙同上。

㉚同上，頁六二。

㉛同上。

㉜同上，頁六五。

㉝同上，頁六七。

㉞他也用了一套套數字形象的插圖，這也是老式記憶術的傳統。《兩個世界的歷史》第一冊中論「數學的記憶」（De Arithmetica Memoriali）的部分，也有記憶場所中有數字形象的例子。頁一五三。

㉟見本書第五章。

㊱見本書第十一、十三章。

㊲但是，象徵煉金術的這個記憶影像是用盧爾代表的。見《兩個世界的歷史》，第二冊，第二部，頁六八。

㊳《兩個世界的歷史》，第一冊，第二部，頁七一八—二〇。這一段有喬斯登（C. H. Josten）的英譯，標題〈弗洛德的泥土占卜術理論與一六〇一至〇二年冬季在亞威農的經歷〉（Robert Fludd's theory of geomancy and his experiences at Avignon in the winter of 1601 to 1602），刊載於《華堡學院與果道研究所期刊》（XXVII, 1964），頁三二七—三五。這篇文章討論弗洛德在《兩個世界的歷史》中提出的泥土占卜理論，緊接在論記憶術的部分後面。

㊴同上，第二冊，第二部，頁四八。

㊵原書名是 *Mnemonica; sive Ars Reminiscendi: e puris artis naturaeque fontibus hausta* …。三年後，威利斯自己英譯了部分內容再出版，書名 *The Art of Memory*，全文英譯本於一六六

一年才在倫敦出版，書名 *Mnemonica: or The Art of Memory*。馮・費奈格勒將一六六一年版做大量摘錄成《新記憶術》，於一八一三年在倫敦出版。

㊶威利斯，《記憶術》，一六二一年英譯本，頁五八—六〇。

㊷威利斯，《記憶術》，一六六一年英譯本，頁二八。

㊸同上，頁三〇。

㊹見本書第十三章。

㊺麥瑟尼，《創世記常見疑問》(*Quaestiones celeberrimae in Genesim*)，一六二三年巴黎版。另見《布、赫》，頁四三七。

㊻《兩個世界的歷史》，第二冊，頁二〇五起。

㊼見本書第十二章。康巴奈拉的《論事物與魔法之意義》(*Del senso delle cose e delle magia*)中，也有類似的反對意見。他認爲「官能心理學」是「把一個不可分的靈魂變成許多個」。他在這一方面，以及其他許多方面，看法都近似布魯諾的。弗洛德這種強調想像最爲重要的心理學，卻是完全屬於文藝復興時代的。

㊽《布、赫》，頁一四七起。

16 弗洛德的記憶劇場與地球劇場

①錢伯斯，《伊莉莎白時代的舞台》(*Elizabethan Stage*, 1923，牛津大學版)，一九五一年修訂版，第二冊，頁四二五。

②同上。

③同上，頁二〇八起。

④基本資訊見錢伯斯，《伊莉莎白時代的舞台》，第二冊，卷四，「戲院」(The Play-Houses)。其他可參考的著作有亞當斯的《地球戲院》(*The Globe Playhouse*；一九四二、一九六一年哈佛大學版)；史密斯 (Irwin Smith) 的《莎士比亞的地球戲院》(*Shakespeare's Globe Playhouse*，一九五六年紐約版，一九六三年倫敦版)；郝吉斯 (C. W. Hodges) 的《重建的地球劇場》(*The Globe Restored*，一九五三年倫敦版)；奈格勒 (A. M. Nagler) 的《莎士比亞的舞台》(*Shakespeare's Stage*，一九五八年耶魯大學版)；瑟曾 (R. Southern) 的〈論重建一座實用的伊莉莎白時代戲院〉(On Reconstructing a Practicable Elizabethan Playhouse)，刊載於《莎士比亞研究》(*Shakespeare Survey*, XII, 1959)，頁二二—三四；威克姆的《早期英國戲台》(*Early English Stages*，一九六三年倫敦版)，第二冊；霍斯里 (R. Hosley) 的〈天鵝劇場之重建〉(Reconstitution du Théâtre du Swan)，刊載於《文藝復興的劇場環境》(*Le Lieu Théâtral *à la Renaissance*，一九六四年巴黎國家研究中心出版），賈高（J. Jacquot）主編，頁二九五—三一六。

⑤見錢伯斯，《伊莉莎白時代的舞台》，第二冊，頁四三六起，四六六起。

⑥地圖收入史密斯，《莎士比亞的地球戲院》，圖二—一三。

⑦錢伯斯，《伊莉莎白時代的舞台》，第一冊，頁二三〇—一；第三冊，頁四四、九一、九六；第四冊，頁二八。

⑧同上，第二冊，頁五四四—五；第三冊，頁二七、三八、七二、一〇八、一四一、一四四。

⑨史密斯，《莎士比亞的地球戲院》，圖三一。

⑩俗稱的一五九二年的《英國華格納卷》（*English Wagner Book*）述及一個魔法劇場，其中有台柱，有梳妝房，還裝飾了「天界的蒼穹，綴有點點珠淚，也就是人們所說的星辰。其上描畫了美麗天界住民的全體宏偉陣仗」（見錢伯斯《伊莉莎白時代的舞台》，第三冊，頁七二）。

⑪錢伯斯，《伊莉莎白時代的舞台》，第二冊，頁四六六、五四四—六、五五五；第三冊，頁三〇、七五—七、九〇、一〇八、一三二、五〇一。

⑫例如「幸運」劇場的合約；錢伯斯，第二冊，頁四三七、五四四—五。

⑬柏恩海默，〈另一個地球劇場〉（Another Globe Theatre），刊載於《莎士比亞季刊》（*Shakespeare Quarterly*, IX, 1958冬），頁一九—二九。

在此要補充一下，柏恩海默教授於一九五五年在華堡學院蒐集劇場資料，當時是我請他注意弗洛德此圖，但我完全沒有想到此圖與地球劇場的關聯。

⑭《伊莉莎白時代的舞台》，第二冊，頁五三一。

⑮見本書第十五章。

⑯《伊莉莎白時代的舞台》，第三冊，頁一〇〇。

⑰見史密斯，《莎士比亞的地球戲院》中的相關討論，頁一二四起。

⑱薩摩森(John Summerson)，《一五三〇至一八三〇年的英格蘭建築》(*Architecture in Britain 1530 to 1830*, 1953)，圖八。

⑲同上，頁一三。

⑳同上，圖二六。

㉑柏恩海默，〈另一個地球劇場〉，頁二五。

㉒錢伯斯，《伊莉莎白時代的舞台》，第一冊，頁一六注。

㉓以上引述的各劇，有的可能先在其他劇場演出過，但幾乎可以確定都曾於某個時候在地球劇場演出。莎翁的劇本當然也曾在宮廷裡演出，一六〇八年以後又在「黑衣修士劇場」演出。

㉔例如隆貝赫，見《技巧記憶彙編》，頁二九—三〇；布魯諾，《拉丁文著作》，第二冊，卷二，頁八七（《印記》）。

㉕原文 Sequitur figura vera theatri ...，《兩個世界的歷史》，第二冊，第二部，頁六四。

㉖《伊莉莎白時代的舞台》，第三冊，頁九七—八。

㉗《早期英國戲台》，第二冊，頁二二三、二八二、二八六、二九六、三〇五、三一九。

㉘見《伊莉莎白時代的舞台》，第二冊，頁四二八。

㉙按一些近代權威的解讀，維楚威亞斯是說幾個三角形畫在合唱隊席的圓形之內。按這幅帕拉第奧的圖示，是將維楚威亞斯的意思解讀爲三角形畫在整個劇場的圓形之內。我們依據的是帕拉第奧的圖式，地球劇場的設計者大概也知道這幅圖。

㉚見本書第七章。

㉛錢伯斯，《伊莉莎白時代的舞台》中附有這份合約，見第二冊，頁四三六起。

㉜維特考華，《人文主義時代的建築原理》，頁一五。

㉝這個說法已經漸漸不被接受，見威克姆，《早期英國戲台》，第二冊，頁一五七。

㉞《論建築》，卷五，第五章，七。

㉟錢伯斯，《伊莉莎白時代的舞台》，第二冊，頁三六二。另見其中引用 *Holland's Leaguer*，將「地球」、「希望」、「天鵝」形容爲「三座最著名的圓形劇場」（頁三七六）。

㊱同上，頁三六六。

㊲同上，頁三八四起。

㊳同上，頁三九九。「戲院」與地球劇場也有關係，因爲國王侍衛長的劇團（莎士比亞隸屬此團）在「地球」未建好之前，主要演出場所就是「戲院」。

㊴書名是《最悠久的哲學家，麥加拉的歐幾里德的幾何原理，由倫敦市民畢林斯里忠實地（首度）譯爲英文，並附狄先生極充實的序文一篇》（*The Elements of the Geometrie of the most ancient Philosopher Euclide of Megara, Faithfully (now first) translated into the Englishe toung, by H. Billingsley, Citizen of London ... With a very fruitfull Praeface made by M. I. Dee*）。序文的日期爲一五七〇年二月三日。

㊵關於序文引用米蘭鐸拉的皮可，見《布、赫》，頁一四八。

㊶《幾何原理》(*Elements of the Geometrie*)序文。狄隨即促請讀者「參閱杜勒(Albertus Durerus)著之《論人體之對稱》(*De Symmetria humani Corporis*)，並參閱另一本書《論玄祕哲學》的第二十七與二十八章」。阿格里帕在《玄祕哲學》中論及維楚威亞斯的畫在圓形與正方形中的人體。

㊷《幾何原理》序文。

㊸同上。另見維楚威亞斯，《論建築》，卷五，第五章。

㊹莎士比亞時代劇場中留存的另一個中世紀遺跡，應該就是弗洛德圖示的這些附屬劇場，是用來同時呈現不同場景的，類似中世紀的「邸廈」。

莎翁劇院是文藝復興時代採用並改造維楚威亞斯劇場的最有意思也最了不起的代表（參閱克藍與澤爾納，〈維楚威亞斯與義大利文藝復興的劇場〉，刊載於《劇場在文藝復興中的地位》）。我覺得，狄的序文可以證明他看過巴爾巴若的維楚威亞斯評注，這本書中有帕拉第奧重建的羅馬劇場。狄談到維楚威亞斯將作品獻給奧古斯都時說：「我們神奇的宗師便是生在他的時代。」巴爾巴若在《評注》的開端細述了「我們的主耶穌基督誕生的時代」的普世昇平的奧古斯都時代。

有一點值得注意。據伍德（Anthony à Wood）在《牛津英傑錄》（*Athenae Oxonienses*，一六九一年倫敦版）中所說，畢林斯里譯歐幾里德的數學方面得到一位聖奧斯丁修會的修士幫助，這位名叫懷特海（Whytehead）的修士是在亨利八世在位時被勒令離開牛津的修院，住在畢林斯里家中。由此可知，這個圈子的背景中，有人精通數字以及數字從宗教改革發生以前的世界流傳下來的象徵意義。

㊺錢伯斯在《伊莉莎白時代的舞台》中引用，第二冊，頁四二二。

㊻維特考華，《人文主義時代的建築原理》，頁二七。

㊼同上，頁四。

㊽見圖示，同上，頁三·，以及圖六的六邊形教堂平面圖。

㊾《暴風雨》，第三幕，第三景。參閱史密斯，《莎士比亞的地球戲院》，頁一四〇。

17 記憶術與科學方法之發展

①見本書第十章。

②杰瑪，《循環法藝術》，一五六九年安特衛普版。

③見本書第十三章。

④《文件局之會議研討課題選集》(*Recueil général des questions traitées és Conférences du Bureau d'Adresse*)，一六三三—六六年里昂版，第一冊頁七起。這個「文件局」學會由雷諾鐸（Théophraste Renaudot）主持，詳見拙著《十六世紀的法蘭西學院》(*French Academies of the Sixteenth Century*)，頁二九六。

⑤見吉爾伯特，《文藝復興的方法概念》，是十分有用的一本書，其中詳論「方法」的古典起源，有許多關於「藝術」與「方法」的卓見，但所談的「文藝復興的方法概念」以拉姆斯主義與亞里斯多德主義爲主。本章主題所談的並未提及。

我認爲，翁在《拉姆斯：方法與對話之衰頹》中的論點應是正確的，他強調荷莫基尼斯思想之復興對於「方法」之受重視有重要影響。這個復興是卡米羅培養助長的（見本書第七章）。

⑥有關培根與記憶術，參閱華里士（K. R. Wallace），《培根論溝通與修辭》(*Francis Bacon on Communication and Rhetoric*, 1943)，頁一五六、二一四。郝威爾，《十六至十八世紀英國的

邏輯學與修辭學》，頁二〇六。羅希，《法蘭西斯・培根》（*Francesco Bacone*, 1957），頁四八〇起；《普世之論》，頁一四二起。

⑦奧布瑞，《略傳集》（*Brief Lives*, 1960），狄克（O. L. Dick）主編，頁一四。

⑧培根，《學術的進展》，第二冊，卷十五；收於斯貝丁（Spedding）主編之《作品集》（*Works*），第三冊，頁三九八—九。

⑨《新工具論》，收於《作品集》，第一冊，頁二七五。

⑩收入《作品集》，第一冊，頁六四九。

⑪*Partis Instaurationis secundae Delineatio et Argumentum*，收入《作品集》，第三冊，頁五五二；另參閱羅希，《普世之論》，頁四八九起。

⑫《學術的進展》，第二冊，第十章，二，收入《作品集》，第三冊，頁三七〇。

⑬《物質森林》，收入《作品集》，第二冊，頁六五九。

⑭笛卡兒，《獨思集》（一六一九—一六二一）；收入《作品集》（*Oeuvres*），亞當（Adam）與唐奈里（Tannery）合編，第十冊，頁二三〇；另參閱羅希，《普世之論》，頁一五四—五。

⑮見本書第十三章。

⑯笛卡兒，《作品集》，第十冊，頁二〇〇、二〇一。

⑰《學術的進展》，第二冊，第十七章，十四，收入《作品集》，第三冊，頁四〇八。

⑱《方法論》，收入《作品集》，第六冊，頁一七。

⑲《作品集》，第十冊，頁一五六—七。另參閱我發表於《華堡學院與果道研究所期刊》的〈拉蒙・盧爾之術〉，XVII (1954)，頁一五五。

⑳阿士泰德《記憶術系統》原書名爲 *Systema mnemonicum duplex ... in quo artis memorativae praecepta plene et methodice traduntur*，一六一〇年法蘭克福版。

㉑《記憶術系統》，頁五，羅希在《普世之鑰》中引用，頁一八二。影響力甚大的《論卡巴拉傳聞》(見第八章) 在序文中就用了「方法」一詞，也許有助於普及這個名詞。

㉒見卡列拉斯合著，《十三至十五世紀基督教哲學》(*Filosofia Cristiana de los siglos XIII al XV*, 1943)，第二冊，頁二四四。

㉓見卡列拉斯，第二冊，頁二三九。

㉔阿士泰德，《盧爾之術要訣》，一六三三年斯特拉斯堡版，序文。另見卡列拉斯，第二冊，頁二四一；羅希，《普世之鑰》，頁一八〇。

㉕即布魯諾於一五八七年在威登堡寫的《技巧總結》(*Artificium perorandi*)，阿士泰德於一六一二年在法蘭克福出版。

㉖《圖繪世界》於一六五八年在紐倫堡出版。寇曼尼亞斯在此之前還有一本初級讀本《語言殿堂》(*Fanua linguarum*)。寇氏是阿士泰德的弟子。

㉗見尼寇爾(Allardyce Nicoll)，《斯圖亞特假面劇與文藝復興舞台劇》(*Stuart Masques and the Renaissance Stage*, 1937)，圖一一三。

㉘拉塔（R. Latta）爲牛津版萊布尼茲《單子論》（1898）所撰導言。

㉙羅希，《普世之鑰》，頁一八六。

㉚見本書第十三章。

㉛安德利亞原書全名爲 *Reipublicae Christianopolitanae Descriptio*，一六一九年在斯特拉斯堡出版。赫爾德（F. E. Held）英譯本《基督之城，十七世紀的理想之邦》(*Christianopolis, an Ideal State of the Seventeenth Century*) 於一九一六年在紐約與牛津出版，見頁二〇二。關於安德利亞與康巴奈拉，見《布、赫》，頁四一三—一四。

㉜《學術的進展》，第二冊，第十六章。收入《作品集》，第三冊，頁三九九—四〇〇。羅希，《普世之鑰》，頁二〇一起。

㉝參閱羅希，《普世之鑰》第七章綜論「普世語文」運動與記憶藝術的關係，頁二〇一起。

㉞伊茲基耶多，原書全名 *Pharus Scientiarum ubi quidquid ad cognitonem humanam humanitatis acquisibilem pertinet*，一六五九年萊登版。

㉟《普世之鑰》，頁一九四—五。

㊱基爾舍於一六六九年在阿姆斯特丹發表《理解大藝術》(*Ars magna sciendi in XII libros*

digesta），參閱《普世之鑰》，頁一九六。

㊲ 見谷杜拉，《萊布尼茲之邏輯》（*La logique de Leibniz*, 1901），頁三六起；另見下文。

㊳ 谷杜拉，《萊布尼茲小品及未出版之未完作品》（*Opuscules et fragments inédits de Leibniz*, 1961），頁三七。羅希，《普世之鑰》，頁二五〇—三。這些指涉記憶術的段落都在漢諾威的未出版之萊布尼茲手稿，編號 Phil. VI.19 及 Phil. VII.B.III.7。

㊴ 黎特（P. Ritter）主編，《哲學作品集》（*Philosophische schriften*），第一冊（1930），頁二七七—九。

㊵ 弗瑞，《作品》（*Opera*），一六四五—六年巴黎版，其中有一部分討論記憶術。

㊶ 《哲學作品集》，第一冊，頁三六七。

㊷ 谷杜拉，《小品》，頁二八一。

㊸ 《哲學作品集》，第一冊，頁一六六。

㊹ 見本書第八章。

㊺ 《哲學作品集》，第一冊，頁一九四。萊布尼茲指的是布魯諾在《浮華之檢視》（*De Specierum scrutinio*）的序文中說的話，此書於一五八八年在布拉格出版。

㊻ 《哲學作品集》，第一冊，頁三〇二；羅希，《普世之鑰》，頁二四二。

㊼ 谷杜拉，《萊布尼茲之邏輯》，頁五一起；羅希，《普世之鑰》，頁二〇一起。

⑱谷杜拉，《萊布尼茲之邏輯》，頁五一起；羅希，《普世之鑰》，頁二〇一起。

⑲谷杜拉，《萊布尼茲之邏輯》，頁九八，另見《哲學百科全書》(*Enciclopedia Filosofia*)，一九五七年威尼斯版。

⑳谷杜拉，《萊布尼茲之邏輯》，頁八四。

㉑同上，頁八五。另見谷杜拉於《小品》中之注解，頁九七。原文爲 Quelle que soit la valeur de cet essai d'une caractéristique nouvelle, il faut, pour le juger équitablement, se rappeler que c'est de cette recherche de signes appropriés qu'est né l'algorithme infinitésimal usité universellement aujourd'hui.

㉒萊布尼茲，《哲學著作集》(*Opera philosophica*)，厄德曼 (J. E. Erdman) 主編，一八四〇年柏林版，頁九二一三。蓋爾哈特(C. J. Gerhardt)主編的《哲學作品集》(*Philosophische shriften*, 1880) 也有很相似的文句，見第七冊，頁二〇四一五。

關於萊布尼茲重視「亞當的語言」(lingua Adamaica)的討論，見谷杜拉，《萊布尼茲之邏輯》，頁七七。

㉓萊布尼茲，《作品與書信全集》(*Sämtliche Schriften und Briefe*)，黎特主編，第一輯，第二冊，頁一六七一九；見羅希，《普世之鑰》引文，頁二五五。

㉔《百科奧祕導論》，收於谷杜拉編，《小品》，頁五一一一一二；羅希，《普世之鑰》，頁二五五。

⑤⑤見本書第九章。

⑤⑥蓋爾哈特編，《哲學作品集》，第七冊，頁一八四。

⑤⑦同上，頁六七。

⑤⑧布魯諾，《拉丁文著作》，第二冊，頁二〇四起。

⑤⑨谷杜拉，《萊布尼茲之邏輯》，頁一三一—二、一三五—八。

⑥⓪研究萊布尼茲的權威學者谷杜拉確認他是玫瑰十字會會員：「萊氏於一六六六年在紐倫堡是隸屬祕密結社玫瑰十字會的。」（見《萊布尼茲之邏輯》，頁一三一，注三。）萊布尼茲本人可能暗示過自己是玫瑰十字會的人，見黎特編，《哲學作品集》，第一冊，頁二七六。他「慈善會」規條就是引自玫瑰十字會的「宣言」，見《小品》，頁三—四。可以從他的作品舉出的例子還有很多。

⑥①見本書第十三章。

⑥②萊布尼茲，《單子論》，拉塔英譯，頁二三〇、二五三、二六六等。

國家圖書館出版品預行編目資料

記憶之術／法蘭西絲・葉茲
(Frances A. Yates) 著；薛絢譯.
-- 初版.-- 臺北市：大塊文化，2007 [民 96]
面：　　公分.-- (From ; 42)
譯自：The Art of Memory
ISBN　978-986-7059-76-5 (平裝)

1. 記憶—歷史

176.3309　　　　96003772

LOCUS

LOCUS